高等院校公共管理系列教材

教育管理学基础

王　凯　编著

ZHEJIANG UNIVERSITY PRESS
浙江大学出版社

图书在版编目（CIP）数据

教育管理学基础 / 王凯编著. —杭州：浙江大学
出版社，2021.9
　ISBN 978-7-308-21669-2

　Ⅰ.①教… Ⅱ.①王… Ⅲ.①教育管理学 Ⅳ.
①G40-058

中国版本图书馆 CIP 数据核字（2021）第 163718 号

教育管理学基础

王　凯　编著

责任编辑	杜希武
责任校对	谢坚强　石国华
封面设计	刘依群
出版发行	浙江大学出版社
	（杭州市天目山路 148 号　邮政编码 310007）
	（网址：http://www.zjupress.com）
排　　版	杭州好友排版工作室
印　　刷	广东虎彩云印刷有限公司绍兴分公司
开　　本	787mm×1092mm　1/16
印　　张	21.25
字　　数	503 千
版 印 次	2021 年 9 月第 1 版　2021 年 9 月第 1 次印刷
书　　号	ISBN 978-7-308-21669-2
定　　价	69.00 元

前　言

中国特色社会主义进入新时代,教育的基础性、先导性、全局性地位和作用更加凸显。教育管理现代化是中国建设教育强国必须面对的重大课题。从本质上讲,教育管理现代化是从传统教育管理观向现代教育管理观的转变过程,强调以人为本、兼顾效率与公平、注重过程管理的价值取向。

本书以新发展理念为指导,深入贯彻落实《中国教育现代化 2035》和《深化新时代教育评价改革总体方案》等重要文件精神,在吸收大量国内外优秀教育管理理论研究成果的基础上,以教育管理的两大基本职能——教育行政和学校管理为主要框架体系,系统地介绍了教育管理的特点、外部环境及教育管理学的性质和理论发展脉络,阐释了教育管理活动的基本规律、一般原理及管理技术与方法。

本书的特点:第一,强调创新思维和系统思维,提出新时代的教育管理应该用创新思维、系统地解决发展中遇到的问题;第二,体系完整、逻辑结构清晰,全书以教育管理两大职能为主线,系统地介绍了教育管理面临的新时代环境和教育管理学基础理论研究的主要成果;第三,以教育管理活动的基本规律为依据,突破传统教育行政与学校管理两大职能机械分开的"双元模式",使其尽可能在"一元体系"下交叉融合;第四,基于对教育管理学属于应用性社会科学的认识,通过各章的理论阐释、专栏拓展与案例设计,使教育管理理论与实践紧密结合。

本书分为十三章。第一章和第二章属于教育管理概论部分,主要包括教育管理的内涵、教育管理现代化的价值取向、教育管理学的学科认识和教育管理理论的演变与发展。其他十一章属于教育管理的过程和职能部分,主要包括教育行政体制与组织、教育政策、教育法律、教育财政、教育规划、学校组织结构与创新、学校管理制度、学校领导、教师管理、学生管理和教育评价。

教育管理的理论与方法在不断发展中,很多专家学者不断进行理论拓展与方法创新,出版和发表了大量的优秀教材与学术论文。本书在编写过程中充分借鉴和吸收了这些有价值的研究成果,并在参考文献中列出,但由于参考资料的浩瀚,可能会有所疏漏,在此向各位专家学者表示衷心感谢!

由于作者水平有限,书中错误在所难免,敬请读者和各位同仁批评指正。

目　　录

第一章　绪　　论

加快向创新型国家迈进,建设现代化经济体系,建设富强、民主、文明、和谐、美丽的社会主义现代化强国,实现中华民族伟大复兴的中国梦,满足人民美好生活需要,必须加快教育现代化,把我国建设成为教育强国。在教育现代化过程中,教育的合理、系统、全面发展有赖于教育管理功效的充分发挥。应该把教育管理现代化放到社会的系统中认识,具体分解到教育的体系内去建构,以管理为依托,最终从实现人的现代化为目的的"人本理念"思维上去理解教育现代化。

教育管理学的理论基础主要是管理学和教育学,研究对象是教育管理活动中的实际问题。教育管理学就是通过研究教育管理过程,分析教育管理的现象和本质,从而总结并揭示教育管理规律的学科。从宏观视角来看,国家的教育系统是教育管理学的重点研究对象,而在微观层面上,特定类型的学校组织则是教育管理学的研究对象。

第一节　管理概述

任何人类活动,特别是人类有组织的群体活动都需要管理。管理的实质是协调组织中的不同成员在不同时空的努力以有效地实现组织的活动目标。[①] 在这个过程中,管理者首先需要掌握管理的基本思想和方法论。

一、管理的内涵

学术界经常谈论的"现代管理"是 20 世纪才出现的,而"管理研究"作为一门"科学"也是新生事物,并且依据不同国家的不同定义而内容各异。美国在 19 世纪晚期把"企业管理"作为大学的一门课程,之后不久德国也把一门内容大致相当的"企业经济学"搬上了课堂,日本也几乎是在同一时间开设了高教层次的"商业学"课程。[②] 管理一词的具体含义因文化背景的不同而不同,随着学术、专业,以及国家背景的变化而变化,或者是狭义的或者是广义的,各自有不同的见解,如表 1.1[③] 所示。

以上学者的思想与很多实证研究的证据同样证明"管理工作的相似性要多于其差异

---

① 《管理学》编写组.管理学[M].北京:高等教育出版社,2018:19.

① 《管理学》编写组.管理学[M].北京:高等教育出版社,2018:19.
② 马尔科姆·沃纳.管理思想全书[M].北京:人民邮电出版社,2008:3.
③ 邢以群.管理学[M].4 版.杭州:浙江大学出版社,2016:4.

性"①。由此,可以把管理概括为"通过计划、组织、激励、协调、控制等手段,为集体活动配置资源、建立秩序、营造氛围,从而实现预定目标的实践过程"。简而言之,管理就是通过协调和监督他人的活动,有效率和有效果地完成工作②。效率(efficiency)是指以尽可能少的投入获得尽可能多的产出。因为管理者处理的是稀缺的输入,包括像人员、资金和设备这样稀缺的资源,所以他们必须有效地利用这些资源。效果(effectiveness)通常是指"做正确的事",即所从事的工作和活动有助于组织达到其目标。可见,效率是关于做事的方式,而效果涉及结果,或者说达到组织的目标。因此,管理者不能只是关注达到和实现组织目标,也就是关注效果,还要尽可能有效率地完成工作。在成功的组织中高效率和高效果是相辅相成的,而不良的管理通常既是低效率的也是低效果的,或者虽然有效果但却是低效率的。

表 1.1　管理内涵的界定

强调内容	代表人物	定义内容
强调管理作用	彼得·德鲁克	"管理就是牟取剩余。"所谓"剩余",就是产出大于投入的部分。任何管理活动都是为了一个目的,就是要使产出大于投入
强调决策作用	赫伯特·西蒙	"管理就是决策。"决策贯穿于管理的全过程和管理的所有方面,任何组织都离不开对目标的选择,任何工作都必须经过一系列的比较、评价、决策后才能开始。如果决策错了,执行得越好所造成的损失就越大。所以只有说管理就是决策,才能真正反映管理的真谛
强调管理者个人作用	詹姆士·穆尼	"管理就是领导。"任何组织中的一切有目的的活动都是在不同层次的领导者的领导下进行的,组织活动的有效性取决于领导的有效性,所以管理就是领导
强调管理工作内容	哈罗德·孔茨	"管理就是通过别人来使事情做成的一种职能。"为了达成管理的目的,要进行计划、组织、人事、指挥、控制,管理就是由这几项工作所组成的
其他学者		还有人把管理看作是一个由计划、组织、领导、控制所组成的过程,或是管理者组织他人工作的一项活动;也有人认为管理就是用数学方法来表示计划、组织、控制、决策等合乎逻辑的程序,并求出最优答案的一项工作;等等

二、管理的职能

根据职能的观点,管理者需从事一定的活动以有效率和有效果地协调他人的工作。

---

① 亨利·明茨伯格.管理工作的本质[M].杭州:浙江人民出版社,2017:129.
② 罗宾斯.管理学[M].9 版.北京:中国人民大学出版社,2008:8.

20世纪早期，法国工业家亨利·法约尔(Henri Fayol)第一次提出所有的管理者都在从事五种管理职能，即计划、组织、指挥、协调和控制。20世纪50年代中期，管理教科书中首次使用了计划、组织、人员配备、指导和控制职能作为框架。至今大部分管理教科书仍然按照基本的管理职能来组织内容，即今天所说的计划(planning)、组织(organizing)、领导(leading)和控制(controlling)。[①]

(1)计划。计划是指根据组织的内外部环境，并结合自身的实际情况，制定合理的总体战略和发展目标的过程，通过工作计划将组织战略和目标逐层展开，形成分工明确、协调有序的战略实施和资源分配方案。计划描绘了组织的未来蓝图，指明了组织发展的前进方向，为管理者的日常决策提供了必要的依据，为组织成员的工作绩效提供了考评标准，因而无论环境如何复杂动荡，都不应该忽视计划职能的重要性。

(2)组织。组织主要是指在战略和目标的指导下，明确组织当前的工作任务并对任务进行分类与整合，通过设置一系列的机构和职位来承担这些工作任务，同时，通过明确组织中的指挥链并进行相应的职责和权限划分，构建起完整的组织管理体系。简言之，组织工作是一个"搭台子、组班子、定规矩"的连续动态过程，是落实组织目标和工作计划并确保其有效执行的必要环节。

(3)领导。领导是指充分利用各种方法和手段对下属进行有效的激励，并为下属提供必要的指导和支持，以集中精力、实现组织预定目标的过程。有效的领导不仅需要管理者掌握丰富的沟通技巧，与下属进行充分的交流，掌握其思想和工作动态，充分挖掘新的激励点；还要求管理者发展独特的组织文化，营造和谐的工作氛围，为组织内部的良性竞争提供健康有序的环境条件。

(4)控制。管理者的控制职能是指为确保组织目标的顺利实现，遵照一定的科学程序，对组织内部各项工作的进展情况与实际效果进行监控和评估，并在其偏离预定轨道时采取措施加以纠正的过程。控制活动可以使工作失误得以及时发现和迅速补救，有助于组织从整体上维护自身的根本利益，因此，它贯穿于管理过程的始终，是组织获得成功的重要手段和必要保障。

需要注意的是，管理的实际情况比上述管理职能要更加复杂，计划、组织、领导和控制等几项职能并不存在特别明确的界限。管理者在从事实际工作时常常会发现，四类职能常常是你中有我、我中有你，既彼此包含，又相互推动，因此，将管理者所履行的职能描述为一种过程的观点更为符合实际情况。换言之，管理者在进行管理时始终处于一种过程当中，以连续的方式从事着计划、组织、领导和控制活动。

三、管理的性质

"管理是一门科学还是一门艺术"是管理学界一个经典的问题。自从"科学管理之父"泰勒系统地阐述管理的思想以后，越来越多的学者、企业家认可管理的科学性。但仍然有不少企业家、管理者认为，管理靠的是突然迸发的灵感，并没有典型的、可靠的规律

[①]　斯蒂芬·P.罗宾斯，戴维·A.德森佐，玛丽·库尔特.管理学基础[M].7版.北京:电子工业出版社,2015:5-6.

可循。①

回答这个问题之前,我们需要解释什么是科学。科学就是对一定条件下物质变化规律的总结。可重复验证、可证伪、自身没有矛盾是科学的主要特点。哈罗德·孔茨认为,科学是经过整理的知识,任何科学的根本特点是运用科学的方法去发展知识。从这个角度来看,管理确实是一门科学。同其他科学一样,管理活动有其内在的规律性。通过对大量管理实践经验的归纳总结,我们可以得到管理的基本规律,并且这种规律对其他管理工作具有重要的指导作用。此外,管理的科学性还表现在,它以反映管理客观规律的理论和方法为指导,有一套分析问题、解决问题的科学方法论。例如,行为学派总结的双因素激励理论就是经典的管理学规律。

但这并不是说管理就完全不具有艺术性。在现实的管理实践中,仅仅掌握科学的管理理论和方法是不够的。任何管理理论都不能为所有的管理者提供解决一切问题的标准答案,而且管理理论有很强的情景依赖性,管理环境的复杂性使管理理论难以保证其有效性。管理者只有参考管理基本理论和基本方法,结合实际情况,运用自身的智慧和经验,才能取得最好的管理效果。艺术是指能够熟练地运用知识,并通过巧妙的技能来达到某种效果。管理的艺术性,即强调管理的实践性,没有实践则无所谓艺术。当然,最富有创造力的"艺术"总是以对其所借助的科学的理解为基础的。

综上所述,管理是一门兼具科学和艺术的学科。在管理学领域,科学和艺术并不是相互排斥的,而是相互补充的。也就是说,不参考基本规律的管理行为是鲁莽的;保守地照搬管理学理论也是不明智的。管理的基本职能具有普适性,任何组织都要经历明确愿景、科学计划、有效组织与领导、构建资源与能力、科学规制的过程。但在具体应用中,由于地域、文化、组织的发展规模与成长阶段等不同,上述管理过程具有突出的"情景"特征,需要管理者大胆地创新与创造性地应用,实现"动态的行政管理"。管理的科学性和艺术性要求在管理过程中将理论知识与灵活运用相结合。

第二节 教育管理的内涵、目的与主体

教育管理本身不是目的,而只是一种手段,其目的归根结底是保障全体公民的受教育权利,并为落实国家的教育理念、促进社会教育事业的发展创造条件。②

一、教育管理的内涵与特性

1. 教育管理的内涵

教育管理作为社会管理的一个特殊领域,是随着教育的不断发展而逐渐获得重视的一种管理活动,是一个国家(地区)和学校遵循教育规律,对教育系统及各级各类教育组织

① 陈劲.管理学[M].北京:中国人民大学出版社,2010:35.
② 吴志宏,冯大明,魏志春.新编教育管理学[M].上海:华东师范大学出版社,2008:7.

（正规的与非正规的）进行预测与规划、组织与指挥、监督与协调、激励与控制,以合理配置有限的教育资源、改善办学条件,提高教育质量。[①] 教育管理主要包括教育行政管理和学校管理两个方面。教育行政管理是指国家各级教育行政部门对学校教育的管理。学校管理通常是指学校的内部管理,主要包括:依照国家教育目的制定学校发展目标和发展规划,制订学校部门计划（科研计划、教学计划）,安排教学科研任务,制定学校规章制度,协调学校各部门之间的工作关系,管理学校其他工作,协调学校与社区、学校与社会其他部门的关系。

2. 教育管理的特性

人们在教育领域所从事的管理活动,构成了教育管理活动。教育管理不同于教育教学活动,它是为教育教学服务的;它也不直接培养人,而是为人的培养提供辅助性、支持性服务的活动。[②] 此外,教育管理活动与其他管理活动相比,既有相通的地方,也有相异的地方。其相通的地方是:像其他管理活动一样,教育管理活动要受到社会历史条件的制约;教育管理的对象,同样包括人、财、物、事、时间、空间等成分;教育管理也表现为一个过程,并有其专门的管理职能;其管理方式也随时代的变化而变化,等等。正因为有这些相通的地方,管理的一般理论对教育管理同样具有重要的指导意义。然而另一方面,教育事业毕竟不同于其他事业,有其自身的特点和规律,这些特点和规律必然会在教育管理工作中反映出来。

教育管理过程的独特性包括:(1)教育管理过程是以人为主导的互动过程。一般企业管理过程的终端是物,其管理过程的基本模式是"人（管理者）—人（职工）—物";而教育管理过程的指向是人,其管理过程的基本模式是"人（管理者）—人（教职工）—人（学生）"。教育管理过程虽然也涉及物,但主要是人,是以人为主导的互动过程,而不是以物为对象的生产过程。(2)教育管理过程是管理过程与学生身心发展过程的统一。教育管理是为教育教学活动与学生的发展服务的,而学生的身心发展又有其自身的过程,具有顺序性、阶段性、不平衡性和差异性等特点。教育管理过程先要以了解与遵循学生身心发展的过程为前提,在此基础上再思考管理工作过程的设计与实施。[③]教育管理过程是控制与自主相统一的过程。教育活动无论从教育目标的实现,还是从教学过程的实施上看,都具有一定的模糊性,没有明确的标准,也无法完全量化。这对于管理过程的控制是一个挑战。当然,这并不说教育管理过程无法控制,而是意味着教育管理过程的控制,主要应是内在式控制,而非外在式控制。它需要将控制与自觉统一起来,鼓励与指导教师和学生的自主控制。[③]

二、教育管理的目的

1. 协调教育的发展

教育的发展要依赖于许多条件,诸如政治条件、经济条件、文化条件、地理条件等。国

①　曾天山,褚宏启.现代教育管理学[M].北京:教育科学出版社,2014:10.
②　张新平,褚宏启.教育管理学通论[M].北京:高等教育出版社,2012:5.
③　褚宏启,张新平.教育管理学教程[M].北京:北京师范大学出版社,2013:19.

家愈大，各地的差异性就愈大，教育实施的主客观基础也就愈不一致，这就需要通过有效的教育管理活动来协调教育的发展。即使在同一地区，学校之间也存在差距，因此也还是需要解决协调问题。在教育管理过程中，最常用的协调手段包括经费补助、人员调配、师资培训、技术帮助等。

2. 合理规划和利用教育资源

一个国家无论多么富有，教育资源总是有限的。虽然教育不像工厂生产那样能立即产生经济价值，但人总是追求花最少的钱办最多的事。通过有效的管理，对教育资源进行合理的规划和利用，就能达到事半功倍的效果。

3. 服务于教育

教育管理不单单是为了领导教育，更重要的是为了服务于教育。就像有些研究者所指出的那样，"学校行政不是为存在而存在，它不过是一种手段，而不是目的。因此，学校行政只是为学生而存在，它的功效必须通过它对教学作出多少贡献来衡量；它永远必须是教学的仆人"。"教育行政是服务于教与学的，是支援教与学的，是导引教与学的。没有教师的教学与学生的学习，教育行政就没有存在的必要"。所以，教育管理者既是教育的领导者，又是教育的服务者。[①]

三、教育管理的主体

1. 教育管主体的分类

教育管理的主体也即是教育管理者，主要是指教育管理机构中的管理人员。从组织间的关系出发，教育管理者依教育管理机构的层次可分为中央教育管理者、省（自治区、直辖市）级教育管理者、市（州）级教育管理者、县（区）级教育管理者、乡镇教育管理者和学校管理者。从组织内的关系出发，在各层次教育管理机构内部，教育管理者又有机构负责人、部门负责人、办事员等角色的区分。参照罗宾斯（Stephen P. Robbins）和库尔特（Mary Coulter）的分类，侧重于组织内部，我们可以将教育管理者分为高层管理者、中层管理者和基层管理者。高层管理者是处于或接近组织顶层的管理者，即部长、厅长、局长、校长等；中层管理者包括所有介于基层和高层之间的管理者，即通常所说的部门主任、处长等；基层管理者是最底层的教育管理人员，即通常所说的科员或办事员等。

高层管理者、中层管理者和基层管理者履行不同的管理职责和职能。高层教育管理者是处于或接近教育管理机构顶层的人。他们的职能主要包括：①进行战略决策，指明与引导组织发展和变革的方向。高层管理者是教育管理机构的领导者，他们应着重关注价值、愿景与使命问题，既要维持组织的有序性与稳定性，更要促进组织变革的发生。②思考并设计组织结构，制订规范组织各项工作的规章制度。高层管理者不可能事必躬亲，他们所要做的是，设计出高效的结构与积极的具有激励性的制度，为组织各项具体工作的开展，构建一个良好的框架和机制。③协调各种关系，确保组织的有效运行。对外，高层管理者作为组织的代表人，要处理好与外部各主体的关系，为组织发展创设良好的环境。对

---

① 吴志宏，冯大明，魏志春.新编教育管理学［M］.上海：华东师范大学出版社，2008：8.

内,任务分工所造成的部门与人员间的分隔、摩擦与冲突,也需要高层管理者通过合理的资源分配与积极的沟通方法加以协调。④营造氛围,创建健康融洽的组织文化。高层管理者需要思考的是组织的持续发展,且这种持续发展是组织成员充分参与、主动投入其中的,这便要求他们能够建立与维持一种独特的、积极的组织文化。⑤由于高层管理者是处于特定层级教育管理机构中的领导者,因此,他们还承担着"执行"的职责,即需要合理有效地落实上级教育管理机构的任务与要求。

中层教育管理者是介于教育管理机构基层与高层之间的管理者。如果说高层教育管理者是组织"中枢"的话,中层管理者则是一些关键的组织"节点",他们是联系高层管理者与基层管理者的桥梁与纽带。中层管理者所处的"居间"位置,决定了他们具有两个方面的职能:"向下"的执行职能和"向上"的咨询与建议职能。

基层教育管理者处于教育管理机构中管理层次的最底层,在他们上面的是中层管理者与高层管理者,在他们下面的则是一线的教育人员,包括相关教育行政和教育教学工作的辅助人员、教师、学生等。一般而言,基层教育管理者的职能包括:①执行中层管理者交待的任务与工作。②协助与指导相关辅助人员、教师和学生等,开展各种具体的教育工作。③做好教育管理层与一线教育工作人员的沟通工作,向下做好组织上层所作出决定、计划和任务的及时通知与解释工作,向上做好一线教育工作人员工作情况的汇报,以及他们的想法、需求与意见的反馈工作。

任何一个教育管理主体,不论是行政机关、学校还是个人,不论是高层管理者、中层管理者还是基层管理者,在面对教育管理外部环境时,无论外部环境多么复杂,都必须追求教育管理的目的、遵循教育管理的原则,为所有学生的全面发展、个性发展、持续发展服务。

2. 教育管理主体的三个主要管理技能

我们还可以从另外一个视角更深入地认识教育管理者,就是去鉴别执行管理过程时所必需的能力和技能。卡茨(Katz)明确说明了这里的三个基本技能,他认为,成功的管理者要依靠技术技能、人际技能和概念技能。①

技术技能(technical skill)是对方法、步骤、程序及教学、课程和评价的技术的理解和熟练地运用。非教育性的技术技能包括财政、会计、调度、采购、建造、维修。教育性的技术技能对学校较低层级的管理角色来说更为重要。一般来说,部门领导或年级负责人在教育教学特殊领域比校长要有更多的技能要求。

人际技能(human skill)是指学校管理者能和其他人一对一地或以设置小组的形式在一起有效地工作的能力。这个技能要求相当高的自我理解力、接受力及鉴赏力,还要感情的投入和为他人考虑。它的知识库里包含对领导能力、成熟动机、态度发展、集团动态、人的需要、士气、冲突解决和人力资源发展的理解和运用。人际技能对整个学校各阶层的管理和监督角色来说都很重要。不管何时,所有的管理者都要与他人一起工作,他要运用人际技能来实现目标。

概念技能(conceptual skill)包括管理者通观学校、部门和教育计划全局的能力。这

---

① 托马斯·J.瑟吉奥万尼.教育管理学[M].北京:中国人民大学出版社,2014:56.

个技能包括有效地描绘作为组织的学校、作为教育系统的教育计划和人力组织的功能这些组成部分彼此之间的相互作用。概念技能的发展很大程度上依赖于重视管理理论、组织的知识和人的行为知识、教育哲学、教学知识等的平衡。概念技能对进一步加强组织层级来说是起到更为重要的作用。比如说,管理者可能对如何教育有阅读障碍的青少年所知不多,但必须知道这方面的困惑是怎么回事,并与学校其他部门共同解决。

专栏 1-1

走向多中心治理:学校组织的变革之道

学校组织的多中心治理是对"中心—边缘"管理模式的全面反思,它试图在学校组织管理中建立起多中心的管理秩序,倡导学校管理者、教师与学生之间通过平等协商和对话合作来开展学校事务的公共治理。促进学校组织管理走向多中心治理,我们需要做好以下几个方面的基本工作。

首先,学校组织管理应当从单向度的、物化的工具理性思维走向多中心的、民主的公共理性思维,从而实现学校的整体管理理念及思维方式的变革。一方面,学校组织管理必须抛弃单向度的管理思维,树立一种多中心的管理思维。多中心治理要求管理活动是一种多元主体的相互尊重的活动,而非自上而下的单向度控制;它强调治理权力是多中心性的,学校管理者、教师、学生以及家长等都拥有参与治理的权力。另一方面,学校组织必须从工具理性的物化思维中解放出来,树立一种公共理性思维,在追求更为宽广的公共目标的过程中实现学生的民主的、公共的精神品格的培育。工具理性的思维逻辑往往导致教师把学生当作工具(提高升学率和教学业绩的工具),同时学生也把教师当作工具(提高考试成绩的工具)。多中心治理要求学校和教师从公共目标的角度来理解教育工作,即教育不是为了培养知识容器或考试机器,而是为了培养具有健全品格的主体人。

其次,学校组织应建构"公民治理的伙伴组织"(Civil Partnership of Governance),通过教师与学生、学生与学生之间的公民合作关系实现学校事务的公共治理。为此,学校组织一方面应致力于发展"教师—学生"之间的公民合作关系,在重大的学校公共事务或者公共问题中引入教师和学生的公共协商、民主决策,实现学校治理的民主化。另一方面,学校组织应致力于建构"学生—学生"之间的公民伙伴关系,使学生从孤独、分裂的状态中解放出来。在极度强调知识学习和考试竞争的教育机制中,学生往往更倾向于通过孤独的、封闭的学习来获得个人成功,而不是通过团结和分享来参与公共事务,追求公共利益的满足。因此,为了更好地发展公民伙伴关系,学校组织有必要通过鼓励各种学生社团组织的建立(包括志愿者社团、公益社团、兴趣小组等),引导学生积极参与学校、社会的公共事业,并且使学生在公共参与、公共服务活动中构筑起紧密的公民合作关系。

最后,学校组织应建构一种多元共享、相互制衡的权力运作机制,打破学校组织权力的不均衡状态,实现治理权力的有序共享。学校组织的科层机制通过自上而下的垂直型权力关系,制造了"中心"与"边缘"之间的不平等的权力配置机制,形成了"少数学校管理者的权力独占、权力专断现象的产生"。多中心治理所倡导的是一种多元共享、相互制衡的均衡权力体系。这种均衡权力体系主张学校管理者、教师和学生共享管理权力,并且通过这种多中心的权力共享来达到权力制衡,以避免权力的滥用。为建构这种相互制衡、多元共享的权力机制,需要学校组织在制度层面上建立一系列的组织机构及制度体系,从而对学校的主要领导者(包括校长、副校长、年级主任等)的公共权力加以有效的制衡,以避免少数领导的权力的过度膨胀从而损害大多数人的权益。通过这种多中心的相互制衡的制度体系的建构,学校管理者、教师和学生在学校公共事务中才能真正实现权力共享,"中心—边缘"管理模式所导致的专断权力将被公共治理的共享权力所代替,实现平等互信基础上的权力制衡,从而最大限度地保障学校管理权力运作的公共性与民主性。

【资料来源】叶飞.多中心治理:学校组织的公共治理之道[J].南京社会科学,2018(12):138-144.

第三节 教育现代化与教育管理现代化

教育现代化是社会主义现代化建设的重要内容,社会主义现代化的本质是人的现代化,人的现代化要以教育现代化为前提。教育现代化在我国社会主义现代化建设中具有先导性和基础性地位,主要任务就是为人民提供更公平、更全面、更高质量的教育服务。[1] 我国目前进入社会转型发展时期,是社会现代化进程中的攻坚期,是力图展现更好的社会现代性样态的发展阶段。国家层面也多次在重要会议上强调要促进管理现代化、制度现代化等,以促进社会更好更快发展。社会的多元素构成,意味着社会现代化需要政治、经济、教育等各方面的现代化发展。教育现代化的发展离不开管理的现代化,从社会现代化到教育管理现代化体现着包含与反促进的演进逻辑。[2]

一、现代化、教育现代化与教育管理现代化的内涵

(一)现代化

在西方国家,现代化就是指由"传统的社会或前技术的社会转变为具有技术理性的高度分化的现代社会"[3],或者是指由"一个专制固化的静态社会转变为一个具有变迁与革

---

[1] 钟贞山.以人民为中心的教育现代化:理论、实践与内涵实现[J].国家教育行政学院学报,2018(1):56-61.
[2] 邓优,陈大超.教育管理现代化价值转向及实践路径[J].现代教育管理,2018(2):23-28.
[3] 布莱克,C.比较现代化[M].上海:上海译文出版社,1996:19.

新取向的民主动态社会"①。在中国,现代化往往被区分为广义和狭义两种理解②:广义上的现代化主要是作为一个世界性的历史过程,是指自工业革命以来,由于生产力发展导致社会生产方式的大变革,从而导致传统的农业社会向现代工业社会的转变,并因而引起社会组织与社会行为深刻变革的过程;狭义的现代化则是指落后国家采取高效率的途径,通过有计划的经济技术改造和学习世界先进经验,带动广泛的社会改革,以迅速赶上先进工业国家和适应现代世界环境的发展过程。

对比上述观点可知,西方学者的"现代化"观念在概念结构上主要对传统社会与现代社会进行二分,而中国学者的"现代化"观念则进一步对落后国家与先进国家进行二分。虽然当前各种现代化研究可能对于现代化的性质、要素、动力、过程及其相关问题有不同见解,而且不同场合和不同群体对于现代化的诠释和使用都存在着一定的差异,但从总体上讲,现代化这一观念的理论构造基本上无法摆脱"传统与现代""落后与发达"这种二分法。这种二分法也成为当前教育现代化研究的既定分析框架,亦是构成"教育现代化"这一观念的内部理论结构③。

(二)教育现代化

从字义上看,"教育现代化"就是"转化为现代教育"。从学理上讲,教育现代化是与教育形态变迁相伴的教育现代性不断增长与实现的历史过程。教育现代化的本质是教育现代性的增长与实现。④ 教育现代性即教育的现代精神气质,是现代教育典型特征的抽象与概括,是现代教育的灵魂。关于教育现代性,有两点需要特别注意。第一,教育是一种手段和工具,教育现代化存在的合理性与否,或者说,教育是否是现代化的教育,取决于它能否促进社会的现代化和人的现代化。离开了教育服务的目标,离开了社会现代化和人的现代化,就无法判定教育是不是现代化,是不是具有现代性。第二,教育现代性是一种状态而不是一个过程。现代化是一个过程,而现代性是现代教育的典型特征,是现代化要达到的某种理想的状态或结果,是一种可以衡量现代化程度的尺度与标准。

专栏 1-2

如何理解《中国教育现代化 2035》的总体目标

中国特色社会主义进入新时代,教育的基础性、先导性、全局性地位和作用更加凸显。加快向创新型国家迈进,建设现代化经济体系,建设富强民主文明和谐美丽的社会主义现代化强国,实现中华民族伟大复兴的中国梦,满足人民美好生活需要,必须加快教育现代化,把我国建设成为教育强国。从全球来看,当前新一轮科技革命和产业革命正在孕育兴起,重大科技创新正在引领社会生产新变革,互联网、人工智能等新技术的发展正在不断重塑教育形态,知识获取方式

---

① 艾森斯塔德.S.N.传统、变革与现代性——对中国经验的反思[M].上海:上海三联书店,2002:1087-1088.
② 罗荣渠.现代化新论——世界与中国的现代化进程[M].北京:北京大学出版社,1995:16-17.
③ 胡君进,檀传宝.当前教育现代化观念的理论构造及其反思[J].现代大学教育,2018(2):12-17.
④ 褚宏启.教育现代化2.0的中国版本[J].教育研究,2018,39(12):9-17.

和传授方式、教和学关系正在发生深刻变革。人民群众对教育的需求更为多样，对更高质量、更加公平、更具个性的教育需求也更为迫切。必须抓住机遇，超前布局，以更高远的历史站位、更宽广的国际视野、更深邃的战略眼光对加快推进教育现代化、建设教育强国作出战略部署和总体设计，推动我国教育不断朝着更高质量、更有效率、更加公平、更可持续的方向前进。

教育现代化是教育高水平的发展状态，是对传统教育的超越，是教育发展理念、发展方式、体系制度等全方位的转变。《中国教育现代化 2035》贯彻落实习近平新时代中国特色社会主义思想和习近平总书记关于教育的重要论述精神，提出了推进教育现代化的指导思想、基本理念和基本原则。指导思想明确了当前和今后一段时期推进教育现代化的总体要求。其中党的坚强领导是办好我国教育的根本保证；全面贯彻党的教育方针、坚持马克思主义指导地位、坚持中国特色社会主义教育发展道路、坚持社会主义办学方向，是不可偏离的根本方向；立足基本国情、遵循教育规律、坚持改革创新，是兴教办学的原则思路；凝聚人心、完善人格、开发人力、培育人才、造福人民，是事业发展的工作目标；培养德智体美劳全面发展的社会主义建设者和接班人，是教育工作的根本任务；加快推进教育现代化、建设教育强国、办好人民满意的教育，是贯穿教育改革发展的主题主线。提高教育质量，促进教育公平，优化教育结构是推进教育现代化的重要着力点。提出了坚持党的领导、坚持中国特色、坚持优先发展、坚持服务人民、坚持改革创新、坚持依法治教、坚持统筹推进七个方面的基本原则。

教育现代化是普及、质量、公平、结构等方面整体水平的提升。在战略目标上，文件对标国家现代化建设战略安排，在深入分析教育发展趋势和进行国际比较的基础上，提出了到 2020 年教育现代化取得重要进展，2035 年总体实现教育现代化、迈入教育强国行列的总体目标。同时，提出了八个方面的 2035 年主要发展目标：一是建成服务全民终身学习的现代教育体系；二是普及有质量的学前教育；三是实现优质均衡的义务教育；四是全面普及高中阶段教育；五是职业教育服务能力显著提升；六是高等教育竞争力明显提升；七是残疾儿童少年享有适合的教育；八是形成全社会共同参与的教育治理新格局。这八方面目标，涵盖了体系结构、普及水平、教育质量、人才培养结构、服务贡献能力等教育现代化的目标要求。同时，提出了 2035 年教育事业发展和人力资源开发水平主要量化预期目标。这些目标的确定，以国家现代化建设的总体战略目标为依据，与全球2030 年可持续发展议程相呼应，体现了中国特色，符合国情，体现了使教育同党和国家事业发展要求相适应、同人民群众期待相契合、同我国综合国力和国际地位相匹配的目标要求。

【资料来源】 教育部网站.教育部负责人就《中国教育现代化 2035》和《加快推进教育现代化实施方案（2018—2022 年）》答记者问 http://www. moe. gov. cn/jyb_xwfb/s271/201902 /t20190223 _370865.html

（三）教育管理现代化
综合已有研究可知，应该把教育管理现代化放到社会的系统中认识，具体分解到教育的体系内去建构,以管理为依托,最终从实现人的现代化为目的的"人本理念"思维上去理解教育现代化。教育管理现代化作为教育现代化系统工程的一个部分或者管理现代化系统工程在教育领域的体现,从实践的主客体与联系中介角度讲,涉及教育管理主体的现代化、教育管理手段的现代化以及教育管理体制的现代化;从宽泛的文化角度上讲,涉及教育管理观念层面的现代化、教育管理制度层面的现代化、教育管理工具层面的现代化以及渗透于三者之中的教育管理行为的现代化,在这之中,教育管理观念的现代化是最为重要的[①]。对教育管理现代化可以从以下三个方面来理解[②]。

一是教育管理现代化是历史的、过程性的概念。教育管理现代化体现了从"传统"教育管理理念向"现代"教育管理理念转化的趋势。教育管理现代化不是一个固定概念,它是随着人们对教育管理现代化理论与实践认识的不断深入而不断丰富、发展、完善的动态概念。教育管理现代化的水平处于一个动态的、发展的过程之中,这也就意味着教育管理现代化没有固定的模式和道路。同时,现代化不等同于西化,深化我国教育管理现代化的实践路径不是对西方教育管理理论与实践的简单复制与模仿,而是在以我国文化为根基、国情为基础,并以我国教育管理理论与实践为指导的前提下,对西方教育管理理论与实践进行学习、借鉴,最后在创新的基础上实现我国教育管理现代化。

二是教育管理现代化是全社会范围内的现代化。所谓全社会范围内现代化包括两方面的含义:第一,教育管理现代化不只是现代化潮流在教育领域的体现,全社会范围内的现代化是教育管理现代化的基础,教育管理与政治、经济等领域存在着密切的关系,社会各领域现代化进程都能对教育管理现代化起到促进作用。同时,教育管理是社会管理的有机组成部分,它具有社会管理的共同特点,教育管理现代化程度也是全社会范围内现代化的标志。所以教育管理现代化不等同于单一的教育现代化,而是涉及政治、经济、文化等"多位一体"的现代化。第二,教育管理现代化是面向所有人的现代化。无论是城市还是农村、东南沿海还是西北内陆、汉族地区还是少数民族地区,无论经济、教育的发达程度如何,教育管理现代化的成果都应面向所有人,而且所有人也都应该为教育管理的思想、组织、方法、手段等的现代化贡献力量。

三是教育管理现代化是渗透教育体系全方位管理的现代化。在通常理解上,教育管理往往被认为是学校或政府部门对教育发展或实践的宏观管理,实则这是把管理窄化了。教育管理是贯穿在整个教育系统中的,实现教育管理现代化,也是要在教育各方面渗透现代教育管理的理念、方法和工具等。教育管理的现代化就是要把现代化管理贯穿于整个教育体系中,只有这样才能更好地实现教育现代化。

二、我国教育管理现代化的价值取向

现代性作为现代化的范畴,更多地表现为精神价值,现代化进展程度如何需要从现代性价值理念上来衡量。随着教育管理现代程度的不断深化,其价值取向也发生转变。

---

① 蒋和勇,张新平.对教育管理现代化概念及研究范式的反思[J].教育理论与实践,2003(7):18-23.
② 邓优,陈大超.教育管理现代化价值转向及实践路径[J].现代教育管理,2018(2):23-28.

1. 从"工具理性"价值取向到"以人为本"的价值取向

理性是一个具有褒义的哲学概念，与现代化相对范畴的现代性本就是理性精神的演化，而当理性附加了过多的功利色彩，理性便超越了合理人性承受的度，理性也就被异化了。在社会大工业生产的进程中，生产方式发生巨变，资本家积累大量资金，需要榨取劳动者更多剩余价值，劳动者固守于机器生产而获利甚少，马克思称之为对人的异化，马尔库塞称之为"单向度的人"，这都是理性异化的表现。马克斯·韦伯更明确地用"工具理性"和"价值理性"来概括理性的两种表现。工具理性强调直接逐利，实现利益最大化，追求目的最快地完成。表现在教育管理上，工具理性的管理方式就是追逐目标的方式。在工具理性潮流下，教育管理以实现最显著的教育目的为指归，过于关注达到教育管理目标的手段，却忽略了教育管理目标本身。以教育功利的显性表现，来取得社会各方主体的满意。尤其是步入21世纪以前，我国经济迅速腾飞，科学技术快速发展，存在着工具性、技术性管理倾向严重的现象。工具管理价值也广泛表现在教育管理中，而一定程度上忽视了人本价值。在这十几年的教育管理现代化进程中，教育管理活动无处不在地体现着人性的关怀，教育管理领域时刻以学生为焦点，全面发展的目标不断合理化，教育评价模式不断多元化等，都表现出管理活动从重"工具价值"转到重"个人价值"，逐步实现"集体利益"到"个人利益"并举的转变。

2. 从"效率优先"到"公平"与"效率"兼顾的价值取向

1985年5月，中共中央颁布的《关于教育体制改革的决定》提出了在基础教育阶段施行"分级办学，分级管理"的办学管理制度。考虑到地区的差异性，扩大了地方的管理权限，提高了地方办学与管理的积极性，使得教育效率显著提高。但是在"效率优先，兼顾公平"价值取向的指导下，城乡和地区之间的教育质量差距明显增大。2002年4月，国务院办公厅印发的《关于完善农村义务教育管理体制的通知》指出："农村义务教育实行'在国务院领导下，由地方政府负责、分级管理、以县为主'的体制。"目前我国"以县为主"的基础教育管理体制力图缓解"乡镇办学"产生的教育不公平等一系列问题，最大限度上保证了公平和效率之间的平衡，自此我们可以看出公平和效率二者之间的关系并不是对立的，而是可以相互协调的。目前我国教育政策的制定者认识到公平与效率是统一的整体，教育公平的实现是效率提高的保证，效率又是促进公平的有效手段，二者相互促进以便达到共同的目标——教育质量的提升，最终达到人的全面发展。目前我国教育管理活动力求兼顾公平与效率，而不是将其割裂开来。

3. 从重教育管理"结果"到重教育管理"过程"的价值取向

传统的教育管理活动以"结果"为取向。虽然传统教育管理中有过程管理的概念，但是对过程的管理也是为实现目标服务的，本质上还是以"结果"为动力导向。可见传统教育管理重视管理的效率与效果，但对教育管理过程的价值关注较少。传统教育管理活动"重结果、轻过程"的现象，割裂了过程与结果的统一性。这种功利主义取向与教育管理的以人为本的价值取向相背离。教育管理的"过程"价值取向并不是重过程轻结果，而是认为结果是一种过程性概念，教育管理的结果包含在教育管理过程之中，教育管理过程蕴含着教育管理结果，二者是协调统一的。以"结果"为取向指导下的管理者与被管理者是控制与被控制、监督与被监督的关系。而随着教育管理现代化程度的加深，以"结果"为取向指导下的管理者和被管理者处于民主、平等的地位，是互助、合作、友好的关系。管理者之间、被管理者之间以及管理者与被管理者之间在教育管理过程中共同成长与进步，从而体现教育管理"过程"的价值取向。

进入 21 世纪，我国的社会现代化与人的现代化以及激烈的国际竞争对教育提出了更高要求，要求教育为国为民做出更为卓越的贡献，要求教育在人道性、民主性、理性化、法治性、生产性、信息化、国际性等方面进行深度变革[①]。面向未来，我国的教育管理现代化发展也面临着诸多挑战，我们应加快推进教育供给侧结构性改革，办好优质公平教育，统筹城乡教育协调发展，提高教育服务经济社会发展的能力和水平，为推进教育现代化目标奠定坚实基础。

第四节　教育管理学的学科认识

我国教育管理学发展的根本目的和功能在于为深化教育改革、提高教育管理的科学化水平提供理论依据，继而促进教育质量提高，培养德智体美劳全面发展的社会主义事业建设者和接班人。我国社会主义教育事业的性质和教育管理学发展的目的、功能及服务对象客观地决定了其学科建设与发展必须坚持以马克思主义哲学为指导。特别是进入新时代以来，以习近平同志为核心的党中央旗帜鲜明地强调要进一步巩固马克思主义对哲学社会科学的指导地位，坚持正本清源，守正创新，培根铸魂。[②] 在这样一种背景下，未来我国教育管理学的发展必将进一步凸显马克思主义哲学的指导地位，并按照"不忘本来、吸收外来、面向未来"[③]的基本思路着力构建具有中国特色的教育管理学理论体系。

一、教育管理学的概念与研究对象

教育管理学是应用科学的方法，有系统、有目的、有计划地研究特定教育管理现象发生、发展、变化的规律，以揭示教育管理本质、解决教育管理现实中存在的问题和创造性地提高教育管理水平为宗旨的一门社会科学。简而言之，教育管理学是一门认识和理解教育管理现象，谋求教育管理改进之道的学问。[④]

人类社会的教育组织和机构五花八门，其中最普遍、最有代表性的是学校，所以学校管理是教育管理学研究的核心。教育管理学要研究学校组织的特性、学校的教育教学管理和后勤管理等问题。不过，我们不能从狭义的角度看待学校组织的管理。学校不是孤立存在的，作为社会上众多组织中的一种，其教育和管理过程要受到社会各方包括中央政

---

① 褚宏启.教育现代化 2.0 的中国版本[J].教育研究,2018,39(12):9-17.

② 吴东方,司晓宏.新中国成立 70 年教育管理学发展的总结、评价与展望[J].中国教育学刊,2019(10):42-47.

③ 习近平:在哲学社会科学工作座谈会上的讲话[EB/OL].(2016-05-18).http://politics.people.com.cn/n1/2016/0518/c1024-28361421.html.

④ 张新平,褚宏启.教育管理学通论[M].北京:高等教育出版社,2012:13.

府、地方政府、教育行政部门、社会团体、家长等的影响。此外,学校的管理也不是学校行政人员所能随意安排的,它要受到来自外界的各种因素的制约,如教育体制、教育政策、教育法律、教育经费投入等。这样,为更深刻、全面地理解学校管理现象,教育管理学就必须研究其他相关问题,如从中央到地方各级教育管理机构的设置、教育政策和法律的制定和实施、教育人员的资格和条件、教育经费的筹集和管理等等问题。因此,教育管理学的研究对象可以进一步细分为教育管理活动、教育管理体制、教育管理机制和教育管理观念四个方面。① 总之,教育管理学以学校组织的运行与管理为核心,并探讨与学校教育事业有关的种种教育管理现象和问题。

我国教育管理学界目前对这门学科的研究有两种不同看法。一种观点是要将教育管理学分成两个科目进行研究,即教育行政和学校管理,两者各有其研究对象。教育行政研究国家各级教育行政机关对教育事业的领导和管理,学校管理则专门研究学校内部的管理工作。这种看法实际上是把教育管理学架空了,不再将其看作一门单独的学科。另一种观点是把教育管理学作为一门单独学科看待,认为这门学科既研究政府的教育行政事务,也研究学校的行政管理事务,并把后者看作前者的一个部分。这种观点实际上是从广义的角度看待教育行政问题,将教育行政与教育管理等同看待。

事实上,一个国家的教育管理事业本是一个有机的整体,不可能把这一整体的各个部分截然分开。从现代系统论的角度看,上述两分法的研究是不可取的,因为这等于把学校组织及其管理作为一个封闭系统而不是一个社会开放系统来对待。实际上,在教育管理实践中,政府的教育行政活动同学校的工作是密不可分的,离开了学校教育,政府的教育行政事务就失去了对象和目标,政府的教育理念、教育政策和法令,不通过学校也无法贯彻和落实。在另一方面,学校的管理也不可能脱离政府的教育方针、政策之外,学校的很多管理制度,实际上就是政府或社会的教育观念、教育思想的体现,而学校管理者就是代表政府在学校这一特定组织中行使管理职能。因此,应把教育管理活动视为一个完整的过程,在这个过程中,既没有不涉及学校事务的单纯的教育行政,也没有可脱离教育行政的单纯的学校管理,教育行政过程就是从中央到地方再到学校的各种教育行政管理事务的总和。而教育管理学就是要对这一过程的方方面面以及影响这一过程的种种因素进行全面分析研究,并以此为基础,深刻揭示教育管理活动的内在特性和规律。②

二、教育管理学的学科性质

所谓学科性质是指一门学科在人类整个科学体系中的门类归属和地位。学科性质和研究对象是教育管理学学科体系建设与发展中两大最基本、最重要的问题,直接关涉学科在学科群中的地位。然而,从已有研究来看,学者们尚未对教育管理学的学科性质和研究对象达成共识。③

① 孙绵涛,康翠萍.论教育管理学的研究对象[J].华东师范大学学报(教育科学版),1997(3):23-26.
② 吴志宏,冯大明,魏志春.新编教育管理学[M].上海:华东师范大学出版社,2008:14-15.
③ 王声平,贺静霞.改革开放40年我国教育管理学学科体系研究的反思与展望[J].现代教育管理,2018(12):24-30.

由于研究视角不同,学者们对教育管理学学科性质存在不同的理解,例如:有些学者从"教育学科还是管理学科、人文科学还是社会科学、应用学科还是理论学科"三个维度进行审视①,也存在"教育学科说""管理学科说""交叉学科说""人文学科说""应用学科说"和"综合学科说"等不同的观点。从涵盖范围的角度看,"综合学科说"是较为合适的界定。因为,它既反映了教育管理学事实上的综合性,也可以调和教育管理学到底是教育学还是管理学科或交叉学科,到底是应用学科还是人文学科的争议。但这一界定也存在过于宽泛的不足,容易模糊人们对教育管理学专门性与独立性的理解,以及对教育管理学学科使命的把握。因此,本来为了弄清教育管理学学科定位的努力,反而会造成教育管理学学科定位的不清晰。比较而言,将教育管理学的学科性质定位为社会科学,可能更为合适。具体理由,有如下三个方面。②

第一,将教育管理学定位为社会科学,既可以避免过于笼统,也可以避免失之片面。首先,无论是教育学科,还是管理学科,抑或是教育学与管理学的交叉学科,从大的方面来说,它们都属于社会科学。其次,应用性是社会科学的基本特征,从这个意义上讲,应用学科与社会科学的定位也是重合的。最后,人文学科的定位,虽体现了教育管理学某一方面的特征和使命,但从教育管理学的主要方面看,其仍应归属于社会科学。因此,教育管理学归属为社会科学这一中间定位既不狭隘也不宽泛。

第二,将教育管理学定位为社会科学,有其历史根据。所谓历史根据,表现为两个方面:其一,将教育管理学定位为社会科学这种主张并非某个人的一时之见,曾有很多人主张这种观点,时至今日,它仍是人们孜孜以求的学科建设目标。从国内来看,张济正在20世纪80年代就宣称教育管理学是一门社会科学,认为学校是社会系统的一个组成部分,学校中的教育活动和管理活动是人们结成某种社会关系的情况下所进行的活动。③陈孝彬也强调教育管理学是一门社会科学,认为教育是一种社会现象,它存在于一定的社会环境之中,社会环境对教育的存在与发展有着激励或制约的双重作用。教育管理学就是研究在什么社会条件下,采用什么方法能够激活教育中的激励因素,改变制约因素。④从国外看,美国早期教育管理的创始者佩恩(W. H. Payne)和哈里斯(W. T. Harris)就强调运用社会科学的知识和观点来研究教育管理问题。在20世纪20~40年代,莫尔曼(A. Moehlman)、莫特(P. Mort)和西尔斯(J. Sears)等重要教育管理学者亦竭力倡导借鉴社会科学的成果来改进教育管理学的研究。在20世纪50~70年代兴盛于欧美等国的"教育管理理论运动"中,将教育管理学建设成为严谨的社会科学,更是大多数教育管理学者的核心主张与主要追求。其二,从教育管理学学科发展史的角度看,教育管理学的发展也深受其他社会科学的影响,随着不同时期人们对于社会科学的理解与解释发生变化,教育管理学也会被赋予新的内涵,形成新的特征。纵观20世纪50年代以来教育管理学的发展便可见,教育管理学的发展是与社会科学的总体发展密切关联的:(1)1951年至1975

① 陈红燕,张新平.再论教育管理学的性质:三维审视[J].现代教育管理,2013(2):18-23.
② 褚宏启,张新平.教育管理学教程[M].北京:北京师范大学出版社,2013:24-26.
③ 张济正.学校管理学导论[M].上海:华东师范大学出版社,1990:27-28.
④ 陈孝彬,高洪源.教育管理学[M].北京:北京师范大学出版社,2008:3.

年前后,教育管理学开始大踏步地迈向以逻辑实证论、逻辑经验论为理论基石的社会科学阶段。(2)1976 年至 1990 年前后,教育管理学在观点纷呈的社会科学研究背景下开始走向范式多元阶段。大批思想活跃的教育管理学者在充满断裂和非线性,凸显权力冲突、公正公平和个体主体性,高扬价值、理解和关系建构的新型社会科学的影响下,开始了教育管理学的新一轮再造工作。(3)自 1991 年前后开始直到现在,教育管理学在走向开放、温和、综合的社会科学的影响下,也开始步入一条整体、综合与调和的发展之路。

第三,将教育管理学定位为社会科学,也有其现实需要。历史依据为教育管理学是一门社会科学的观点奠定了厚实的基础。但学科历史又不必决定一门学科的未来发展方向。一门学科性质的定位,更要基于现实需要。我国是一个人口大国,也是一个地区、城乡和居民收入差异相差悬殊的国家,经济、社会和教育发展中存在着不公平和失衡等诸多问题,解决这些纷繁复杂的教育难题,迫切需要视野开阔、内容丰富的教育管理理论的指导。从现实出发,我们也需要将教育管理学纳入社会科学予以建设,进而使其既能有效地提升教育管理学的理论品质和魅力,又能最大限度地发挥教育管理学服务现实、服务学校、服务教育利益相关者的功能。

三、教育管理学的研究方法

科学研究过程是对自然或社会现象做系统的、受控制的、实证的和批判的调查,它可以始于理论,也可以终于理论。而理论就是使用科学方法建立知识的重要因素。[1] 教育管理学的研究方法是指研究过程中所使用的各种资料收集方法、资料分析方法以及各种特定的操作程序和技术,具有具体性、专门性、技术性、操作性等特点。学者张新平提出,教育管理学的方法体系从内部纵向逻辑上可分为方法论、方式以及具体的方法技术三部分,其中方法论处于体系的最上层,是教育管理学方法体系的理论基础,方式处于方法论的中间层,包括研究方式和工作方式两方面,具体的方法技术则处于最下层,具有专门性、技术性、操作性的特点。[2] 纵观已有研究成果,常用的教育管理学研究方法包括如下几种:

1. 文献分析法(Documentary Analysis)

除某些使用扎根理论方法的学者之外,大多数社会研究者在研究设计时都是从文献回顾开始的。[3] 文献综述的第一个作用是帮助回答一个问题:"我们已经知道了什么,我们还不知道什么。"在实证研究中,还需要第二部分的文献综述,这也是文献综述的第二个作用,回答"我根据什么提出新的视角和研究假设"。[4] 查阅、分析和研究与课题相关的文献,是教育管理研究的前期准备工作的主要内容。具体而言,文献分析法是研究者系统、

---

① 徐淑英,仲伟国.科学过程与研究设计[M]//陈晓萍,沈伟.组织与管理研究的实证方法.北京:北京大学出版社,2018:17-38.

② 王声平,贺静霞.改革开放 40 年我国教育管理学学科体系研究的反思与展望[J].现代教育管理,2018(12):24-30.

③ 艾尔·巴比.社会研究法[M].11 版.北京:华夏出版社,2009:484.

④ 罗胜强,姜嬿.管理学问卷调查研究方法[M].重庆:重庆大学出版社,2014:29.

全面地搜集、查阅与研究问题相关的文献资料,以这些文献资料为研究对象,通过整理、分析、推论等手段,揭示、认识相关教育管理研究事实或规律的一种研究方法。但这一方法有其不足,主要是对文献的准确性、可信度及代表性不易把握;有些资料因条件限制不易查询;有些原始资料与当事人的思想观念、个人偏好等个人因素夹杂在一起,而非客观中立的事件报道,因而要求研究者有较强的知识基础和判断能力。

2. 问卷调查法(Questionnaire Survey)

问卷调查是一种基于某一特定样本进行信息搜集的方法,研究者希望以此为基础得出关于样本总体的定量化描述。[①] 问卷调查在教育管理研究过程中运用得非常普遍,特别是 20 世纪 50 年代行为科学兴起以后,这一方法被大量运用在分析各类教育管理问题上。直到今天,凡是定量的、实证性的教育管理研究,主要还是依靠这一方法。问卷调查方法一般的过程是:确定研究主题→设计调查维度→编制问卷项目→选取样本→小范围预测→实施调查→数据统计分析→形成结论。只要问卷编制合理,样本选择科学,用问卷调查方法得到的结果一般来说比较客观、可靠。问卷调查的难度在于:设计有较强信度和效度的问卷不大容易;研究成本较高;所费时间较长;研究者须掌握一定的统计学方面的知识等。

3. 访谈调查法(Interview Survey)

访谈调查是一种研究性交谈,是研究者通过口头谈话的方式从被研究者那里收集(或者说"建构")第一手资料的一种研究方法。[②] 这种方法在教育管理研究中有极高的价值,特别在有关教育政策和学校管理的研究方面。访谈调查有多种形式,一般来说,如果访谈问题事先设计得非常固定和严密,被访者只能在研究者所指定的选项中提供答案,则访谈较倾向于封闭、标准和结构式,如果被访者回答问题时的自由度较大,答题的标准没有规定,则访谈趋向于开放、探究和非结构式。访谈的对象,可以是单个人,也可以是一组人。访谈调查法的优点在于具有广泛的适应性,几乎任何研究课题都可以运用这种方法;通过这一方法还能了解到问卷调查法所难以反映的一些深层次问题。访谈调查的局限在于需花费较多时间,而且研究者的主观倾向较浓,有时难免夹杂个人的主观偏见,影响了研究的客观性和公正性。

4. 案例研究法(Case Study)

案例研究是指综合运用多种方法,广泛收集各种资料,对某一个体、团体或组织进行的一种较为深入且全面的描述和分析的研究。案例研究适合用于发生在当代但无法对相关因素进行控制的事件。[③] 就教育管理而言,某个学校或教育行政组织,某个学校领导,某项教育政策都可以作为个案来研究。例如,某个薄弱学校的发展问题,弄清该校目前的状况,接着从理念、规划、管理、师资、生源与保障条件等诸多方面分析原因并提出整改对策。案例研究是针对某一明确对象的研究,在研究目的、研究对象、研究方法和研究过程

① 梁建,谢家林.实证研究中的问卷调查法[M]//陈晓萍,沈伟.组织与管理研究的实证方法.北京:北京大学出版社,2018:97-127.
② 陈向明.质的研究方法与社会科学研究[M].北京:教育科学出版社,2000:165.
③ 罗伯特·K.殷.案例研究:设计与方法[M].2版.重庆:重庆大学出版社,2010:13.

等方面有着较为鲜明的特征,如研究对象的个别性,研究方法的综合性,研究过程的深入性。但是,由于需要对研究对象进行全方位的深入考察,综合运用多种研究方法,加之需要较长时间地追踪探究,案例研究的难度不小。同时,最终要提出一系列的整改策略,针对性与可操作性的要求高,还要评估该策略的实施是否真正对研究对象起到了积极的推进作用,这对个案研究者而言又是一大考验。

5. 实验研究法(Experimental Research)

实验研究法是一种能够让研究者探索因果关系的观察方法。[①] 这一方法的特点是:第一,至少有一个变量,而且这个变量可以由研究者人为地加以控制和改变;第二,主要用于揭示变量之间的因果关系;第三,研究时通常要将有控制的事实和对象的情况与没有控制的事实和对象的情况进行比较;第四,实验过程要求有假设、验证,有较严格的操作规则,有科学的测量手段;第五,实验结果可以重复,即只要条件相同,任何人都可以重复这一实验。与其他研究方法相比,教育管理领域的实验研究难度较高,这可能与教育管理所涉及的因素复杂多变、难以控制且有高度的政策导向等因素有关。不过,并非没有这方面的成功例子,如美国管理心理学家莱温(K. Lewin)于20世纪30年代末在学校进行的关于领导风格类型的研究,通过研究,他得出了不同的领导风格会对群体行为和团体效率产生不同影响的结论。该研究对战后的领导科学的发展产生了深远的影响。实验研究比较适合小范围且目标比较单一的情况,如学校的班级管理、师生间的互动关系等。

6. 比较研究法(Comparative Study)

比较研究者必须从大量详细描述研究议题的作品中发现模式。[②] 这是人们认识客观事物的一种重要方法,在教育管理研究中经常要用到。像教育政策、教育管理体制、教学管理形式等问题,很多人都喜欢进行比较研究。比较法的形式很多,有纵向比较、横向比较,有校与校的比较、地区甚至国家与国家的比较。就其意义而言,比较研究能扩大研究者的视野,加深对所要研究问题的认识;跨国家、跨文化之间的比较研究,还能增进对未来教育管理发展趋势的认识。比较研究也有其限制,如研究者比较容易看到一些表面现象,对深层次因素把握不住;由于对不同国家或地区的政治经济制度及人文传统了解有限,很多所谓的比较研究充其量不过是"介绍",离真正的比较研究相去甚远;研究的成果也较难推广等。

7. 行动研究法(Action Research)

行动研究是实践者为提高新的行动的效果而对其进行的系统性的研究。[③] 从其性质上讲属于应用研究,因为其研究指向非常明确,就是帮助基层人员解决实际问题。这一方法的特点是它的当下实用性,它不关心研究成果的普遍意义,故对研究条件的要求不那么苛刻,理论基础也并不要求非常成熟。行动研究通常规模较小,大多以集体合作形式进行,在研究中特别看重对原计划的及时评估和修正。在教育管理领域,行动研究法在学校

---

① 艾尔·巴比. 社会研究法[M]. 11版. 北京:华夏出版社,2009:222.

② 艾尔·巴比. 社会研究法[M]. 11版. 北京:华夏出版社,2009:342.

③ 乔伊斯·P.高尔,M.D.高尔,沃尔特·R.博格. 教育研究方法使用指南[M]. 北京:北京大学出版社,2007:466.

资源管理、课程管理、德育管理、学校效能提高等方面都可以被采纳。这种方法如运用得好,不但能解决实际问题,也能促进理论与实际的结合,同时可以提高教师的专业素养和研究能力。所以,有的学者认为,这是一种极佳的训练教师科研能力的方法。

8. 建模法(Modeling Methods)和德尔菲法(Delphi Method)

建模(Model Building)最近几年在教育管理研究领域越来越受到关注,尤其在社会科学研究中得到了更为普遍的应用。经济学家有时候会用模型(models)来试图确定如货币供应、利率和经济增长等大量经济因素间的关系。从本质上讲,模型是对很多变量间关系(联系)的假设和概念的描述。模型旨在解释现象,当应用在教育管理研究中时,模型被用来解释在某个教育活动情境中发挥作用的教育管理变量。但是,仅仅将一个模型概念化,作为研究来说是不够的。模型必须根据变量进行设定,并用观测数据来进行检验。建构模型的这些部分需要统计模型与概念化的理论拟合。统计模型通常由表示变量间关系的线性方程组(linear equations)或附加方程组构成,例如,结构方程模型[①]。

有些教育管理研究情境中,由于研究对象的特殊性,会缺乏足够的信息或数据,甚至缺乏足够的理论支撑,例如与教育管理政策有关的研究。这种情况下,就可以使用一种被称为德尔菲法或德尔菲技术的研究方法。德尔菲法指的是通过一系列精心设计的序列问卷,系统地引发和收集对某一专题的判断,该序列问卷渗透着总结性信息和从先前反应得来的反馈观点。德尔菲是一个小组沟通的过程,小组成员不面对面接触,而是通过一系列相互作用的过程,也就是几轮问卷来进行沟通,成员们在问卷中接收到的是对群体反应的有控制的反馈。小组成员被称为德尔菲专家组,他们被认为是所研究问题的专家。

9. 院校研究(Institutional Research)

与其相关的词有"机构研究""校务研究""校本研究"等等。"校本研究",包括对学校的教学、管理等各方面的研究,在中小学使用较多。相比之下,"院校研究"一方面对研究对象的界定比较明确,另一方面也体现了一定的学术性。高等教育研究是"将人类高等教育的实践作为整体或部分的研究,旨在提高人们对于高等教育的性质与规律的认识与把握"。高等学校管理研究则以院校群体为对象,探讨高等学校管理的一般原则、途径和方法。院校研究是高等教育研究的一个新领域、新范式,是高等教育研究的一部分,是一个研究的专业实践领域;院校研究是院校个体的自我研究,研究对象是院校个体,有别于以院校群体为对象的高等学校管理研究。[②]

根据我国高等教育管理的实际情况,刘献君认为,院校研究是通过对本校管理问题的系统和科学的研究,以提高本校管理水平的一种研究。院校研究的基本特征主要体现在:(1)自我研究——院校研究的对象主要是单个的高等学校,是研究者对所在学校的研究,因而院校研究是自我研究;(2)管理研究——院校研究基本上集中在管理研究,很少涉及教学研究;(3)咨询研究——在学校管理决策中,院校研究作为咨询研究主要发挥信息中枢作用和智囊作用[③]。

---

① 吴明隆.结构方程模型——AMOS的操作与应用[M].重庆:重庆大学出版社,2010:2.
② 刘献君.院校研究[M].北京:高等教育出版社,2008:2-7.
③ 刘献君.高校决策的若干特点及其应对方略[J].大学教育科学,2021(2):4-9.

专栏 1-3

有关定量研究与定性研究方法的讨论

一、教育知识的基础与教育研究范式分类

根据生成教育知识的基础和依据,可将教育研究的范式分为基于经验的、基于逻辑的和基于体验的三种。经验研究基于人类共同感知和形式逻辑,可定量亦可定性,具有最好的客观性和可靠性;基于逻辑的规范研究主要使用分析判断、公理推理、反思平衡方法;体验具有个人性、社会文化性和人类共同性,但体验研究的合法性经常面临挑战。教育研究追求真实、客观和普遍有效,此三种研究范式在这三方面表现各不相同:经验范式在真实性和客观性上表现良好,但其中的定性研究在普遍有效性上有瑕疵;体验范式在真实性上表现良好,在客观性和普遍性上有明显瑕疵;逻辑范式在普遍性上表现良好,在真实性和客观性上有瑕疵。综合比较,在教育研究领域,能经验研究的问题,不用体验范式和逻辑范式研究;适合定量研究的问题,不用定性方法研究。

教育是一种有"内在理性"的事物,这种"内在理性"即使可通过觉悟体验,也需要依靠逻辑的确认,若得经验支持,则更为可靠。"教育受人的理想、意识形态和价值观念的影响,对这些影响应该进行科学的和其他形式的严格检查。"教育实践既是主体性实践,亦是对象性实践,在涉及教育实践的对象时,人便不可任性,必须研究和遵循其规律。作为研究者,忽视教育实践的对象性和客观性,只强调价值属性、意义感和直觉,难免陷入虚无主义和相对主义的泥沼。

二、公共管理学科的定量研究是否被滥用了

我们绝对不认为定量研究比定性研究更好,实证常规科学范式比其他研究范式更好。不同的研究问题,采用不同研究范式和研究方法是学科历史发展、学科共同体和研究者个人背景和喜好决定的。

和定性研究方法一样,定量研究方法也是一种语言、一副眼镜,决定了研究者看待世界的角度和方法,也决定了世界在研究者眼中的样貌。定量研究是最符合后实证主义常规科学的方法,在认识世界和改造世界、在知识的积累和发展上、在学科体系建设和人才培养上有独特的优势。定量研究方法已经成为国际公共管理学的支配性的研究方法。大力发展定量研究方法对中国公共管理学的科学化、规范化和国际化有重大意义。用国际社会听得懂、能理解、可以欣赏的语言构建中国理论和讲述中国故事,是定量研究方法的另一重大使命。

由于定量研究方法需要从概念的选取、理论的构建、变量的选择和可操作化、数据的获得等角度进行简化思考和设计,所以进行定量研究难度很大,有各种各样的困难和挑战。由于人们对科学的崇拜,人们对定量研究方法产生的结论有很高的期待。事实上,定量研究方法是在实证常规科学体系里科学家们共同采用的一种方法,定量研究方法产生的发现也没有那么可靠,需要学术共同体一起批评、讨论。定量研究方法自身发展也很快,会不断修正和完善自身的不足。如果我们用后实证主义的立场、态度和方法看待定量研究方法及其成果,我们对定量研究方法会更加宽容些。当前,对定量研究方法在公共管理学研究领域里的应用,我们的看法是——不是滥用不滥用的问题,而是发展得还不够、使用得还不多。认为定量研究方法被滥用一部分是由于对定量研究方法在社会科学研究中应用的认识有误区,一部分是因为中国公共管理学对定量研究方法的教学和训练还不够,离公共管理学研究的现实以及人们的需要和期待还有很大差距。这对我们在公共管理学定量研究方法教学和学术研究上提出了很高的要求,各项改革迫在眉睫,时不我待。

【资料来源】[1]马凤岐,谢爱磊.教育知识的基础与教育研究范式分类[J].教育研究,2020,41(5):135-148.[2]于文轩,樊博.公共管理学科的定量研究被滥用了吗?[J].社会科学文摘.2020(2):30-32.

案例分析

由学校办学无组织性、无纪律性引发的问题

某农村初级中学,在领导心目中一直是办学质量差、升学率低的渣子学校。在学校周围群众当中也影响极坏,而在校学生更是抱怨不断,要么转学,要么退学,能坚持到初中毕业的只有一半,而能考上高中的就更是少之又少了。尽管上级领导及学校校长采取了一定措施,但都无济于事。教师迟到、早退甚至旷课现象屡见不鲜,更谈不上什么老师的职业道德、爱心、责任心了,他们只会经常一起喝酒。学生打架斗殴及其他不良行为到处可见。后来,上级领导实在是看不过去,换了新校长。新校长下决心要改变学校现状,强化师资队伍,提高办学水平,问题是从何入手呢?

通过走访,新校长了解到,前任校长在师生当中缺乏威信,名誉扫地;没有尽到自己对于学校的办学目标和事业心及责任感,且严重脱离师生;没有广博的科学文化素质和一定的管理水平,且独断专行,经常有老师与其发生直接冲突。前任校长擅长的是通过用公款请客、发奖金等方式拉拢一小批老师为其"撑腰"。

在对全校干部教师广泛调查后,新校长了解到,50%的人认为需要对学校进行全面改革,提高学校办学层次和水平;但仍有一部分人坚持过去的办学思想和管理模式,认为过去没有过高的升学要求,教职员工比较轻松,更无需很强的时间观念和效率观念。

为此,新校长进行了深深的思索:解决学校办学无组织性、无纪律性问题。是应该依靠理论教育,还是应该依靠完善学校管理体制、学校管理艺术?经过大量调研,新校长终于认识到仅仅通过理论教育、组织学习对学校进行管理是不够的,必须多管齐下,全面改革学校管理体制。

【资料来源】黄崴.教育管理学[M].北京:中国人民大学出版社,2008:43-44.

思考题

1. 从上面案例中,你可以发现哪些教育管理问题?

2. 你最感兴趣的是哪个问题?可以从哪些方面进行研究和解决?

第二章 教育管理理论的演变与发展

在各种学科领域中,理论为掌握学科知识,了解其中的重要关系奠立了基础。但很多教育管理者往往会对理论"敬而远之",他们更希望学者们直接提出各种能够直接应用于管理实践的具体规则和方法。而事实上,教育管理者采取的几乎任何一个行动在一定程度上都是以一定的理论为指导的。例如,学校管理者不再片面地做出决策,而是会邀请相关人士、专业人员共同参与问题的决策制定。这种行动在研究文献中被称为"参与式决策制定"(participatory decision making),也就是所谓的共享决策制定、合作决策制定或群体决策制定,它关注涉及他人的决策过程。因此,如果缺乏理论来指导决策,教育管理者就很有可能举步维艰。[①]

理论的作用就在于为人们理解、预测、控制组织行为提供一个指导性框架。同时,理论通过提高研究问题和研究设计的关联性、有效性和结构性,推动科学的发展。从实践的角度看,好的理论有助于我们找到应该研究哪些因素,这些因素之间的关系是什么,以及这些关系背后的原因。高质量的理论还能够告诉我们,这些关系存在的条件和界限。[②]例如,社会科学既有一般性的知识也有情境特定的知识[③],只有从事中国的管理与组织情境化研究,才能真正洞悉中国管理和组织的内在规律,那些一味在中国管理与组织情境中检验国外模型的研究不能提供切合实际的理论指导[④]。

第一节 中国教育管理思想的演进

一、稷下学宫的教育管理思想

中国是世界著名文明古国之一,早在公元前 2000 年的奴隶制时代,就已经产生了系统传授文化知识的机构——学校。伴随着学校的发展和变迁,人们在学校管理领域所积累的经验也越来越丰富,稷下学宫就是其中值得分析的学校管理范例之一。

---

① 伦恩伯格,奥恩斯坦.教育管理学:概念与实践[M].5 版.北京:中国轻工业出版社,2013:5-6.
② 肯·史密斯,迈克尔·希特.管理学中的伟大思想:经典理论的开发历程[M].北京:北京大学出版社,2010:1.
③ 徐淑英,贾良定.管理与组织的情景化研究.[A].陈晓萍,沈伟.组织与管理研究的实证方法[C].北京:北京大学出版社,2018:362-377.
④ 郑雅琴,贾良定,尤树洋,等.中国管理与组织的情境化研究——基于 10 篇高度中国情境化研究论文的分析[J].管理学报.2013,10(11):1561-1566.

稷下学宫是战国时代齐国一所著名的学府,它既是战国百家争鸣的中心与缩影,也是当时教育上的重要创造。①

一是其办学体制新。稷下学宫的办学体制属官方出资、私家主持性质。官方出资,是指学宫乃君主出于养士目的而办,故一切费用都由国家包下来;而私家主持,是指学校实行门户开放,教者可自由讲学择徒,学者可自由求学选师。有充足的办学经费,办学者不必为此费心,后一点保证了学术的繁荣和活跃。据史书记载,学校最兴盛时,儒、道、法、名、阴阳等各派学者竞相前来,集学者千余,大师70多位,学校堪称我国教育史上不多见的兼容各派、百家争鸣的学术殿堂。

二是教学管理形式新。稷下学宫的教学过程把讲学、著述、育才等因素融合于一体。讲学包括讲演、讨论、辩论等活动,为学校主要教学形式。著述则为活跃教学研究气氛,稷下学者留下著作颇丰,著名的如《孙卿子》《公孙固》《田子》《捷子》等。育才是办学的目的,学校对学生的饮食起居、衣着服饰、言行举止、尊师敬学等都提出严格要求。三合一的教学管理形式,为学校的发展提供了良好的学术环境。

三是教师管理制度新。稷下学宫在教师管理上做到不干涉学术,提供优厚生活待遇。对于成功讲学著述者,学校设祭酒、博士、先生等各种学术职衔,如荀况曾"三为祭酒",齐国君主则授爵封卿,给予优厚待遇和俸禄,如孟轲、荀况都曾被尊为卿,如此而使学者们免于生活所累,专心学问。宽松的学术氛围,严格的教学管理,良好的物质条件,这一切营造出一个非常良好的人才成长环境。稷下培养的人才对战国中后期的政治和学术活动的发展产生了极大的影响。

二、《学记》:历史上最早的教育管理文献之一

《学记》是我国儒家经典《礼记》中的一篇,成书于战国后期,被认为是我国及世界上最早的一篇集中论述教育问题的专门论著。《学记》篇幅不长,仅1200余字,但其中蕴含着丰富的教育管理思想,这些思想即使在今天也依然能给我们深刻的启迪。

关于学制与学年的设想《学记》作者本着"建国君民,教学为先"的儒家德治,强调教育的重要性,主张从中央到地方按行政建制办学,即"家有塾,党有庠,术有序,国有学",这一主张成为以后历代政府进行重大教育改革和规划的蓝图。② 关于学年,《学记》把学校教育年限定为两段五级九年,前一段为七年四级,完成后谓之"小成"。后一段为二年一级,完成后谓之"大成"。从这些分段中,可以领略到最早的关于年级制的设想。

《学记》中关于教学管理的管理思想表现在:(1)重视入学教育,要求将开学入学教育作为重要教学管理环节来抓,开学这天要举行隆重典礼,君主率百官亲临学校,与师生共同祭奠先圣先师。(2)教学过程中须有一定训诫仪式,如听见鼓声,打开书箧上课,以示敬业;备有诫尺,以作训诫等。(3)君主每年夏季要到校视察,以体现国家对教育的重视。(4)教学安排多样化,有课堂授课,也有课外活动和自习,"藏焉,修焉,息焉,游焉",张弛有节,劳逸结合。(5)"学不躐等",教学要针对学生年龄,学习安排不逾越等级。(6)坚持必

① 孙培青.中国教育史[M].4版.北京:华东师范大学出版社,2019:54-58.
② 孙培青.中国教育管理史[M].北京:人民教育出版社,1996:45.

要的考试制度,从第一年完毕时起隔年考查,由主管学校的官员亲临主持。

关于教师管理《学记》作者十分尊师,认为师尊然后道尊,道尊然后民众懂得敬学。为保证教师素质,教师必须有真才实学,"记问之学,不足以为人师"。此外,还必须教学有方:"道而弗牵,强而弗抑,开而弗达。"另外要有进取心:"学然后知不足,教然后知困。知不足,然后能自反也;知困,然后能自强也。故曰:教学相长也。"

三、先秦诸子的管理思想

春秋战国时期,诸子蜂起,学派纷呈,一片学术繁荣、百家争鸣景象。在众多学者名流的著述或论说中,不乏管理及教育管理方面的真知灼见。

作为儒家学派的缔造者和中国传统教育思想的奠基人,孔子自古享有"大成至圣先师"的美名。在管理方面,孔子最突出的思想是以"仁"为核心,主张通过关心、爱护和重视人来实施有效的管理。如"己所不欲,勿施于人""己欲立而立于人,己欲达而达于人""躬自厚而薄责于人",这些格言与我们今天所倡导的管理中要尊重管理对象是很相似的。儒家学派的另一个代表人物孟子着重分析了管理中为什么要重视人、尊重人。他说:"恻隐之心,仁之端也;羞恶之心,义之端也;辞让之心,礼之端也;是非之心,智之端也,""仁义礼智,非由外铄我也,我固有之也,弗思耳矣。"人与动物的区别是生来就有的,人性的趋善是由人的内在本质决定的,如同水总是往低处流一样。因此,管理不是对人的强加和制约,而是发掘、顺应其内在的自觉的过程。孟子所称的"天时不如地利,地利不如人和",也表明他在影响管理过程的诸要素中,最看重的是人的因素。

先秦思想的集大成者荀子的理论,与孔子孟子的有所不同。荀子更看重的是制度、法令等对管理的重要影响:"治之经,礼与刑。"人性本恶,光靠道德感化管理社会是不够的,更要依赖法令、刑罚和礼义规范。在教育管理中,则要提倡师道尊严,"国将兴,必贵师而重傅,贵师而重傅则法度存;国将衰,必贱师而轻傅,贱师而轻傅则人有快,人有快则法度坏。"可见,荀子更欣赏的是管理尊严和管理的权威性。

墨家和儒家一样看重人道,但"孔子贵仁,墨翟贵兼"。墨家倡导天下相爱、爱人若爱其身的人际关系原则。爱人不应像儒家提倡的那样讲亲疏尊卑之别,而应强不凌弱,富不侮贫,贵不傲贱。在用人方面,墨家主张不党父兄,不偏富贵,唯贤是举,"选择天下之贤可者",以形成人才辈出、贤才济济的局面。

道家的思想又有所不同。道家崇尚的是"自然""无为"的管理原则,认为"人法地,地法天,天法道,道法自然"。社会的失序并非缺乏管理所致,恰恰是因为管理过度。当然,无为不是什么都不做,而是顺应对象的自然本性,做得不留痕迹,恰如其分。从道家的言行中,可以体会到管理要尊重个性,不要对管理对象过于压抑束缚的思想。

法家的理论又自成体系。法家从"好利恶害"的人性观出发,认为"夫凡人之情,见利莫能勿就,见害莫能勿避",故管理要采取"信赏必罚"的方法,以达到人安其守的目的。此外,法家还特别看重法治教育,倡导"以法为教"思想。

三、隋唐的教育管理体制和学校管理

隋唐时期(581—907年)是我国古代教育发展的鼎盛期。这一时期,从文教政策的制

定到教育管理体制的建立,从学校管理的制度化到科举考试制度①的确立,反映出我国古代教育管理实践在当时已达到相当高的水平。

隋唐统治者根据儒、佛、道三者的关系,制定了以儒为主,佛道为两翼的文教政策,也即是"崇儒兴学、兼用佛道"。② 前者包括尊孔立庙、儒术治国、兴办儒学学校等内容;后者包括宣扬佛道学说,提倡和利用佛教、道教等内容。这一文教政策适应了当时社会发展的需要,为形成隋唐时期光辉灿烂的文化提供了条件。

隋唐时期已形成较完备的教育管理体制。为加强对教育的领导,中央成立了专门负责管理教育事业的政府机构——国子监。中央和地方实行分级管理,中央官由国子监祭酒负责,地方官学由地方官长史领导。对性质不同的学校,则实行统一管理和对口管理相结合的方法,中央设国子监,统一管理教育事业,而一些专科的学校,如医学、天文学等,则划归到各个对口的部门中去。这些措施对管理当时的教育起到了很好效果。

教学管理制度在隋唐时期已相当完善,从入学到毕业几乎都有制度化的规定。中央官学规定,学生从 14 岁到 19 岁开始入学,入学之初,要行拜师礼,以示尊师重道之意。学校每年要举行三种形式的考试:旬考、岁考和毕业考。放假也规定为旬假、长假等形式。由于隋唐官学教师都是政府品官,故教师的品秩、待遇、职责等包有严格规定,不同品秩的教师经济待遇上差异很大,不过哪怕是最低等级教师基本生活也能保证。对教师的考核一般是一年小考,四年大考,考核成绩分上中下三级九等,写有考评,当众宣读,考核结果与晋升、奖惩相结合。为保证教学秩序,政府部门还制定了有关的法令法规,如《唐令》中专门有《学令》,《唐六典》也以法规形式规定了学校管理的一些制度。所有这些隋唐时期的教育管理制度和方法,对以后宋、元、明、清朝代教育管理实践的发展都产生过深远的影响。

四、书院的教育管理实践

书院是我国历史上一种独特的教育组织形式。书院教育始于唐代,兴于宋朝。在整个宋元明清时期,它都是与官学并行的教育机构。书院有私立、官办和官私合办三种形式,其学业程度可区分为高等和中等两类,前者相当于大学性质,后者相当于中学性质。在我国古代教育史上,白鹿洞书院、岳麓书院等都非常有名。书院一般选山林名胜之地为院址,不少著名学者讲学其间。在教学上,书院以研习儒家经典为主,采用个别钻研、相互问答、集中讲解相结合的方法。在管理上,书院带有自治色彩,表现在经费自筹、管理自主、办学方针自立、课程设置自定等方面。书院这种教育管理方式,对于我国后来教育管理实践的发展有着不容忽视的影响。

---

① "科举"一词有广义与狭义之分。广义的科举指分科举人,即西汉以后分科目察举或制诏甄试人才授予官职的制度;狭义的科举指进士科举,即隋代设立进士科以后用考试来选拔人才授予官职的制度。参见:刘海峰.科举制的起源与进士科的起始[J].历史研究.2000(6):3-16.

② 孙培青.中国教育史[M].4 版.上海:华东师范大学出版社,2019:148.

古代书院的自治权

书院是一种官学系统之外的教育组织,它不依靠朝廷的正式诏令而建立,其主持者、管理者都没有纳入朝廷的官学教职之中。因而,许多学者都肯定书院是一种私学教育组织,或是一种官学外的独立教育机构。正是由于这种相对的独立性,使得书院在高度中央集权的中国古代社会中获得了有限的自治权,主要表现为以下几个方面:

1. 创建书院

在大多数的历史时期,学者可以根据自己的需要创建和修复书院,以便能研究与传播学术思想。在封建中央集权体制之下,学者们很难利用官方的教育机构宣讲与研究学术,他们转而创建书院以作为研究与讲习之所,讲学成为创建书院的主要推动力。清人黄以周云:"沿及南宋,讲学之风丰盛,奉一人为师,聚徒数百,其师既殁,诸弟子群居不散,讨论绪余,习闻白鹿、石鼓诸名,遂遵其学馆为书院。"

2. 独立自主的办学理念

唐宋以来,中国古代的官方教育机构基本上都不开展学术研究,为科举储才是其主要职能。著名学者傅斯年先生曾经说过:"国子监只是一个官僚养成所,在宋朝里边颇有些学术,在近代则全是人的制造,不关学术了。书院好得多,其中有自由讲学的机会,有作些专门学问的可能,其设置之制尤其与欧洲当年的书院相似,今牛津圈桥各学院尚是当年此项书院之遗留。"可见,官方教育机构的办学理念即是为科举服务。而书院的办学理念则表现出独立性,书院强调通过研究与传播儒家学术,让士人能更加全面地认识"道",最终实现把握领悟最高哲学本体的目的,即所谓的"讲学明道"。

3. 管理与运转的独立性

由于书院不属于官方教育体系,有独立自主的办学理念,因此它在教学内容的选择、教学方式与方法的运用、内部管理体制等方面都表现出独立性。教学内容的选择与书院所尊奉的学术学派、擅长的教育思想密切相关。在中国书院史上,能较好地体现书院教学内容与活动的史料是程端礼所著的《程氏家塾读书分年日程》。它将生徒学习分为"八岁未入学之前""自八岁入学之后"和"自十五志学之年"三个阶段,每一阶段都规定了必读之书和读书的次序。八岁未入学之前,要求生徒读《性理字训》。八岁入学之后,用六七年的时间学习四书、五经的正文。十五岁以后的学习内容是以儒家经典的经注、或问及本经传注为主,如朱熹的《四书集注》等。程氏要求生徒自十五岁开始,用三四年的时间来潜心学习,以掌握真正的"为己之实学",不能抱有丝毫的功利目的。在此基础上,生徒可以看史读文,其次序是先读《通鉴》,"次读韩文,次读离骚",然后开始学作时文。从《程氏家塾读书分年日程》规定来看,书院的教学内容是十分全面的,与官方以科举应试知识为主体的教学内容有显著差异。

不仅教学内容完全不相同，而且书院的教学方式也与官方教育机构明显不同。为实现"讲学明道"的办学理念，书院可以邀请不同学术学派的学者前来讲学，会讲与讲会是最为典型的方式。在这些学术活动中，生徒可以平等参与学术讨论，不仅对学者的学术研究有极大的推动作用，而且生徒也能在参与中得到启发与影响，甚至有可能因此而走上学术研究与传播之路。

【资料来源】朱汉民.中国古代书院自治权的问题[J].大学教育科学,2010(3):73-78.

四、近代教育督导制度的创设

我国封建教育长期以来一直实行"行政决策—学校执行"的管理模式。直到20世纪初,才在行政决策机关与具体执行的学校之间增加了一个中间环节——监督机制,这就是教育督导制度的建立。

进入20世纪后,全国掀起了兴学热潮。为加强对学校的控制与管理,中央政府着手改革旧的教育管理体制,1905年中央设学部,作为统辖全国教育的中央教育行政机关,并将原来的国子监并入其中。1909年又颁布了《视学官章程》,规定不再设专门的视学官,而以部中人员和直辖学堂管理人员充任,并将全国划为12个视学区,每区2至3省,每三年为一视学周期,各视学区必被视察一次。[①] 凡视学官都必须具备两个条件,一是"宗旨正大,深明教育原理",二是须精通外语及各种科学。视学官的业务范围极广,凡地方教育行政机关的工作、各公立私立学堂的教学、办学的经费、学生风纪、教师的上课情况等等,都在视学范围之内。视学官的权限也不小,下学堂可不预先通知,可随时考学生,抽查教师的讲义,调阅有关资料等。对视学中发现的问题,视学人员有权督促当事者立即改正,同时将有关情况向上级教育行政部反映汇报。20世纪初视学制度的建立,对改变当时教育管理结构、提高管理效率起到了一定作用,也为后来我国教育督导制度的发展和完善提供了经验。

五、蔡元培的教育管理思想

曾被毛泽东称为"学界泰斗,人世楷模"的蔡元培,是中国现代史上著名的教育家,他一生几乎都在从事教育行政活动——担任过学堂学监、书院院长、公学总教习、南京临时政府第一任教育总长、北大校长、大学院院长、中央研究院院长等职。蔡元培的很多办学思想,如兼容并包、重视科研、民主管理等,就教育管理而言,具有值得深入研究的学术价值。[②]

蔡元培对中国的实际及地区差别有着深刻的感受,主张根据各地的实际实施教育管理。他说:"往日学部订一教育章程,不问其对于全国各地适宜与否,而一概行之",正确的

---

① 孙培青.中国教育史[M].4版.上海:华东师范大学出版社,2019:348.
② 项贤明.蔡元培的高等教育管理思想及其启示[J].高等教育研究,2001(2):102-105.

做法应该是,将普通教育的管理权下放给地方政府:"普通教育,由教育部规定进行方法,责成各地方之教育行政机关执行,而由部视学监督之,其经费取给于地方税。"蔡元培的这一主张,于今天我们所倡导的教育行政改革在思路上是非常接近的。

蔡元培积极提倡教育立法,在他任教育总长期间,先后审定并颁布了《普通教育暂行办法》《普通教育暂行课程标准》《大学令》等多部教育法规、规章。我国现代教育史上第一次教育立法的高潮由此形成。

蔡元培反对专制式学校管理,提倡用民主的精神管理学校。例如,他主张消除学校管理领域内部的官僚形式与作风,减少与祛除官僚体系在学校管理中的表现和影响,强调专家治校,实现学校管理专业化。[①] 他在北大任校长期间,还主张学校的校长由教授公举产生,并实行任期制。师资管理也要体现出民主化和法制化。在北大,他实行了当时轰动一时的"兼容并包"政策,即只要有真才实学,并能引起学生研究兴趣的学者,不管其政治见解如何,学术派别迥异,都可聘用。北大从此学术繁荣,名扬天下,这与蔡元培在北大时的管理实绩是分不开的。

对于学生管理,蔡元培历来主张学生自治。他对学生说:"我们既自认是人,尊重自己的人格,且尊重他人的人格,本无须他人代庖。"蔡元培认为,学生自治可以培养学生的自立能力,最终唤起国民自治的精神。为落实学生自治,他主张学校设学生自治委员会,以促使学生在体育、知识学习和品性修养三方面互相勉励。

蔡元培教育管理主张的核心是民主和法治。他以其丰富的教育管理实践和卓越的教育管理思想,成为 20 世纪我国高举教育改革大旗的杰出代表,同时成为我国现代教育管理体制的奠基人之一。

第二节　西方教育管理理论的演进

一、西方教育管理思想的萌芽

古希腊时期的柏拉图(Plato)(约公元前 427—前 347 年)、亚里士多德(Aristotle)(约公元前 384—前 322 年)都是著名的教育思想家。柏拉图有关教育管理的思想主要融合于其代表作《理想国》中。他认为教育应该由国家来办,国家制订教育方针和政策。为此他设计了一个完整的教育制度体系,使"教育制度化成为西方教育管理的一个逻辑起点"。亚里士多德有关教育管理的思想主要见于其代表作《政治学》和《伦理学》中。他与柏拉图一样把教育当作国家的头等大事,认为国家要实现人民幸福这一根本目的,除应有好的政体外,就是依靠教育的杠杆,使每一个人都成为"善人"。[②] 他还首次提出按年龄阶段划分教育的阶段,以及各年龄阶段教育的内容和组织管理要求,包括体、德、智、美和谐发展的

---

　　① 刘建.政治与学术的张力:蔡元培"去行政化"教育管理思想论略[J].南京师大学报(社会科学版).2015(4):86-95.

　　② 滕大春,戴本博.外国教育通史(第一卷)[M].济南:山东教育出版社,2003:240-242.

教育内容和方法等具体管理措施。

昆体良(Quintilian)(约公元 35—95 年)是古罗马时期专门论述教育问题的著名教育家,写有著名的《雄辩术原理》。在教学管理方面提出了许多有价值的思想,如最早提出了分班教学及管理的设想,认为各门学科的教学组织应交替安排,教学与休息应交替进行。在教育史上,他的教育管理想被认为是西方文艺复兴时期教育管理思想发展的一个重要源头,产生了重要的历史影响。

欧洲文艺复兴时期是西方教育管理思想发展的转折时期,人文主义的世界观和人生观对教育管理思想产生了深远的影响,而人文主义教育理论使教育管理思想在理论与实践两方面发生了历史性转折,使教育管理思想有了新的哲学和科学依据,为欧洲教育管理思想的科学化奠定了基础。①

夸美纽斯(Comenius,Johann Amos)(1592—1670)是 17 世纪捷克著名的教育家。他的《大教学论》是西方近代最早系统论述教育问题的专著,其教育管理思想是他整个教育理论体系的一个部分。他创立的教育理论体系使教育管理思想由无序走向有序、由专制走向自然。在国家管理教育方面,主张建立全国统一的学校制度,认为政府具有管理国家教育的最高权力和不可推卸的责任。在学校管理方面,他提出了前后衔接的统一学校教育体系,加强学校教育管理的计划性和组织性。夸美纽斯认为组织良好的学校应有三个组成部分,即:(1)应当完成的工作;(2)完成工作的人;(3)把各方面结合起来的联系,也就是纪律。② 在总结前人实践的基础上系统论述了班级授课制度,实现了教学组织形式的革命性变革。在他的著作中,已经有了校长和副校长、主任等职衔。这种划分表明学校已经有了专职管理人员,也就产生了真正意义上的学校行政管理。

近代史上最早用行政学和法学理论研究教育管理问题的人是德国著名学者施泰因(Stein)(1815—1890),被称为现代教育行政学理论的创始人③。施泰因建立了具有指导意义的教育行政学理论体系,发表了教育行政论、职业教育论、教育制度论等研究成果,阐述了他的教育管理主张。他研究教育管理是从解决社会不平等现象出发的,并把解决社会不平等现象的希望寄托于政府的法律,寄托于国家教育。他主张国家应在教育领域建立公共教育制度,并明确提出国家应通过立法方式对作为公共事务的教育进行干预,以保障国民享有平等的教育权利。施泰因提出了现代教育行政学的基本结构,认为教育行政学是教育学与行政学的结合,教育行政学的任务是阐明国家干预国民教育的原理、内容、根据和界限等。他还提出,应通过教育公法规定公共教育制度的标尺以及教育活动的统一标准,为现代教育行政学和教育法学的开创做出了巨大的贡献,而教育管理的法治原则

---

① 刘兆伟.中外教育管理史略[M].大连:辽宁师范大学出版社,1999:353.

② 滕大春,姜文闵.外国教育通史(第二卷)[M].济南:山东教育出版社,2003:287-288.

③ 事实上,对教育行政学建立于何时,首先发生在哪个国家,学者们的看法有两种。一种说法认为,教育行政学建立于 19 世纪后半期的德国,代表人物是著名的法学家和行政学家施泰因。他虽然没有写过教育行政方面的书,但在一些著作中阐明了国家权力对教育干预的原理、内容、根据和界限,而这些就是教育行政学的任务。另一种说法认为,教育行政学建立于 20 世纪初的美国,代表人物是达顿(Dutton)和斯奈登(Snedden),其标志是这两人在 1908 年出版了一本《美国教育行政》,这本书被认为是世界上第一本研究教育行政学的著作。参见:萧宗六.教育行政学概述[J].人民教育.1997(2):26-27.

成为以后各国教育管理的基本理念。

杜威(Dewey)(1859—1952)是美国 20 世纪进步主义教育运动代表,著名的实用主义教育家。杜威的教育管理思想主要来自于他的教育管理实践,与他倡导的实用主义教育理论分不开。他非常重视对学校的管理,提出学校工作有三个主题:教材、方法和行政管理,这三者是三位一体的。在课程设置和管理方面,杜威强调教材的源泉应该是儿童自己的活动所形成的直接经验,在课程中占中心位置的应是各种形式的活动作业。杜威还批评传统的教学组织形式是一种教师主动、学生被动的旧式教学;要求现代教学组织形式应当是活动教学,课堂要为儿童准备能够充分活动的地方,让儿童在制作的活动中学习。杜威对教育与民主的关系有深刻的论述,他是教育中民主管理的积极倡导者,强调教育制度要适应民主社会和民主生活方式的需要。[①]

二、西方教育管理理论的发展

现代教育管理理论流派大多数产生于西方国家,这主要与西方国家政治、经济、社会及文化的发展背景相关。20 世纪初,由于西方国家管理学、行政学、社会学等理论的发展,人们将这些理论引进教育管理思想领域,用于教育管理问题的研究,教育管理学才逐步形成自己的雏形。因此,在介绍西方教育管理思想发展史内容时,会较多地分析这些理论发展的影响及一些著名管理学者的思想和观点。

国内外学者对现代西方教育管理理论流派的划分有多种,这里在借鉴他们研究成果的基础上,将西方教育管理理论分为四个大的学派:古典管理理论、结构主义理论、行为科学理论、公共选择理论(新公共管理理论)。

(一)古典管理理论与教育管理

在 18 世纪欧洲启蒙运动的影响下,理性主义开始在西方国家兴起,科学、民主、自由、博爱、法制成为现代文明的标志。到 20 世纪初,西方古典组织管理理论在当时资本主义生产力迅速发展的背景下产生。古典管理学家阵营十分强大,有美国的泰罗、古利克,法国的法约尔,德国的韦伯,英国的厄威克等。虽然这些人在论述管理过程时侧重点不同,如泰罗强调管理的技术和手段,法约尔注重管理的一般过程和原则,韦伯考察行政组织的一般特性,古利克和厄威克则总结管理的各项职能,但就他们的思想倾向来说却是非常接近的,故学术界把他们归于同一流派。

古典管理学派的基本主张是:(1)把高效率地完成组织任务视为管理工作的最高目标,认为"效率原则是衡量任何组织的基础"。[②] (2)分工和专业化,认为这是管理活动的最基本手段。(3)统一指挥,即组织内部应建立一套自上而下的明确的权力等级系统,每个成员都要严格服从上级的指挥。(4)工作标准化,将工作细分成若干部分,从而使员工依标准程序展开工作。(5)注重严密的规章制度,认为这是实现组织目标的根本保证。(6)看重经济上的奖励和惩罚制度。(7)重视正式组织的作用。(8)坚信管理是有规律可循的,管理原则就是管理规律的最好体现。

---

① 戴本博,单中惠.外国教育通史(第五卷)[M].济南:山东教育出版社,2003:253.
② 哈罗德·孔茨,等.管理学[M].北京:中国社会科学出版社,1987:379.

古典管理学派的主张有其积极的意义,在当时被社会各界的管理工作普遍采纳。直到今天,古典管理学家所倡导的那些原则仍在广泛应用,并被人们看作是"管理实践的最好的思想基础"。当然,由于历史条件所限,古典管理学家也有其不足,就像学者评价的那样:"他们试图仅仅以理性术语来说明管理的任务。他们视个人和组织为无关联的单位,并强调正式组织结构而不承认非正式组织结构的存在。通常他们并不收集客观和充分的证据来支持他们的假设,而是根据经验来发展他们的观点。他们的理论并不精致,他们的观点也常常是武断的。然而,他们的见解是有价值的,因为他们奠定了后来学者们的发展的基础。"[1]

古典管理理论对教育管理产生了哪些影响,很多教育管理研究者对此进行了分析。从积极方面看,今天学校管理中的很多做法都证明了这一理论的价值(表 2.1)[2]。

表 2.1　古典管理理论适合于教育管理的例子

古典管理理论	适合于教育管理的例子
建立权力等级结构	控制的层次:教育局长—校长—教导主任—年级组长—教师—学生。
工作任务和作业水平的科学度量	全面测试学生在学科领域、能力和成就方面的情况,并按学习水平分类。
规定工作的科学程序	三年级的知识有别于四年级的知识,并为四年级的知识作准备,依次类推
建立劳动分工	语文教师、数学教师、英语教师、历史教师、体育教师、教学辅助人员、校工
确定适当的控制幅度	中小学师生比为 1∶40,正副校长之比为 1∶3
制订行为规范	学生手册、教学常规管理条例、教师奖励办法
以能力和专业标准招聘人员	教育部门工作的人要有教师资格证书
制订完成任务的最佳办法	学校不断寻求语、数、外等课程的最佳教学方法
在雇员中建立纪律	学生要遵守学校规章,教师要遵从教育规范,为人师表

除上述具体的管理方法外,更重要的是,古典管理理论给教育管理人员这样一种观念上的启示:教育管理活动是可以控制的,通过设计一个合理的组织结构,编制一套完善的规章制度,遵循一系列科学的管理原则,再辅之以严格的奖惩手段,学校组织也能像其他一切类型的组织一样,在有限的条件下实现最佳的管理目标。[3]

当然,教育管理学界在肯定古典管理理论价值的同时提出了批评:第一,它主要是针对工厂企业的管理提出来的,完全照搬到学校管理会有较多局限性,如忽视了教师劳动的特点,抹杀了学校组织与工厂组织的区别等。第二,它所推崇的那些管理方法在学校管理中不一定完全适用,如标准化管理问题。假如学校管理过于强调统一和标准化,就会扼杀

①　吴志宏,冯大鸣,魏志春.新编教育管理学[M].上海:华东师范大学出版社,2008:40.
②　吴志宏,冯大鸣,魏志春.新编教育管理学[M].上海:华东师范大学出版社,2008:41.
③　马克·汉森.教育管理与组织行为[M].上海:上海教育出版社,1993:30.

被教育者的个性发展,冲淡教育的陶冶价值,并最终影响人才的培养。第三,它过于强调外部控制手段的重要性,如权力等级结构、规章制度、物质刺激等,忽视人的生理和心理需要,这样就不能有效地调动起人的直观能动性。古典管理理论的这些缺陷,一度使教育管理活动受到不利影响。①

(二)结构主义与教育管理

所谓结构主义,其实就是以当代最负盛名的管理思想家马克斯·韦伯的"科层制"(bureaucracy,又译"官僚制")理论为代表的管理学说。实际上,我们很难说这一学说代表了管理思想的新的发展阶段,人们一般都把它归入古典管理学派。不过,韦伯的著作自20世纪40年代翻译成英语后,确实对教育管理学的发展产生很大影响,促使人们对学校组织的性质进行再认识,所以从这一点来说,在胡森主编的《国际教育百科全书·教育管理卷》中,把"结构主义"单独作为一个阶段,甚至认为"从1950年至1970年,官僚体制或结构主义是教育行政管理的主要观点",也是有一定道理的。②

韦伯的理论之所以被人称作结构主义,原因是其"科层制"学说特别注重组织章内部的结构设计。韦伯认为,现代社会各种组织中,最理想、最有效率的组织是所谓科层制组织。这种组织具有以下特征:(1)劳动分工与专业化(division of labor and specialization),即人们以某种固定的方式,把科层制支配下的组织结构所要求的种种正常活动变成正式职责;(2)非人格化取向(impersonal orientation),即职员以事实为依据而不是凭感觉做出决策;(3)权力等级(hierarchy of authority),即组织中每个成员更按其职务和权力大小排列成一个自上而下的系统,每一个职务低的人受到职务高的人的严密控制,以保证上级指示被严格执行;(4)规章制度(rules and regulations),即组织中要有严密的总规章制度,以规范组织的运作;(5)职业导向(career orientation),即主要依据能力、成就、资历等来提拔晋升员工,以鼓励员工对组织保持忠诚。③

韦伯的理论及其对组织结构的分析,对工商业及政府机关的管理实践有着巨大的指导意义,对教育管理学的研究也产生了深刻影响。我们从国外很多教育管理学著作中可以体会到这种影响。对照韦伯的理论,研究者最感兴趣的是,学校作为一种组织,算不算韦伯所说的"科层制"?如果算,学校的"科层制"到了什么样的程度?对这一问题的探讨,促使人们转向对学校组织基本性质的思索。有些人认为,学校组织毫无疑问是"一种高度发展了的科层制组织。正由于如此,学校表现出许多如同军事机构、工业机构以及政府机构相似的特征,并且可以运用这些机构所采用的许多方法"。这种观点倾向于认为,学校组织的性质本质上与其他组织没什么不同,故其他部门的管理方法,在学校中同样可以运用。另一些人认为,学校不属典型的科层制,有科层制一面,更有教学的专业化的一面。科层制与专业化之间通常会产生很多冲突,故韦伯的理论应用于学校有其局限性。为了解学校组织科层制的程度,一些研究人员20世纪60年代还编制了相关的量表,如霍尔

---

① 褚宏启,张新平.教学管理学教程[M].北京:北京师范大学出版社,2013:121.

② 吴志宏,冯大鸣,魏志春.新编教育管理学[M].上海:华东师范大学出版社,2008:43.

③ 韦恩·K.霍伊,塞西尔·G.米斯克尔.教育管理学:理论·研究·实践[M].7版.北京:教育科学出版社,2007:81-83.

(R. H. Hall)的"组织量表"(Organizational Inventory)，麦克(D. A. Mackay)的"学校组织量表"(School Organizational Inventory)，普夫(D. S. Pugh)等的"亚斯顿访问调查表"(The Aston Inventory)等，这些量表对测评和分析学校组织的性质提供了依据。

在各种学校组织性质的讨论中，最引人注目的是科恩(Cohen)、韦克(K. E. Weick)等人提出的"松散耦合系统"(Loosely Coupled Systems)理论[①]。该理论认为，科层制理论解释教育组织并不合适，因为后者具有特殊性质。它具体表现在三个方面：

第一，教育组织的目标不是具体明确的，这些目标总是用委婉、抽象的语言陈述出来，对清晰的决策起不了什么指导作用，把这些目标转变成明确的行动方案也是困难的。如什么是"优秀""教育质量"等，根本不可能有一致的看法。

第二，教育组织所运用的技术也是不清楚和模糊的，何为教学？学习过程何时发生？什么对此负责？不论在哪个层次上，大多数教师都是在一种试验和错误的基础上行动的，行得通，就干下去，如果不行，再换别的。这种方法可以与现代人们对工业组织的技术的理解形成对照："鉴别和分出一辆成品汽车中的独立部件，要比鉴别和分出教学过程中的独立成分容易得多。在装配线末端，如果一辆汽车运转不灵，找出毛病的原因相对来说比较容易，而如果一个学校毕业生不会写作，确定毛病出在哪里的过程是相当困难和不精确的"。[②]

第三，教育组织呈现出一种"流动式参与"的特点，人员流动性大，决策过程异常复杂，影响决策的因素也往往把握不定，不同的问题会吸引不同的利益集团和个人加入教育的决策过程，等等。

由于存在上述特点，教育组织"与其把它们说成是一个具有内聚力的结构，还不如把它们说成是一个观念上松散的结合体"。[③] 学校系统和学校事实上是以结构松散为特征的。学校有很大的自主权和自由，在教室上课的教师只是极其一般地受到校长的控制和指导。虽然是相互关联的，但他们中的每一个都保持其特殊性和个别性。科恩等人20世纪70年代初提出的松散耦合系统理论，在一定程度上揭示了学校组织的特殊性质，对指导学校管理工作有极大帮助。故学术界对此给予很高评价，称其为"现代教育组织理论"。总的来看，结构主义对教育管理的影响主要是在理论层面，但因为它涉及教育管理最基本的问题——学校组织的性质问题，故而引起教育管理学界这么多的关注和讨论。

（三）行为科学与教育管理

从20世纪50年代起，管理科学步入行为科学阶段。行为科学是一门全新的学科，它运用心理学、社会学、政治学、经济学、人类学等多学科知识，探讨人的行为问题。到60年代，行为科学进一步发展成组织行为学，着重研究人在组织中的行为问题，诸如行为产生

---

① 例如：詹姆斯·G. 马奇和约翰·P. 奥尔森(March, Olsen, 1976)认为，教育组织处于"有组织的无政府状态"(organized anarchies)；卡尔·E. 韦克(weick, 1976)和霍华德·E. 奥尔德里奇(Aldrich, 1979)认为，组织的各要素或子系统经常松散地联系在一起，并且认为教育组织是松散耦合系统的最好例证；约翰·迈耶等人(Meyer, Rowan, 1977；Meyer, Scott, 1983)给出了用以描述学校松散耦合和制度性解释，认为科层结构与教学没有什么联系。

② 韦恩·K. 霍伊，塞西尔·G. 米斯克尔. 教育管理学：理论·研究·实践[M]. 7版. 北京：教育科学出版社，2007：110-113.

③ 罗伯特·G. 欧文斯. 教育组织行为学[M]. 上海：华东师范大学出版社，2001：157.

的原因、影响行为的因素等,其目的是更好地调动人的工作积极性,提高管理的效率。行为科学研究的领域非常广泛,以下是其中一些有影响的代表人物及其研究成果。

巴纳德的社会系统理论。巴纳德是第一位将行政与行为科学加以关联的人物,也是最早运用行为科学方法研究组织问题的人。他的代表作《经理人员的职能》一书,对行为科学的创立起了重要的作用。巴纳德的理论内容丰富,包括对组织性质的分析、组织要素的理论、正式组织和非正式组织关系的论述、组织决策过程的分析等。由于巴纳德特别强调组织是一个内外协作、平衡的社会系统,因此,在管理学上他也被看作社会系统学派的代表人物。

西蒙的决策理论。西蒙是当代行政学的代表人物,决策理论的创立者。因西蒙在其理论中重点阐述了决策的意义、类型和过程,并对组织决策的合理性问题做了深刻分析。他还主张以行政行为的研究替代行政学的传统研究方式,包括行政组织、人际关系、人员激励、行政程序等。由于在组织决策研究方面的杰出贡献,西蒙荣获了 1978 年诺贝尔经济学奖。

领导行为的研究。行为科学最引人注目的研究成果集中在对领导行为的研究方面。从 20 世纪 50 年代以来,这一领域取得了长足的发展,出现了一大批观点和学说,其中最重要的包括:(1)以斯多格迪尔、汉姆菲尔、哈尔平等为代表的美国俄亥俄州立大学的研究及他们所多次修订的"领导行为描述问卷"(简称 LBDQ);(2)以李克特、卡茨等为代表的美国密西根大学的研究及他们所提出的"以员工为导向"和"以生产为导向"领导两维层面理论;(3)布莱克和莫顿的"管理方格理论";(4)菲德勒的"权变理论"以及他所编制的"最难共事者问卷"(简称 LPC);(5)赫塞和布兰查德的"情景领导理论";豪斯的"路径—目标理论";(7)哈尔平、李克特等有关组织气候的研究以及他们各自修订的"组织气候描述问卷"(简称 OCDQ)和"组织特征测量图"(简称 POC),等等。

激励理论。如何激发行为动机,调动员工的生产积极性,这也是行为科学家关心的问题,这方面的研究一般称为激励理论。行为科学家在激励方面的研究包括:(1)马斯洛的"需要层次理论";(2)麦格雷格的"X 理论、Y 理论";(3)赫茨伯格的"双因素理论"(也称"激励—保健理论");(4)弗鲁姆的"期望理论";(5)亚当斯的"公平理论";(6)莫尔斯和洛希的"超 Y 理论"等等。

除上述领域外,行为科学家还在人际沟通、组织发展和变革、角色冲突、组织文化、参与决策等方面进行了广泛的探讨。大体而言,古典管理学派注重组织的结构与科学的管理,较少研究组织中人的问题;人际关系理论通常只重视人的问题,却忽视组织的问题,而行为科学在一定程度上纠正了前两种理论的偏颇,试图用一种整体、统合的观念看待组织和人的关系,力求实现管理过程中的组织和人的统一、协调和平衡。

行为科学兴起以后,在欧美管理学界产生极大反响,其实证研究方法被广泛运用于企业、机关、银行等各个部门的管理。与此同时,行为科学对教育行政管理也造成巨大的冲击。从 20 世纪 50 年代中期到 80 年代,欧美教育管理学界的主导理论就是介绍行为科学,再有就是韦伯的科层制理论。直到今天,虽然行为科学的研究在教育管理学界有所放慢,但其主流地位并没有从根本上动摇。对于行为科学对教育管理的影响,可以从理论、研究方法和学科建设三个方面来加以分析。

从理论角度来说，20世纪50年代以前，教育管理领域的理论要么属抽象的哲学思辨，要么是单纯的经验总结。例如，在学院里，"按照惯例，教育管理一直由以前的教育局长们讲授，他们的专业知识主要来自他们多年在第一线工作中辛辛苦苦获得的经验"。[①] 50年代中期以后，在行为科学的影响和启发之下，教育管理领域进行了大量的理论化工作，如围绕学校组织的性质、作为社会系统的学校的意义、教育领导、教育决策、学校人沟通、学校组织气氛、教师激励等等，研究者在实证调查的基础上提出了大量的理论，有些理论极大地充实了教育管理的理论体系。难怪后来有不少学者评论说，这一时期是教育管理的"理论运动"（The Theory Movement）和科学化运动时期。

在研究方法上，行为科学出现以前，教育管理研究的主流属"根据常识的价值判断"，实证研究虽有但不被重视。而行为科学基本的研究手段就是实证研究，包括编制问卷、访谈调查、实地观察、个案分析等等。这些研究手段被大量运用到教育管理领域之后，打破了以前的研究框式，使得教育管理的研究更为严谨和科学。

在学科建设方面，由于采用了行为科学的理论和研究方法，教育管理学的学科建设出现了极大改变，科学的成分大大增强，学科的体系也日趋严密和完善。正是在这个意义上，使得后来很多研究者得出这样的结论：教育管理学自20世纪50年代后才真正走上科学的道路，并被学术界公认为一门独立的学科。

（四）公共选择理论与教育管理

公共选择理论是新公共管理[②]的主要理论基石。公共选择理论的理论基础有三个：个人主义、经济理性和政治交易。个人主义是指该理论应从个体的角度去寻找人的社会行为原因，个体行为的集合构成了集体行为。经济理性认为人的本性是理性地追求个人利益的最大化，公共选择理论提出，一般人所有的这种特性，政府官员在公务行为中也表现出来。政治交易是指公共选择理论认为政治是在解决利益冲突时的谈判和妥协的过程，具有交易的性质。

公共选择理论恢复了一个经济学传统：探讨政治决策和政府行为对于经济的影响，它把经济分析运用到社会和政治分析的框架中去，力图解释凯恩斯主义盛行以来经济领域逐渐突显"政府失败"问题。公共选择理论研究的主题是选民行为、政治官僚，以及政府官员们的行为，研究的核心问题是政府失败。所谓政府失败，是指政府不能很好地满足个人对公共物品的需要，提供公共物品时存在巨大的浪费。公共选择理论主张改变政府职能，还权于市场，将对经济和大部分社会事务的管理建立在公众选择的基础之上。公共选择是一种社会机制，它通过集体行动和政治过程来决定资源在公共物品间的分配，把个人的选择转化为集体的选择。

20世纪80年代初，新公共管理的理论构想与西方发达国家解决教育的境遇问题的需要不谋而合，很快被运用到教育体制的改革中来，出现了一些政府放权、基础教育服务

---

① 罗伯特·G. 欧文斯. 教育组织行为学[M]. 上海：华东师范大学出版社，2001：23.

② 新公共管理（New Public Management）亦称管理主义（Managerialism），近似的称谓还有"后官僚制理论""市场化公共行政理论""企业化政府管理理论""服务行政理论"和"新治理"（New Governance）等。参见：张国庆. 公共行政学[M]. 4版. 北京：北京大学出版社，2017：518.

供给与消费市场化取向的尝试。

1．校本管理

西方各个发达国家在实践中给予校本管理以不同称呼:学校场地的管理(school-site management)、学校的地方管理(the local management of school)和学校的自我管理(school self-management)。它指的是在公立或政府学校系统中把与重要决策相关的权力与责任(尤其是资源分配权)一致性地下放到学校,使学校成为自我发展的主体。校本管理的实质是权力由集权向分权之间的转移。

校本管理一般体制结构是:第一,政府向学校下放权力。下放的权力包括资金预算和资金使用权、人事安排权、课程设置权等。学校由原来的执行者变成了决策者,承担更多的责任。比如在美国,以前由州、地区或学区做出的决策,现在则由学校来做。这些决策涉及课程和教学以及学校预算内的资源分配。英国的教育改革法要求地方教育局把至少85％的资金直接分配给学校。第二,在学校组织决策实体,对重大问题共同决策。西方的校本管理是团体管理,而不是将权力仅仅下放给校长一个人。学校一般由校长、教师、行政督导员、社区成员、学生等成员组织学校董事会或学校委员会,对学校重要事务做出决策,或者向校长提出建议。

(1)公立学校的私营管理。像校本管理的起因一样,公立学校的私营管理也源自现实的要求。从 20 世纪 80 年代以来,美国学生逃学、犯罪现象节节攀升,课程缺乏系统内容,标准下降,分数贬值,国内对于公立学校低下教育质量的批评不断。人们指责公立学校教育的质量落后于其他许多国家学校的水平,没有培养出适应国际、国内社会需要的人才,削弱了美国的国际竞争力。这成为美国公众要求改革公立学校教育的主要原因,私营管理不过是这种改革的一种选择。公立学校的私营管理改革主要发生在美国,这种体制不改变学校的公立性质,由私营教育公司承包经营公立学校,美国政府的目的是提高薄弱学校的教育质量,而私营公司则从经营学校中获取一定的利润。从理论视角来看,新公共管理理论中的政府放权于社会的观点、打破垄断引入竞争的观点显然成为这种变革的指南。

可以说,到目前为止,美国公立学校的私营管理运动前途未卜,私营公司管理公立学校中存在的教育价值与经济利益目标的冲突,以及企业家对教育管理规律理解的偏见,是这个过程中暴露出来的不争事实。

(2)择校。择校这个概念在西方发达国家有特定含义,是指由政府提供教育资源,学生及其家长自由选择学校。世界性的择校运动是教育市场化趋势的一部分,最为生动地体现了公共管理思想的市场选择的精神。

美国择校运动的理论先驱是自由主义的经济学家米尔顿·弗里德曼(Milton Friedman)在 1955 年撰写的《政府在教育中的作用》里,认为教育不应该是政府提供的服务而应该是自由市场的一部分,政府的作用是为教育提供经费而不是提供教育服务。政府可以通过提供教育券的方式,帮助贫困家庭购买教育,家长可以自由地花费教育券送孩子去想去的学校。教育服务可以由营利和非营利公司来提供,政府的责任是保证提供最低标准的条件。他的论点可以概括为"政府保证公平的底线条件,市场承担实际的服务责任"。支持择校制度的理论认为,一个组织的效率取决于它的机制,在传统官僚行政体制下,学校缺少自治,效率低下,而择校提高了学校内在的发展动机,消除了无效率的学校。

尽管择校政策在一定程度上体现了教育消费领域的市场化趋势,但是发达国家政府的择校政策仍然建立在"政府责任"原则的基础上,这包括义务教育阶段的择校坚持免费,择校学生的费用由政府支出;坚持保证每个学生传统的基本入学权利,优先区域内学生的就学要求;坚持保证学生基本的学习环境,在科学规定学生班数和班额限度的前提下,如有空余学位,才允许学校招收择校生。发达国家的相关研究表明,开放的择校政策更有利于优势社会阶层的家庭和学生,因为他们在文化上有更好的基础和更多的社会关系,还因为择校实际也成为学校选择优秀学生的机会,美国一些州制定了有利于社会处境不利家庭儿童择校的规定。[1] 因此,从当前的社会发展趋势来看,教育管理急需从"新公共管理"迈向"整体性治理"[2]。

专栏2-2

新公共管理与高等教育改革

20世纪70年代以后,全球化促进了市场在社会生活中的作用,却使民族国家公共部门的作用机制和方式发生转变。旧有管理模式效率低下的弊端凸显,国家需要回应疲软的经济表现、财政赤字,以及更多的公众期望。更多的关于政府失灵的讨论使得新自由主义思潮对各国的公共部门改革产生了重要影响。受到新自由主义"大市场小政府"观念的影响,并结合公共选择理论对于人类利己行为的假设,"新"的公共管理理论认为政府等公共部门应该关注公共服务的结果和产出,而不是提供服务的过程和规则,进而认为采用私人部门的管理技巧有助于提高服务的效率和效能,市场竞争取代集权的科层管理才能使公共财政的"金钱价值"最大化。

新公共管理特别强调问责这一管理手段。事实上,问责在大学中的出现远早于新公共管理思潮,但新公共管理思潮的影响在于:关注和强调了消费、管理和官僚问责,而以同行评价为媒介的专业问责被边缘化。根据回应对象的不同,问责可以分为四种类型:政府和联邦负责的官僚问责;通过专业团体进行保障的专业问责;通过市场形成的消费者问责;对雇佣的学校负责的管理问责。在新公共管理的问责中,为了避免繁琐的、专业的、过程性的控制,将所有活动都简化为可测量、可比较的表现指标,以实现管理层对专业工作的控制。当这种以表现指标为标准的问责走向极端,便是表现主义。表现指标自身存在无法调和的矛盾,因此在实践中必然带来诸多问题:(1)表现评价指标的有效性和合理性如何保证。(2)评价指标的即时性与教育过程的缓慢性、多因素性、风险性之间的矛盾。(3)评价指标的滞后性和惰性,无法反映教育发展的最新需求。

大学治理方式的变革正是在这样的背景下成为关注的焦点。以往的大学治

① 陈孝彬,高洪源.教育管理学[M].北京:北京师范大学出版社,2008:57.
② 竺乾威.从新公共管理到整体性治理[J].中国行政管理,2008(10):52-58.

理强调"同僚管治"（collegial governance）其依据在于：一方面，以洪堡为代表的一批学者认为大学是以"求真"为目标形成的学者和学生社群，学者的自治是大学有效运行的前提和基础。另一方面，学者在自身知识领域的权威性使得其他没有掌握专业知识的人员无法管理大学和学者，学者的自治有了双重的合法性基础。学者的自治形成了一种以"最少层级和最多信任"为特征的大学运行方式，在这样的大学中，自由地探究真理成为可能。当然，这种"同僚管理"的理想在多大程度上得到了实现，不同的时期、国家、大学、学者可能会给出不同的答案。而在一些国家和地区，长期与"同僚管理"模式共存的是"官僚科层"的治理形态，即将大学作为国家机器的一部分，大学的人事、财政和教育内容等都在政府科层管制的计算规划之下。表 2.2 是同僚管理与新管理模式之间的对比，为我们分析这一问题提供了一个可供参考的框架。从对比中我们可以发现，新公共管理主要采用了"以表现指标为基础的结果问责""仿市场导向的竞争""多元化资金来源"等具体的管理技术和方法。

表 2.2 同僚管理与新公共管理模式之间的对比

项目	新公共管理	同僚管理
控制方法	"硬"管理；管理者和被管理者之间界限分明；专制式管理	"软"管理；民主投票；专业共识；分布式管理
管理活动	管理者；直线管理；成本中心	领导者；学者社群；专业人员
目标	最大化产出；经济利润；效能	知识；探究；真理；理性
工作关系	竞争性；层级性；仿市场导向	信任；道德约束；专业信念；自由表达和评论；公共知识分子
问责	以表现指标为基础的结果问责；消费问责；官僚问责	以同行评议为基础的专业问责；过程问责
研究	外来资金支持；与教学分离；被政府和外部机构控制	与教学联系紧密；大学内部控制；学者自身发起和进行

【资料来源】李琳琳，卢乃桂，黎万红. 新公共管理理念对中国高等教育政策及学术工作的影响[J]. 高等教育研究，2012，33(5)：29-35.

案例分析

可以用管理企业的方式管理学校吗

C 中学在当地非常有名，已经连续四年升学率排名全市第一。为了更深入地推进学校改革和发展，经当地政府批准，学校开始进行办学体制改革。2002 年 A 公司向该校投资 3000 万元入股，学校改制，成为国有民办学校，在全省范围内招生。随后，A 公司采用了一系列管理企业的做法运作学校。

首先，A 公司将自己的经营人才注入 C 中学，主要进行学校经营和成本核算，但不干涉具体教育教学过程。学校积极推行 ISO9000 质量管理体系,并通过了 ISO9000 质量体系认证。

第二件事是 A 公司积极开展学校营销和学校品牌建设活动,并委托 B 公司具体实施。A 公司认为目前教育竞争越来越激烈,谁先把品牌塑造好,在未来 3～5 年内就可以坐收其利,成为市场的主导,否则就会被无情地淘汰。A 公司还认为,从商业的角度来看,学校出卖的是教育服务。这种服务也可以当作一种商品来营销,企业常规的营销体系完全适用于学校的推广。

B 公司进入学校后,与学生和教师分别进行座谈,以了解学校的情况。而后,他们具体做了以下几件事:(1)编写学校故事。B 公司调查发现该校教师非常敬业,有许多感人的故事,他们就把这些写成故事汇编对外散发;学校建校 40 多年,有深厚的文化底蕴,许多该校出来的学生在中央任职,或成为大使级人物,该校还有个 12 岁的学生考进中科院的少年班,B 公司便把这些有突出成就的学生筛选出来,编辑个人事迹对外发行。(2)对学校的办学模式和教学模式重新包装。如教学模式采用联读,国内两年,国外两年;对于考上北大、清华的学生,学校返还三年择校费;考不上大学免费复读一年等。(3)在当地媒体投放广告,并进行多渠道宣传,包括开展学生家长见面会等活动。

特别有意思的是,该校还参加了全省春季房展会,在房展会上进行招生和品牌宣传,并取得了意想不到的效果,吸引了一大批外地的家长和学生。

经过一系列的企业化运作,学校招生和经营都取得了很好的成绩。

【资料来源】 程凤春.学校管理的 50 个案例[M].2 版.上海:华东师范大学出版社,2018:39-40.

思考题

1. 工商企业与学校有哪些区别?这些区别是否必然决定学校管理与企业管理的不同?

2. 用管企业的方式来运作学校与用传统的学校管理方式来运作学校,谁更有利于学校取得竞争优势?

3. 用管企业的方式来运作学校,其利弊何在?

第三章　教育行政体制与组织

　　教育行政结构关系反映教育行政体制所要处理的各种基本关系,包括教育行政与母行政之间、教育行政上级与下级之间、教育行政同级之间、教育行政主体与相对方之间、教育行政中的公法与私法之间等主要关系范畴,这些结构关系从深层影响着教育行政的组织形式、权力结构、运行方式,决定着教育行政活动的基本面貌及发展动向。[①]

　　教育体制中的两大基本体制是各级各类学校教育体制和各级各类教育管理体制,学校教育体制是教育体制赖以存在的前提,而教育管理体制是教育体制运行的保障。在教育管理体制中,教育行政体制是宏观的教育管理体制,它一般包括办学体制、教育人事行政体制、教育财政体制、教育业务体制和教育督导评价体制,学校管理体制是学校微观的教育管理体制,它由学校的决策机构、执行机构、效率机构和监督机构与学校相应制度结合而形成的学校决策体制、学校执行体制、学校咨询体制和学校监督体制所组成。[②]

第一节　教育行政体制的性质与类型

一、教育行政体制的含义

　　布劳克(Block)在其《法国行政辞典》中把"行政"(Administration)定义为:"公共服务的总体,从事于政府意志的执行和普遍利益规则的实施。"《世纪辞典》有关"行政"的说法是:"行政人员的责任或职责,特别是政府的执行功能,包括政府的总体的和局部的所有的权力和职责的行使,它既不是立法的,也不是司法的。"古德诺由此概而言之,"执行国家意志的功能被称作行政"[③]。

　　在公共行政意义上,国家行政管理体制主要涉及国家的领导体制、政府的组织结构、公共行政权力的归属、政府的管理运作方式等问题。[④] 教育行政体制(Education Administration System)是国家行政体制中的重要组成部分,是指一个国家的教育行政组织系统,或理解为国家对教育的领导管理的组织结构形式和工作制度的总称[⑤],主要由教育行

　　① 龚怡祖.教育行政体制中的基本结构关系分析[J].清华大学教育研究,2009,30(6):9-15.
　　② 孙绵涛,李莎.试论教育体制理论的生成[J].教育研究,2019,40(1):122-130.
　　③ 弗兰克·J.古德诺.政治与行政:一个对政府的研究[M].上海:复旦大学出版社,2011:42.
　　④ 张国庆.公共行政学[M].4版.北京:北京大学出版社,2017:37.
　　⑤ 陈孝彬,高洪源.教育管理学[M].北京:北京师范大学出版社,2008:71.

政组织机构的设置、各级教育行政机构的隶属关系及相互间的职权划分等构成。

此外,学术界对教育行政体制与教育体制、教育机制等概念也进行了区分。例如,孙绵涛认为,教育体制(Educational System)是教育机构和教育规范这两个要素的结合体。教育机构包括教育实施机构和教育管理机构。教育实施机构主要是指各级各类学校,教育管理机构主要包括各级各类教育行政机构和各级各类学校内部的管理机构。教育规范是指建立并维持教育机构正常运转的制度。学校教育机构与一定的规范相结合就形成了各级各类学校教育体制;教育管理机构与一定的规范相结合就形成了各级各类教育管理体制,其中教育行政机构与一定的规范相结合就形成了各级各类教育行政体制;学校内的管理机构与一定的规范相结合,就形成了各级各类学校管理体制。教育机制是教育现象各部分之间的相互关系及其运行方式,主要包括教育的层次机制(宏观、中观、微观)、形式机制(行政、指导、监督)、功能机制(激励、制约、保障)。教育体制改革的内涵是教育机构和教育制度的改革,外延是各级各类学校教育体制改革,各级各类教育管理体制的改革。教育机制改革的内涵是教育现象各部分之间的相互关系及其运行方式的改革,外延是教育层次机制改革,教育的形式机制改革,教育的功能机制改革,以及各机制中 9 个小机制的改革。同时,二者又相互联系,教育体制与教育机制产生发展的过程密切相关,教育体制与教育机制在结构上相融,教育体制与教育机制在性质和功能上互补,教育机制创新在范围上包含教育体制改革。[①]

二、教育行政体制的制约因素

国家公共行政管理是一个政治的、经济的、社会的、文化的、心态的综合性概念、行为和过程。[②] 教育行政体制是国家行政体制的重要组成部分,将随着社会政治、经济等方面的发展而变化。

1. 国家政治体制的制约

教育从来受制于国家政治制度、体制以及具体的行政机制。一般来说,教育管理体制与政治体制有如如影随形,实行中央集权式的政治体制,教育管理体制也不大可能为完全的地方分权。如在我国,国家政体属于统一和集中领导的形式,尽管改革开放以来,教育管理体制实行了不少权责下放的举措,但教育事业发展与改革进程及步骤由中央统一领导的性质并没有也不会从根本上发生变化,只是在中央统一领导之下,地方被赋予比以往较多的发展教育的权责,有更多的参与具体政策制订的权利和机会罢了。我们强调的是统一领导之下的地方参与管理的制度。当然,这并不排斥在具体的管理方式上的变化。不过,在一些因素的影响下,有些国家可能也会有例外情形出现,如政治体制是集权的,教育管理上却是分散和分权的。

2. 社会经济状况的制约

一个社会的经济发展了,其教育也会得到发展,国家管理教育的组织形式也会相应地

---

① 陈子季,童世骏,高书国,等.中国特色社会主义进入新时代与深化教育体制机制改革——十九大后中国教育体制机制改革专题研讨会专家笔谈[J].中国高教研究.2017(12):20-24.

② 张国庆.公共行政学[M].4 版.北京:北京大学出版社,2017:40.

演进。如在我国,自 20 世纪 80 年代改革开放以来,经济发展水平有了极大的提高,国民收入分配格局发生了巨大的变化,国家的财税体制也经历了较多的变革,所有这一切都在整体上推进了教育管理体制的改革,同时也促成了教育管理体制不断进行局部的或适应性的调整、变化。

3. 本国教育和文化传统的影响

任何国家都有其自身的文化教育传统,在有些国家,这些传统被强有力地保存下来,并对教育管理体制产生决定性影响。以美国的情况为例,作为一个移民国家,其教育的发展有自下而上的特点。早期的移民初到美洲大陆时,由于村落散居,交通不便,各村镇只得自行办学。到了 19 世纪上半叶,由学校逐步发展到了学区,以后又在学区发展的基础上设立了州教育厅,最终建立了联邦教育部。正因为有这一传统,故在美国教育及其管理体制历来被认为是地方的事情,联邦基本上不予干预,由此形成分权式的教育管理体制。

4. 国际改革潮流的影响

当代世界各国的教育正日益走向开放,国际教育改革潮流对各国的影响越来越大。很多国家将他国的教育管理体制改革理念、经验与措施作为借鉴,效仿他国的做法,以调整或变革自身的教育管理体制。时常可见,一些国家在进行着由教育集权式管理向分权式管理的改变,或是相反,由分权式管理向集权式管理的变革,究其原因,除了自身教育发展的需要外,往往与受到他国经验的鼓舞有关,以为其他国家的成功经验也一定能对自己国家有成效。从实际情况来看,这种外来的改革动力之下所进行的教育管理体制的革新,既有成功也失败。

三、教育行政体制的类型

世界各国的行政体制不同程度地属于两种主要类型中的一种:要么是握有国家意志执行权的官员具有极大的处理权力,而事实上成了具体地表达国家意志的机关;要么是这些官员几乎没有任何处理权力,他们只是不仅决定应该做什么,而且决定应该怎样去做的国家机关的其他工具而已。① 教育管理体制的类型是指教育行政组织的形态,也就是国家干预教育活动的制度安排与组织结构预设的方式。基于行政体制的分类标准,可以把教育管理体制分为中央集权制与地方分权制、从属制与地方制、专家统治制与非专家统治制等多种类型。

1. 中央集权制与地方分权制

该类型将教育管理体制分成中央集权制和地方分权制,其依据是中央和地方关于教育管理权责的分配关系。教育管理的中央集权体制,一般来说,是国家行政管理集权制的一个组成部分。在中央集权体制下,社会公共权力集中于中央政府,地方各级政府服从和接受中央政府的领导和统治。在教育管理工作中,就表现为中央政府及其教育行政部门直接领导和管理整个国家的教育事业,地方政府及其教育行政部门主要以实施中央制定的教育法律法规、政策、规划和指令为己任。中央和地方的关系,明显表现为一种垂直的、

---

① 弗兰克·J.古德诺.政治与行政:一个对政府的研究[M].上海:复旦大学出版社,2011:55.

领导与被领导的隶属关系。地方分权制是指国家管理教育的权责由中央政府和地方政府分别执掌,以地方自主管理为主的制度。在这种制度安排下,中央和地方政府在教育管理上有各自的权责范围,维持着一种相对独立而非领导与被领导的隶属关系,呈现一种平行的管理体制。在教育上实行中央集权制的突出代表是法国。法国从教育事业是国家事业的观念出发,建立了代表国家权力的中央教育部,统一领导和监督全国的教育,其权力范围包括确定各级各类教育机构的目标、考试时间和内容、管理公立学校的教职员、确定教育经费等。实行分权制的典型代表是美国,美国在"自治办教育"理念的支配下,各州和地方学区及州所规定的其他机关拥有管理教育的权力和责任。中央教育机构即美国联邦教育部对全美教育事务主要起指导和资助作用,其职能是服务性的。

事实上,这两种体制各有利弊。中央集权制有利于统一国家的教育方针、政策,有利于制定统一的教育发展规划,也有利于中央调节各地教育发展不平衡的状况,加强对落后地区教育事业的扶持和帮助。此外,这一体制促进了教育标准的统一,各地可根据统一的标准评估和检查教育的发展状况。然而,中央集权制的管理体制也有不足之处,主要表现在:容易形成不顾地方特点和条件强求一致的局面,从而对地方因地制宜发展教育造成不利影响;教育管理的主要权责集中于中央,不利于调动地方发展教育的积极性和责任感;中央集中管理,地方缺少自主权,客观上使得地方教育行政管理工作趋于保守、僵化,缺少灵活性,降低了教育管理的效率。地方分权制的主要优点是:教育行政权力分散,地方政府及其教育行政部门负有发展教育的权责,有利于地方因地制宜管理教育,使教育适应于地方经济和社会发展的特点与需要;地方政府及其教育行政部门执掌有关教育的发展权力,有利于充分发挥其发展教育的积极性和主动性;地方自主管理教育事业,有利于地方及时处理和决断有关教育问题,可以避免出现事事请示中央的现象,提高教育管理的效率,同时也能促使中央集中精力更有效地履行其宏观管理的职能。教育管理的地方分权制的不足之处主要是:教育行政权力分散,不易在教育领域统一政令、统一标准、统筹规划及统筹兼顾;各地条件不同,对教育事业的认识不同,容易造成教育的不平衡发展;各地自主行政,中央调控能力减弱,不利于组织地方之间的教育协作。

这两种体制其各自的利弊只是一种外在的现象,真正认识造成这些利弊的原因还需要做更深入的分析研究。应该看到,一个国家教育管理体制形成的原因是多方面的,促使一个国家进行教育管理体制改革的因素也异常复杂,这些因素在不同的国家、不同的时期起着不同的作用,也会有不同的表现形式。正由于教育管理体制对一个国家的教育发展至关紧要,所以历来为各国教育管理学研究者所关注。研究者们围绕教育管理体制类型问题有不同的见解,展开了不少争论,但也存有一些基本的认识,这些认识包括:第一,一个国家的教育行政管理是实行中央集权制还是地方分权制,有其产生、形成与运作的客观基础,是该国长期形成的历史文化所造成的。正因为如此,教育管理体制的改革,绝非是轻而易举的事情;第二,从优缺点两方面来看,两种体制各有利弊,很难断言孰优孰劣。不同的价值评价观,对于教育管理领域中的具体问题会产生迥然相异的评判。例如,从中央集权的教育管理体制角度来说,统一各种教育评估标准似乎是天经地义的,这不仅有助于保证教育的质量,也便于教育评估者的具体操作;但从分权制的教育管理体制角度来看,就会发现很多不足:实行统一的标准,全国一刀切,没有照顾到各地千差万别的教育条件与特点。所以,对这两类教育管理体制的利弊,不可偏执一端,不可因为一定时期某些改革的需要,过度推崇某种类型的体制,而极力贬斥另一种类型的体制。从教育管理体制变革的历史过程看,很多国家在该领域时常表现出集权与分权的周期性改革;第三,教育管理体制并不能解决教育领域的所有教育问题,它更多影响的是国家教育制度、政策及管理层面的事务,对课堂教学的影响则小得多,要真正提高课堂教学质量,还得从改进课堂教学入手。[①]

2. 从属制和独立制

这种分类的主要依据是教育行政机构与政府之间的关系。教育行政从属制又称完整制,主要指各级教育行政机构是政府的一个职能部门,接受政府首长的领导,不是脱离政府的独立组织。如我国的各级教育委员会或教育厅(局)都是各级政府的一个行政职能部门,在各级政府首长的领导下,专司教育行政管理。教育管理从属制的主要优点有:教育行政部门作为政府的一个组成部分,有利于政府统筹规划,协调教育与国民经济和社会发展之间的关系;教育行政部门在政府的领导下行使管理职权,有利于加强教育管理的权威性。教育管理从属制的不足之处主要是:由于教育是周期长、见效慢的社会公共事务,容易使政府在工作安排中出现重经济、轻教育的情况,特别在政府财政困难时期,这些情况会表现得更为突出;由于政府首长任期的限制,容易导致教育管理上热衷于追求短期效果,而忽视教育的特殊性,不按教育规律办事,结果对教育的发展带来损害。

教育行政管理独立制又称分离制,一般应用于地方教育管理,主要指地方教育管理机关脱离一般行政而独立存在。它不属于地方政府的一个职能部门,也不接受地方政府首长的领导。有些国家的教育管理体制属这种类型,如美国的地方学区制。这种教育管理体制的主要优点是:教育成为独立的社会公共事务系统,有利于避免同级一般行政对教育的不必要干扰,也有利于避免外行领导内行,提高教育管理的效率。其主要不足之处是:教育管理独立于一般行政管理之外,不利于发挥政府办教育的积极性,同时也不利于教育事业与社会其他事业的协调发展。

3. 专家统治制和非专家统治制

这种分类的依据主要是教育管理决策权是否由教育专家掌握。这种体制的主要特点是,要求教育行政首长必须是从事过教育工作且卓有成效的专家。换句话说,在这种制度下,只有教育专家才能充当教育行政首长。教育管理专家统治制的主要优点在于:有利于教育行政首长专业化,有利于对教育事业进行科学管理,重视发展教育事业,按教育规律办教育。它的不足之处在于:容易将注意力局限于教育内部的各种关系,忽视教育与社会其他方面的联系,结果导致教育行政决策的片面性,出现就教育分析教育的情况。

教育管理非专家统治制是指教育行政首长或领导者由非教育专家担任的制度。这种制度一般应用于教育决策或政策制定机关。有的教育决策或政策制定组织采用专家和非专家相结合的方式,教育专家和非教育专家各占一定的比例。教育行政管理非专家统治制的优点主要表现在:有利于密切教育与社会之间的关系,促进全社会关心教育的发展;

---

① 吴志宏. 两种教育行政体制及其改革[J]. 华东师范大学学报(教育科学版),1999(3):19-25.

有利于加强学校与家长及社会各方面的联系,创造良好的社会育人环境。其不足之处主要是:容易出现不顾教育的特点和规律,乱决策、瞎指挥的现象;由于非专家参与教育行政往往代表一定的社会利益集团或社会群体的利益,使教育决策和政策容易受利益集团的影响,从而影响教育决策和政策的公平性与科学性。

以上从不同角度分析了几种主要的教育管理体制类型。在这些分类中,第一种分类即中央集权制和地方分权制的划分是最基本的,后两种分类在很大程度上受其制约。纵观世界各国的教育行政管理体制,尽管教育行政组织结构不尽相同,但其在本质上都可以归纳为这两种体制类型或由这两种类型演化而来的混合类型。当然,任何一个国家的教育行政管理体制都不可能是单一的某种类型,而更多的是体现多种类型体制的综合体,并且这一综合体总是处在动态的变化之中。

第二节　我国教育行政体制的发展与改革

改革是生产关系、利益关系的调整。如果说改革开放前30年是按照"效率优先"的原则着力推进经济建设,积累了大量的社会财富;那么,进一步改革面临的问题就是利益关的重新调整,是对社会财富按"公平"原则进行再分配,以促进全社会的和谐持续发展。全面深化改革,就是要"坚决破除一切不合时宜的思想观念和体制机制弊端,突破利益固化的藩篱"①。对于中国社会而言,改革开放的40年,是从恢复和重建社会秩序走向深化体制改革激发社会活力、从计划经济走向市场经济、从统一集中的统制形管理走向建构多方参与的治理体系的过程。教育制度变迁与创新,必然涉及集权与分权、计划与市场、政府与社会、政府与学校、学校与社会等一系列复杂关系,教育变革过程即是寻求多方关系的平衡与和谐,以便在维持理性秩序的同时,激发各方的激情与活力。②

一、我国现行教育行政体制

目前我国基础教育实行的是国务院领导,省、自治区、直辖市人民政府统筹规划,市、县级人民政府具体负责实施的地方负责、分级管理、以县为主的体制。

新中国成立70年来,为了满足人民群众对基础教育发展的需要,我国适时推进基础教育办学体制改革,在基础教育办学主体、办学形式、办学机制、办学管理、法律保障等方面进行了一系列探索。③

(一)现行教育行政体制的进一步完善

教育行政体制改革要根据中央统一领导、分级管理、分工负责的原则,并在此基础上着力实现权责明确、统筹有力、转变职能的教育行政管理体制改革的最终目标。具体来

①　习近平.决胜全面建成小康社会夺取新时代中国特色社会主义伟大胜利——在中国共产党第十九次全国代表大会上的报告[N].人民日报,2017-10-28.

②　范国睿,孙闻泽.改革开放40年教育体制机制改革的历史与逻辑分析[J].教育研究,2018,39(7):15-23.

③　彭泽平,金燕.70年基础教育办学体制改革:基本特征与未来展望[J].现代教育管理,2020(2):32-39.

说,主要从以下几个方面着手:

1. 中央政府简政放权

中央教育行政管理机构简政放权、转变职能仍然是我国教育行政管理体制改革的一个重要任务。这也是我国政府机构大部制改革和建设服务型政府的大背景下的一个必然要求。《国家中长期教育改革和发展规划纲要(2010—2020年)》(以下简称《教育规划纲要》)明确提出:"以简政放权和转变政府职能为重点,深化教育管理体制改革,提高公共教育服务水平。"就目前我们教育行政组织权力来说,还有很大一部分权力集中在中央教育行政管理部门之中,正是这些权力在教育行政部门集中,导致教育行政管理机构管理层级较多、机构臃肿,以致某些职能出现重叠。因此,对于中央教育行政部门来说,首先就是要精简机构、下放基础教育行政管理权力,努力按照"基础教育由地方负责、分级管理"的原则,加强自己的宏观管理、服务和协调能力。

2. 地方政府扩大权限,统筹管理

在中央教育行政部门下放权力的同时,地方各级教育行政部门也相应地拥有更多的领导和管理各省、市、县的教育行政管理权力。《教育规划纲要》也明确指出:"进一步加大省级政府对区域内各级各类教育的统筹。统一管理义务教育,推进城乡义务教育均衡发展,依法落实发展义务教育的财政责任。促进普通高中和中等职业学校合理分布,加快普及高中阶段教育,重点扶持困难地区高中阶段教育发展。"这充分说明,在当前各区域之间、城乡之间、校际之间发展水平差距还比较大的情况下,国家明确强调省级政府及教育行政部门权力和责任,各省、市、县级政府加强其在各自区域内的统筹能力,采取有效措施,缩小区域内的城乡教育差距,逐步实现区域内的城乡义务教育均衡发展。

3. 扩大学校办学自主权

学校是教育事业的主要载体,学校的发展和特色的创建,必须有充分的自主发展权力作为支撑。各级地方政府及其教育行政部门必须重新审视政府与学校的关系,明晰政府、学校各自的角色和责任,合理分配教育管理权力,使中小学在国家法律、法规的指导下享有更多的办学自主权,从而使学校可以根据本校实际情况,正确定位并制订学校发展方向和目标,着力打造学校特色。把学校自主发展所必需的权力下放给学校和校长,不仅可以充分发挥权力行使的有效性和校长负责制的内在价值,也可以激发学校全体成员的内在动力、潜能以及创造活力。

4. 管理、办学、评价权力的分离

长期以来,我国教育的管理、办学、评价主体融为一体,致使我国教育行政管理权责不明,教育评价机构对于教育发展状况的评估流于形式,向上级进行信息反馈时"报喜不报忧",致使一些问题长期得不到上级的关注和解决,学校教育质量徘徊不前。因此,在加强政府宏观管理和政策服务职能,学校有效整合、利用各类资源独立自主办学的同时,根据《教育规划纲要》的精神,需要培育专业教育服务机构,完善教育中介组织的准入、资助、监管和行业自律制度。积极发挥行业协会、专业学会、基金会等各类社会组织在教育公共治理中的作用,包括积极利用专业的教育服务组织对学校进行评估、咨询、监督等,实行管理、办学、评价相分离,明确各自权限责任。这种"管、办、评"相分离的体制,既可以使政府

宏观管理职能得到充分发挥，又可以使学校充分根据实际情况依法自主办学，同时还发挥教育中介组织的专业评价作用，也就是客观反映学校办学存在的问题，能够准确地反映给学校和政府部门，从而得到及时、有效地解决。

相应地，我国高等教育管理体制经历了一系列的改革和调整：20世纪50年代，我国高等教育管理体制从"集中统一"领导体制转变为"统一领导、分级管理"体制；自20世纪80年代中期开始，我国持续推进以转变政府相关职能、扩大高等学校办学自主权为目标的高等教育管理体制改革；20世纪90年代后期，新兴的治理理论被引入我国，治理理念为我国高等教育管理体制改革开辟了新视野、提供了新思路，成就了高等教育管理体制改革的新愿景。[①]

（二）重建政府、教育行政部门和学校三者的关系

教育改革有两大主题，一是立德树人问题，一是体制机制改革问题。其中，立德树人，是用什么样的方式培养什么样的人的问题；体制机制改革，则是为立德树人服务的，就是要理顺教育系统诸要素之间的关系，其核心是激发各教育要素的活力，从而激发整个教育系统的活力。[②] 有效进行教育行政管理体制改革，要以教育领域"放管服"改革为抓手，转变政府职能，推动政府向学校、社会放权，进一步加大省级政府对区域内各级各类教育的统筹，政府主要履行好统筹规划、政策引导、监督管理和提供公共教育服务的职责，学校也要建立依法办学、自主管理、民主监督、社会参与的制度，积极培育专业教育服务机构。要完善教育政绩考核机制，建立一整套可操作的教育政绩评价指标体系，完善相应的教育督导制度和问责制度，引导和督促地方政府推动教育事业发展。[③]

就目前我国的政府管理体制来说，教育行政与其他一般行政一样都属于政府管理机构的重要组成部分。也就是说，我国教育行政部门与人事部门、财政部门等一般行政部门都是政府机构的平行职能部门。由于教育事业为国家各个行业、部门培育和提供优秀的人才资源，其具有基础性的特征，同时，教育又是为全体公民共享的权利，其也具有公共性的特征。因此，各个行政职能部门都应该彼此加强沟通、协作，以体现教育的基础性、公共性的内涵。但是，就目前来看，我国政府一般行政部门与教育行政部门还缺少必要的交流与协作，没有完全达到中央政府制订的法规、政策要求，提供教育事业发展所需的外部支持。尤其表现在我国国家财政对于教育经费的统筹支持力度上。因此，教育行政管理体制改革，首先必须从宏观的角度上，进一步明确我们教育行政与国家一般行政的关系，在国家教育法律、法规和政策的指导下，加强沟通与协作，构建一个促进教育事业快速、稳定和健康发展的外部行政管理系统。

各级教育行政部门都是各个区域内的教育行政主管部门，其不仅要贯彻执行中央制订的各项教育方针、政策，还直接领导和管理其辖区内的各类学校的教育教学及其他行政管理具体事务等。因此，教育行政管理部门便具有了双重角色，对于中央或者上级教育行

① 周川.我国高等教育管理体制70年探索历程及其展望[J].高等教育研究，2019，40(7)：10-17.

② 陈子季，童世骏，高书国，等.中国特色社会主义进入新时代与深化教育体制机制改革——十九大后中国教育体制机制改革专题研讨会专家笔谈[J].中国高教研究.2017(12)：20-24.

③ 余宇，单大圣.中国教育体制改革及其未来发展趋势[J].管理世界.2018，34(10)：118-127.

政部门来说,其担任着教育法律、法规和方针政策执行者的角色,而对于其区域内的学校来说,其又充当着领导者和管理者角色。正是双重角色的客观存在,加之当前教育行政部门服务意识不足,致使教育行政部门及其工作人员通常以领导者和管理者的姿态对待学校,对学校的教育教学及其他属于内部管理的具体事务施加多种行政干扰。因此,教育行政管理体制改革中,研究教育行政管理部门和学校的关系,按照《纲要》提出的要求,推进政校分开、管办分离。构建适应中国国情和时代要求的政府与学校的新型关系,建设依法办学、自主管理、民主监督、社会参与的现代学校制度,把学校发展和教育教学的权力还给学校,政府专注于加强教育服务和对学校的监督职能,为学校发展营造良好的外部环境和提供有力的政策与资源支持。

二、教育行政管理职能的转变

(一)探索地方负责,分级管理的教育行政管理体制

1978 年,教育部修订并颁布了《全日制小学暂行工作条例(试行草案)》和《全日制中学暂行工作条例(试行草案)》。其中明确规定:"全日制小学由县(市属区)教育行政部门统一领导和管理。社队办的小学,可以在县统一领导下,由社队管理。""全日制中学原则上由县以上教育行政部门领导和管理。社队办的中学,可以在县的统一领导下由社队管理"。很显然,这些规定基本上恢复了 1963 年实行的以教育管理权力重心上移为特征的统一领导、分级管理的教育行政管理体制。

进入 20 世纪 80 年中期以后,我国基础教育管理体制进行了一系列重大的变革,其核心是强调地方对发展基础教育事业的权责。1985 年,《中共中央关于教育体制改革的决定》明确提出:基础教育管理权属地方,实行"地方负责、分级管理"的原则。除大政方针和宏观规划由中央决定外,基础教育的具体政策、制度、计划的制订和实施,以及对学校的领导、管理和检查,责任和权力都交给地方。省、市(地)、县(市)、乡分级管理的职责如何划分,由省、自治区、直辖市决定。1986 年,全国人大六届四次会议通过的《中华人民共和国义务教育法》规定,我国的义务教育事业,在国务院领导下,实行地方负责、分级管理的制度。这部法律在义务教育普及以及整个基础教育的发展中发挥了重要作用。由此,"地方负责、分级管理"成为我国基础教育管理的基本制度。

1993 年,由中共中央、国务院印发的《中国教育改革和发展纲要》(以下简称《纲要》)强调了要进一步深化我国教育体制改革,初步建立起与我国的社会主义市场经济体制、政治体制和科技体制改革相适应的教育新体制。《纲要》特别指出,要深化中等以下教育体制改革,继续完善分级办学、分级管理的体制以及要积极推进城市教育综合改革,探索城市教育管理的新体制。这些规定明确了 20 世纪 90 年代教育行政管理体制改革的方向和目标,在我国经济体制、政治体制的改革不断深化的背景下,不断完善基础教育地方负责、分级管理的体制,以逐步矫正过去教育行政管理权力过度集中中央的现象,加大地方政府对于教育行政管理的权责,增强其办好基础教育的责任感。

随着我国经济的快速增长,教育的外部环境持续发生深刻的变化,进入 21 世纪以后,不断完善我国现行的教育行政管理体制,成为推进基础教育发展与改革的重要环节,适应新的经济与社会环境的必然要求。2001 年 5 月,《国务院关于基础教育改革与发展的决

定》指出,农村义务教育管理体制实行在国务院领导下,由地方政府负责,分级管理,以县为主的体制。这就改变了我国原来的基础教育由地方负责,分级管理,省、地、县、乡四级教育行政管理的体制,转变为地方负责,分级管理,省、地、县三级"以县为主"的教育行政管理体制。这是我国认识到把农村义务教育的管理权限下放到县以下的乡(镇)、甚至村,导致的教育经费难筹措、拖欠教师工资和乱收费等一系列问题,而采取的一项有力的解决农村义务教育发展问题的重要措施,也是党中央、国务院实行农村税费改革重大举措的必然结果。

2003年,国务院《关于进一步加强农村教育工作的决定》,将"以县为主"的农村义务教育管理体制进一步具体化和明确了各级教育行政管理的职能。2006年9月1日,重新修订的《中华人民共和国义务教育法》正式实施,新义务教育法始终贯穿的一个重要特征是,政府是实施义务教育的重要的和首要的责任者。该法律规定:"义务教育实行国务院领导,省、自治区、直辖市人民政府统筹规划实施,县级人民政府为主的管理体制。"新的管理体制强化了中央与省级政府尤其是省级政府管理和实施义务教育的责任,明确了以县为主的体制,以法律形式划分了中央、省和县在义务教育管理中的职责。这部法律在很多方面取得了重大突破,是我国义务教育立法和教育法制建设进程中一个新的里程碑。

2010年7月,中共中央、国务院颁布的《教育规划纲要》明确提出:"健全统筹有力、权责明确的教育管理体制。以转变政府职能和简政放权为重点,深化教育管理体制改革,提高公共教育服务水平。明确各级政府责任,规范学校办学行为,促进管办评分离,形成政事分开、权责明确、统筹协调、规范有序的教育管理体制。加强省级政府教育统筹。进一步加大省级政府对区域内各级各类教育的统筹。统筹管理义务教育,推进城乡义务教育均衡发展,依法落实发展义务教育的财政责任。"这一未来十年的教育改革与发展的蓝图,充分明确了国家的教育行政管理体制改革方向和目标,即转变政府职能、简政放权,加强省级政府统筹义务教育,提出城乡义务教育均衡发展的机制问题。可以说,这是继我国确立"地方政府负责、分级管理,以县为主"教育行政管理体制的又一重大进展。

改革开放以来40年教育行政管理体制的历史演变表明,在基础教育管理体制的改革过程中,必须正确处理中央与地方、条条与块块的关系。从总体上说,教育行政管理体制越来越明晰地呈现出上下之间、条块之间的合理分工协调的权责状态。我国基础教育已建立起在中央政府领导下,由地方负责、分级管理、以县为主的体制;同时基本建立起基础教育法规体系的框架,使基础教育事业走上了依法治教的轨道。但不可否认,发展中也出现过偏颇和差错,在探索适切的教育行政管理体制的过程中走过弯路,有过曲折。我们目前所确立的基础教育行政管理的基本体制,是在总结教育发展与改革多年实践经验的基础上确立的,实行这一体制,将有助于发挥中央和地方各级政府的办学积极性,有助于发挥社会各界兴学助教的热情,有助于实现基础教育"地方化"的要求,做到因地制宜办教育、学校,提高全民族的文化科学素质和道德水准。当然,从正确的指导原则和改革方向的确立,到形成完善的管理体制,还需要长期的实践探索,需要解决一系列认识问题和实际问题。回顾教育行政管理体制沿革的历史,是为了促使我们对教育行政管理体制的类型、结构、职责分工、权限划分等问题作更深入的分析探讨,并在此基础上进一步推进体制的改革,并使之趋于完善。

（二）政府对农村义务教育的行政管理职能逐步明确和到位

农村义务教育实行"在国务院领导下，由地方政府负责，分级管理，以县为主"的管理体制。这一体制的改革，是针对我国长期以来农村义务教育管理重心偏低、投入严重不足和农民负担过重等问题而采取的重大改革举措。"以县为主"的管理体制改革是与税费改革同时进行的，由于税费改革取消了农村教育费附加和教育集资，加之"一费制"的实行和对教育乱收费的治理，共同减轻了农民的负担，并把农村义务教育投入的主要责任落在了政府的肩上。从根本上解决贫困地区农村中小学教师工资拖欠、危房改造和办公经费短缺等问题，建立起规范的、确保稳定增长的农村义务教育投入保障体制，减轻农民负担。"以县为主"管理体制改革从体制和制度上，实现了农村义务教育办学经费主要由农民负担转变为由政府负担，从而实现了政府教育行政管理职能从主要是"管"到"管""办"并举的转变。

经过21世纪第一个十年的努力，全国大多数地区基本完成了"以县为主"的教育管理体制改革，政府教育行政管理职能逐步明确和到位。这主要反映在能根据县域经济的发展状况和财政实力，不断加大对农村义务教育的投入，在农村中小学的建设和稳定教师队伍上取得了比较好的效果。在教育财政制度方面，由县统一管理，教师工资列入工资专户，统一管理，减少了工资发放的中间环节，确保了教职工工资的按时足额发放，有效避免了在中间环节上出现的挪用和挤占教师工资的现象；统一县域内教师的工资水平标准，并基本上达到国家公务员的薪金标准，减缓了农村中小学教师流失和不合理流动的状况。在师资队伍建设方面，由县教育局统筹管理，并负责教师培训等事宜，为全面提高中小学教师专业化水平奠定了基础；统一了中小学公用经费的开支标准，改变了原来各个学校经费不均的现象；能够集中全县财政力量和动员更大范围的社会投入，进行中小学危房改造和新学校、新校舍的建设；能够以县域为单位，全盘统筹规划现代化教学设施设备的配置，使农村学校办学条件的改善趋于有序科学合理。

但是，我国地域辽阔，东西部地区经济和社会发展水平不平衡，受政府行政管理层级繁多、教育行政的从属制等因素的影响，实施"以县为主"管理体制过程中还存在着一些具体问题，需要在深化教育行政管理体制改革中逐步解决。首先，规范和完善上级政府财政转移支付制度。在贫困和欠发达地区，县级经济实力薄弱，本级财政不足以支撑农村义务教育的正常运行，尽管中央和省等各级政府通过财政转移支付予以支持，且这种行为的力度逐年加大，但是，上级政府财政转移支付的总额和使用分配上，还缺少深入的供需调研，较多体现的是临时性和随意性，同时也缺少刚性的监督和资金使用的全程评估机制，这就为转移支付资金的划拨和使用埋下了很大的隐患。其次，扩大"以县为主"教育管理体制的内涵。现阶段实行的"以县为主"体制，并不是教育行政部门能够统揽投入教育领域的人力、财力和物力，并根据教育改革和发展的需要，对教育资源进行配置。在县域行政范围内，教育部门的人权通常是由人事部门、组织部门乃至宣传部门所掌握，财权则由财政部门来控制，教育行政部门只有事权和部分人事权力。因此，教育行政部门能否办成事、办好事往往取决于其与这些相关部门的关系，这就制约了教育部门的自主性和独立性。同时，这种行政管理不合理的权力分配，也导致了教师聘任制和校长聘任制无法真正实行，教师的选聘与辞退均不畅通，教师资源难以进行合理配置。因此，实现县域教育领域人权、事权和财权的统一,是深化"以县为主"教育管理体制改革的选择,也是促进农村义务教育进一步发展的关键因素。

三、我国教育行政体制改革重点及未来发展趋势

结合我国党和政府各项重要方针政策,考虑到中国特色的教育体制现状,可以将教育体制综合改革划分为以下三大方面的改革:(1)教育行政管理体制的改革。包括从中央到地方各级政府教育部门与非教育部门就教育结构进行的调整与治理,权力与问责机制的进一步明确和转变,政府与社会力量、市场、学校等关系的调整和职能转变与分工等;(2)教育实施机构的改革。主要包括各级各类学校教育体制的改革,以及可能涉及的社会第三方教育机构与教育部门合作关系的改革;(3)教育制度规范的改革。主要包括办学体制、人事调配体制、经费投入体制、人才培养与质量评价体制、入学招生制度等专项体制改革,具体体现在这些专项领域内标准、政策、法律法规的建立、调整与完善。这三个方面的改革都涉及我国学前教育、义务教育、高中阶段教育、职业教育、高等教育、特殊教育、民族教育、成人教育等各级各类教育。在实际的教育体制综合改革过程中,这三个方面构成了一个复杂的系统,它们之间既紧密联系,又层层嵌套。① 根据已有研究②,相关改革重点与方向包括以下几个方面。

(一)继续坚持教育优先发展

教育是为未来培养人才,而培养人才具有一定的周期,这就决定了教育必须适度超前于经济社会发展,在资源分配上需要得到优先发展,这也是过去40年中国教育发展取得历史性成就的重要经验。未来,中国要培养建设社会主义现代化强国的人才,仍然需要继续坚持教育优先发展。

教育投入是评价一个国家、地区教育事业是否优先发展的重要标志。中国需要继续巩固来之不易的4%的成果,继续加大教育投入强度,建立长效机制,重点是督促各级政府履行投入责任,把教育作为重点支出优先保障,落实好"一个不低于、两个只增不减";要尽快制定完善健全各级各类教育生均财政拨款标准,以标准促投入,保障投入水平的稳定、规范;在继续保证财政投入稳步增长同时,还要完善政策措施,进一步扩大社会投入比重。要坚持以教育信息化带动教育现代化,加快教育信息化建设,推进边远贫困地区信息化建设全覆盖,提升教师信息技术应用能力,加快发展基于互联网的教育服务模式。

(二)大力促进教育公平

加快教育普及,鼓励各地因地制宜、多渠道增加学前教育资源供给,以中西部贫困地区为重点加快普及高中阶段教育,着力提升中西部高校基础能力,完善农村和贫困地区学生接受优质高等教育的保障机制,巩固义务教育普及水平,健全控辍保学的工作机制。

推动义务教育优质均衡发展。缩小城乡义务教育差距,要从县域做起,通过消除城镇大班额,对乡村小规模学校和乡镇寄宿制学校建设进行底部攻坚,率先实现城乡义务教育

---

① 李玲,黄宸,韩玉梅.教育体制综合改革:理论、路径与评价[J].西南大学学报(社会科学版).2015,41(6):80-88.

② 余宇,单大圣.中国教育体制改革及其未来发展趋势[J].管理世界.2018,34(10):118-127.

一体化发展,逐步向有条件的市域扩展。加快缩小教育差距,加大对困难地区、薄弱环节的教育投入和政策倾斜,实施重大教育工程项目,聚焦最贫困地区、最薄弱环节、最困难群体,推动各地改善学校办学条件;通过乡村教师支持计划加强农村教师队伍建设,通过实施"特岗计划",招收优秀高校毕业生到乡村工作,为中西部老少边穷岛等贫困地区补充乡村教师;落实集中连片特困地区乡村教师生活补助政策,实施边远艰苦地区乡村学校教师周转宿舍建设,建立乡村教师荣誉制度,提高乡村教师地位待遇;通过教师交流、培训等途径,提高乡村教师专业能力。

保障特殊困难学生受教育权利。结合教育扶贫攻坚等政策措施,精准施策,进一步健全学生资助制度,使绝大多数城乡新增劳动力接受高中阶段教育、更多接受高等教育。提升农民工随迁子女、农村留守儿童、残疾儿童等特殊群体受教育水平,不仅保障他们有公平受教育机会,还要提高教育质量。按照"两为主"政策,保障农民工随迁子女接受更多的教育,让他们融入学校、融入班级。改善农村留守儿童寄宿条件,完善关爱服务体系,加强心理干预,保证人格健全、身心健康。扩大特殊教育资源,尊重残疾孩子的个体差异,探索形式多样的特殊教育模式,提升特殊教育质量。

(三)全面提升教育质量

中国经济正在迈向高质量发展阶段,这就要求提供更高质量的教育服务。衡量教育质量的标准是促进人的全面发展、适应社会需要,因此,必须建立以提高教育质量为导向的管理制度和工作机制,把教育资源配置和学校工作重点集中到强化教学环节、推动内涵发展、提高教育质量上来。首先,更新教育观念,改变简单地把考试分数或升学率等同于教育质量的观念;同时,充分发挥教育督导、考试评价、质量监测的引领作用,制定从学前教育到高等教育的人才培养质量标准,建立完整的教育质量监测评估体系,为改进教学提供科学依据。

基础教育要坚持因材施教,促进德育、智育、体育、美育、劳育有机融合,深化教学改革,推行启发式、探究式、参与式、合作式等教学方式以及走班制、选课制等教学组织模式,促进学生主动学习、释放潜能、身心健康,实现全面发展与个性发展的统一。职业教育要努力探索实行工学结合、校企合作、顶岗实习的人才培养模式,建立健全技能型人才到职业学校从教的制度,积极吸收企业参加教育质量评估。高等教育要强化政府宏观指导和总量调控,对高等学校实行分类管理,建立适应不同类型高校的拨款标准、质量评估、人事管理、监测评价等制度;抓住标准、专业、课堂、教师等关键环节,提升人才培养能力,通过发布专业类国家质量标准指导高校专业建设,开展教师教学能力培训,推进科教协同、产教协同、医教协同、部委协同等模式,实现人才培养与社会经济发展更加紧密结合,通过"双一流"建设、拔尖创新人才计划、协同创新平台建设等,使高等教育人才培养、科学研究在点上取得突破,带动高等教育质量整体提升。

(四)加强教师队伍建设

有好的教师,才有好的教育。现代化的教育,必须努力造就一支高素质、专业化、创新型教师队伍。一是加强师德建设。在师范生培养、教师培训等各个环节加强师德养成教育,让教师形成爱教育、爱学生的职业自觉;加强理想信念教育,健全师德建设长效机制,强化师德考评,体现奖优罚劣,推行师德考核负面清单制度,建立教师个人信用记录,完善诚信承诺和失信惩戒机制。二是提高教师地位待遇。确立公办中小学教师作为国家公职人员特殊的法律地位,确保中小学教师平均工资收入水平不低于或高于当地公务员平均工资收入水平,通过特殊政策措施大力提升乡村教师待遇。三是提升教师专业素质能力。采取到岗退费或公费培养、定向培养等方式,吸引优秀学生报考师范院校和师范专业,提高教师培养层次,支持高水平综合大学开展教师教育,开展中小学教师全员培训,建立高等学校、行业企业联合培养双师型职业教育教师的机制,开展高等学校教师教学能力提升培训。四是完善教师管理制度。落实城乡统一的中小学教职工编制标准,向乡村小规模学校倾斜,加大教职工编制统筹配置和跨区域调整力度,实行义务教育教师"县管校聘",实行学区(乡镇)内走教制度,推进义务教育校长教师交流轮岗;推动固定岗和流动岗相结合的职业院校教师人事管理制度改革;深化高等学校教师人事制度改革。改革职称和考核评价制度,畅通教师职业发展通道,建立完善教师退出机制。

(五)深化教育领域综合改革

中国将要以体制机制改革为重点,鼓励地方和学校大胆探索和试验,加快教育重要领域和关键环节改革步伐。一是进一步深化人才培养体制改革。深化教育教学改革,创新教育教学方法,鼓励学校开展启发式、探究式、讨论式、参与式教学,推进分层教学、走班制、学分制、导师制等教学管理制度改革,建立适合各自特点的教育质量评价和人才评价制度。二是进一步深化考试招生制度改革。改革的总体思路是按照有利于科学选拔人才、促进学生健康发展、维护社会公平的原则,推进招生与考试相对分离,建立起分类考试、综合评价、多元录取的考试招生制度,形成政府宏观管理、专业机构组织实施、学校依法自主招生、学生多次选择的考试招生体制机制。三是进一步深化办学体制改革。改革目标是推进办学主体和投资主体的多元化,形成公办教育与民办教育共同发展格局,发展民办教育目的已不单纯是扩大社会投入,而是满足人民群众对高质量、有特色、个性化教育的需求,同时促进教育竞争和公办教育变革。四是进一步深化教育管理体制改革。以教育领域"放管服"改革为抓手,转变政府职能,推动政府向学校、社会放权,进一步加大省级政府对区域内各级各类教育的统筹,政府主要履行好统筹规划、政策引导、监督管理和提供公共教育服务的职责,学校也要建立依法办学、自主管理、民主监督、社会参与的制度,积极培育专业教育服务机构。要完善教育政绩考核机制,建立一整套可操作的教育政绩评价指标体系,完善相应的教育督导制度和问责制度,引导和督促地方政府推动教育事业发展。五是进一步推进其他社会政策改革发展。教育领域很多问题的产生,与不公平的劳动力市场环境、不完善的社会保障制度等密切相关。解决教育问题,还需放大视野,必须立足于整个社会政策的综合改革与协调。必须全面深化改革,加快完善收入分配制度,包括初次分配与再分配,逐步缩小不同群体之间过大的收入和福利差距。进一步完善劳动力市场和劳动就业政策,给各类人才平等发展机会。通过经济权利、社会权利的更加平等,为实现更加公平而有质量的教育创造更好的社会环境。

专栏 3-1

深化教育体制机制改革的基本原则

2017 年 9 月,中共中央办公厅、国务院办公厅印发《关于深化教育体制机制改革的意见》(以下简称《意见》)。《意见》指出,深化教育体制机制改革的基本原则如下:

1. 坚持扎根中国与融通中外相结合。继承我国优秀教育传统,立足我国国情,遵循教育规律,吸收世界先进办学治学经验,坚定不移走中国特色社会主义教育发展道路。

2. 坚持目标导向与问题导向相结合。坚持以人民为中心,着眼促进教育公平、提高教育质量,针对人民群众反映强烈的突出问题,集中攻坚、综合改革、重点突破,扩大改革受益面,增强人民群众获得感。

3. 坚持放管服相结合。深化简政放权、放管结合、优化服务改革,把该放的权力坚决放下去,把该管的事项切实管住管好,加强事中事后监管,构建政府、学校、社会之间的新型关系。

4. 坚持顶层设计与基层探索相结合。加强系统谋划,注重与《国家中长期教育改革和发展规划纲要(2010—2020 年)》等做好衔接。尊重基层首创精神,充分调动地方和学校改革的积极性主动性创造性,及时将成功经验上升为制度和政策。

【资料来源】中国政府网.中共中央办公厅国务院办公厅印发《关于深化教育体制机制改革的意见》.http://www.gov.cn/zhengce/2017-09/24/content_5227267.htm

第三节 我国的教育行政组织建设

一、教育行政组织的性质

行政组织是行政管理的主体,行政管理活动通过行政组织推行。行政组织是否精干高效,直接关系到行政职能的实现和行政效率的高低。我国行政组织包括中央人民政府和地方各级人民政府。前者为最高国家行政机关,任务是组织和管理全国政治、经济、文化和社会的行政事务;后者即地方各级国家行政机关,任务是在中央人民政府的领导下,组织和管理所辖行政区划内的各种行政事务。行政组织是由若干要素组成的有机整体。其基本要素包括六个方面:组织目标;机构设置;人员构成;权责体系;法规制度;物质因素。①

国家行政组织以其特有的公共行政管理方式,最直接地表现国家职能的性质:一方面,在本质上,它是占据国家统治地位的阶级推行其意志的工具,要保证反映国家性质的宪法和法律全部、正确地实施;另一方面,在形象上,它是社会和公共利益的正式代表者,要实现国家对广泛的社会生活的有效领导和管理。② 这也正如登哈特(Denhardt)所言,如果公共组织定位于追求社会公共价值,那么公共组织成员就在按照民主的规范行事方面承担了与他人不同的重负;不管是为了推动公共目标的实现,还是为了追求自身的成就感,公共组织成员都必须始终关注那些赋予了公共组织鲜明特征的社会价值,必须尽力确保完成社会的主要政治任务,至少要以他们的工作为整个社会树立榜样③。

如何全面把握教育行政组织的性质、职责功能,对教育组织改革及其成功与否关系极大。教育行政组织的性质可从以下几个方面来分析。④

首先,从教育行政组织与国家行政组织的关系方面分析。教育行政组织是国家行政组织的组成部分,是国家行政组织系统中的分系统。在各级行政组织中,往往都设有相应的教育行政组织。没有教育行政组织,国家行政组织系统就是不完整的。可见,教育行政组织具有国家性,它代表国家行使对教育的行政管理权。作为国家行政活动的一部分,它的设置和活动,自然必须服从于国家的整体利益的需要,符合政体的性质和方向,遵循国家的法律、教育方针和政策的要求。

其次,从教育行政组织的功能方面分析。教育行政组织是国家领导和管理教育事业的专门职能机构。在国家行政组织中,根据功能分化的原则,教育行政组织肩负着特定的使命,即规划全国和各地区的教育事业,指导、协调各级各类教育和学校工作,主管各项教育事宜。社会中各种团体、企业事业单位的各界人士,国家和政府中所有机关、部门,都在关心和支持教育工作,有的还依法直接举办各种教育事业。这就要求教育行政组织既要依靠社会其他组织,又要发挥主管机构的统领作用。

第三,从教育行政组织的内部系统方面分析。教育行政组织是由职权分明的、纵向和横向诸多教育主管机构组成的网络体系。在国家行政组织系统中,教育行政组织作为一个分系统,又自成体系,形成内部的机构网络。从纵向上看,有中央和地方各级教育行政组织,按规定的权限管理各自区划范围内的教育行政事宜;在各级教育行政组织中,又根据工作需要,自领导层起划分若干层级,构成内部具有隶属关系的机构系列,共同完成该级教育行政组织的任务。从横向上看,在一级教育行政组织中,按一定标准进行水平方向的分化,设有职责分明、相互关联和相互协作的若干工作部门,每个部门承担该级教育行政组织总任务中的一项或几项具体任务,在该级领导层主管下进行各自的教育行政职能活动。

第四,从教育行政组织的活动方面分析。教育行政组织既是教育行政管理活动的主

① 夏书章.行政管理学[M].6 版.北京:高等教育出版社,2017:67-68.
② 张国庆.公共行政学[M].4 版.北京:北京大学出版社,2017:137.
③ 罗伯特·B·登哈特.公共组织理论[M].5 版.北京:中国人民大学出版社,2011:33.
④ 吴志宏,冯大鸣,魏志春.新编教育管理学[M].上海:华东师范大学出版社,2008:75-76

体又是客体。教育行政组织同其他各类组织一样,是由于开展活动的需要而设置的。教育行政管理活动是由专门的机构筹划和发动的。在具体进行过程中,活动离不开人,而人是机构的成员,是代表机构行事的。因此,作为专门机构的教育行政组织自然是活动的主体。任何一个层级的教育行政组织在开展活动时都要处理各种行政事务,要管人、理财、用物,这一切又都得通过下一级的组织去进行。教育行政组织系统的活动终点是各级各类学校,而学校也是一种组织。因此,地方各级教育行政组织和学校都是活动的客体。

二、教育行政组织设置的原则

教育行政组织的设置,与其他组织相似,一般来说都要遵循一定的原则,以下分别说明其中的若干原则。

依法组建和按需设立的原则教育行政组织是国家行政组织的组成部分,不是任何个人或机构都有权设置的。随意组建,不可能具有法定的行政权,也就没有权威性。除了要依法组建外,还要做到按需设立,即根据工作需要设立相应的人和机构,以实现"人(机构)一事"的协调和平衡。当然,对"适应工作需要"的理解不当,也会造成机构臃肿的局面。比如,事有大小之分,工作有轻重、缓急之别,若不加区别地一一设立对应机构,或者凡出现一项新的任务,不问原有机构是否能够和应该承担,就设立相应的新机构,必将导致机构膨胀,人浮于事。目前,一些地区的教育机构臃肿,人员庞杂,实际上就是没有正确理解按需设立原则的结果。

完整统一和合理分权的原则设置教育行政组织,实质上就是形成某种完整的教育管理网络结构。从纵向上说,这就意味着从中央到地方均得设置相应的教育行政机构,这些机构不但接受上一级教育管理部门的领导,还接受同级人民政府的领导。从横向上说,一级教育行政组织中,应设置配套齐全的各种内部职能机构,以领导机关和执行机关为主轴,配以监督、咨询(包括信息、参谋)和辅助机关,彼此间形成相互协调的关系。除了机构纵向和横向的完整性外,教育行政组织系统也是一个统一的权力体系。在任何国家中,对全国教育的行政管理权,都是由教育组织系统中各种机构共同行使的。从一定意义上说,设置教育组织系统中的各种机构,实际上也是一个权力划分问题。权力划分越合理,机构的整体功能就越能得到有效发挥。

精简机构和事权对应原则在教育行政组织中设立各种职能机构,既有数量问题,更有质量问题。精简的要求包含两个方面,一是不设不必要的机构,简化层次,减少、调整已设的多余机构和人员;二是保留高效能的机构,增设、扩大必要的机构和人员。在事权对应方面,为使教育的事和权对应,首先要在设置机构时通过合法手续规定其职能范围,即明确该教育机构是干什么的,它须发挥何种功能和作用,如何才能使之"在其位,谋其政"。在一般情况下,一类工作,一项事务,宜由一个教育机构承担,而不应该归属两个或更多的教育机构主管。其次,当工作范围明确之后,要赋予相应的行政管理权。这就是说,要做到有职有权,职权相称。当然,授权大小要适度。一旦授权后,机构和人员要正确用权,既不能拒绝行政,也不能有越权和侵权行为。再次,职权相称又同权责一致有连锁关系。任何教育机构和人员不但要有职有权,也要承担相应的责任。有职无权者,无法尽其职;有职有权但不承担相应责任者,则会出现在位不谋政的流弊,甚至产生滥用权力、以权谋私的现象。

适应变革和自我完善原则教育行政机构和组织系统的模式不是固定不变的,而是每过一段时间需要变化和革新的,这是社会和时代发展的需要。不能适应改革的教育行政机构,不但自身不能得到发展,反而会影响整个教育事业的发展。当然,也决不能由此得出这样的结论:似乎机构只存在于短暂的时限之内,反正要变动,组建时可以不必精心设计。其实,机构的变动性并不排斥机构的稳定性,只是表明这种稳定性是相对的。设置的教育行政组织机构如果没有相对的稳定性,教育行政组织的完整系统也就不复存在。教育事业是一项涉及千秋万代的事业,由于教育工作具有较长的周期和复杂性的特点,因此,如果没有一种相对稳定的机构及组织系统去实施领导和管理,就会产生混乱局面。除了要适应变革外,教育行政机构也要谋求自身的完善和发展。变革本身不是目的,变革只是一种手段,目的是要通过变革促进教育管理机构的日趋完善。光有变革而无完善,那么变革就失去了意义。近年来,我国的教育行政管理机构变革较多,如近两年的教育行政机构精简,教育管理权的下放,目的都是为了完善教育管理机构本身,使之能适应飞速发展的教育事业的需要。所以,变革是为了完善,而完善又离不开变革,这就是变革与完善之间的辩证关系。

三、我国教育行政组织的基本类型

在我国,教育行政组织基本上是与一般行政组织对应的。在中央有中央教育行政组织(教育部),在地方有省(自治区、直辖市)教育行政组织(教育厅或教育委员会)、市(自治州)教育行政组织(教育局)、县(区)教育行政组织(教育局)和乡镇教育行政组织(教育组)。其中,随着国务院2001年颁布《关于基础教育改革与发展的决定》规定农村义务教育实行"国务院领导下,由地方政府负责、分级管理、以县为主"的管理体制,以及2002年下发《关于完善农村义务教育管理体制的通知》提出"乡(镇)人民政府不再设立专门教育管理机构"后,很多地方取消了乡镇教育行政组织。

(一)中央教育行政组织

我国中央教育行政机构是国务院和国家教育部。国务院是国家最高教育行政组织。《中华人民共和国宪法》规定:国务院对教育行使领导和管理的职权,依据宪法和法律行使制定教育行政法规、审定教育发展和财政预算、批准高等学校设置等权利与职能。教育部是国家一级的专门性的教育行政组织,是国务院主管教育工作的一个职能部门,是国家教育行政的执行机构。《中华人民共和国教育法》第十五条第一款规定:"国务院教育行政部门主管全国教育工作,统筹规划、协调管理全国的教育事业。"其大体有两方面的宏观管理职责:一是制定方针政策、发展规划和建设标准;二是在国家教育体制改革领导小组的领导下,整体部署教育改革试验,统筹区域教育协调发展。我国教育面大量广、投入大、项目多、头绪多,越来越需要科学管理。教育部是贯彻国家教育方针政策的中枢,是教育改革发展的组织者、推动者和实施者,掌握着教育资源的决策权、审批权、支配权和监督权等重要权力。目前,教育行政审批事项有十九大项,主要集中在学校设立、专业设置、课程教材审定、学位授予、中外合作办学等领域。

中国国家教育部职能

根据第十一届全国人民代表大会第一次会议批准的国务院机构改革方案和《国务院关于机构设置的通知》(国发〔2008〕11号),设立教育部,为国务院组成部门。作为国家主管教育工作的职能部门,教育部的职能如下:

(一)拟订教育改革与发展的方针、政策和规划,起草有关法律法规草案并监督实施。

(二)负责各级各类教育的统筹规划和协调管理,会同有关部门制订各级各类学校的设置标准,指导各级各类学校的教育教学改革,负责教育基本信息的统计、分析和发布。

(三)负责推进义务教育均衡发展和促进教育公平,负责义务教育的宏观指导与协调,指导普通高中教育、幼儿教育和特殊教育工作。制定基础教育教学基本要求和教学基本文件,组织审定基础教育国家课程教材,全面实施素质教育。

(四)指导全国的教育督导工作,负责组织和指导对中等及中等以下教育、扫除青壮年文盲工作的督导检查和评估验收工作,指导基础教育发展水平、质量的监测工作。

(五)指导以就业为导向的职业教育的发展与改革,制订中等职业教育专业目录、教学指导文件和教学评估标准,指导中等职业教育教材建设和职业指导工作。

(六)指导高等教育发展与改革,承担深化直属高校管理体制改革的责任。制定高等教育学科专业目录和教学指导文件,会同有关部门审核高等学校设置、更名、撤销与调整,负责"211工程"和"985工程"的实施和协调工作,统筹指导各类高等教育和继续教育,指导改进高等教育评估工作。

(七)负责本部门教育经费的统筹管理,参与拟订教育经费筹措、教育拨款、教育基建投资的政策,负责统计全国教育经费投入情况。

(八)统筹和指导少数民族教育工作,协调对少数民族和少数民族地区的教育援助。

(九)指导各级各类学校的思想政治工作、德育工作、体育卫生与艺术教育工作及国防教育工作,指导高等学校的党建和稳定工作。

(十)主管全国的教师工作,会同有关部门制订各级各类教师资格标准并指导实施,指导教育系统人才队伍建设。

(十一)负责各类高等学历教育招生考试和学籍学历管理工作,会同有关部门制订高等教育招生计划,参与拟订普通高等学校毕业生就业政策,指导普通高等学校开展大学生就业创业工作。

(十二)规划、指导高等学校的自然科学和哲学、社会科学研究,协调、指导高等学校参与国家创新体系建设和承担国家科技重大专项等各类科技计划的实施工作,指导高等学校科技创新平台的发展建设,指导教育信息化和产学研结合等工作。

(十三)组织指导教育方面的国际交流与合作,制定出国留学、来华留学、中外合作办学和外籍人员子女学校管理工作的政策,规划、协调、指导汉语国际推广工作,开展与港澳台的教育合作与交流。

(十四)拟订国家语言文字工作的方针、政策,制订语言文字工作中长期规划,制订汉语和少数民族语言文字规范和标准并组织协调监督检查,指导推广普通话工作和普通话师资培训工作。

(十五)负责全国学位授予工作,实施国家的学位制度,负责国际学位对等、学位互认等工作。

(十六)负责协调我国有关部门开展与联合国教科文组织在教育、科技、文化等领域国际合作,负责与联合国教科文组织秘书处及相关机构、组织的联络工作。

(十七)承办国务院交办的其他事项。

【资料来源】《国务院办公厅关于印发教育部主要职责内设机构和人员编制规定的通知》(国办发[2008]57号)http://www.moe.gov.cn/jyb_zzjg/moe_188/201001/t20100114_46388.html

(二)地方教育行政组织

地方教育行政组织是地方教育行政机关依法对教育进行管理的组织。根据地方政府的分级设立相应的教育行政机构,享有不同的教育行政权限。我国地方教育行政机关分为省、市、县三级,既受同级人民政府的统一领导,并受上级教育行政部门的领导或者业务指导。根据《中华人民共和国地方各级人民代表大会和地方各级人民政府组织法》规定,地方各级教育行政部门的设置,由本级人民政府报请上级人民政府批准建立。地方教育行政组织的基本任务和职能包括:贯彻执行中央的教育方针、政策和法令,以及上级教育行政部门的教育工作指示;制订本地区的教育政策、教育发展计划;批准并管理本地区的教育预算;确定本地区的教师任职条件、考核以及待遇;领导本地区各级各类学校的教育和教学工作;对厂矿企业举办的学校进行业务指导;向本地区政府部门汇报工作并接受指导。

专栏 3-3

中国某市级教育行政组织职能

(一)贯彻执行党和国家的教育方针、政策和教育法律、法规;起草全市教育工作的地方性法规、规章草案和规范性文件,经批准后组织实施并监督检查。

(二)负责和指导全市教育行政执法工作;研究制定全市教育事业的发展规划,指导各级各类学校教育改革,负责教育基本信息的统计、分析和发布。

(三)指导推进教育现代化建设,深化服务型教育体系建设,促进教育转型提升;指导全市各级各类学校的思想政治教育、德育、体育卫生与艺术教育和国防教育工作;指导家庭教育管理工作。

(四)指导、协调县(市)区及市有关部门的教育工作;负责对下级人民政府、教育行政部门及其所属学校贯彻执行国家教育方针政策情况进行督导、检查和评估。

(五)指导全市教育系统党的思想建设和思想政治宣传工作;负责直属学校(单位)党的建设和领导班子建设;按干部管理权限,协助管理在甬高校部分领导干部;配合市委统战部做好高校统战工作;负责教育系统(含民办学校)的安全监管职责,负责、指导教育系统稳定工作。

(六)统筹管理本部门教育经费;参与制定教育经费筹措、使用管理办法;指导全市教育部门财务管理工作并监督使用情况;负责教育系统内部审计工作;负责、指导教育系统国有资产管理。

(七)负责全市教师工作,组织落实教师资格证书制度;组织指导全市基础教育、学前教育各级各类学校教师(含校长、园长)的培训;参与拟订学校编制、工资、社会保险等人事制度改革政策;组织指导基础教育及以下学校教师专业技术资格评审和职务聘任工作;组织指导教育系统人才队伍建设。

(八)统筹指导全市高等教育工作;参与高等学校设置、更名、撤销与调整;制定市属及省市共管高等学校招生计划并组织实施,指导其他高校招生计划编制;参与指导高等学校专业设置和高等教育评估;指导全市高等学校各级重点学科、专业、实验室、产学研基地、创业创新人才培养基地等建设;指导推进现代大学制度建设。

(九)统筹管理全市学前教育、基础教育、特殊教育和终身教育等工作;负责全面实施素质教育,推进基础教育均衡发展和促进教育公平;指导基础教育等教育教学改革、课程改革;统筹协调全市基础教育考试招生工作;负责、指导全市教育教学科学研究工作。

(十)指导管理全市教育的国内国际交流与合作、选派出国留学人员和来华留学人员工作;开展与港澳台的教育交流合作;协助做好汉语言国际推广。

(十一)负责管理全市语言文字工作;制定语言文字有关管理政策,协调监督和检查全市语言文字的规范应用工作;指导普通话和规范汉字的培训、测试;指导局主管的社会团体、教育基金会工作。

(十二)承办市政府交办的其他事项。

【资料来源】《宁波市教育局主要职责》http://www.nbedu.gov.cn/col/col17909/index.html

案例分析

H镇教育行政体制改革出现的"新问题"

H镇的经济发展水平和财政税收一直在全县各乡镇中位居前列,多年来H镇财政性教育经费支出的各项指标也远高于其他乡镇,虽地处县境边缘,但教师队伍比较稳定,流失较少,镇初中和中心小学长期保有良好的教育质量和声誉。

实行"以县为主"的教育管理体制改革后,改为镇财政按上一年度拨付的教育支出总额上缴县财政,由县财政按全县统一标准拨付各乡镇学校的人员工资、公用经费以及专项经费等教育经费。由于县财政的教育支出是根据上一年全县各乡镇各项教育经费的平均水平为标准进行拨付的,H镇学校的人员工资水平,不仅没有提高,反而比原先乡(镇)管时期还略有下降,而公用经费和专项经费等则是大幅度削减。这样一来,原先一直比较稳定的镇初中和中心小学教师队伍人心出现浮动,已经制订的教学设备更新计划不得不暂时搁置,教师外出培训的计划也失去了经费支持。

为此,H镇初中和中心小学的校长四处奔走,向县、镇有关领导反映"县管"之后出现的新情况、新问题。这些呼吁终于得到响应,县委、县政府同H镇党政领导班子协商,达成由县镇两级政府共同承担教育经费投入的协议,由H镇财政补齐"县管"之后镇初中和中心小学各项经费的缺额部分。至此,两所学校的校长和教师总算舒了一口气。

【资料来源】褚宏启,张新平.教育管理学教程[M].北京:北京师范大学出版社,2013:164-165.

思考题

1. 请结合教育行政管理体制制约因素的相关内容,分析"新问题"出现的原因,并提出解决策略。

2. 这种缓解"以县为主"的管理体制改革后部分学校经费不增反减问题的做法,人们评判不一,请谈谈你的看法。

第四章　教育政策

　　现代政府的基本教育职能之一是供给教育政策和做出教育制度安排。教育政策虽然调控的主要是教育领域问题，但主要遵循公共政策体系的逻辑，所以总体而言，从属于政治领域。教育政策既受到技术经济领域的决定性影响，同时又反映文化领域的主流价值，内在自成一体。①

　　改革开放以来我国教育发生了巨大变化，在教育改革发展实践中也孕育了中国特色教育政策理论的发展创新。中国特色教育政策理论主要包括教育优先发展理论、受教育权保障理论、学生全面发展理论、现代学校治理理论、政府教育功能理论、教育社会共建理论、教育对外开放理论和人民中心教育理论等八个方面。这些来源于实践的理论，共同构成中国特色的教育政策理论体系，极大推进了我国教育事业发展，需要长期坚持，不断实践发展。②

第一节　现代公共政策与特征

一、公共政策的内涵

　　政者政略、纲要，策者谋略、方术。就其功能而言，公共政策是一种与人类社会的生存和发展相联系的悠久的历史现象，是最古老的人类社会现象之一。作为公共权力、公共职能、公共责任的伴生物，自公共权力（政府）产生起，公共政策事实上就一直伴随着人类社会。从最广泛的意义上说，凡由国家公权力主体制定，同时对一定的社会行为主体产生一定影响的法律、法规、战略、规划、计划、条例、规章、政令、声明、指示、管理办法、实施细则等等，都可以被视为主体的某种公共政策。就其约束力而言，公共政策具有明显的行为规范特征。在某些条件下，作为某种国家公权力的延伸，得到国家公权力主体合法授权的非国家公权力主体，亦可以制定具有公共政策约束力的行为规范。

　　自20世纪50年代以来，出现了许多与公共政策属于同一领域的研究名称，例如，政策科学、系统分析、公共政策分析、政策研究、社会工程、系统工程等。而关于公共政策的确切含义众说纷纭，观点各异。例如，公共政策学科的创始人之一哈罗德·D.拉斯维尔（H. D. Lasswell）和亚伯拉罕·卡普兰（A. Kaplan）认为，公共政策是一项含有目标、价值

---

① 孟繁华，张爽，王天晓.我国教育政策的范式转换[J].教育研究，2019,40(3):136-144.
② 孙霄兵.改革开放以来中国特色教育政策理论的发展创新[J].国家教育行政学院学报.2019(2):3-10.

63

与策略的大型计划;陈振明等人认为,政策是国家机关、政党及其他政治团体在特定时期为实现或服务于一定社会政治、经济、文化目标所采取的政治行为或规定的行为准则,它是一系列谋略、法令、措施、办法、方法、条例等的总称[①]。

我们参考陈庆云的观点,把公共政策定义为"政府依据特定时期的目标,通过对社会中各种利益进行选择与整合,在追求有效增进与公平分配社会利益的过程中所制定的行为准则"[②]。其逻辑思维至少包含了以下要点:

(1)若不涉及非政府公共组织,而仅作为政府的公共政策,它是政府制定的行为准则,首先体现了政府的政治行为,是政府活动的产物。

(2)公共政策的本质是要解决利益的增进与分配问题,既包括物质利益的增进与分配,也包括精神利益的增进与分配。

(3)公共政策对利益的分配是一个动态过程,大致经历利益选择、利益整合、利益分配与利益落实四个环节。

(4)公共政策对社会利益的分配,服从于政策主体的整体目标需要,或者更直接地说,服从于政策主体对利益的追求。

(5)公共政策对社会利益的分配过程,是有时间与空间限制的。

(6)突出"追求",说明公共政策仅是某种规范,其实际结果如何,有待执行之效果分析。

(7)有效增进与公平分配社会利益,既是应然分析的要求,也是区别私域管理的本质所在。

(8)社会利益所包括的内容是:具有社会分享性的公共利益、具有组织分享性的共同利益和具有私人独享性的个人利益。

(9)用包括以公共利益为核心的三种利益之和的社会利益,取代人们常用的"公共利益",即增进和分配的是社会利益,而不是唯一的公共利益。

二、现代公共政策特征

现代公共政策的理论和方法自产生之时就是为了应对尖锐、复杂的公共政策问题。人类进入后工业化社会,尤其是进入信息化社会以后,高难度的公共政策问题不断出现,由此形成了现代公共政策的一些新的发展特征。

(一)公共政策问题复杂化

现代社会有什么样的特征,现代公共政策就有什么样的特征。这是因为,现代公共政策以现代社会的一切问题为诉求和行为对象,而现代社会是复杂的社会,现代社会问题是复杂的社会问题。现代公共政策因此具有了相应复杂性:[③]

1. 政策问题具有相关性

相关性是现代公共政策的主要的政策视野之一。按照系统论的观点,任何因素(因

① 陈振明.政策科学——公共政策分析导论[M].2版.北京:中国人民大学出版社,2003:50.
② 陈庆云.公共政策分析[M].2版.北京:北京大学出版社,2011:10-11.
③ 张国庆.公共政策分析[M].上海:复旦大学出版社,2004:20-22.

子)都存在于一定的系统之中,任何系统都与另一些系统密不可分。因此,相互依存、互为因果构成了事物的普遍规律。人们已经可以比较多地观察和理解现实世界诸多事物的相互关联性,譬如,科技开发和整体工业水平与普遍教育水准相关,经济体制与经济发展速度、规模、内涵和持续发展能力相关等等。据此,公共政策的价值标准,就不能只是考虑现实的、直接的、直观的政策后果,还必须同时考虑未来的、间接的、潜在的政策影响。

2. 政策目标具有多重性

公共政策在思维特征和行为特征上是一门选择科学。由于现代社会的发展具有突出的多元化特征,公共政策的目标选择也随之具有了多重性,而不同的政策目标在理论上经常可能出现悖论,在实践上经常可能出现冲突,进而形成公共政策的选择困难。譬如,抑制通货膨胀与加快经济增长都是任何政府的政策目标,但两者之间显然存在难以兼顾的矛盾。在出现政策选择困难的情况下,政策选择的首要价值标准在于兼顾与兼得,其次在于判定轻重缓急。

3. 政策问题具有动态性

按照辩证唯物主义的观点,事物的静止状态是相对的,运动发展状态才是绝对的。这一规律在现代公共政策问题上表现为政策问题的经常的、迅速的、有时可能是激烈的变动。发展节奏和生活节奏明显加快、价值标准多元化以及动态变化性是现代社会的三大特征。与此相联系,现代政府的公共政策问题亦形成了较强的动态性。在这里,"政策问题"包括两个部分,一是指政策环境或政策对象的变化,二是指政策本身包括政策制定系统的变化。

(二)公共政策主体多元化

一般而言,政策活动者或政策主体是指直接或间接地参与政策制定、执行、评估和监控的个人、团体或组织。尽管各国的公共决策体制和政策过程存在区别,但政策主体的构成因素一般都包括立法机关、行政机关、司法机关、政党、利益集团、智库(思想库)、大众传播媒介和公民(选民)等。①

1. 立法机关

立法机关在西方指国会、议会、代表会议一类的国家权力机构,在我国则是指全国及地方各级的人民代表大会及其常务委员会。立法机关是政策主体的最重要的构成因素之一,它的主要任务是立法,即履行制定法律和政策这一政治系统中的主要职责。

在我国,人民代表大会是权力机关和立法机关,它是我国的政策制定及立法的主要机关,也是政策执行的监督机构。就其法律地位来说,人民代表大会的地位是至高无上的,它决定着我国社会发展的基本方向。人民代表大会作为国家的权力机关和决策机关,有两个重要职能:一是将执政党即中国共产党对国家和社会的政治领导及其政治路线、政治纲领、政治意志以国家法律的形式体现出来,使其成为国家的意志——国家权力的灵魂;二是建立政府权力体系——国家行政机关、司法机关等。此外,它担负着审议批准政府机关所提出的重要政策方案或法案的职责,尤其是审查和批准政府的预算和预算执行情况

---

① 陈振明.公共管理学[M].2版.北京:中国人民大学出版社,2017:220-226.

方面的职责,并监控政府行政机关的政策执行。

2. 行政机关

行政机关(政府)及其官员是政策主体的另一个关键因素。尤其是在当代,行政权力扩张,出现了"行政国家"或"以行政为中心",政府全面干预社会经济生活,它在政策过程中的地位和作用显得特别突出。

在我国,中央人民政府(国务院)作为行政管理机关享有立法权、提案权、人事权等职权,它统一领导全国的内政、外交事务。主要内容有:编制并执行国民经济和社会发展计划及国家预算,领导和管理经济工作和城市建设,领导和管理教育、科学、文化、卫生、体育和计划生育工作,领导和管理国防与外交事务等。国务院以及各级人民政府不仅是政策执行的主要机构,而且它有权根据总方针和总政策制定出具体的政策法规(尤其是行政法规),将党和国家权力机关的政策具体化,或对党和国家权力机关所没有涉及的领域,制定出补充性的政策规定。

3. 司法机关

作为国家机构组成部分的司法机关,是官方政策主体的构成因素之一,它在公共决策过程中也占有一席之地。例如,在美国,司法机关(法院)能够通过司法审查权和法令解释权而对公共政策的性质和内容产生很大的影响;通过司法判例对经济政策和社会政策产生影响。法院不仅参与政策制定,而且在其中扮演重要角色,它不仅规定政府不能做什么,而且规定政府应该采取何种行动以符合宪法和法律的要求。在我国,司法机关也在政策过程中起到某些类似的功能,它也是我国政策主体的一个有机组成部分。

4. 政党

政党尤其是执政党是政策主体的核心力量,公共政策在很大程度上可以视为执政党的政策。现代国家的政治统治大都通过政党政治的途径来实现。在现代社会中,政党常常履行某种利益聚合的功能,即政党努力将利益集团的特定要求转变为一般可供选择的政策方案。

在我国实行的中国共产党领导的多党合作和政治协商制度下,各民主党派是参政党,而不是在野党;与这一政党制度相适应,我国实行政治协商制度,人民政协是国家机构的有机组成部分。人民政协以及各民主党派在我国的决策过程中发挥着重要作用,不仅直接参与国家重大政策的讨论与决定,而且更经常地、更大量地进行调查研究,提出政策建议,参与政策的监控与评价,充分发挥参政议政的作用。

5. 利益集团

利益集团是非官方政策主体的最重要的构成因素之一,它在公共政策过程中起着显著作用。所谓的利益集团,也就是由具有共同的立场、观点和利益的个人所组成的社会组织,它的职责是履行利益聚合功能,以保障或增进其成员的利益为最高目标。公共决策过程表现为利益或价值的分配过程,为了保证或增进自己的利益,个人往往参加利益集团;各种利益集团向政府提出要求和愿望,希望政府更多地考虑或照顾其利益。例如,美国的教育利益集团涉及种族、宗教、劳工和公民权利组织、家长、市民和教育团体等[①]。

在我国,随着市场经济的发展,必定出现利益多元化的趋势,各行各业、各个地区、各阶层的人民会形成各种各样的利益集团。这些集团通过各种途径表达其要求,希望党和政府在公共决策中考虑其利益,要求放权让利。因此,利益集团对我国的公共决策过程的影响力将日益增长,党和政府的决策在协调各方面的利益关系上也将面临更复杂的局面。

6. 智库(思想库)

在知识政治时代,专家参与已成为政策科学化的重要保证[②]。智库或思想库是指由各种专家、学者和社会贤达所构成的跨学科、综合性的政策研究组织。智库或思想库是政策主体的一个独特而又重要的构成因素,在现代公共决策中发挥着举足轻重的作用,人们称之为"现代决策链条中不可缺少的一环"。智库或思想库专门以改进政策制定为目标,它以人员构成的多学科性,擅长现代的科学分析方法及手段,政策研究和咨询的相对独立性、客观性和创造性(不受长官意志左右,贴近民意等)为特征。智库或思想库在现代公共政策系统及其运行中处于一种承上启下的地位,是联结政府与社会、决策者与利益集团的中介,也是决策支撑系统的一种核心力量。

智库或思想库是国家软实力的重要体现,智库与决策咨询制度建设则是国家治理体系与治理能力现代化的一个不可或缺的重要组成部分。2013年4月,习近平总书记就中国特色新型智库建设做出了重要批示,将智库建设提高到国家战略高度,并提出了中国特色新型智库的建设目标和要求。党的十八大提出"坚持科学决策、民主决策、依法决策,健全决策机制和程序,发挥思想库作用,建立健全决策问责和纠错制度"。党的十八届三中全会提出要"加强中国特色新型智库建设,建立健全决策咨询制度"。2015年1月,中共中央办公厅、国务院办公厅印发了《关于加强中国特色新型智库建设的意见》,总体目标是到2020年,形成定位明晰、特色鲜明、规模适度、布局合理的中国特色新型智库体系,重点建设一批具有较大影响力和国际知名度的高端智库。这充分说明了当前中国特色新型智库建设的重要性与迫切性。

7. 大众传播媒介

现代大众传播媒介(广播、电视、电影、报纸、杂志、书籍、电子信息网络等)是政策主体的一个组成部分,是政府与社会之间的另一个主要中介。在当代信息社会,大众传媒对政府的公共决策有着重要的影响,有时甚至是决定性的影响。它们的主要作用是传播信息、引导舆论、交流思想和传播知识,是政府、政党和其他利益集团的宣传工具。现代传媒具有覆盖率高、信息量大、影响面广、冲击力强的特点。它能营造社会的文化氛围,形成或改变人们对事物的看法,引导或左右公共舆论,传播政府或其他政治团体的观点,聚焦问题,作为社会的"第三种权力",监督政府的政策制定及执行,从而影响政府的政策制定与执行。

8. 公民(选民)

公民或选民是政策主体的一个重要而又广泛的构成因素。在现代民主社会中,公民

① 托马斯·R.戴伊.理解公共政策[M].12版.北京:中国人民大学出版社,2010:111.
② 张云昊.政策过程中的专家参与:理论传统、内在张力及其消解路径[J].中国行政管理.2021(1):98-104.

通过各种政治参与途径,去影响或制约政府的公共政策制定与执行。这些途径主要有:一是以国家主人或主权者的身份,对某些重大政策问题直接行使主权,如对宪法修正、领导人的选举、基本国策或重要的地方性政策,采取直接投票的方式来加以决定;二是利用间接或代议的方式,选出自己的代表去参与公共政策的制定与执行;三是使用各种威胁性的方式(如请愿、示威游行、罢工、罢课等)去反对某些政策,迫使政府修改或废止这些政策,或表达制定新政策的要求,迫使政府将问题提上议事日程;四是通过参加利益集团,借助团体的力量去影响政策,或通过制造舆论或游说的方式去影响政府决策;五是对政府通过并实施的政策采取合作或不合作的态度,以此影响政策结果。

在西方国家,公民的确有时可以通过这些途径去影响政府的公共决策,但是,在西方代议民主制度下,公民的政治参与及其对公共决策的影响是有限的,甚至是微不足道的。在我国的社会主义民主制度之下,人民群众是国家的主人,他们在政策过程中起着重要作用,人民群众参与国家的公共事务管理以及公共决策活动,参与政策的制定、执行、评估和监控,党和政府的政策实质上反映了广大人民群众的根本利益,是他们的意志和要求的集中体现。

第二节 教育政策的制定与执行

教育在国民经济和社会发展中起着基础性、先导性和全局性的战略作用,其作用能否充分发挥,则从根本上取决于是否有好的教育政策,尤其对于我国来说,教育改革和发展主要是通过政策来推动的。[①] 教育政策是公共政策的一种类型,是指为实现一定的教育目的,解决教育领域所产生的公共问题,政党、政府等各种政治实体所制定的教育方针、行动纲领、条令条例等多种行为规范和活动过程的总称,是对教育工作的任务、策略和途径的总体规定。[②] 教育政策的实质是对全社会内的教育资源进行分配和再分配的过程,基本功能包括导向、分配、规范、激励和管制五个方面。[③]

一、教育政策的特性与制约因素

(一)教育政策的特性

作为公共政策的一种类型,教育政策与其他公共政策一样,也具有阶级性、公共服务性和过程性等方面的基本特征。另一方面,相比于一般的公共政策,教育政策也有自身的特殊性,主要体现在以下方面:[④]

第一,教育政策所调节的对象是教育领域,而教育总的来看是一项具有明显的社会公益性的事业,教育政策的制定必须体现公共利益和诉求。当今世界上大多数国家主要通

---

① 涂端午,魏巍.什么是好的教育政策[J].教育研究,2014,35(1):47-53.
② 陈孝彬,高洪源.教育管理学[M].北京:北京师范大学出版社,2008:120.
③ 陈学飞,林小英,茶世俊.教育政策研究基础[M].北京:人民教育出版社,2011:67.
④ 陈孝彬,高洪源.教育管理学[M].北京:北京师范大学出版社,2008:120-121.

过非营利性的教育组织来提供非商品性的教育服务,在义务教育阶段更是如此。即使国家允许营利性教育机构的存在,也会通过课程设置、学位与文凭等方面的政策法规来保障教育过程本身的公益性。第二,教育关系到千家万户,直接关系到年轻一代的成长和发展,因此教育政策的活动领域与社会公众的相关性更强,教育问题的形成和表现形式也更为多样,更容易引起社会的密切关注和多元化的观点争论,这决定了教育政策所面临的社会情境的复杂性。第三,教育是一种主要在学校进行的培养人的社会实践活动,相比于一般政策,教育政策需要在满足国家和社会发展需要的同时,还需要切实考虑到尊重学生的人格、尊严,尊重个体的价值选择自由,在教育过程中建立起教师、学生、学校管理人员、教育行政人员之间民主平等的关系。第四,教育政策中的资源和利益分配实质上是对发展机会的分配,公正、有效的教育资源和利益分配对于实现人们的受教育权利、促进教育公平和社会和谐至关重要。因此,学者们认为当代我国教育政策应建立在"以人为本""教育平等""效益优化""可选择性""多样性"等价值取向基础之上[1][2]。

(二)教育政策的制约因素

教育政策并不是在真空中诞生的,它要受到社会中各种因素的制约,在这诸多因素中,社会的政治、经济和教育因素是最主要的影响因素。

1. 政治因素

教育政策的制定是一种政治行为。在政策制定的整个过程中,政治的影响无时不在,无处不在。例如,政治影响教育政策目标的确定,政治影响政策方案的选择以及教育政策的修订等等。从这个意义上说,就像西方很多学者所认为的,教育政策学实际上就是一门教育政治学。

2. 经济因素

一个国家的经济实力是教育政策制定和实施的基本物质条件,这表现为:首先,经济实力影响教育政策的实施。一个国家的教育发展会不断产生种种问题,有些甚至较为严重,虽然政府对此早有认识并制定了相应的政策,但限于经济条件,问题始终得不到解决,例如发展中国家普遍存在的学龄儿童失学和沦为文盲的问题就属这种情况。其次,经济实力影响方案的选择。各国在制定本国教育政策时,对政策方案的选择无疑会有不同,一个超越本国经济实力的教育政策方案往往会被排斥。如在义务教育年限的政策方案选择上,发达国家普遍选择了十至十二年的义务教育方案,而很多发展中国家只能选择六至九年的义务教育方案。

3. 教育因素

教育对政策的影响来源于两方面:教育的传统和现状。教育的传统对教育政策有较大的影响,如我国教育历来具有重视德育的传统,在教育过程中注重道德自觉和理想人格的培养,所以我国制定的许多教育政策常与此有关。教育现状对教育政策的影响也不可忽视。近年来,人类社会的知识总量急剧增长,由此提出终身教育、回归教育、继续教育、

① 劳凯声,刘复兴.论教育政策的价值基础[J].北京师范大学学报(人文社会科学版),2000(6):5-17.

② 文少保.改革开放以来我国义务教育政策变迁的特征、问题及其改进思路[J].中国教育学刊,2018(2):29-33.

终身学习等一系列新思想、新观念,这些新思想、新观念显然对审视和制定教育政策产生了极大的影响。再有,教育的现状也制约着教育政策方案的选择。如果教育水平低,政策目标就只能建立在一个较低的水准上。很多发展中国家由于受现有教育基础的限制,故其教育政策只能在较低的起点上考虑。

改革开放以来,我国教育政策发生了较为明显的范式变迁,即由"效率理性"范式转向"市场选择"范式,进入新世纪以来逐渐形成"公共治理"范式。"效率理性"范式强调理性主义和效率优先,早出人才、快出人才是其主要目标;"市场选择"范式强化效益中心,政府与市场间构成了相互竞争与合作的力量,教育活力得以激发,但公共性在一定程度上被破坏;"公共治理"范式追求在教育领域形成国家力量、市场力量和公民社会力量相互博弈和均衡的体制,其价值逻辑是重建良好教育生态。在范式转化过程中,效率与公平之间的动态平衡不断被打破,教育政策的公共性越来越受到重视,教育政策制定的开放性、多元主体的参与性、权力主体的平等性、政策过程的协商性以及政策过程的科学性日益显著,充满公正理性的制度框架正在形成,我国教育政策体系逐步完善(见表 4.1)。[①]

表 4.1　改革开放以来我国教育政策的主流范式及变迁表

	效率理性范式	市场选择范式	公共治理范式
时间范围	改革开放至 20 世纪 90 年度初	20 世纪 90 年代初至 21 世纪初	21 世纪初至今
核心理念	理性主义,效率优先	竞争机制,效益中心	高质量公平,多元参与
权力模式	单向的政府权力模式	市场与个体的双向选择模式	多向性的混合权力模式
决策主体	政府	政府为主,引入市场力量	政府、社会、学校
决策模式	客观理性与单方案决策	经济理性与利益相关者博弈	多元互动与多方案择优
政策研究方法	思辨方法为主	引入定量研究方法	多样化研究方法

二、教育政策制定的过程

政策科学发展的过程中,学者提出了多种政策分析和制定理论模型,如制度主义模型、团体模型、理性主义模型、渐进主义模型、精英模型、过程模型、公共选择模型、系统模型和博弈论模型等[②]。考虑到教育政策制定的复杂性,在运用政策制定模型研究教育政策时应注意:综合运用多种理论模式,对复杂的教育政策过程展开分析;结合特定的教育政策制定背景,不断发展和完善已有的理论模式[③]。下面将主要介绍过程模型在教育政策制定中的应用。

① 孟繁华,张爽,王天晓.我国教育政策的范式转换.教育研究,2019.40(3):136-144.
② 谢明.公共政策导论[M].5 版.北京:中国人民大学出版社,2020:89-113.
③ 包海芹.教育政策制定的理论模式评析[J].江苏高教.2009(2):13-16.

过程模型又被称作"功能过程理论",主要建立在政治学的结构功能理论基础之上①。过程模型简化了复杂的政策过程,已成为一种整合政策科学知识特别是政策过程知识的方便框架。公共政策的制定包括如下几个过程:界定问题,并提交给政府,由政府寻求解决的途径;政府组织形成若干备选方案,并选择政策方案,方案得以实施、评估和修正②(如图 4.1 所示)。与其他公共政策一样,教育政策的制定和执行过程通常也表现为一定的阶段性或周期性。教育政策过程包含教育问题的感知、教育政策问题的确认与议程建立、提出和评估备选方案、政策选择与政策合法化、教育政策实施、教育政策评估、教育政策的调整与终结等阶段。

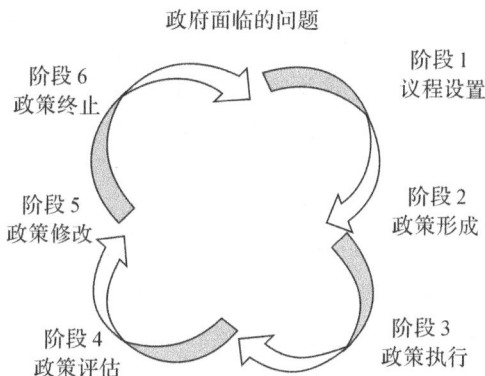

图 4.1　政策制定的过程

理解什么是好的教育政策是制定出好的教育政策的前提。基于政策话语、政策文本和政策效应三个维度,学者们从科学、民主、权威、价值、控制、执行力和教育公平等方面提出了判断好的教育政策的标准,包括回应社会发展需要,实现工具理性和价值理性相统一;体现话语民主,形成决策话语共识;有良好权威结构,能够有效克服权威分裂;坚持基本价值导向,能够有效协调价值冲突;有良好控制结构,能够预防反控制;面向未来发展,实现统筹兼顾;具有可操作性,便于执行;实现分配正义,促进教育公平等。其中,回应社会发展需要,实现工具理性和价值理性相统一,以及体现话语民主,形成决策话语共识是最基本的两条标准,也是形成好的教育政策的逻辑起点。③

专栏 4-1

美国伊利诺伊州高等教育绩效拨款政策制定过程

从伊利诺伊州的情况来看,2000 年以来,受经济下滑的影响,伊利诺伊州政府对高等教育的财政投入持续减少。从 1996 年到 2011 年,伊利诺伊州政府的

① 托马斯·R.戴伊.理解公共政策[M].12 版.北京:中国人民大学出版社,2010:12-13.
② 保罗·A·萨巴蒂尔.政策过程理论[M].北京:生活·读书·新知三联书店.2004:3.
③ 涂端午,魏巍.什么是好的教育政策[J].教育研究,2014,35(1):47-53.

财政拨款占公立四年制大学财政收入的比例从72.7%下降到了47.1%。在这样的背景下,在一些基金会的游说和推动下,伊利诺伊州开始改革高等教育财政拨款模式,力图在经费有限的情况下提高经费的使用效率。伊利诺伊州绩效拨款政策的制定一共分为三个阶段:

1. 政策缘起

2006年,全美州议员会议(National Conference of State Legislatures,简称NCSL)发布了一个特别委员会报告《改革高等教育:国家的紧急事务,州的责任》(Transforming Higher Education—National Imperative, State Responsibility)。报告提到,美国高等教育存在的危机影响了个体潜能的发挥、国家经济的发展和竞争力的提升,各州应该确定一个清晰的战略,对大学进行问责。受NCSL的影响,2008年,伊利诺伊州颁布了《伊利诺伊大学和职业成功公共议程》,这是一份有关伊利诺伊州高等教育发展的整体规划。在这份议程的制定过程中,"绩效拨款"的概念第一次被提出来。但由于大学代表的反对,这一条方案并未出现在最终的报告中。

2. 政策提出阶段

2010年,为贯彻实施《伊利诺伊大学和职业成功公共议程》,伊利诺伊州成立了一个包括各利益相关者在内的高等教育财政研究委员会,绩效拨款政策被正式纳入政策议程。2010年12月,高等教育财政研究委员会在提交给州长和州议会的研究报告中建议采纳绩效拨款政策,但经费来源、拨款比例、指标体系等实施细节问题由于争议较大,并未达成一致意见。

3. 政策细节协商阶段

在议会和一些基金会的推动下,伊利诺伊州成立了一个囊括议员、大学管理人员代表、教师代表、州级高等教育管理机构、商业组织、NGO组织和外部咨询专家等在内的绩效拨款执行委员会,对绩效拨款政策方案的细节进行商议。与会各方就经费来源、拨款比例、指标选择等三个核心问题进行了长达数轮的协商。经过两年多的讨论,伊利诺伊州高等教育绩效拨款方案最终得到确定,有0.5%的州高等教育经费将按照绩效指标的达成情况来拨付。主要的绩效指标包括五项:本科学位授予数、硕士学位授予数、博士和专业学位授予数、每一百个全日制学生(FTE)中本科学位授予数和研究与公共服务支出。通过一套复杂的计算方法——调节性指标、加分、加权、因素调整等等,伊利诺伊州的绩效拨款结果最终得到了各利益方的认可。

【资料来源】毛丹.多重制度逻辑冲突下的教育政策制定过程研究——以美国伊利诺伊州高等教育绩效拨款政策制定过程为例[J].教育发展研究.2017,37(7):31-37.

(一)教育问题的感知

政策问题是通过公共活动能得以实现的未实现的需要、价值或改进的机会。[1] 教育

① 威廉·N.邓恩.公共政策分析导论[M].2版.北京:中国人民大学出版社,2010:120.

政策问题是教育政策的起点,教育政策的制定围绕教育政策问题展开。因此,教育政策问题研究对界定教育政策问题领域,把握教育政策问题,制定合理的教育政策具有重要价值。纵观现有关于教育政策问题的界定,相关研究经历了从强调"政策共性"到关注"教育特性"的历程。而且,学者们普遍认可教育政策问题的概念包含四个要素:源于特定的教育客观情境,基于特定情境问题的觉察和认同,需要职能部门有能力且积极作为来实现,以协调既存教育利益冲突及满足未来教育价值诉求为目的。[①]

教育问题主要表现为两种形式:第一,社会经济环境的变化导致社会发展和个人发展对教育提出新的需求,而教育却不能及时满足社会和人的发展新需求;第二,在教育的改革与发展过程中,由于社会文化传统和经济体制结构的影响,教育的运行不可避免地会出现一些偏差或障碍,如一些学校的应试教育问题和学生心理健康问题等。在教育问题的前期阶段,教育问题的规模、严重程度、影响通常比较小,未能引起社会的普遍关注。随着时间的推移,问题范围逐渐扩大,带来的负面影响日益严重,以至于影响到了学校的正常的教育教学实践和社会发展,这时,教育问题就会被社会公众所感知,人们就会提出解决教育问题的要求。

(二)教育政策问题的确认与议程建立

教育政策的基本功能就是解决教育领域出现的问题。但是,并不是所有的教育问题都能够进入政府的议事日程,因为政府的资源和管辖范围也是有限的,不可能也没有必要在某个时间段内解决所有的教育问题。只有那些比较紧迫的或具有可能造成长期负面影响的教育问题才能进入政党、政府议事日程成为教育政策问题。这时,政党和政府才会动用行政资源、学术研究资源和其他社会资源,研究政策问题的成因、范围和可能的影响,开始寻找解决教育政策问题的途径。

议程设定是政策制定过程中起始阶段的功能活动。"议程设定"的重点在于如何认定政策问题的内涵,及公共问题如何透过各种途径进入政府部门,成为决策者必须考虑制定政策的功能活动。当然,对于不同的政策,问题进入议程的方式不尽相同。例如:已有文献对我国"863计划"政策制定过程进行分析之后,以"权力精英的内输入"模式总结这一政策制定过程;还有学者对Q市一中地址搬迁的案例研究中,认为问题进入政策议程的过程不符合所有传统形式,在此基础上提出"议程隐蔽"的概念。由此可见,政策问题进入政策议程,无论是理论和实践层面都是非常复杂的过程。[②]

(三)提出和评估备选方案

在界定教育政策问题基础上,政党和政府会就教育政策问题的解决,设定政策目标,提出多种行动方案,一般教育政策研究者也会对解决教育政策问题提出特定的解决方案。比如,关于基础教育经费投入问题,在坚持基础教育"地方负责,分级管理"体制的前提下,教育经费的投入是以乡镇为主,还是以县为主,或者以省为主,这就构成了不同的政策方案。到底选择哪种方案在当前的情境下才是最优的,需要对各种备选的教育政策方案进行全面的评价,在评价时需要考虑到国家的政治经济体制和发展现实,也要考虑到社会各

①　范国睿.教育政策研究[M].福州:福建教育出版社,2020:78-79.
②　陈学飞,林小英,茶世俊.教育政策研究基础[M].北京:人民教育出版社,2011:151-152.

方面的承受能力。教育政策方案评估的主要内容包括对政策结果的预测、方案的可行性、造成的社会成本与收益等方面进行综合评估。

(四)教育政策选择与政策合法化

在政策评估的基础上,教育政策制定部门将从备择方案中进行优化选择。通常,被选择的政策方案就将进入到立法机构、政府教育行政主管部门,经过审议后,形成政策草案,并公之于众,征求各种教育政策相关者包括学校、教师、家长、专家、社会公众等的意见和建议。在此基础上,进一步完善政策方案。一个相对完善的政策方案要想成为一个真正能够得到执行的有权威性的政策,还必须经过政策方案的合法化环节。教育政策的合法化包括教育政策议案的审查、通过与批准、签署和颁布等多个阶段。没有经过合法化程序的教育政策不具有合法性,就不能得到执行。教育政策方案的选择和政策合法化是一个多种政策活动者教育政策诉求表达和综合考量的过程,只有吸收各种政策活动者加入到决策过程中来,加强政策意见沟通和交流,相互协调,才能真正制定出有效、可行的教育政策。在这个意义上,教育政策方案的选择和合法化过程体现了教育决策的民主化、法制化,也是依法治国的一个重要体现。

(五)教育政策实施

教育政策实施是将教育政策所规定的目标和内容具体化的过程,在教育政策过程中居于重要地位。不能实施或没有得到实施的教育政策只不过是一纸空文,所以教育政策实施也被称为教育政策过程的一个中介性环节。一项教育政策制定出来之后,首先要为政策执行机构和人员所熟知,也要为教育政策的调整对象所知晓、所认同,才能真正进入具体实施。也就是说教育政策的实施首先要进行广泛的政策宣传,统一人们的思想认识,使人们自觉地接受和服从教育政策规范和行为准则。同时,为了有效实施教育政策,还必须配备必要的人力、物力和财力,建立一定的组织机构具体负责政策的执行,制定具体的操作规程,将政策分解实施,并建立起政策执行过程中的评估、监督和奖惩制度,保障教育政策顺利实施。

(六)教育政策评估

教育政策评估是根据教育政策目标,通过一定的程序,对教育政策实施的效果和社会效益进行分析和判断。对政策的具体实施进行评估,是政策评估主体根据一定的政策评估标准和程序,对政策系统、政策过程和政策结果的质量、效益、效果等方面进行评价或判断的一系列活动,其目的是改善政策系统,提高政策决策质量,保证政策目标实现。[①] 教育政策评价的过程实际上是一个教育政策信息反馈的过程,可以从政策话语、政策文本和政策社会效应的三个基本维度进行评价[②]。在我国,教育政策评估的信息来源主体是多元化的,包括政策各级人大、各级政府及其教育行政部门、政府教育督导部门,也包括学校、教师、学生、家长、社会公众和教育政策研究人员。教育政策评估的形式从机构划分,可以包括政府内部的评估和政府外部的评估;从时间先后划分,可以分为事前评估、实施过程评估和事后评估三个阶段。教育政策评估是检验政策效果和适当性的基本途径,教

① 高兴武.公共政策评估:体系与过程[J].中国行政管理.2008(2):58-62.
② 涂端午,魏巍.什么是好的教育政策[J].教育研究,2014,35(1):47-53.

育政策评估的形式的多样性和评估信息来源的多元性决定了教育政策评估是一个多元的复杂过程,也体现了教育政策过程的科学化和民主化程度。

（七）教育政策的调整、终结与废止

教育政策评估是一个总结政策经验,发现政策问题的过程。通过评估,通常会发现教育政策目标中某些与社会发展与个人发展要求不适应、不适宜的地方,发现政策措施的无效之处,或者发现政策组织机构及其行为的不当之处,这时候就要对教育政策所设定的目标、采取的政策措施、行政组织及其行为进行修正和调整。教育政策的调整伴随教育政策过程的始终,不可能出台一项政策措施就可以一劳永逸解决所有的教育问题。在对教育政策的具体实施效果进行评估后,将采取通过发布通知、新闻公告的方式中止或废止那些不合时宜的或无效的教育政策措施。通过评估政策实行效果,如果发现政策的实施已经达到了预期的目的,取得了较好的社会效益,则可以通过总结会议、发布政策实施报告的方式,表明某项特定的教育政策已经达到了预定目标,宣告政策的终结。教育政策终结的形式主要包括废止、以新政策替代旧政策、政策合并和缩减等方式。旧的教育政策终结之后,伴随着新的教育问题,又会出台新的教育政策,从而教育政策周期不断循环。

依照政策过程的生命周期的观点,上述对教育政策过程的七个阶段进行了分析,虽然实际的教育政策过程可能并不完全包括上述七个阶段,每个阶段的具体内容也会因为国家的宏观政策环境和教育改革与发展的动向而有所差异,但是基本上涵盖了教育政策过程的基本方面,也为人们了解教育政策过程的运行机制提供了一种参考性的视角。需要着重指出的是,政府内外的教育政策活动者包括政党、政府与政府官员、立法机构、大众媒体、利益团体、社会公众、政策研究者和教育政策目标群体等都可能在教育政策过程中的任何一个阶段就某项政策问题、政策议程、政策实施、政策评价和政策终结提出自己的意见、看法和观点,表达自己的政策诉求。随着社会主义市场经济体制的确立,我国的利益分配越来越呈现出多元化的格局,人们的思想观念也日益多元化,在这种情况下,探讨在教育政策过程中如何形成一种有效的利益诉求表达机制和容纳多种利益表达的制度安排,对于促进教育政策过程的科学化、民主化至关重要,这对于推进教育公平,促进教育与经济社会和谐发展具有重要的意义。

三、教育政策的研究方法

目前主流公共政策研究方法大多遵循以演绎（deductive）或归纳（inductive）为推理基础的线性逻辑。演绎推理是从普遍性到具体性进行推论,先有假设,再用数据来检验假设。归纳推理则从收集经验观察证据开始,然后根据经验观察结果结合先验理论,推断出某种普遍性的规律。[①] 例如,莱斯特（Lester）和斯图尔特（Stewart）把公共政策的研究方法概括为 9 种,并对其进行了阐述（如表 4.2 所示）[②]。

---

① 孙婧婧,和经纬.作为溯因推理研究方法的因果过程追踪及其在公共政策研究中的应用[J].公共管理评论.2020,2(4):214-229.

② Lester,Jams P. , Joseph Stewart, Jr. Public Policy: An Evolutonary Approach(Third Edition)[M]. 北京:中国人民大学出版社,2011:39.

表 4.2 公共政策研究的多种方法

研究方法的类型	主要目的
过程研究	考察政策过程
具体领域研究	考察某个具体领域的政策
逻辑实证主义研究	应用科学方法考察政策的因果关系
经济计量学研究	检验经济学理论
现象学(后实证主义)研究	依靠直觉进行分析
参与者研究	考察多种政策制定的参与主体
规范性或说明性的研究	为决策者提供政策建议
意识形态性研究	从自由主义或保守主义等意识形态的角度进行分析
历史研究	考察政策随时间的演进

我国教育政策研究中,思辨研究依然占据较大比例,定量研究开始有了发展,质性研究也开始浮出水面,研究数据采集方法仍然以文献法为主,调研法为辅,很少采取实验法、观察法等获取第一手资料。据此,已有学者对丰富和规范我国教育政策研究方法提出建议如下:[①]

1. 提高研究者定量和质性研究能力,丰富教育政策研究方法

林毅夫教授在对比中外研究现状之后,指出:"要将中国社会科学的研究提升到国际化,最重要的是方法论的规范化"。随着国际交流的日益频繁,越来越多的学者开始走出国门,接触到国际上丰富多样的政策研究方法,教育政策研究也正在开始向规范迈进。但是,从总体来看,我国教育政策研究者尚需要提高定量和质性研究能力,丰富研究方法。有学者以美国 *Educational Policy*(2002—2008 年)为样本,分析质的研究方法、量的研究方法、文献法和思辨法分别占研究方法运用总数的 59.22%、15.95%、14.08% 和 11.65%。然而我国质性研究和定量研究合计所占比例仅为 21.6%。[②] 从原因来看,这与我国教育政策研究者大多没有经过严格的定量和质性研究训练有直接关系,相当一部分政策研究学者的学科背景是教育学,尤其以教育学原理方向居多,他们擅长从思辨角度进行教育政策问题的价值分析,提出观点建议。但是,却大多缺乏通过规范的研究和推导过程,得出有充足"证据"支撑的研究结论。因此,国内高校或其他相关研究机构,在现有的教育政策研究方向的人才培养方面,应加强定量研究和质性研究的课程板块的比重。

2. 拓宽数据来源,提高数据可获得性

我国政府及其教育行政部门普遍缺乏技术性官员。教育政策研究者中有高达 83% 的作者来自高校,他们很难从政府或教育行政部门那里获得关于政策议程的确定、政策制定、政策执行、政策监测与评估方面的数据和第一手材料。因此,一方面需要学习世界各国的先进经验,加强数据库建设。这些数据库可以为政策研究者开展研究提供宝贵的资

① 胡伶.我国教育政策研究方法的演进与反思:2000—2015 年[J].现代教育管理,2017(6):47-52.
② 李娅玲.21 世纪西方教育政策研究的后现代特征——以美国 *Educational Policy*(2002—2008 年)为样本[J].中国高教研究,2009,(7):46-48.

源。另一方面,需要政策研究者自觉加强数据意识和使用数据分析问题的能力。

3. 促进教育政策研究的学术合作与交流,提升政策研究的应用价值

学术交流是促进方法使用不断多样化和规范化的重要渠道,可从三个方面加强教育政策研究的学术交流:一是研究机构之间的交流。如可以学习美国教育政策研究联盟(Consortium for Policy Research in Education)的经验,通过哥伦比亚大学、哈佛大学、斯坦福大学等七所顶级大学共同进行合作研究和人才培养。从论文分析来看,我国有的学者在研究方法的使用上已经有了突破,可由这些学者牵头建立教育政策研究基地,形成各具特色的政策研究集群,繁荣政策研究领域。二是研究机构与政府及其教育行政部门之间的交流,让政策研究能聚焦政策问题、帮助政府教育决策的同时,使政府及其教育行政部门成为政策研究者的实践基地。三是国内与国际的教育政策研究方法的交流。

第三节　教育政策与教育管理

改革开放以来,中共中央和国务院相继颁布了以《中共中央关于教育体制改革的决定》《中国教育改革与发展纲要》《面向 21 世纪教育振兴行动计划》《中共中央国务院关于深化教育改革全面推进素质教育的决定》《国家中长期教育改革和发展规划纲要》《关于深化教育体制机制改革的意见》和《中国教育现代化 2035》等为标志的有关教育的政策性文件,较好地引导和规范了国家对教育事业管理的行为。同时,四十年的教育管理改革实践不仅贯彻和执行了国家的教育政策,而且深化和丰富了教育政策内容。教育政策和教育管理的良性互动促进了我国教育事业的飞速发展。

一、教育管理的政策导向

与教育过程的某些领域如教学方法、课程、教育哲学等相比,教育管理受教育政策的影响更大些。如从新中国成立以来教育管理政策的回顾可以看出,教育管理工作与教育政策关系是非常密切的。教育管理离不开政策的导向,教育政策又为教育管理工作提供了理论的依据。[①] 进一步分析可知,教育政策在教育管理工作中的导向作用大致可以体现在以下几方面:

1. 在社会转型期,教育政策可为教育管理指明方向

在社会环境发生较显著和激烈变化的时候,教育政策对教育管理的导向作用总是显得非常突出。例如,"文化大革命"结束以后,教育事业拨乱反正,方向在哪里? 1985 年,《中共中央关于教育体制改革的决定》为此提供了完整的思路,即从教育体制入手,有系统地进行改革,在加强宏观管理的同时,坚决实行简政放权,扩大学校的办学自主权,同时调整教育结构,相应地改革劳动人事制度。在这一思路的引导下,教育体制改革成为 20 世纪 80 年代中期到 90 年代初教育改革的核心内容,并通过体制改革带动了教育事业的蓬

---

① 李春玲.浅析我国教育政策与教育管理的互动关系[J].黑龙江高教研究.2000(6):5-7.

勃发展。在发展社会主义市场经济体制的同时,教育管理又怎么发展? 1993 年,《中国教育改革和发展纲要》又为此提出了系统的方案,即在进一步深化学校内部管理体制改革,扩大学校办学自主权的同时,发展社会多元化办学的模式,形成国家办学和社会办学相结合的局面。面临着知识经济的挑战,新世纪的教育以及教育管理如何发展?《面向 21 世纪教育振兴行动计划》再次为此勾画出了蓝图,即从管理体制、课程、教材、教师观念创新、师资队伍培养等方面入手,进一步加大教育改革力度,为培养新世纪高素质的人才创造条件。《中国教育现代化 2035》在总结改革开放以来特别是党的十八大以来教育改革发展成就和经验基础上,面向未来描绘教育发展图景,系统勾画了我国教育现代化的战略愿景,明确教育现代化的战略目标、战略任务和实施路径。

2. 教育政策为协调教育的内外关系做出了具体的规定

管理工作说到底就是协调各方面的关系,教育管理工作也不例外。在教育领域,存在着各种各样要协调的关系,如学校与社会的关系、普通教育与职业教育的关系、初等教育与中等教育及高等教育的关系、教育发展的数量与质量的关系、教育的效率与教育公平的关系、教育的发展与现实的可能性的关系等等,这些关系都需要教育管理者去尽可能加以理顺。靠什么去理顺? 显然离不开教育政策。例如,针对职业教育与普通教育发展不均衡的问题,国家有关部门制定了"大力发展中等职业教育"和"积极发展高等职业教育"的政策;针对长期以来教育发展的中心过分偏向高等教育,教育经费在三级教育间比例倒挂,高等教育经费所占比例偏重,基础教育发展滞后的状况,近年来我们逐步实施了义务教育阶段免学杂费、高等教育收取学费的政策,从而推动计划内教育拨款向基础教育倾斜,推动基础教育办学条件改善和教育质量的提高。再比如,由于国家经济条件的限制,难以把整个教育包揽下来,为此自 20 世纪 90 年代起,国家实行了国家办学为主、社会共同参与办学的政策,从而促进了办教育的发展,较好地解决了教育的需求与发展的可能性的关系。正因为政策对协调关系的重要性,所以教育部在《面向 21 世纪教育振兴行动计划》中特别强调,要"正确处理若干关系,带动教育事业的全面振兴"。

3. 教育政策直接或间接作为教育管理的手段和方式

随着计划经济向市场经济的转轨,政府对教育的管理,必将从过去的直接管理、过程管理转向间接的宏观调控。教育政策将逐渐成为宏观调控的重要手段。通过教育政策进行宏观调控,虽然是间接的,但影响深远。如提高教师地位和生活待遇的政策、师范生免费接受高等师范教育的政策等,会影响人们就业的选择,引导学生积极报考师范院校。高考实行"3+X"的政策也促进了素质教育的进一步实施。教育经费匮乏,"穷国办大教育"一直是制约我国教育发展的瓶颈。如何筹措更多的教育经费?《中国教育改革和发展纲要》提出"改革和完善教育投资体制,增加教育经费""要逐步建立以国家财政拨款为主,辅之以征收用于教育的税费、收取非义务教育阶段学生学杂费、校办产业收入、社会捐资集资和设立教育基金等多种渠道筹措教育经费的体制"。这些筹资手段带来了教育的大发展。对解决中小学的"一无两有"和危房起到了决定性的作用。

此外,教育政策对课程管理也具有调控作用。在国外,政策调控已成为课程管理的主要手段之一。在我国,随着办学自主权的扩大,教育政策对课程管理的影响也在日益加大。目前我国有关部门已在逐步落实课程修订方案,推行国家课程、地方课程和校本课程相结合的课程制度,由此可看出教育政策对课程管理的调控作用。[①]

二、教育政策的管理实践

教育管理是在现实的时空环境中进行的,无时无刻不受到所处环境的影响,而教育政策是主要的环境影响因素之一。改革开放以来,在诸多教育纲领性文件的指引下,我国的教育管理实践发展取得了前所未有的巨大成就。义务教育是我国教育改革和发展的重点,其政策对义务教育发展具有重要推动与保障作用。改革开放四十年来我国义务教育政策可以划分为以普及教育为要求的义务教育政策初步发展阶段(1978—1984 年)、以重点建设为关键的义务教育政策非均衡发展阶段(1985—2000 年)、以缩小差距为任务的义务教育政策由非均衡向均衡发展的过渡阶段(2001—2009 年)、以内涵发展为核心的义务教育政策均衡发展阶段(2010 年至今)等四个阶段[②]:

1. 以普及教育为要求的义务教育政策初步发展阶段(1978—1984 年)

1978 年 12 月,随着十一届三中全会的胜利召开,我国进入了社会主义发展和全面建设的新时期,义务教育也迎来了蓬勃发展的春天,这为普及教育的恢复和发展奠定了基本条件和政治环境。在“义务教育”的提法普及于大众之前,国家已经从多项政策文件中体现出对普及基础教育的重视。这一阶段,义务教育政策还处于起始阶段,主要以普及教育为基本要求,呈现出以下特点。(1)强调与宣传普及教育的重要性。在普及教育的起始阶段,对民众理念的引导尤为重要,教育政策多次指出教育的重要性,为义务教育的普及与发展奠定了基础。(2)致力于普及基础教育与初等教育。《关于普及小学教育若干问题的决定》(1980 年)明确提出“在 80 年代,全国应基本实现普及小学教育的历史任务”。《中华人民共和国宪法》(1982 年)第十九条提出“国家举办各种学校,普及初等义务教育”。《关于普及初等教育基本要求的暂行规定的通知》(1983 年)明确了普及初等教育所需要达到的基本要求,指出普及初等教育必须从实际出发,要有计划地培训教师。(3)初步体现分级管理的理念。《关于普及小学教育若干问题的决定》(1980 年)提出普及小学教育应当根据各地区经济、文化基础和其他条件的不同,分区、分期、分批进行发展,强调“两条腿走路”的基本方针,并提出各地必须正确处理普及与提高的关系,办好重点学校,并从实际出发,因地制宜,采取多种形式办学,力求使学校布局和办学形式与群众生产、生活相适应。《关于加强和改革农村学校教育若干问题的通知》(1983 年)指出普及初等教育的规划和措施要落实到县和区、乡、社、队,提出争取在 1990 年以前基本实现普及初等教育的目标。

2. 以重点建设为关键的义务教育政策非均衡发展阶段(1985—2000 年)

我国现代化建设有其自身的特殊性,采取的是一种梯度发展战略,要求“效率优先”,强调“兼顾公平”的教育发展宗旨。这一阶段,义务教育资源不足,优质资源较为短缺,而国家急需现代化建设的人才,因此,义务教育的发展也遵循了这种战略,呈现出以下特征。

[①]　吴志宏,冯大明,魏志春.新编教育管理学[M].上海:华东师范大学出版社,2008:109-110.

[②]　祁占勇,杨宁宁.改革开放四十年我国义务教育政策的发展演变与未来展望[J].教育科学研究.2018(12):17-23.

(1)"地方办学,分级管理"的策略是义务教育政策的重中之重。《中共中央关于教育体制改革的决定》(1985年)明确提出要实行九年制义务教育,并规定"地方办学,分级管理",提出用最大的努力积极地、有步骤地实施九年义务教育,将全国划分为三类地区分期分批地普及义务教育:第一类是占总人口25%的地区,主要分布在沿海地区、经济较为发达的省份及内地少数发达地区;第二类是占总人口50%的地区,主要分布在中等发展程度的农村或乡镇;第三类也是占总人口25%的地区,主要是一些经济欠发达地区。三类地区的义务教育因地制宜,各不相同。与此同时,一些地方人民政府还建立了对本地实施义务教育的首长目标责任制。(2)重视扩大规模,追求数量,使义务教育规模与办学数量迅速提升。1986年颁布的《中华人民共和国义务教育法》标志着我国基础教育进入了法制化、正规化的阶段,开启了义务教育的新篇章。1992年,中国共产党第十四届全国代表大会提出到20世纪末基本实现普及九年义务教育的战略目标,《中国教育改革和发展纲要》(1993年)再次强调了该目标。普及九年制义务教育不仅在城市和经济发达地区取得了显著成效,在农村也取得了初步成效。1985年,地方政府大力增加教育的财政拨款及支出,多数省、自治区和直辖市基本上做到了"两个增长"。据国家教育委员会等单位对全国26个省、自治区、直辖市的检查、督导,1985年至1988年,做到财政预算内教育拨款年均增长率高于同期地方财政经常性收入年均增长率的有23个百分点,其中18个省、自治区、直辖市基本做到了使财政预算内教育拨款的增长逐年高于地方财政经常性收入的增长。义务教育专任教师队伍也逐渐扩大,1988年,全国已有小学专任教师550.2万名,中学专任教师295.9万名,特殊学校专任教师1万名,较1985年都有了很大的变化。更可喜的是,到1990年,全国小学适龄儿童入学率已达到97.8%,小学升学率已达到74.6%。截至1991年,全国除城市外,已有1459个县通过了省级人民政府的普及初等教育的验收工作。截至2000年末,85%的人口地区基本实现了普及义务教育。① (3)义务教育供给主体多样化。1992年,党的十四大报告提出,鼓励多渠道、多形式社会集资办学和民间办学。此外,《中国教育改革和发展纲要》(1993年)指出,要逐步建立以政府办学为主体、社会各界共同办学的体制。

3. 以缩小差距为任务的义务教育政策由非均衡向均衡发展的过渡阶段(2001—2009年)

进入21世纪以来,国家对社会公平更加注重,这为义务教育政策由非均衡向均衡发展营造了良好的氛围。对于义务教育发展严重不均衡的状况,国家和各级政府不断作出努力,不只为继续全面普及义务教育而努力,而且针对农村义务教育、西部义务教育等薄弱方面都作出了政策上的完善,竭力缩小义务教育的巨大差距,义务教育政策呈现出以下特征。(1)全面阐述国家义务教育均衡发展。《教育部关于加强基础教育办学管理若干问题的通知》(2002年)首次提出"积极推进义务教育阶段学校均衡发展"的目标,均衡发展成为义务教育的战略性任务。此外,教育部印发的《关于进一步推进义务教育均衡发展的若干意见》(2005年)是第一个全面阐述国家义务教育均衡发展的政府文件,确立了"逐步实现义务教育均衡发展"的政策目标。而后,《国家教育事业发展"十一五"规划纲要》

---

① 吴德刚.中国义务教育研究[M].北京:教育科学出版社,2011:36、40.

（2007 年）提出"贯彻实施义务教育法，普及巩固九年义务教育"的总体要求。（2）竭力缩小差距，注重资源合理配置。2006 年 6 月，经过修订的《中华人民共和国义务教育法》指出各级政府要对教育资源进行合理配置，对农村及特殊教育对象要进行弱势倾斜，并明确指出由县级以上人民政府以及该地区教育行政部门采取有效措施缩小辖区范围内的教育的不平衡发展，不得设定重点学校、重点班级。至此，义务教育均衡发展从以政策为主导逐步迈向法制化的层阶，我国义务教育发展实现了重大突破。（3）确立了农村教育和西部教育工作的重要战略地位，进一步加大省级政府统筹管理义务教育的力度。《关于基础教育改革与发展的决定》（2001 年）提出了农村义务教育"分级管理、以县为主的体制"，在一定程度上适应了农村经济体制改革，尤其是农村税费改革的深入推行。这种管理体制对农村教育产生了重要影响。县级政府代替了以往农村集体供给的方式，而且中央和省级财政的扶持力度也有所加大。《关于进一步加强农村教育工作的决定》（2003 年）强调逐步提升教育经费标准，从而增加对农村教育的投入。同年，我国西部地区全面推行"两基"计划，到 2007 年西部地区"两基"人口覆盖率达到 98％，比 2002 年提高了 21％，青壮年文盲率降至 5％以下，西部地区义务教育水平实现了新的跨越。[①]《2005 年政府工作报告》提出完善以政府投入为主的经费保障机制，并提出实行"两免一补"政策。《深化农村义务教育经费保障机制改革的通知》（2005 年）提出了"逐步将农村义务教育全面纳入公共财政保障范围，建立中央和地方分项目、按比例分担的农村义务教育经费保障机制"，这是义务教育得以实现免费性特点的关键政策。

4. 以内涵发展为核心的义务教育政策均衡发展阶段（2010 年至今）

义务教育均衡发展的基本内容主要表现在三个层面：一是在东、中、西部三个大的经济区域之间的均衡发展，二是区域内部城乡学校之间的均衡发展，三是群体之间的均衡发展。[②] 这三方面在这一阶段的义务教育政策中都得到了极大体现。《教育部关于贯彻落实科学发展观进一步推进义务教育均衡发展的意见》（2010 年）提出了三个方面的重要内容：将推进均衡发展作为义务教育改革与发展的重要任务；以提高教育质量、促进内涵发展为重点；加强制度建设，完善其有效工作机制。自此，我国义务教育更加重视教育质量的提升，进入了全面普及、促进内涵发展的新阶段，义务教育政策主要表现为以下特征。（1）强调教育均衡发展、义务教育质量的提升及内涵发展。《国家中长期教育改革和发展规划纲要（2010—2020 年）》（以下简称《纲要》）提到，到 2020 年全面提高教育质量，基本实现区域内均衡发展。另外，《国务院关于深入推进义务教育均衡发展的意见》（2012 年）确立了义务教育均衡发展的基本思路及要求。《关于进一步扩大省级政府教育统筹权的意见》（2014 年）指出"把均衡发展义务教育作为重中之重"。《义务教育学校管理标准》（2017 年）进一步强调了管理内涵，致力于学校内涵发展。（2）注重优质教育资源的均衡配置。《教育部关于贯彻落实科学发展观进一步推进义务教育均衡发展的意见》强调，要大力推进区域内学校与学校之间义务教育均衡发展。《纲要》也提出要均衡配置教师、设备、图书、校舍等资源。另外，有关部门还颁布了一系列政策文件来促进教师资源合理配

① 杨润勇，王颖. 论我国义务教育政策新进展及发展趋势[J]. 当代教育科学，2008(24):15-18＋25.
② 司晓宏. 义务教育均衡发展论纲——以西部农村为研究对象[M]. 北京：人民教育出版社，2013:17.

置。(3)全面推进素质教育。《纲要》强调"坚持以人为本",全面确保素质教育的顺利开展。2012年,党的十八大报告进一步强调,要将素质教育放在重要位置,致力于提高教育质量。《教育部2018年工作要点》强调"落实立德树人根本任务,大力发展素质教育",提出"建立健全立德树人系统化落实机制。深化基础教育课程改革,切实发挥育人作用",并提出了加强中小学素质教育的具体措施。(4)对于特殊群体、农村及西部义务教育更加重视。《纲要》提出确保城乡一体化教育机制的顺利开展,要从多个方面把握重点,一是要保证财政到位,二是学校建设硬件达标,三是教师综合水平提升等,在全面保证上述措施实施时,要适当向农村教育靠拢。另外,国务院及教育部门先后颁发了一系列文件保障特殊群体平等接受义务教育,改进农村学校的办学条件。

专栏 4-1

我国当前的教育政策导向

2019年2月,中共中央、国务院印发了《中国教育现代化2035》。这是我国第一个以教育现代化为主题的中长期战略规划,是新时代推进教育现代化、建设教育强国的纲领性文件,定位于全局性、战略性、指导性,与以往的教育中长期规划相比,时间跨度更长,重在目标导向,对标新时代中国特色社会主义建设总体战略安排,重点部署了面向教育现代化的十大战略任务:

一是学习习近平新时代中国特色社会主义思想。把学习贯彻习近平新时代中国特色社会主义思想作为首要任务,贯穿到教育改革发展全过程,落实到教育现代化各领域各环节。以习近平新时代中国特色社会主义思想武装教育战线,推动习近平新时代中国特色社会主义思想进教材进课堂进头脑,将习近平新时代中国特色社会主义思想融入中小学教育,加强高等学校思想政治教育。加强习近平新时代中国特色社会主义思想系统化、学理化、学科化研究阐释,健全习近平新时代中国特色社会主义思想研究成果传播机制。

二是发展中国特色世界先进水平的优质教育。全面落实立德树人根本任务,广泛开展理想信念教育,厚植爱国主义情怀,加强品德修养,增长知识见识,培养奋斗精神,不断提高学生思想水平、政治觉悟、道德品质、文化素养。增强综合素质,树立健康第一的教育理念,全面强化学校体育工作,全面加强和改进学校美育,弘扬劳动精神,强化实践动手能力、合作能力、创新能力的培养。完善教育质量标准体系,制定覆盖全学段、体现世界先进水平、符合不同层次类型教育特点的教育质量标准,明确学生发展核心素养要求。完善学前教育保教质量标准。建立健全中小学各学科学业质量标准和体质健康标准。健全职业教育人才培养质量标准,制定紧跟时代发展的多样化高等教育人才培养质量标准。建立以师资配备、生均拨款、教学设施设备等资源要素为核心的标准体系和办学条件标准动态调整机制。加强课程教材体系建设,科学规划大中小学课程,分类制定课程标准,充分利用现代信息技术,丰富并创新课程形式。健全国家教材制度,统筹为主、统分结合、分类指导,增强教材的思想性、科学性、民族性、时代性、系统性,完善教材编写、修订、审查、选用、退出机制。创新人才培养方式,推行启发式、探究式、参与式、合作式等教学方式以及走班制、选课制等教学组织模式,培养学生创新精神与实践能力。大力推进校园文化建设。重视家庭教育和社会教育。构建教育质量评估监测机制,建立更加科学公正的考试评价制度,建立全过程、全方位人才培养质量反馈监控体系。

三是推动各级教育高水平高质量普及。以农村为重点提升学前教育普及水平,建立更为完善的学前教育管理体制、办园体制和投入体制,大力发展公办园,加快发展普惠性民办幼儿园。提升义务教育巩固水平,健全控辍保学工作责任体系。提升高中阶段教育普及水平,推进中等职业教育和普通高中教育协调发展,鼓励普通高中多样化有特色发展。振兴中西部地区高等教育。提升民族教育发展水平。

四是实现基本公共教育服务均等化。提升义务教育均等化水平,建立学校标准化建设长效机制,推进城乡义务教育均衡发展。在实现县域内义务教育基本均衡基础上,进一步推进优质均衡。推进随迁子女入学待遇同城化,有序扩大城镇学位供给。完善流动人口子女异地升学考试制度。实现困难群体帮扶精准化,健全家庭经济困难学生资助体系,推进教育精准脱贫。办好特殊教育,推进适龄残疾儿童少年教育全覆盖,全面推进融合教育,促进医教结合。

五是构建服务全民的终身学习体系。构建更加开放畅通的人才成长通道,完善招生入学、弹性学习及继续教育制度,畅通转换渠道。建立全民终身学习的制度环境,建立国家资历框架,建立跨部门跨行业的工作机制和专业化支持体系。建立健全国家学分银行制度和学习成果认证制度。强化职业学校和高等学校的继续教育与社会培训服务功能,开展多类型多形式的职工继续教育。扩大社区教育资源供给,加快发展城乡社区老年教育,推动各类学习型组织建设。

六是提升一流人才培养与创新能力。分类建设一批世界一流高等学校,建立完善的高等学校分类发展政策体系,引导高等学校科学定位、特色发展。持续推动地方本科高等学校转型发展。加快发展现代职业教育,不断优化职业教育结构与布局。推动职业教育与产业发展有机衔接、深度融合,集中力量建成一批中国特色高水平职业院校和专业。优化人才培养结构,综合运用招生计划、就业反馈、拨款、标准、评估等方式,引导高等学校和职业学校及时调整学科专业结构。加强创新人才特别是拔尖创新人才的培养,加大应用型、复合型、技术技能型人才培养比重。加强高等学校创新体系建设,建设一批国际一流的国家科技创新基地,加强应用基础研究,全面提升高等学校原始创新能力。探索构建产学研用深度融合的全链条、网络化、开放式协同创新联盟。提高高等学校哲学社会科学研究水平,加强中国特色新型智库建设。健全有利于激发创新活力和促进科技成果转化的科研体制。

七是建设高素质专业化创新型教师队伍。大力加强师德师风建设,将师德师风作为评价教师素质的第一标准,推动师德建设长效化、制度化。加大教职工统筹配置和跨区域调整力度,切实解决教师结构性、阶段性、区域性短缺问题。完善教师资格体系和准入制度。健全教师职称、岗位和考核评价制度。培养高素质教师队伍,健全以师范院校为主体、高水平非师范院校参与、优质中小学(幼儿园)为实践基地的开放、协同、联动的中国特色教师教育体系。强化职前教师培养和职后教师发展的有机衔接。夯实教师专业发展体系,推动教师终身学习和专业自主发展。提高教师社会地位,完善教师待遇保障制度,健全中小学教师工资长效联动机制,全面落实集中连片特困地区生活补助政策。加大教师表彰力度,努力提高教师政治地位、社会地位、职业地位。

八是加快信息化时代教育变革。建设智能化校园,统筹建设一体化智能化教学、管理与服务平台。利用现代技术加快推动人才培养模式改革,实现规模化教育与个性化培养的有机结合。创新教育服务业态,建立数字教育资源共建共享机制,完善利益分配机制、知识产权保护制度和新型教育服务监管制度。推进教育治理方式变革,加快形成现代化的教育管理与监测体系,推进管理精准化和决策科学化。

九是开创教育对外开放新格局。全面提升国际交流合作水平,推动我国同其他国家学历学位互认、标准互通、经验互鉴。扎实推进"一带一路"教育行动。加强与联合国教科文组织等国际组织和多边组织的合作。提升中外合作办学质量。优化出国留学服务。实施留学中国计划,建立并完善来华留学教育质量保障机制,全面提升来华留学质量。推进中外高级别人文交流机制建设,拓展人文交流领域,促进中外民心相通和文明交流互鉴。促进孔子学院和孔子课堂特色发展。加快建设中国特色海外国际学校。鼓励有条件的职业院校在海外建设"鲁班工坊"。积极参与全球教育治理,深度参与国际教育规则、标准、评价体系的研究制定。推进与国际组织及专业机构的教育交流合作。健全对外教育援助机制。

十是推进教育治理体系和治理能力现代化。提高教育法治化水平,构建完备的教育法律法规体系,健全学校办学法律支持体系。健全教育法律实施和监管机制。提升政府管理服务水平,提升政府综合运用法律、标准、信息服务等现代治理手段的能力和水平。健全教育督导体制机制,提高教育督导的权威性和实效性。提高学校自主管理能力,完善学校治理结构,继续加强高等学校章程建设。鼓励民办学校按照非营利性和营利性两种组织属性开展现代学校制度改革创新。推动社会参与教育治理常态化,建立健全社会参与学校管理和教育评价监管机制。

【资料来源】[1]人民网.中共中央国务院印发《中国教育现代化 2035》http://politics.people.com.cn /n1/ 2019/ 0224/c1001-30898642.html;

[2]教育部网站.教育部负责人就《中国教育现代化 2035》和《加快推进教育现代化实施方案(2018—2022 年)》答记者问 http://www.moe.gov.cn/jyb_xwfb/s271/201902/t20190223 _370865.html

三、教育政策与教育管理的错位

虽然教育政策对教育管理工作有着巨大的指导作用，但在现实生活中，我们常常可以看到，教育政策与教育管理之间有时也会发生错位现象。这表现为以下两个方面[①]：

一方面，有了政策，却不去执行，即教育管理工作不到位。贯彻执行党和国家教育政策的有效性，不仅要认真严肃，而且要有实事求是的科学态度。如果相关部门不执行政策，或者在政策执行过程中打折扣，很难对政策执行者问责，导致"上有政策、下有对策"情况的发生。[②] 在这一点上，有些校长漠视党和国家的教育政策，凭借经验和主观意志管理学校，我行我素，以致既有的政策得不到有力执行，政策成为一纸空文。例如，教育领域普遍存在的忽视学生思想政治工作、学生课业负担过重、乱收费、高收费等现象，都是教育管理工作中政策不到位或架空政策的表现。再有，近年来，在减轻农民负担的呼声中，有些地方发文随意取消或停止执行农村教育附加费等筹资政策，使本来就投入不足的办学经费更加紧缺，以至于造成拖欠教师工资、中小学校舍危房比例回升等严峻问题。[③] 针对这一现象，必须在中小学管理工作中大力加强对教育政策的宣传和学习，使学校管理者真正认识到政策对学校管理工作的重要意义。

另一方面，有了实践，却没有相应的政策支撑，即教育政策的滞后。教育政策在付诸实施的过程中，随着外界情况的变化，所要解决的问题性质的变化，以及新情况、新问题的不断涌现，需要不失时机地作出调整和更新，以加强对教育管理实践的指导和控制作用。然而在现实中，时常看到这样一种现象，一些新的改革方案出台了，而且取得了一定的效果，但由于没有相应的政策支撑和政策配套措施，结果不了了之，改革的倡导者也成为昙花一现的人物。而在另一些场合，教育管理工作中出现了矛盾和问题，同样由于没有相应的政策措施，只能听之任之，等到问题实在无法拖延下去，才有政策文件出台，结果对事业造成了损失。比如，在成人高等教育发展的问题上，一度只讲求发展速度，对于办学条件、质量等方面则没有相应的政策规范要求，结果造成办学效益不高，办学与社会需求相脱节等现象。再比如，教育体制改革是我国教育政策的重要内容之一，但由于缺乏配套的具体政策措施，致使权力过于集中、统得过死的现象依然没有得到解决，其结果是简政放权、扩大学校办学自主权难以真正得到落实，妨碍了学校管理效能的提高。还有，现在我国市场经济已基本建立，市场经济的建立呼唤着与之相适应的教育政策，但这方面的政策到现在为止仍然很薄弱。所以，政策滞后的现象也需要引起每个教育政策制定者和执行者的关注。

教育政策与教育管理的错位现象对教育政策制定和教育管理实践提出更高的要求。一方面，教育政策出自宏观影响微观，要求研究者熟悉上情，了解下情，着力沟通上下信息，全力保障教育政策方案的有效性和可行性。同时，教育政策是逐渐形成和确立的，要

———————

① 吴志宏，冯大明，魏志春.新编教育管理学[M].上海：华东师范大学出版社，2008：109-110.

② 文少保.改革开放以来我国义务教育政策变迁的特征、问题及其改进思路[J].中国教育学刊，2018（2）：29-33.

③ 吴志宏，冯大明，魏志春.新编教育管理学[M].上海：华东师范大学出版社，2008：109.

求研究者既要重视决策前研究,又要重视政策实行后的研究,不断调整和修订原有教育政策。另一方面,教育管理者在执行教育政策时,必须因地制宜,实事求是。一般说来,教育政策与办学规律是一致的,但政策总是比较原则、比较宏观的,并侧重方向性的指导。而教育管理则是生动的、具体的,管理内容涉及人、财、物、事、时间、信息等各个方面,关系错综复杂。因此,在贯彻执行政策时,管理者必须坚持实事求是,从实际出发,因时、因地、因人、因事制宜,探索各项教育工作的管理规律。教育管理者应当知道:无论怎样完备的政策,都不能取代千万所学校根据自己的优势和条件,以及根据不同的教育对象来确定自己的管理方式,其关键在于发挥自己的聪明才智,创造性地运用政策。①

案例分析

"影子教育"的治理困境

"影子教育"(Shadow Education)的概念起源于玛里姆都和辛格(Marimuthu,Singh)等以及史蒂文森和贝克(Stevenson,Baker)等对课外辅导(Extraschool education)现象的比喻,而被应用于教育现象研究则是马克·贝磊(Mark Bray)撰写的联合国教科文组织的报告。他们认为课外的补充性辅导是一种伴随主流教育系统的存在而存在、其规模和模式随主流系统而变化的一种教育现象,因而是伴随着教育体系而存在的"影子教育"。影子教育主要是针对基础教育阶段学生的社会化课外辅导现象,他认为影子教育与由学校组织或由社区倡导的义务帮助成绩落后学生的课外辅导不同,影子教育是指市场主导下具有经济行为性质的课外辅导,当然包括学校与教师的有偿辅导,也包括校外专门培训机构的培训以及大学生家教等。

我国课外辅导市场的形成历史已经有20余年,但前期主要是一些出国外语培训和辅导,如新东方外语培训学校。21世纪初,随着中高考加分政策和重点中小学的分层录取和择校政策出台,学生为了获得更好的考试成绩及特长加分而选择专门的辅导机构和辅导老师,但这一时期课外辅导主要集中在各种类型的校内外辅导班以及教师和大学生的家教。真正与基础教育相关联的市场化、规模化的课外辅导机构,是在2005年后随着政府的一系列减负政策出台形成和发展的。由于减负政策严格限制了学校和教师的课外辅导行为,而竞争性的教育选拔机制并没有得到改变,强烈的社会需求为校外辅导机构带来了巨大的市场契机,经济界甚至认为2005年至2015年是我国中小学课外辅导市场的黄金十年。

"影子教育"的市场化特征在东亚地区各国普遍存在,同时也出现在发达的欧美国家和落后的非洲国家。在大多数国家,针对"影子教育"治理所制定的政策是有区别的,如韩国和新加坡运用的是严厉的限制政策,日本采取的是有限的市场规范政策,英国等采用鼓励政策。而我国"影子教育"的治理所要解决的重点应是过度市场化的无序发展态势。

课外辅导市场过度市场化的第一个特征是管理体制的严重缺失,课外培训机构的办

---

① 李春玲.浅析我国教育政策与教育管理的互动关系[J].黑龙江高教研究.2000(6):5-7.

学品质与社会声誉缺乏有效的监督和保障。当前,教育培训机构的管理体制呈现一种"九龙治水"的格局。主管部门多头,不仅包括教育、民政、工商、农业、卫生、交通、财政、建设等政府部门,还有行业协会和企业,而且不同的培训机构有着不同的部门管理。虽然教育部门负责审批发放社会力量办学许可证,但面向中小学升学补习的众多机构基本都未经教育部门审批,只有工商部门颁发的营业执照。实际上一些在教育部门登记的教育培训机构的实际办学内容也远远超出了登记范围。教育部门出台的各种"禁令",适用范围只有体制内的学校,校外培训机构虽然做的是教育的事情,但他们是"姓商不姓教",这就决定了其逐利本质。

课外辅导过度市场化的第二个特征是课外辅导机构的规模化、集团化发展态势。课外辅导机构表面上看是针对学生的实际情况帮助学生学习,克服了学校班级教学统一性的弊端,提高了学生的学习成效,促进了学生特长的发展。但面对巨大的市场经济利益驱动,一些教育培训机构与学校及教师建立利益相关链,通过学校和教师招收学生,干扰了学校的正常教学秩序,加重了学生的课业负担和家庭的教育负担。可以说课外辅导的过度市场化已经严重损害了课外培训机构的社会信任度。相关调查数据显示,2012年全国中小学培训市场年产值在 9000 亿元以上,其中上市的教育培训机构达十余家,这些教育培训机构在全国各大中小城市布点设校后,参加补习的学生每年达数千万人次。这些实力深厚的教育培训机构还在一定程度上影响了教育政策的执行,这种局面严重干扰了我国义务教育推行素质教育、实现教育公平和均衡发展的政策实施。

【资料来源】楼世洲."影子教育"治理的困境与教育政策的选择[J].教育发展研究,2013,33(18):76-79.

思考题

1. 对"影子教育"进行治理时面临的主要政策困境有哪些?

2. 如何从政策层面对"影子教育"进行有效治理?

第五章　教育法律

教育法是现代教育发展的产物,是现代国家重要的法律规范领域。世界各国发展教育的一个重要经验,就是通过法律这一高度专门化的手段来实现对大规模教育事业的规范和调控。① 中国特色社会主义进入了新时代,社会主义核心价值观应当"融入国民教育全过程",全面"纳入国民教育总体规划,贯穿于基础教育、高等教育、职业技术教育、成人教育各领域,落实到教育教学和管理服务各环节,覆盖到所有学校和受教育者……完善学校、家庭、社会三结合的教育网络"②。而法治作为治理的基本方式,是推进社会主义核心价值观全面融入教育体系的根本保障和关键路径。③

我国教育法学研究自产生以来,历经萌芽期、初具形态期、迅速发展期三个发展阶段,目前作为相对独立的学科开始走向成熟。在教育法学发展的不同阶段,研究的目标与主题具有高度一致性,对我国教育法治实践做出了积极回应。表现为:呼吁教育法的制定和教育法体系的建立,推进教育事业发展有法可依;强调学生权利保护,推动司法在教育领域的介入以及公正司法;关注教育实践中的法律问题,推进依法治校;全面研究教育立法问题,推动教育事业发展的良法之治。④

第一节　教育的法律基础

一、法的概念与本质

"法律是肯定的、明确的、普遍的规范"⑤。马克思主义认为,法是建立在一定经济基础之上的上层建筑的重要组成部分,它与一定的经济基础相适应,由一定的经济基础所决定,同时,又对经济基础产生巨大的反作用。

法通常在广、狭两种意义上使用。在狭义上使用时是指法律——由国家立法机关制定的受国家强制力保证执行的行为规则的文件。在广义上使用时与广义的法规相同,是指法律、行政法规、地方性法规以及规章等,即指国家立法机关制定的和其他国家机关制

---

① 余雅风.新编教育法[M].上海:华东师范大学出版社,2008:2.

② 《中共中央办公厅印发〈关于培育和践行社会主义核心价值观的意见〉》《人民日报》2013年12月24日。

③ 汪习根,段昀.社会主义核心价值观融入教育法律制度的理论构建与现实进路[J].求索.2021(2):115-122.

④ 余雅风.我国教育法学的发展及其对教育法治的回应——基于学术史的视角[J].教育学报.2021,17(1):143-157.

⑤ 马克思,恩格斯.马克思恩格斯全集(第一卷)[M],北京:人民出版社,1995:71.

定或认可的规范性文件的总和。

关于法的本质,郭道晖认为,不能以简单的一两句话、一两点规定性(如阶级性、规范性、国家强制性等等)来概括所有法现象的本质[①]。他提出,法的本质是"多面性的",因为法的现象是极其纷繁复杂的,例如:法是上层建筑、法是控制社会的工具;法是国家(或统治阶级、人民)意志的体现、法是确定的、普遍的、具有强制性的社会规范等等。这些都各自指出了法的某一个方面(内容与形式)的特性,这些特性的整合才构成法的整体本质。法的内容本质是指作为社会存在的客观法与作为整体的法律的本质内容,包括了自由(法的根本理念)、权利(法对自由的确认)、权力(发的支柱)三维一体。法的本质形式大致可以包含法的规范性(法是调整社会关系的普遍适用的行为规范)、法的义务性(权利与义务是法的本质内容与本质形式的统一)、法的权威性(法和法律的存立基础)、法律程序与法的可诉性(法律的生命形式)。

二、教育法的内涵

(一)教育法的概念与性质

教育法具有广义和狭义之分。广义的教育法是指由国家权力机关依照法定的蓬权限和程序制定或认可的,以国家强制力保证实施的有关教育的法律概念、法律原则以及行为规范的总和。广义的教育法既包括国家各级权力机关制定的法律、法规,也包括国家各级行政机关制定和发布的命令、决定、条例、规定、办法、指示和规章等规范性文件。狭义的教育法则专指由全国人民代表大会制定的《中华人民共和国教育法》(以下简称《教育法》)[②]。本书所称教育法一般为广义的教育法。

教育法的价值可分为终极价值、核心价值、一般价值三个层次,它们分别是公民受教育权、政府责任、教育秩序与自由。[③] 教育法作为一种特殊的社会现象,具有以下几个本质属性:一是由国家制定或认可。制定和认可是国家创制法律的两种基本形式。法的制定是指专门的国家机关制定、修改和废止法规的活动,是我国法律创制的主要途径;法的认可是指赋予已有的行为规范、习俗、习惯等法律效力。教育法是国家的权力机关在法定的权限范围内,依照法定的程序制定或认可的。二是一种行为规范。行为规范即人们在社会生活中必须遵循的行为规则或行为模式。这种规则或模式,主要通过规范人的行为来调整一个社会中人与人之间的关系。教育法是调整教育领域不同主体间的权利与义务关系的行为规范,通过确立不同主体的权利与义务来保证教育的实施。三是以国家强制力保障实施的行为规范。行为规范包括道德规范、宗教规范、法律规范等。教育法是以国家强制力保障实施的行为规范。这也是法作为行为规范而区别于其他行为规范的重要特点。教育法具有国家强制性,是以国家强制机构(包括警察、法院、军队等)和强制措施作

---

①　郭道晖.论法的本质内容与本质形式[J].法律科学(西北政法学院学报).2006(3):3-12.

②　1995 年颁布实施的《教育法》是我国的教育基本法律,在教育法律中具有最重要的作用,是教育工作的"根本大法"。2021 年 4 月 29 日第十三届全国人民代表大会常务委员会第二十八次会议通过《全国人民代表大会常务委员会关于修改〈中华人民共和国教育法〉的决定》,此前分别于 2009 年和 2015 年进行过两次修正。

③　袁伟.教育法的价值探析[J].高等教育研究,2009,30(4):15-19.

为后盾的。①

(二)教育法的特点

教育法不仅具有法律的一般特性,而且具有其特殊性。

1. 规范性

教育法是调整教育领域不同主体行为的法律规范的总称。法律规范是社会规范的一种,它是通过国家的权力调整人们社会关系的比较定型的基本行为准则。为了实现国家或一定的统治阶级的意志和教育目标,教育法规定了教育法律关系的主体在一定情况下必须作出某种行为或必须不作出某种行为,即教育法律关系的主体应当享有什么样的权利,或应当承担什么样的义务,从而为人们的教育行为提供一个模式、标准和方向。

教育法所确认的社会规范,主要是通过确定教育方面的权利和义务关系来实现的。教育法同其他法律一样,对其规范范围内的任何主体都具有普遍的约束力。任何违背这种约束力的做法,都将受到应有的制裁。当教育法所规定的权利和义务受到损害或威胁时,可以请求国家干预,采取强制措施来保障权利的实现和教育目标的达成。在教育方面负有义务的人不履行法定的义务时,相应的国家机关可以强制其履行。

2. 强制性

教育法具有国家意志性。它以法律的手段调整教育关系,以国家的强制力保障执行,因而具有强制性。教育是培养人的一种社会活动,其本身很少是强制性的,而经过法律规定的教育制度、内容、措施等却具有强制性。这种强制性主要靠国家暴力机关、权力机关、政府机关来强制性地保障教育活动的顺利实施和教育目的的有效实现。教育法的强制性是针对权利和义务的双方主体而言的。它强制政府及其教育行政机关、学校、学生遵守法律,对于任何违反教育法者,必须依法追究责任,并受到法律的制裁。另外,教育法的强制性是任何组织和个人不得侵犯的。教育法反映了国家在教育上的意志,是人人都必须一致遵守的教育上的行为规则,并以国家强制力作后盾。

3. 教育性

法律具有对人意识影响的普遍教育作用。这种教育作用主要是通过确立法定的权利义务关系,指导、规范人们的行为,通过协调、评价他人的行为,奖励有功,惩罚违法犯罪行为,使人们可以从对各种行为结果的法律评价中预测个人的行为结果,从而树立起守法观念。教育法与其他法律通过追究违法者的法律责任,达到教育违法者和警醒世人的教育目的不同,教育法本身带有明显的育人特点。教育法调整的对象,是一个国家为了实现教育目的而开展的活动过程中所发生的各种社会关系。教育立法的出发点是为了实现培养一定质量规格的人。教育法所确认的人们在教育方面的权利和义务,以及各级各类教育实施的具体环节、各项措施等,都是为了培养人,实现教育目的。而评价教育法的社会功能,也是看其是否保证了教育的育人目的。因此,教育法的教育性是主要的、直接的。

4. 超前性

法律具有长期稳定性的特点。这就要求立法必须结合不同领域的客观规律,把握其

---

① 余雅风. 新编教育法[M]. 上海:华东师范大学出版社,2008:2-3.

发展方向,使所制定的法律保证对一定阶段的一定领域起到规范作用。因此,立法从内容上、形式上要具有适度的超前性。教育法的制定,也必须考虑到其作为国家法律所应具有的长期稳定性,应具有适度的超前性。

从我国实际情况来看,教育法的超前性也是与我国的教育发展实际相联系的。我国幅员辽阔,人口众多,经济和社会发展不平衡,造成了东西部地区、城市与农村地区在教育发展上的不平衡。这也使教育法的内容和目标与教育法的具体实施之间有一定的差距。教育法的超前性可以保证教育法的相对稳定,进一步增强教育法的效力。

5. 客观规律性

教育立法的原则之一是遵循教育的客观规律。教育法与其他法一样,是上层建筑的组成部分,是一定社会或统治阶级意志的体现。然而,它不是随心所欲的,必须遵从教育规律的客观要求。教育立法本身是通过客观的立法规律,总结立法经验,比较各种立法方案,进行立法价值选择的严肃的、科学的工作。

现代教育区别于以往任何一种教育的重要特征,就是教育教学活动的日益复杂化和有序化。现代社会的发展产生了对人才数量和质量的要求,同时也产生对人才培养的规定性,从而形成现代社会特有的教育制度。这种制度要求打破传统的学校体系,同社会的人才需求结构相适应,把学校纵横联系、统一协调起来。教育法的任务是通过对教育的科学规范,保障教育体系的良性运转,保证教育目的的实现。它所确认的教育法律制度以及教育法律关系主体的每一项权利和义务,都必然受教育发展客观规律的影响。[1]

(三)教育法与教育政策的区别

政策是国家或政党为实现一定历史时期的任务和执行其路线而制定的活动准则和行为规范。在我国,国家法律的相当一部分,往往是先有政策,然后再制定为法律。[2] 教育法与教育政策同属于上层建筑的范畴,都体现了国家的政治利益和经济利益。但是,二者是两种不同的社会现象。教育法是指由国家权力机关依照法定的权限和程序制定或认可的,以国家强制力保证实施的有关教育的法律概念、法律原则以及行为规范的总和;教育政策是执政党根据一定时期的政治任务而制定的教育事业的路线、方针和原则。政策在我国教育治理中始终保持着高强度影响,不仅确立教育发展理念,而且推动教育体制改革,甚至深刻影响教育立法变迁。政策与法律的关系,既是教育法最基础与核心的话题,也是推进教育治理现代化必须解决的重要问题。教育法律固然以教育政策为指导,落实政策思想、巩固政策成果、拓宽政策影响,但教育政策只能在原则上指导教育法律的整体立废或局部改释,而不能取代法律,这是由法律与政策在制定主体、调整范围、实施方式、稳定程度等方面的差异性所决定的(见表5.1)[3]。例如,教育法律不仅能够以规范的法条逻辑来明确不同教育主体间的权力结构或权责关系,避免政策内容在形式上的相对模糊性,而且能够保持高度稳定,非经严格的程序和审慎的考量,不会被随意调整或废除,这与政策在稳定性上的欠缺也形成了鲜明对比。更为关键的是,立法中的相关行为(尤其是对

① 余雅风.新编教育法[M].上海:华东师范大学出版社,2008:3-5.
② 邢会强.财政政策与财政法[J].法律科学(西北政法大学学报).2011,29(2):67-76.
③ 靳澜涛.我国教育治理政策化的成因与出路[J].苏州大学学报(教育科学版).2021,9(2):35-43.

公民权益产生实质影响的行为)往往具有可诉性,可以通过申诉(校内申诉或校外申诉)、行政复议、行政诉讼乃至将来可能出现的教育仲裁等多元化的方式进行权利救济,这些均是教育政策所不具备的优势。尤其是在《行政诉讼法》施行的四十年间,大量的教育行政争议案件被纳入司法审查范围,打破了特别权力关系理论的传统窠臼,从学位授予、学校招生、学籍管理、信息公开等多方面真正体现出教育法的可诉性,弥补了传统教育政策管理中相对人的劣势地位,彰显出法律对权利保障和救济的重要价值。

表 5.1　教育政策与教育法律的主要差异

不同点	教育政策	教育法律
制定主体	由党的领导机关、政府及其所属的具有教育行政管理职能的机构(如教育行政部门、学位办等)制定	由全国人大及其常委会制定,教育法规规章由国务院及其部门、地方人大及其常委会或地方政府制定
调整范围	调整范围广泛,既包括教育发展方向、方针、改革措施等,也包括教育法律规则的具体实施方案等	主要侧重行为规范,即不同教育治理主体的权利(权力)与义务(职责)
表现形式	纲要、决议、意见、指示、方针、计划、通知等	法律、条例、规定、办法、细则等
规范程度	规范性较弱,具有一定程度的模糊性,尤其缺乏法律后果要素的设定	除法律原则外,法律规则通常内含假定条件、行为模式、法律后果的规范结构
稳定程度	灵活多变,社会因应性强	立改废释程序严格,既有稳定性,也有滞后性
实施方式	依靠行政指令和科层体制落实	依托国家强制力尤其是法律责任保障

三、教育法的体系

各国的教育法体系不完全一致,这一体系通常是由一系列的教育法律、法规所组成的。1982 年的《中华人民共和国宪法》(以下简称《宪法》)中有关教育的规定,为教育法的制定和体系的完善、依法治教提供了依据。为落实教育优先发展的原则,中国教育立法全面展开。发展到今天,我国已初步形成以宪法确立的基本原则为基础,以《教育法》为核心,以教育专门法和行政法规为骨干,以教育规章和地方性法规、规章为主体的有中国特色社会主义的教育法律体系。[①] 所有这些教育法律、法规及教育规章,由于制定机关的不同而表现出不同的法律效力(见表 5.2)。

---

① 劳凯声.变革社会中的教育权与受教育权:教育法学基本问题研究[M].北京:教育科学出版社,2003:58.

表5.2　教育法的体系

层级	形式		制定部门
	宪法中有关教育的条款		全国人民代表大会
第一层级	教育基本法律		全国人民代表大会
第二层级	教育单行法律		全国人民代表大会常务委员会
第三层级	教育行政法律		国务院
第四层级	地方性教育法规		省、自治区、直辖市和较大市的人大及其常委会
第五层级	教育规章	教育部门规章	教育部及国务院其他部委
		政府部门规章	省、自治区、直辖市及较大市的人民政府

1. 宪法中有关教育的条款

宪法是国家的根本大法,具有最高的法律地位和法律效力,是所有立法的依据。世界上绝大多数国家的宪法中都有关于教育的条款。在我国的宪法中,第4条、46条、47条、49条、89条、107条、119条等涉及了教育的内容,这些条款对国家发展教育事业的目的、公民的受教育权利、父母在教育方面的义务、各级政府管理教育工作的权限等作了根本的规定,其他任何形式的教育法都不得同宪法的这些规定相抵触。

2. 教育法律

狭义上讲,在我国,教育法律指的是全国人民代表大会及其常务委员会制定的教育方面的规范性文件,它又可以分为教育基本法律和教育单行法律两类。前者是对国家教育的基本方针、任务、制度以及各教育法律关系主体权利和义务的总体规定,由全国人民代表大会制定并通过;后者是针对教育的某一领域或某一部分而做出的法律规定,由全国人民代表大会常委会制定并通过。迄今为止,我国的教育法律有《教育法》《教师法》《义务教育法》《职业教育法》《高等教育法》《民办教育促进法》《学位条例》等七部。

专栏 5-1

《教师法》的法治价值

《中华人民共和国教师法》(以下简称《教师法》)是教育领域一部至关重要的法律,于1993年10月31日由第八届全国人民代表大会常务委员会第四次会议通过,1994年1月1日起施行,是教育领域唯一的历经两届全国人民代表大会(第七届和第八届)跨届通过的法律。《教师法》从1986年开始起草到1993年通过,历时8个年头,跨越了20世纪80年代末到90年代初的峥嵘岁月,是我国改革开放40年教育法治进程中,具有"哥白尼"式转向意义的一部教育法律。该部教育立法在性质上体现了先导性、突破性、对标性和全面性的特点。

1. 先导性

《教师法》是教育领域第一部较为完善的法律,有9章43条。在立法技术上,是否分章是一个重要的分水岭。1980年最早出台的《中华人民共和国学位条例》不分章,只有20条,并且使用"条例"一词,名称不规范,而且没有法律责任一章。1986年制定的《中华人民共和国义务教育法》同样不分章,只有18条,也没有法律责任一章,2006年修改为8章63条,增加法律责任一章。《教师法》立法率先突破,启用分章形式,为教师立法提供了新的制度结构和政策容量,开启了教育立法的宏大模板和专业范式。同时,《教师法》向规范立法靠拢,第一次明确在教育法律中规定了法律责任一章(第八章),表明教育立法既可以插上翅膀,也可以长出牙齿,强化硬化违法处罚,推动我国教育立法进入规范建设阶段。

2. 突破性

《教师法》全面完善了教师的法律制度,"一劳永逸"地解决了我国教师队伍建设的核心问题,极大提高了教师的地位、待遇和质量。《教师法》出台后,随着1994年税制改革后中央财政转移支付政策的有效实施,教师工资待遇也得到了有力保障,20世纪80年代长时间大面积拖欠公办教师工资的现象从此销声匿迹。《教师法》的规定使诸多政策热点做出了新的突破,从而使教师所面临的诸多工作、待遇困难得到了具体解决。在1994年以前,国家经济实力还不甚雄厚之时做出此类规定是非常不容易的。目前教师队伍建设尽管还有不足,但从整体上说,基本问题已经在法治框架内得到有效解决。

3. 对标性

为了更好地解决教师待遇,《教师法》立法过程就教师待遇问题,时时刻刻比照公务员标准。《教师法》第二十五条规定:"教师的平均工资水平应当不低于或者高于国家公务员的平均工资水平,并逐步提高"。这一规定成为了衡量40年以来教师待遇的标杆。第二十九条规定,教师的医疗同当地国家公务员享受同等的待遇。有了这一精准对照,就可以对教师的地位待遇及其落实情况进行及时有效地衡量、检查和对比。以至于后来出现了在落实时,有的地方为了使教师工资与公务员保持一致,大幅降低当地公务员工资的实例。采用对照公务员的立法对照目标,在立法中是有争议的。一种意见认为,教师应对照工资较高的企业管理人员,有利于提高教师待遇;另一种意见认为,企业待遇具有市场随机性,对照公务员待遇,更加稳定。经过讨论,后一种意见得到了认同通过。后来国企人员出现了下岗潮,公务员待遇不降反升。今天来看,此决策对教师十分有利。人员待遇对照比较,是当时乃至今天国家政策中极为敏感的做法。这也启示我们,解决重大政策问题,既要争取理论上正确,更不能拖延,要抓住时机,及时有效确定。

4. 全面性

《教师法》还是我国人员立法的成功先例,既解决待遇问题,又解决队伍建设管理问题。对比其他行业专业技术人员和管理人员的立法,如律师、执业医师、注册会计师、警察、法官等,这些人员立法只有业务管理要求而没有人员地位待遇的具体规定,其完整性与《教师法》相比何啻有霄壤之别。

【资料来源】孙霄兵,龙洋:《教师法》的法治价值和立法原则——兼论我国改革开放40年教育立法传统[J].中国高教研究.2019.03:35-38.

3. 教育行政法规

教育行政法规是最高国家行政机关（国务院）为实施、管理教育事业，根据宪法和教育法律而制定的教育方面的规范性文件。从性质上说，教育行政法规主要针对某一类教育管理事务，因而其内容比较具体，而且具有较强的操作性。目前对我国教育管理工作有较大影响的教育行政法规包括《幼儿园管理条例》《学校体育工作条例》《学校卫生工作条例》《教学成果奖励条例》《残疾人教育条例》《教师资格条例》《中外合作办学条例》《民办教育法实施条例》等。

4. 地方性教育法规

地方性教育法规主要指省（自治区、直辖市）人民代表大会及其常务委员会，省、自治区人民政府所在地的市和国务院批准的较大市的人民代表大会根据本地情况和实际需要，在不与宪法、法律、行政法规相抵触的前提下，制定和颁布的地方性教育规范文件。这类教育法规只在本行政区域内有效。目前我国各省（自治区、直辖市）都制定了一定数量的地方性教育法规，随着我国教育管理权限的不断下放，地方性教育法规的数量会越来越多。

5. 教育规章

教育规章有两类，一为部门教育规章，一为政府教育规章。前者由国务院各部委（主要是教育部）发布，在全国范围内有效；后者由省、自治区、直辖市以及省、自治区人民政府所在地的市和国务院批准的较大市人民政府制定，只在本行政区域内具有法律效力。教育规章的调整范围极其广泛，数量也很大，在教育管理工作中起着十分重要的作用。

四、教育法的地位与作用

（一）教育法在法律体系中的地位

法律体系是由不同的法律部门所组成，或者说是以国家根本法——宪法为核心，由民法、刑法、行政法、经济法、婚姻法、国际法等构成的法规系统。教育法的法律地位一直存在一定的争议，问题的焦点在于教育法是一个独立的法律部门，或是从属于某一部门法的分支，或二者皆非。对此，存在以下主张：

1. 教育行政法规说

教育行政法规说也称为行政隶属说。该学说认为教育作为国家公共事业，是国家行政的一部分，教育法规也就是有关教育行政的法规，教育法是行政法的一部分，是国家行使行政权力对教育进行的管理，是行政法的一个分支。

2. 教育法独立说

该学说认为教育法是一个独立的法律部门，它是在宪法之下，与民法、刑法、行政法等并行的部门法，具有与其他部门法同样独立的法律地位。从主体上看，教育法的主体虽然有国家行政权的参与，但是教育主体的多样化、教育形式的多样化和教育活动的复杂化使得在很多领域没有行政主体的参与，在主体上教育法已经超越了行政法的范畴。从调整的内容来看，教育活动是以实现人才素质培养为目的的一项活动，教育机构、教师、科研人员以及学生均是围绕教育这一主要内容的活动，是一种专业性、特殊性的活动，有其特定的内容和范围。

3. 文教科技法说

文教科技法说的一个前提是将文教科技本身划分为一个法律部门,在这个前提下,因为教育是社会文教科技体系的内容中的一部分,那么,调整教育活动的法律法规亦应当是社会文教科技法律体系的一部分,是"第二位阶部门法"。与之相关的还有科技法、新闻法、广播电视法、文艺法、文物保护法等,共同组成了文化、教育、科技的法律体系,教育法是其中之一。

以上三种观点是对教育法的法律地位的几种不同意见,每种观点均有其理由来支撑。[①] 首先,国家行政机关的存在及其职权的行使是教育领域内非常重要的内容,但是教育行政法规说只看到了此教育行政的内容而忽视了教育活动中其他的法律关系的存在,是不全面的。其次,文教科技法说是以社会学和法学的交叉作为起点的,其本身作为前提的独立法律部门的文教科技法就是一个具有多种调整对象的法律部门。况且,目前我国并没有普遍承认此种分类,在一个未确定的前提下确定的"第二位阶部门法"值得推敲。最后,将教育法作为一个独立的法律部门是普遍的也是相对折衷的一种态度,这是从教育法的特殊性来综合判断的。持独立法说的学者认为,教育法是具有交叉性的法律部门,它的调整对象、调整内容、调整方法具有开放性且十分广泛,不可能简单地纳入任何现有的部门法之中。

(二)教育法的作用

在各项教育活动中,形成了利益相关者的教育法律关系,即教育法律规范在调整教育社会关系中所形成的人们之间的权利与义务关系。教育法律规定了国家基本教育制度,是依法治教的基础。

1. 体现国家意志

教育法是国家意志的体现,制定或认可是教育法的形成方式。教育法这种国家意志的表现特性表明任何个人都无权制定或认可教育法。制定教育法要由国家机关依据法定的权限和程序来完成,通过制定而形成具有法律效力的规范性文件的总和。认可教育法要由国家机关通过一定的形式来完成,通过认可赋予某些已经存在的教育方面的习惯、判例等以法的效力,成为教育法的一部分。

2. 形成社会规范

调整教育活动的规范有技术性的,也有社会性的。技术性的规范调整的是人与自然之间的关系,社会性的规范调整的是人与人之间的社会关系。教育法以社会规范的形式调整教育活动中一定的社会关系。在教育活动中会发生许多社会关系,它们可以在教育者之间、教育者与受教育者之间、受教育者之间、教育者与社会之间、受教育者与社会之间表现出来。但这些社会关系并不是在所有的情况下都要由教育法来调整,只有当教育活动中的某种社会关系以法律规范的时候,才使这些社会关系成为教育法所调整的范畴,教育法才为这些社会关系的调整确定行为规范。

---

① 高家伟.教育行政法[M].北京:北京大学出版社,2007:34.

3. 约束教育行为

教育法作为社会规范对教育行为具有普遍的约束作用。因为教育法是以国家权力保证的行为规范,具有普遍的约束力、强制性和公共性。在其约束下,如果违反了教育法则被视为危害了公共利益。在此前提下,遵循教育法律面前人人平等的原则,无论谁违反了教育法,都应受到教育法的制裁。因而,教育法对人的教育行为具有普遍的约束力,是教育法律关系主体必须遵循的行为准则。

4. 保障教育权利

制定教育法的目的在于依法调整教育法律关系主体的权利与义务关系。教育法由国家强制力保证其实施,强制性是教育法的本质特性。因此,一旦形成教育法,教育法调整的法律关系主体就应当依法行使相应的权利,履行相应的义务。对违反教育法的行为,国家机关将依据教育法的规定做出处理。

第二节　依法治教

全面推进依法治教是贯彻落实习近平总书记全面依法治国新理念新思想新战略的重大政治任务。党的十八大以来,以习近平同志为核心的党中央从党和国家长治久安的战略高度定位法治、布局法治、厉行法治,把全面依法治国提到"四个全面"战略布局的新高度,以前所未有的决心和力度推进全面依法治国,取得了重大理论创新、实践创新、制度创新成果。党的十九大把坚持全面依法治国作为新时代坚持和发展中国特色社会主义的8个明确之一、14个基本方略之一。2018年召开的中央全面依法治国委员会第一次会议,鲜明提出习近平总书记全面依法治国新理念新思想新战略,概括为十个坚持。习近平总书记对教育系统法治工作也提出了明确要求,在2017年考察中国政法大学时强调要德法兼修,培养大批高素质法治人才,在2018年的全国教育大会上强调要着眼于"管好",坚持依法治教、依法办学、依法治校。[①]

一、依法治教的内涵

法治,简单地说,就是依法管理。亚里士多德,在其《政治学》一书中对"法治"作过经典的解释:"法治应包含两重意义:已成立的法律获得普遍的服从,而大家所服从的法律又应该本身是制订得良好的法律。"我国《宪法》确立了"国家实行依法治国,建设社会主义法治国家"的治国基本方略。依法治教是教育法的根本原则,也是依法治国方略在教育领域的体现。依法治教,简单地说就是运用法律手段管理和发展教育事业,是国家行政机关依法行使公权的活动。它要求行政机关的行政行为,必须是在法定权限范围内按照合法程序所做的合法行为。其行政行为具有明确的法律后果。

---

① 陈宝生.全面推进依法治教为加快教育现代化、建设教育强国提供坚实保障——在全国教育法治工作会议上的讲话[J].国家教育行政学院学报.2019(1):3-9.

党的十八届四中全会确定依法治国为主题,这在党的历史上是第一次。2014 年 10 月 23 日,全会审议通过了《关于全面推进依法治国若干重大问题的决定》,开启了全面推进依法治国的新征程。2018 年 11 月 29 日,全国教育法治工作会议召开,研究部署新时代教育法治建设任务,为加快推进教育现代化、建设教育强国、办好人民满意的教育提供坚实的法治保障。这是新时代教育系统召开的第一次全国性教育法治工作会议。

全面推进依法治国,基础是公民素质的提高,这就需要教育培养社会主义合格公民。全面推进依法治教,就是在教育系统营造一个自由平等、公平正义、民主法治的制度、文化环境,对青少年学生进行有效的法治教育,培养出具有社会主义法治理念和法治信仰的社会主义合格公民,为建设社会主义法治国家奠定坚实的基础①。

二、依法治教的历史与发展

(一)依法治教思想的萌芽

我国早在春秋战国时期,已经出现了依法治教思想的萌芽。商鞅、韩非子等人为了推行"法治",主张旧教育内容必须废除。在坚持"废先王之权"、禁私学的同时,便提出了"以法为教,以吏为师"的口号和主张。

西方国家依靠法律管理教育的思想最早产生于古希腊时期。柏拉图在其《理想国》中就主张"全部教育公有",教育由国家负责,由国家控制。亚里士多德也特别指出:"少年的教育为立法家最应关心的事业。既然城邦就全体(所有的公民)而言,共同趋向于一个目标,那么全体公民显然也应该遵循同一教育体系,而规划这种体系当然是公民的职责,教育应该订有规章(法制)以及教育应该由城邦办理这两点已经明白论定。"自文艺复兴以后,随着世俗国王权力的扩大,要求国家对教育负责的呼声日益高涨。到了宗教改革时期,教育制度出现了混乱,马丁·路德主张国家建立学校,并在必要时实施强制入学。孟德斯鸠在其名著《论法的精神》中专门对教育法律问题进行了论述,他说:"教育的法律应该是我们最先接受的法律。"

(二)依法治教实践的发展

较为系统的依法治教的实践活动开始于 19 世纪。行政管理学的创始人——德国行政管理学家施泰因(1825—1890)首先倡导国家运用法律对教育事业进行干预。他认为,教育事业是公共事业,国家应以立法的形式对其进行管理。美国公立教育的创始人贺拉斯·曼也对教育法制问题进行了研究并推动了教育法治化的进程。由于社会经济和科学文化的发展以及普及教育的需要,德国、法国、美国、日本等国在 18 世纪、19 世纪就已经先后颁布法令,以立法的形式实施义务教育。20 世纪 50 年代以来,教育法治化的进程进一步深化,并掀起了教育法治工作的高潮。

我国自从商鞅、韩非子提出"以法为教,以吏为师"的主张后,随着历史的发展,封建社会以法治管理教育的力度不断加大。到了隋唐时期,为保证教学秩序,政府部门制定了有关的法令、法规,如《唐令》中专门有《学令》,《唐六典》也以法规形式规定了学校管理的一

---

① 孙霄兵.新常态下依法治教的思考[J].国家教育行政学院学报.2015(7):19-26.

些制度。这对以后的宋、元、明、清的教育管理产生深远的影响。明代实行严酷的法治教育管理:颁禁例加强对国子监、地方学校的学生管理;实行文化专制,大兴文字狱;尊经崇儒,强化理学。清代则进一步强化明代的严酷的法治教育管理。民国成立后也相当重视法治教育管理,1912年1月19日,临时政府教育部颁布了《普通教育暂行办法》,以法令的形式规定"凡各种教科书,务合于共和民国宗旨,清学部颁布之教科书,一律废止""小学读经科,一律废止""废止奖励出身"。蔡元培积极提倡教育立法,在他任教育总长期间,先后审定并颁布了《普通教育暂行办法》《普通教育暂行课程标准》《大学令》等多部教育法规、规章,我国现代教育史上第一次教育立法的高潮由此形成。

1980年《中华人民共和国学位条例》的颁布施行,标志着我国开始进入依法治教的新阶段。1995年《中华人民共和国教育法》的颁布施行,标志着我国教育工作进入了全面依法治教的新时期,对于从根本上落实教育优先发展的战略地位,建立和完善具有中国特色的社会主义现代教育制度,保障教育改革和发展,提高全民族素质,促进社会主义物质文明和精神文明建设,具有重大而深远的意义。2005年《教育部关于全面推进依法行政工作的实施意见》进一步增强了依法行政意识,健全了依法行政规则和程序,完善了监督和救济途径,依法行政程度明显提高。2018年全国教育法治工作会议的召开,标志着以习近平新时代中国特色社会主义思想为指导,全面贯彻党的教育方针,全面推进依法治教工作进入更高层次。

"十三五"期间,我国教育法律法规体系进一步完善,教育法治化水平进一步提升,突出表现在《中华人民共和国民办教育促进法》修订完善和《中华人民共和国高等教育法》执法检查等方面。与深化教育改革和推进现代教育治理能力的需求相比,这方面的工作需要加大推进力度。"十四五"期间,《中华人民共和国职业教育法》《中华人民共和国教师法》等的修订完善,学前教育、终身学习等方面法律法规的制定,各级政府管理教育事业权责的明确,《中华人民共和国民办教育促进法》实施细则的出台等,都应有所推进,以适应贯彻落实《中国教育现代化2035》的需要。

从提升教育法治化水平的角度看,"十四五"期间不仅教育法律法规体系需要进一步完善,法律实施和监管机制的水平也有待提高。具体而言,教育行政权力合法、科学、有效行使的监管机制,教育依法投入与分担的保障机制,教育重大违法失策的责任追究机制,学生伤害事故校内处理机制和多元教育纠纷依法解决机制等,都需要进一步完善。[①]

专栏 5-2

我国依法治教取得的主要成就

一是中国特色教育法律体系初步形成。中国教育法律体系可分为三个层级。第一层级是以全国人大及其常委会通过的8部基本教育法律,分别是《学位条例》(1980年)《义务教育法》(1986年通过,2006年修订)《教师法》(1993年)、

---

① 徐辉.关于"十四五"教育规划的若干建议[J].教育研究,2020,41(5):12-16.

《教育法》(1995年)《职业教育法》(1996年)《高等教育法》(1998年)《国家通用语言文字法》(2000年)《民办教育促进法》(2002年)。第二层级是教育法规,包括国务院发布的行政法规和地方人大发布的地方性法规、自治条例、单行条例。国务院发布了16部教育行政法规,包括:《学位条例暂行实施办法》《校车安全管理条例》《教育督导条例》等。同时,有立法权的地方人大也制定了大量的地方性法规。第三个层级是政府规章,包括国务院教育行政部门颁布的规章和地方政府规章。规章形式上是部长办公会议或省长办公会议通过的。教育部规章目前共有79部(其中49部是以教育部令的形式发布,其余30部虽然不是部令发布,但经报国务院法制办同意,列为规章)。法律法规规章三个层级,初步构成了中国特色的社会主义教育法律法规体系,基本实现了我国教育事业各个领域的有法可依。

二是依法行政成为教育行政部门的基本要求和共识。近年来,全国教育行政部门领导干部依法行政的意识不断增强,教育管理逐步从直接行政管理转变到依法管理,依法办事成了教育行政部门的基本规则。近年来逐步深化教育行政审批制度改革,取得了积极成果。教育行政审批制度改革有力推进了简政放权、转变政府职能,有力推进了依法行政。

三是依法治校得到有效落实。依法治校是依法治教的重要内容,是各级各类学校办学的基本要求。2003年教育部发布了《关于加强依法治校工作的若干意见》,2012年发布《全面推进依法治校实施纲要》,对依法治校进行了全面部署。近期,教育部以推进学校章程建设为载体,制定了一系列有关学校治理的规章,推动完善学校内部治理结构,推动学校走向规范的、法治的办学轨道。

四是教育权益救济机制逐渐完善。按照法律的要求,教育行政复议、教育诉讼等教育纠纷解决机制逐步完善,各类教育诉讼日益增多。教育纠纷是特指教育主体或者教育活动参与者,因特定教育法律关系和教育活动发生的纠纷,主要有几种类型。第一种是教育主管部门与管理对象的纠纷,是教育行政部门因为行使教育管理职能与管理相对人发生的纠纷。第二种是在招生过程当中,考生与招考机构、学校或者与其他考生之间发生的纠纷。第三种是教师、学校的其他聘任人员因人事管理、岗位聘任、职务评聘的问题与学校或者教育行政部门发生的纠纷。第四种是学校作为学生学籍管理的主体,对学生违纪行为进行处分引发的纠纷。第五种是学校和其他教育机构因为非法办学和办学条件不能满足规定引发的纠纷。第六种是学生人身伤害事故在学校引发的纠纷。这些教育纠纷逐步纳入了复议和诉讼的渠道。法院受理诉讼案件,一般是高等学校做出的直接改变学生身份的决定引发的案件以及其他对学生受教育的权益产生重大影响的行为,比如开除学籍,取消入学资格、勒令退学,拒绝颁发学位证书、学历证书等等。

【资料来源】孙霄兵.新常态下依法治教的思考[J].国家教育行政学院学报.2015(7):19-26.

三、推进全面依法治教的机制与路径

根据"法治国家"的基本精神,健全的教育法治应是以一套完备的教育法律法规为核心的,包括相应的法律实践和法律文化在内的法律系统,这是一个以行政法为主体,民法相配合,辅之以必要的刑法手段,并以其他法律手段为适当保障手段的完整的法律调控机制。实现依法治教,不仅需要制定完备的法律制度,而且需要使这些法律制度为广大公民所接受、认同并遵循运用。[①]

(一)推进全面依法治教的机制

1. 有法必依是依法治教的核心

有法必依包括教育法的执行和遵守两个方面,要求教育法律关系主体履行法律规定的义务,保障法律赋予的权利。其中,教育执法者应将教育执法行为视为教育执法主体履行职责的行为,不能利用职权超越教育法规定的义务,或不顾教育法的约束,发生权大于法的现象。其他教育法律关系主体也要正确认识自身的权利范畴,在主张权利的同时也不能只要权利不要义务。因此,每一个教育法律关系主体都需要增强法律意识,在宪法和法律规定的范围内活动,在教育活动中以宪法和法律作为自己的行为准则,以实际行动保证教育法不成为一纸空文。

2. 执法必严是依法治教的关键

执法是行政机关和检察、审判机关的行为,必须有法律上的根据,严格维护法律权威,不得超出法律规定的范围。事实上,有法必依涉及的主要问题是不泛化权力边界,使权力有效运行的问题。权力的有效运行要求教育执法主体正确处理横向与纵向之间的权力关系,各自在其权力范围内依法办事,既要避免权力的扩大化,发生超权、越权行为,也要避免责任的推卸,出现空权、丢权行为。教育执法主体要严格尊重权利主体的合法权益,保障他们的权利不受侵犯。因此,任何主观主义、命令主义、官僚主义的行为都不利于践行执法必严原则。在执法进程中,自上而下或自下而上的线性模式暴露了诸多不足,而实践中教育法的执行模式往往是非线性的,是一个多方主体参与互动的过程和结果。

3. 违法必究是依法治教的责任

在教育执法与守法的实践活动中,任何法律关系主体只要触犯法律,都应当依法承担责任。为此,有效实施教育法制监督是极其必要的。从广义上来讲,教育法制监督的主体是多方面的,各类国家机关、政治或社会组织和公民等对教育法运行情况进行的审查、督促、纠正等活动都属于教育法制监督的范畴。换言之,广义的教育法制监督既包括国家机关的监督,也包括社会力量的监督。从狭义上来讲,教育法制监督是指国家专门法制监督机关依照法定权限和程序对教育法运行情况进行的审查、督促、纠正等活动。教育法制监督是避免教育违法行为逍遥法外的必要环节,也是依法治教的必要手段。

---

① 劳凯声."依法治教"是推动教育改革与发展的重要力量[J].人民教育.2014(21):1.

（二）推进全面依法治教的路径

1. 增强全面推进依法治教的思想认识

我国有 2.7 亿在校学生、1600 多万名教师。教育领域是依法治国的重要领域，认真学习领会、深入贯彻落实习近平总书记全面依法治国新理念新思想新战略，全面推进依法治教是教育系统应尽职责和使命担当。全面推进依法治教绝不是一项单纯的业务工作，是一项重大政治任务。教育改革发展各项工作要用"四个意识"导航、"四个自信"强基、"两个维护"铸魂，教育法治工作同样如此。教育系统要站在这样的政治高度，以习近平总书记全面依法治国新理念新思想新战略为根本遵循，把全面依法治国基本方略落实到教育改革发展稳定的实践中和教育工作各环节，把总书记关于依法治教的明确要求转化为教育法治工作的生动局面[①]。

2. 加强科学立法，完善中国特色教育法律制度体系

实现依法治教，健全教育法律制度规范体系是基础和根本。要坚持立法先行，坚持教育立法和改革决策相衔接，做到重大改革于法有据，以法律规范引领和推动教育改革、保障和促进教育发展；要重视立、改、废、释并举，结合依法治国的总体要求和教育改革发展的新形势、新要求，突出针对性、实效性、计划性，及时修订、完善教育法律和制度规范；要健全立法和规范性文件制定程序，恪守以民为本、立法为民理念，建立公正、公平、公开的程序和机制，着力提高法律和规范性文件制定质量。教育立法不在多，而在精、管用，越是强调法治，越是要提高立法质量，切实做到科学立法、民主立法、依法立法。

一是牢牢把握立法的政治方向。以习近平新时代中国特色社会主义思想作为教育立法的根本遵循。每一部法律法规章的起草，都要系统梳理中央关于教育工作的一系列决策部署和中央领导同志就教育工作的重要指示、批示。二是切实做到民主立法。教育事关千家万户，教育立法要遵循民主立法的要求，加强调查研究，广集民意、广聚民智，特别是要积极主动地邀请人大代表、政协委员参与草案的起草或调研，提前介入、深度介入，为草案审议奠定基础。三是加强教育立法研究。立法是系统工程，要发挥教育系统的人才优势、专家优势、研究优势，推动高校设立一些教育立法的基地和中心，开展理论性、长期性、战略性研究和实践研究。要在教育重大课题中设立一些教育立法的专项，引导全社会参与教育立法、关注教育立法。

专栏 5-3

学前教育法列入全国人大常委会立法规划

人生百年，立于幼学。学前教育对于孩子的成长至关重要。社会各界呼吁的学前教育法纳入全国人大常委会立法规划的一类立法项目，拟在十三届全国人大常委会任期内提请审议。

---

① 陈宝生. 全面推进依法治教为加快教育现代化、建设教育强国提供坚实保障——在全国教育法治工作会议上的讲话[J]. 国家教育行政学院学报，2019(1)：3-9.

　　"抓紧研究制定学前教育法,是解决当前学前教育面临各种问题的迫切需要。"全国人大代表李丽华认为,加快推进学前教育立法,有利于解决影响学前教育事业发展的根本性深层次问题,为学前教育事业发展提供法律保障。

　　数据显示,近年来,我国学前教育资源迅速扩大。2017年,全国共有幼儿园近25.5万所,在园幼儿达到4600万人。根据我国第三期学前教育行动计划,到2020年,要基本建成广覆盖、保基本、有质量的学前教育公共服务体系,全国学前三年毛入园率由目前的75%提升至85%。

　　"学前教育是新时期中国教育发展最快的一个部分,也是当前中国教育最大的一块短板。"教育部部长陈宝生2018年3月在十三届全国人大一次会议记者会上指出,目前我国学前教育存在一些问题,如保教人员数量不足、水平不高,普惠性幼儿园不足,财政保障和成本分担机制没有建立,管理和安全存在漏洞和薄弱环节、幼儿教育观念需要进一步转变等。

　　针对学前教育发展中面临的问题,社会各界广泛呼吁,出台一部专门针对学前教育的法律,在经费投入、教师队伍建设、管理规范等方面予以保障。

　　据了解,最高立法机关高度重视学前教育立法工作。2013年以来,全国人大教科文卫委员会先后赴天津、安徽、云南、吉林、四川开展一系列调查研究,总结梳理各地学前教育发展和立法状况,分析研判学前教育立法面临的主要困难和问题。2015年12月,全国人大常委会对教育法进行了修改,增加关于学前教育的专门规定,2016年,把全国人大代表提出的24份有关大力发展学前教育的建议列为重点督办建议。

　　教育部2018年工作要点也明确提出,推进学前教育立法,通过立法进一步明确各级政府和有关部门发展学前教育的责任,加大对办园违法违规行为的惩治力度,依法保障学前教育健康可持续发展。

　　【资料来源】新华网.从呼吁到提上立法日程,学前教育法列入全国人大常委会立法规划. http://www. xinhuanet. com/legal/2018-09/07/c _ 1123397454. htm

　　3. 全面推进教育行政执法,构建高效的教育法治实施体制

　　教育系统要把推进教育行政执法作为依法行权、依法履职的重要方式,通过执法推动教育法律实施,推进教育依法治理。

　　一是要转变观念。长期以来,有人认为教育法是"软法",操作性不强、强制力不足;认为教育部门不是执法部门、没有执法责任。按照行政执法责任制的要求,教育部门作为教育管理部门,当然有执法的权力和责任。而且教育法律也是"硬法",在有关问题上规定了非常明确的法律责任,提供了教育执法的法律基础。

　　二是要转变管理方式。长期以来教育部门在工作过程中,更多是靠行政命令、行政处分等方式进行教育管理。在全面推进依法治国、建设法治政府的新形势下,法治方式是教育治理的基本方式,教育行政部门要善于使用执法的方式进行教育管理。

　　三是要加强重点领域综合执法。要对学校违规办学、违规招生、侵犯学生权益、教师

违背师德规范等行为开展综合执法;积极会同财政、公安、工商、税务、民政等部门建立教育联合执法机制。着力解决教育行政执法不力问题,以执法实践促进法律制度完善,促进教育管理的重心和方式由内部行政管理,向外部行政执法、依法监管转变,实现教育执法活动的常态化、规范化。

4. 深化教育管理改革,全面增强教育部门依法行政能力

教育管理改革的重要目标就是把政府对学校的管理从微观管理、直接管理转向宏观管理、间接管理,切实做到权从法出、权依法使、权由法管,法无授权不可为。各级教育部门都要把自觉遵法、认真守法、善于用法,严格依法行政,作为新时代深化教育管理改革必须完成好的一项重要任务。

一是用"放管服"改革牵引政府职能转变到位。习近平总书记在全国教育大会上强调,要尊重教育发展规律,充分发挥学校办学主体作用,大幅减少各类检查、评估、评价。各级教育部门要坚决落实中央决策部署,把"放管服"改革作为政府职能转变的"牛鼻子",进一步挖潜,把应该放的权都放下去。要提高下放权力的含金量,已经放下去的要看效果,特别要解决好学校不会接、不敢接、不愿接的问题。现在学校承担了太多教学之外的任务,要多想办法给教师减负、给学校减负。要通过"放管服"改革,"放"出活力与效率,"管"出公平与秩序,"服"出便利与品质。

二是用科学化、民主化、法治化手段提高教育决策质量。在重大教育决策中,要全面落实公众参与、专家论证、风险评估、合法性审查和集体讨论决定的程序要求,确保教育决策制度科学、程序正当、过程公开、责任明确。各级教育部门和高校都要建立重大决策合法性审查机制,未经合法性审查或合法性经审查未通过的,不要急于提交讨论决策。对事关教育发展全局和涉及群众切身利益的重大决策事项,要遇到问题先想法,从法律中找依据、找手段、找办法,善于用法解决问题、调节关系、维护权威;要广泛听取意见,建立重大教育决策事项的民意调查制度,充分发挥法律顾问制度的重要作用,保证决策符合法律规定,经得起实践检验。

三是用常要用常态化的清理制度管住管好规范性文件。规范性文件具有普遍的约束力,量多面广,必须加强对规范性文件的规范和管理。要严禁越权发文、严控发文数量、严格发文程序、严格审核把关、严格责任追究。要推进规范性清单管理制度,各级教育部门都要制定现行有效规范性文件清单并公开发布,清单之外的规范性文件不得作为行政管理的依据。要建立规范性文件定期清理制度,经常给文件做法治体检,对违反上位法律法规或者不适应教育改革发展实际的文件,或者已有新文件代替的文件,及时清理、全面清理,避免政策不衔接、政策打架、政策老化陈旧问题。

5. 全面推进依法治校,提高学校治理法治化水平

《教育法》第二十八条规定,学校具有对学校事务的管理权。该法第二十九条同时规定,学校在进行各种教育教学活动时必须遵守法律、法规,并依法接受监督。加强教育法制建设,大力推进依法治教是当前我国教育工作的重点之一。而依法治校是依法治教的重要基础和内容。依法治教更多的是调整政府与学校的关系,而依法治校调整的是学校内部关系。虽然调整的关系不同,实质却是相同的。早在2003年教育部就下发了《关于加强依法治校工作的若干意见》,并开展了依法治校示范校的创建活动。各级各类学校面

对当前改革带来的发展机遇和挑战,首要任务是建立法制化现代教育管理体制,实行依法治校。

一是进一步深化对依法治校的认识。依法治校是学校治理的基本理念,也是学校管理的基本方式,要站在学校工作的全局看待依法治校。不能把依法治校简单理解成一个单项的、局部的工作。各级各类学校要进一步提高认识,学校领导要进一步重视依法治校,使学校的办学、管理、教育教学都符合法治的要求。学校领导谋划工作要运用法治思维,处理问题要运用法治方式,说话做事要先考虑是不是合法,做到在法治之下、而不是法治之外、更不是法治之上想问题、作决策、办事情。

二是进一步聚焦依法治校的重点。目前所有高校和大部分中小学都已经制定了章程,下一步要聚焦有没有真正按章程办事治校,章程是不是真管用,要大力推进学校依章程自主办学,把工作重点从章程制定转向章程实施。要加强对校内制度建设的统筹规划,健全学术委员会、教职工代表大会、理事会等制度,提高制度建设质量,推动形成以章程为核心,规范统一、分类科学、层次清晰、运行高效的学校制度体系。要完善师生权益保护机制,健全教师、学生申诉制度,让师生反映诉求有渠道、权益保护有依靠。要建立学校风险防控机制和校内纠纷化解机制,把矛盾纠纷消解在萌芽状态。

三是进一步优化依法治校的保障机制。各级各类学校都要健全领导机制,学校党委(党支部)要切实加强对依法治校工作的领导,经常性地研究部署法治工作。要明确校领导分管法治工作,统筹学校法治工作力量。要加强依法治校工作机构和队伍建设,高校要有专门的机构负责法治工作,其他类型学校要有专门的人负责法治工作。要将依法治校情况纳入学校评价指标体系,鼓励开展独立第三方的社会化评价,用好评价结果,确保依法治校真正落实落地。要推动依法治校示范校创建,发挥示范引领作用,以点带面,使依法治校成为学校的自觉认识和行动。

6. 大力加强法治教育,在教育系统营造尊法学法的良好氛围

习近平总书记在全国教育大会上专门指出要加强青少年法治教育,使学生养成遵纪守法的良好习惯。教育系统要把普法作为一项基础性工作和光荣使命,把树立遵法意识摆上重要日程。为人师表,首先要在尊法上为全社会做出表率。法治教育,要从孩子抓起,从学生突破,营造遵法的氛围、风气,为法律体系的建设和实施提供思想基础。

一是要研究制定青少年法治教育大纲。统筹大中小学法治教育,各年级、各学段法治教育应该教什么、怎么教、怎么评价,要有明确的要求。二是要推动在中小学设立法治知识课程。至于怎么设置,是单独设课,还是在现有思想品德课程中进行安排,可以进一步研究。三是要利用社会法治教育资源,丰富青少年法治教育的形式与内容。整合各种社会资源,争取财政专项支持,积极推动青少年法治教育实践基地建设。四是要深入开展教育系统领导干部、学校校长和教师的法治宣传教育工作。研究制定教育部门干部、校长、教师法治教育大纲,明确培训要求。继续推进中小学校长、骨干教师全员法治教育培训,实施中小学法治教育专任教师能力提高工程,组织高校系统培训中小学法治专任教师。

案例分析

顾某诉某区教育局教育行政管理案

顾某某为年满 6 周岁应于 2015 年 9 月入学的适龄儿童，户籍所在地为某市某区某小区某室。顾某为原告顾某某的法定代理人，系顾某某之父。某区教育局于 2015 年 5 月 26 日做出《2015 年某区小学入学工作实施办法》，并于当日进行了公示。依据该办法的附件，顾某某户籍所在的区域，划归为某市第三小学施教区范围。

2015 年 6 月 12 日，顾某以顾某某法定代理人的身份向某区人民法院提起行政诉讼，顾某的观点主要有：某区教育局进行学区划分时没有符合就近入学的要求；委托小学进行摸底的行为违法；实施行政行为过程中没有真正达到"广泛听取意见"的标准；顾某认为教育局行为实体上和程序上均不合法也不合理。基于以上几点，顾某请求法院做出撤销施教区划分的判决，并对学区进行重新划分。某区教育局辩称其行为属于抽象行政行为，不属于行政诉讼受案范围，且学区划分兼顾学校布局、适龄儿童数量和分布、地理状况等条件，符合就近入学原则；摸底工作不对外发生法律效果，委托小学摸底不违法；履行了广泛听取意见的程序。因此要求法院驳回原告诉讼请求。

【资料来源】周齐谕.顾某诉某区教育局教育行政管理案评析[D].湖南师范大学,2018.

思考题

1. 某区教育局委托学校摸底调查是否合法？
2. 某区教育局学区划分方式是否合理？

第六章　教育财政

　　财政是行政之基,是政府的核心职能①。也就是说,财政作为国家通过政治权力对公共资源进行汲取、支出和管理的制度安排,既有提高资源配置效率和调整经济利益关系的经济属性,也有体现国家发展目标和决策行为的政治属性。中国共产党领导的新型政党制度是我国国家治理和制度体系最本质的特征,贯穿于财政服从和服务于社会主义现代化国家建设的全部历史过程,决定着中国特色社会主义财政道路、制度和理论的根本内涵。②

　　1998年以来,在"投资于人"的科学理念指引下,中国各级党委、政府、社会各界倾力教育,不断调整财政支出结构,加大教育投入,形成了财政为主、多渠道并举的公共教育财政制度。主要包括:教育财政预算制度;"4%"的教育财政外部比例制度;"三个增长"和两个"只增不减"的一般公共预算增长制度;基于生均经费的教育财政资源配置制度;教育财政转移支付制度。③

第一节　教育财政概述

　　教育是国家的人力资本投资,充足的经费是教育发展的必要保障,通过财政为公共教育体系提供经费是政府的重要职能。由于教育具有公共性和正外部性(外溢效应)④,很多国家的政府不但为公共教育体系提供经费,同时还向私立教育提供资助。因此,教育财政是教育行政的重要组成部分,是国家教育治理的基础和重要支柱,也是推进教育改革不断突破和发展的引导性力量。⑤

一、教育财政的政策目标

　　公平是所有公共服务共同的价值目标,也是教育财政的政策目标之一。公共教育支

---

　　① 陈振明.公共管理学[M].2版.北京:中国人民大学出版社,2017:257.

　　② 吕炜、靳继东.财政、国家与政党:建党百年视野下的中国财政[J].管理世界.2021(5):24-45、70.

　　③ 胡耀宗.现代教育财政制度建设的逻辑起点和主要任务[J].清华大学教育研究,2018,39(3):22-24.

　　④ 外部性(外溢效应)是指一方的生产或消费活动,直接成为另一方的生产或效用函数变量的现象。对于教育的正外部性,弗里德曼(Fredman,1955)指出,教育可以为公民提供最低限度的文化知识和共同的价值准则,而这些最低限度的文化知识和共同的价值准则是民主社会的基础。

　　⑤ 胡耀宗,刘志敏.从多渠道筹集到现代教育财政制度——中国教育财政制度改革40年[J].清华大学教育研究,2019,40(1):111-120.

出只是政府众多支出中的一项,与其他支出之间存在竞争,所以充分性也是教育财政政策的一个重要目标。公共事业由于多方面的原因,与私人企业相比效率相对要低。但这并不意味着效率不是教育财政政策的目标。教育财政既要保障教育服务的高质量和高水平,同时也要确保用最小的成本达成教育目标。所以公平(Equity)、充分(Adequacy)和效率(Efficiency)是教育财政的政策目标。[①]

（一）公平

公平有机会公平、条件公平和结果公平等很多方面。一般而言,结果公平并不是政策追求的目标。确保机会公平和防止结果的过度不公平才是政策追求的目标。横向公平和纵向公平是相对公平的两个重要维度。在教育中,所谓横向公平是指能力相同的学生受到同等对待;纵向公平是指能力不同的学生受到差别对待。横向公平可以借助于统计指标进行度量。最常用的指标有极差、限制极差、变异系数、基尼系数、McLoone 指数和Verstegen 指数(中位数以下或以上观察值的总数与所有观察值的总数之比)等。借助以上指标可以判断同一辖区内生均支出的差异。纵向公平在教育财政中的含义主要是指对额外需求从经费上给予倾斜。在具体操作中,满足纵向公平的原则主要表现为对有特殊需要的学生、学区和项目确定相应的权重。如把残疾学生和低收入家庭学生的额外需求权重分别定为 1.3 和 0.2 或其他数值等。

教育财政的公平性不仅体现在辖区内的学校和学生之间,而且还体现在辖区间。由于不同辖区的财力状况不同,处在不同辖区的学生所能得到的教育服务的数量和质量也会有差距。为了平衡辖区间的教育财政状况,学者们提出了财政中立原则。所谓财政中立是指教育投入独立于财力状况。为了实现财政中立原则,需要有合适的描述地方财政能力和税基的指标。这样才能判断生均教育支出是否独立于财政状况。

（二）充分

教育财政的充分性主要是对地方政府提出的要求。因为教育主要还是地方政府的责任。根据美国学者 Odden 和 Picus 的研究,确定一个学区和学校教育投入充分性有三种方法。第一种是只考虑实际投入不直接考虑产出的投入确定法。采用这种方法首先要确定日常教育教学活动和有特殊需求的教育活动所需的基本的人力和物力资源配备及其标准;然后再根据各投入要素的平均价格;最后计算出满足充分性标准所需的教育投入。第二种是业绩—投入类比法。采用这种方法首先要确定学业成绩的预期水平,找到学业成绩符合预算水平的地区,在这些地区中找出与本地区可比较的地区,然后再计算这些地区的生均支出,最后根据生均支出和本地区的学生数计算出所需的教育投入。第三种是业绩—投入标杆法。这种方法就是把学业成绩最好的地区或学校作为参照标准的投入确定法。这种投入确定方法的理念基础是让每个学生都成功,因此是高支出水平的投入确定方法。

（三）效率

效率是指产出与投入之间的比率,通俗地说就是用最少的投入获得最大产出。在经

① 袁连生.中国教育财政体制的特征与评价[J].北京师范大学学报(社会科学版).2011(5):10-16.

济学中衡量经济效率的一般准则为帕累托准则。[①] 然而,教育生产具有特殊性,产出不容易被测量。例如,通过未来在劳动力市场上的收入度量教育产出难以剥离个人禀赋和家庭等因素的影响;通过学习成绩的增值来测量教育产出需要有统一考试,即使有统一测试成绩为基础,证实经费投入和学习成绩之间的关系也并不容易。此外,教育是典型的劳动密集型产业,人员成本在总成本中占有很高比例。对于私人企业而言,不断增高的人员成本可以通过产品销售转嫁给消费者。但对于公立学校而言,经费来源于财政拨款,而拨款是一个政治过程,转嫁不断提高的办学成本并不容易。而且,教育作为公共事业,支出监督往往并不十分有力。所以,教育成本居高不下,缺乏效率的事实广为诟病。尽管教育有成本不断扩展的趋势,度量教育产出有一定困难,但控制成本提高效率仍然是教育经费分配和使用过程必须考虑的重要问题。

专栏 6-1

中国教育财政制度改革 40 年

改革开放 40 年来,基于财政体制改革和教育事业发展的双重牵引,教育财政体制改革经历了改革开放初期的探索、多元化筹集教育经费、建立公共教育财政制度,最终形成了现代教育财政制度,为我国经济社会快速发展提供了源源不断的高素质人力资本。

改革开放初期,教育财政基于分级包干财政体制呈现出分权型雏形,教育支出绝对规模扩大,各级各类教育全面恢复;1985 年以后逐步建立多渠道筹集教育经费制度,财政性教育经费占 GDP4％的政策工具确立,教育经费总量及财政教育经费投入大幅增长;1998 年开始起步建设公共教育财政制度,确定了"三个增长"政策目标,强调政府应承担更多教育投入责任,4％政策目标实现;2013 年起构建面向未来的现代教育财政制度,实施全口径教育预算制度,厘清政府间教育事权与教育支出责任划分,健全教育投入机制,为建设具有中国特色、世界水平的现代教育提供强大的资源支撑。

以高等教育为例,2010 年 7 月《国家中长期教育改革和发展规划纲要(2010—2020 年)》(以下简称《教育规划纲要》)发布实施以来,高等教育财政政策表现出变迁渐进,执行稳定,动态均衡等特点。其间,我国从高等教育大众化阶段迈进普及化阶段,从高等教育大国向高等教育强国进发,为经济社会发展提供了有力支撑。(见表 6.1)

[①]　帕累托效率是指社会资源的配置达到了这样一种状态,即在不使任何人境况变坏的情况下,不可能再使某些人的处境变好。确立效率准则的目的是为了通过各种改进措施提高效率。帕累托改进是指这样一种变化,即在没有使任何人境况变坏的前提下,至少使一个人变得更好。

表 6.1　国家 GDP、财政收入及教育经费增长情况表　（单位：亿元）

年份	GDP	国家财政收入	国家教育经费	国家财政性教育经费	国家高等教育经费	国家高等教育财政性经费
2009	340507	68 518	16 502	12 231	4 783	2 327
2010	413030	83 102	19 562	14 670	5 629	2 965
2011	489301	103 874	23 869	18 587	7 021	4 096
2012	540367	117 254	28 655	23 148	8 015	5 012
2013	595244	129 210	30 365	24 488	8 179	4 933
2014	643974	140 370	32 806	26 421	8 694	5 263
2015	689052	152 269	36 129	29 221	9 518	5 930
2016	744127	159 552	38 888	31 396	10 125	6 288
2017	827122	172 567	42 562	34 208	11 108	6 899
2018	900309	183 352	46 135	36 990	12 013	—

【资料来源】[1]胡耀宗,刘志敏.从多渠道筹集到现代教育财政制度——中国教育财政制度改革 40 年[J].清华大学教育研究,2019,40(1):111-120.

[2]张浩,胡妹.高等教育财政政策十年变迁与未来挑战——以《教育规划纲要》实施为背景[J].中国高教研究.2020(10):21-26.

二、教育财政的作用与研究内容

(一)教育财政的作用

各级教育行政机关对各种教育事业的管理,离不开人和财两个重要因素。发展教育事业,一要有数量足够、质量合格的教师队伍,二要有足够的教育经费,两者缺一不可。因此,作为教育行政的重要内容和手段的教育财政,其根本任务就是要依据国家意志,为全国范围内的国民教育事业提供物质保障。这样才可以保障教职工的福利待遇,提高他们的修养;才可以维修、新建校舍,添置教学设备;才可以正常开展教育行政活动,发展教育事业等等。所以,教育财政是国家教育政策目标实现的基本保证,在教育事业发展中起着举足轻重的作用。[①] 一般来说,政府财政的职能主要有三项:资源配置、分配调节、稳定经济和发展经济。原则上讲,教育财政与这三项基本职能都有关系[②]。

1. 从资源配置的职能上看,教育财政涉及与教育部门有关的资源配置问题,包括教育部门在政府财政支出中所占的份额问题,包括教育部门内部如何在各级教育之间进行资源配置的问题,也包括各级教育内部如何在地区之间、城乡之间、学校之间进行资源配置的问题。

2. 从分配调节的职能上看,教育财政涉及的内容主要是财政的转移支付。教育财政

---

① 娄成武,史万兵.教育经济与管理[M].2 版.北京:中国人民大学出版社,2008:342.

② 魏新.教育财政学简明教程[M].北京:高等教育出版社,2000:2-4.

在收入分配上的作用通常包括直接和间接两部分。直接的作用表现是对学生的资助,可以以助学金、奖学金等形式直接支付给学生作为其生活和学习费用,可以通过无息或者贴息贷款的方式帮助贫困家庭的子女完成学业,还可以通过提供免费午餐、免费校车、免费住宿等方式减轻学生的教育成本。间接的方式主要表现在各级政府之间的财政性转移支付。包括中央财政向中西部农村地区、边远地区、贫困地区以及少数民族地区的教育经费转移,也包括一省内部高一级政府通过财政调控手段向贫困地区拨款,目的是支持薄弱地区的教育发展,改善其办学条件,增加当地居民的教育机会,提高办学质量,从而使得受教育者在未来的劳动力市场更有竞争力,获得较高的收入。

3. 从稳定经济和发展经济的职能上看,教育财政是教育部门为社会经济发展提供所必需的人力资源的重要保证。劳动力的平均受教育水平越高,其劳动生产率就越高,就能为社会创造出更多的价值。另外,提高社会公民的受教育水平还能够减少犯罪,有利于社会的和谐稳定和幸福。在经济发展处于低迷的时期,教育可以成为人力资源的"蓄水池",这样既可以减轻社会的就业压力,又可以为经济复苏的时候预备人才。从教育与经济社会发展的协调性上看,通过教育财政支出水平和结构的变化,能够改变各级各类教育发展的规模、层次结构、专业结构、类型结构、地区结构等,从而使得教育提供的人才数量、质量、结构与经济和社会发展的要求相适应。

(二)教育财政研究的主要内容

教育财政主要包括教育经费的筹措、分配、使用、监督等[①]。教育财政研究教育与财政之间关系,涉及教育学和财政学。在教育发展方面,涉及经费的地方都属于教育财政研究的内容。具体来说,教育财政研究的主要内容包括政府如何筹集、分配、使用、管理教育经费,以促进教育的发展。

1. 教育经费筹措

举办教育需要经费投入,经费从何而来需要研究。从各国教育发展的实践来看,政府财政是教育经费的主要来源。对于一些公共品属性不高的教育内容而言,成本补偿理论认为应该遵循"谁受益谁负担"的原则,受教育者本人或者其家庭也应该承担一部分教育成本。另外,政府鼓励社会个人和机构对教育进行捐赠。因此,教育财政学要研究各级政府用于教育投入的规模和方式、政府应该制定怎样的财政政策筹集教育经费,如何分担和补偿非义务教育的成本等问题。

2. 教育经费分配使用

教育经费分配包括国民经济向教育部门的经费分配和教育部门内的教育分配及支出。[②] 在财政性教育经费的支出方面,政府应该按照何种方式在各级、各类教育之间以及教育机构之间进行分配。对于分配后的教育经费,如何使用、如何管理、如何监督和审计,如何保证财政性教育经费分配和使用的公开、公正、公平、有效,这些都是教育财政研究的主要内容。

---

① 曾天山,褚宏启.现代教育管理学[M].北京:教育科学出版社,2014:336.
② 娄成武,史万兵.教育经济与管理[M].2版.北京:中国人民大学出版社,2008:343.

3. 教育财政管理体制

教育财政管理体制是对于教育经费管理的责任、权利、利益关系在有关方面，在政府与个人之间，在政府不同层级和不同部门之间如何进行划分的制度。教育财政管理体制的制定与一国的政治经济体制有关。改革开放以来，我国的财政体制经历了由中央集权到地方分权的改革过程，相应地，我国的教育财政体制也进行了改革，由集权到权力下方，再适度上移，在非义务教育阶段和领域逐步实行了教育成本分担的政策。

4. 教育经费配置公平与效率

受教育机会的公平与效率是教育发展的重要目标，是社会公平和效率的重要基础，教育财政的公平和效率是实现这一目标重要经济手段。公平与效率常常不兼得，如何在公平与效率之间进行权衡和取舍，如何评价教育财政的公平与效率，如何最大限度地实现公平和效率，是教育财政研究的重要内容。

第二节　教育财政管理制度

党的十八大以来，财税领域面对新时代新要求，明确提出建立现代财政制度。其基本思路是让中国财税体制站在当今世界财政制度形态发展的最前沿，实现财税体制的现代化。基本目标是建立与国家治理体系和治理能力相适应，从"适应市场经济体制"到"匹配国家治理体系"，从"建立与社会主义市场经济体制相适应的财税体制基本框架"到"建立与国家治理体系和治理能力现代化相匹配的现代财政制度"。基本特征有三：公共性、非营利性和法治化。

现代教育财政制度是现代财政制度的重要组成部分，建设的基础是公共教育财政制度——公共财政中关于教育投入与支出管理的制度规范，是教育改革与发展的重要制度保障，包括教育经费投入制度、教育预算制度、教育经费拨款制度、非义务教育的学费制度、学生资助制度、教育捐赠制度等[①]。

一、教育预算管理制度

教育是公共支出中一项非常重要的内容。教育财政制度是国家财政制度的一部分。教育投入中的诸多问题与财政管理制度和教育财政制度直接相关。讨论教育预算制度首先应了解国家预算管理制度和教育管理制度。财政管理制度是规定各级政府之间划分财政收支范围和财政管理权限的根本制度。财政管理制度有广义和狭义之分。广义的财政制度主要包括国家预算管理制度、国家税收管理制度、国有企业财务管理制度、行政事业单位财务管理制度、财政投融资管理制度和国有资产管理制度等。狭义的财政制度是指国家预算管理制度。

国家预算是法定的政府年度财政收支计划。它不仅规定国家财政的收支指标及平衡

---

① 王善迈,赵婧.教育经费投入体制的改革与展望——纪念改革开放 40 周年[J].教育研究,2018,39(8):4-10.

状况,同时也是重要的立法文件,必须由政府递交国家权力机关审批后方能生效和执行。预算管理制度涉及预算内容、预算形式、预算编制方法、程序和步骤、预算年度和预算审议与监督等。预算内容主要有预算收入、预算支出等。预算形式有单式预算和复式预算。预算编制的方法有分项排列预算、增量预算、规划预算、零基预算和绩效预算等。预算编制的程序和步骤主要包括预算编制的准备、测算预算控制指标、编制预算草案和预算草案修正等步骤。预算年度是指预算收支的起止的有效期限,有历年制和跨年制两种。预算审议与监督指立法机关对预算进行表决和对预算执行情况进行监督。

教育预算是国家各级政府和各级各类教育机构的年度收支计划,是国家及地方财政预算的重要组成部分。国家各级各类教育经费的来源、分配、使用等都要通过教育预算来实现。教育预算制度受国家预算制度和教育管理制度的影响。随着我国财政管理制度和教育管理体制的改革,国家先后通过了一系列法律和法规对预算和教育预算进行规范。《中华人民共和国预算法》《中华人民共和国预算法实施条例》《国务院关于加强预算外资金管理的决定》《事业单位财务会计准则》《高等学校财务制度》和《高等学校会计制度》《中小学校财务制度》和《中小学校会计制度》《中华人民共和国教育法》《中华人民共和国义务教育法》《中华人民共和国高等教育法》等。这些法律、法规确定了我国教育预算制度和管理体制的大致框架以及教育预算的基本程序和内容。

教育预算作为政府的教育收支计划应充分体现出现代财政制度框架下政府承担的教育责任。因此,应建立全口径教育预算制度。预算编制方面,首先应满足教育经费"三个增长"的法定要求;其次,在财力允许的前提下,保证编制预算透明、科学、合理,满足教育事业的发展。义务教育事业尤其是农村义务教育事业的经费应由政府全部负担,高等教育和职业教育的经费应由政府负担大部分;合理编制教育预算的基础,政府部门应对教育经费的使用进行评价,由于教育机构没有成本最小化的内在压力,公立学校的资金使用效率总是受到社会、学生家长以及管理部门的质疑,教育预算绩效评价是在教育经费紧张情况下确保教育财政资金使用效益的重要手段。全口径教育预算制度的建立,需要宏观性的制度和法律建设、机构重构以及微观的基础性工作改进和程序优化。[①]

二、政府间教育财政责任划分

教育财政投入对一个国家或地区的教育发展具有决定性的影响。多年来,全国教育经费支出占全国财政支出的 16% 左右,中央教育经费支出占中央财政支出不到 6%,占全国教育经费支出不到 20%。在全国半数的中央财政中,教育经费支出比全国平均值低了十个百分点,另外半数支出能力的地方财政却负担了全国 80% 以上的教育经费支出,尤其县级财政承担了主要部分的基础教育经费支出。我国教育经费支出存在的制度性短缺影响了教育财政对国家和地区教育发展的作用。[②] 2014 年,中央通过的《深化财税体制改革总体方案》提出,最紧迫的任务是改进预算管理制度、完善税收制度、建立事权和支出责

---

① 胡耀宗,刘志敏.从多渠道筹集到现代教育财政制度——中国教育财政制度改革 40 年[J].清华大学教育研究,2019,40(1):111-120.

② 李秉中.我国教育经费支出的制度性短缺与改进路径[J].教育研究,2014,35(10):41-47.

任相适应的制度。其中,建立事权和支出责任相适应的制度是建立现代财政体制的重要方面。因此,合理划分中央与地方政府间事权与支出责任问题,关乎我国教育财政制度的未来走向,是建立现代财政制度的一项重要内容。

中央政府和地方政府进行事权划分的一个重要原因是公共品的受益范围有大小。有些公共品的受益范围是全国,而有些公共品的受益范围仅仅局限于较小的地域范围。全国性的公共品由中央政府提供比较合理,地方性的公共品由地方政府提供较为方便。财政分权不仅有利于迎合地方偏好,而且有利于鼓励地方政府之间展开竞争,同时还有利于积累地方性公共品的提供经验。正是因为以上原因,公共品生产时应该实行多级财政制度。

中国有五级政府,在教育经费分担责任的划分上,没有很明确的规定,基本沿用谁办学谁负担的传统。义务教育经费的政府责任,在 2001 年以前,农村主要由县和乡镇承担,城市主要以区为主;2001 年后提出以县为主;2006 年修订后的《义务教育法》提出省级政府统筹。虽然在农村税费改革后,特别是 2006 年实行农村义务教育经费保障新机制后,中央和省级政府大大增加了义务教育经费的负担,但总体上还是区、县政府负担为主。高中阶段教育经费的政府责任,长期由区县政府负担。2006 年实行中等职业学校学生资助制度后,资助资金主要由中央和省级政府负担。但资助资金是对学生的补助,相对高中阶段的办学经费是很少的一部分,没有改变区县为主的局面。高等教育经费的政府责任,以省级政府为主,中央、地市级政府负担为辅。1998 年中央高校下放之前,中央政府负担的比例高一些,此后中央政府负担下降。2008 年,普通高校教育财政性经费中,中央政府负担的中央高校占 35%,省和市级政府负担的地方高校占 65%。[①]

三、教育经费拨款制度

教育经费是指中央和地方政府部门的财政预算中实际用于教育事业的经费及社会各种力量用于教育的经费,是发展教育事业的物质保证。公共教育经费的分配制度也称为教育拨款制度,是指在财政预算用于教育支出既定的条件下,向提供教育服务的学校分配拨付教育经费的制度规范。它包括分配或拨款的主体,以及分配或拨款的模式。针对前者,拨款主体分配上有两种类型,一种是政府拨款,大多数国家教育拨款主体是政府;另一种是由第三方执行机构作为拨款主体。按照经费支出的功能,教育拨款可分为维持学校正常运行的经费和用于学校发展的经费。前者包括学校经常性经费和资本支出经费,经常性经费我国称为教育事业费,包括人员经费和公用经费;后者在我国称为教育基本建设经费,主要用于政府规定限额以上的教学仪器设备购置费和学校各种建筑物的基建费。在拨款依据方面,经常性经费按照国家和省级地方政府制定的各级各类教育基本办学标准所需的生均经费确定。用于发展的经费根据国家某个时期特定的教育发展政策所设立的各种项目和所需成本确定。前者以公平为导向,按生均定额采取均等化拨款;后者大多

① 袁连生.中国教育财政体制的特征与评价[J].北京师范大学学报(社会科学版).2011(5):10-16.

数以效率为导向,引入市场竞争机制,通过招投标方式拨款。[①]

实践中,人们关注的教育拨款制度主要是指政府如何把教育经费拨付给学校。其中讨论较多的是高等教育拨款。从国际上来看,高校拨款模式主要有增量拨款(协商拨款)、公式拨款、合同拨款和绩效拨款等。这些拨款模式的适用范围和追求的政策目标有所不同。增量拨款和公式拨款主要适用教育经常费,合同拨款主要适用专项拨款。绩效拨款的政策目标主要是强调效率和效益。

新中国成立后,我国高等教育拨款制度经历三个阶段。即 1955—1986 年的"基数加发展"阶段,1986—2002 年的"综合定额加专项补助"阶段和 2002 年至今的"基本支出加项目支出"阶段。新中国成立之初,预算制度尚不健全,高校拨款无成型的方法。"基数加发展"的拨款模式中的"基数"指按照各高校往年的经费分配份额作为今年拨款的基础。"发展"是指根据当前育事业的发展和变化情况进行拨款。这种模式属于增量拨款。其优点是操作简便,缺点是承认了现状的合理性,对公平、效率和效益的考虑均不足,容易出现"马太效应"。

采用绩效拨款模式是未来教育经费拨款模式的方向,但改革有赖于其他配套制度的配合。除了上面提到的高校会计制度变革之外,还需要有相应的高校绩效评估制度,需要设立专门的机构对高校绩效进行评估,再由专门的拨款委员会根据评估结果进行拨款。由此可见,完善拨款制度还需要建立一系列配套制度。

第三节　教育经费的来源与衡量指标

改革开放 40 多年来,伴随经济体制、财税体制、教育体制的改革,作为教育财政制度组成部分的教育经费投入制度不断改革,形成了符合教育服务性质和国情的、以政府投入为主、多渠道投入的教育经费投入制度,支持了我国教育的快速发展[②]。

一、教育经费的来源构成

我国教育财政已形成了以政府财政拨款为主、多元化多渠道筹措教育经费的新制度,包括:政府财政拨款实行中央与地方分担、以地方财政为主,规定了财政性教育经费和教育财政拨款增长的原则和数量,开征了城乡教育费附加,非义务教育普遍实行上学缴费的制度,发展校办产业和有偿服务、社会捐资、集资等多种教育投入方式,等等。[③]

1. 财政预算内教育经费,指中央、地方各级财政或上级主管部门在本年度安排,并划拨在教育部门各级各类学校、教育事业单位和其他部门举办的,并列入国家预算支出科目

① 胡耀宗,刘志敏.从多渠道筹集到现代教育财政制度——中国教育财政制度改革 40 年[J].清华大学教育研究,2019,40(1):111-120.
② 王善迈,赵婧.教育经费投入体制的改革与展望——纪念改革开放 40 周年[J].教育研究,2018,39(8):4-10.
③ 王善迈,袁连生,刘泽云.我国公共教育财政体制改革的进展、问题及对策[J].北京师范大学学报(社会科学版).2003(6):5-14.

第 182 款"教育事业费"、第 46 款"教育基建支出""其他部门事业费中用于中专、技校的支出"和未列入各部门事业费和基建支出的"预算内专项资金及其他教育经费"。

2. 各级政府征收用于教育的税费,指中央和地方各级政府为发展教育事业而指定机关专门征收,并划拨给教育部门使用的税费。例如:中央规定的城市教育附加费,由地方政府征收用于教育的各类教育附加费,如投资方向调节税附加和按职工工资的一定比例征收的教育费,以及征收用于教育的旅馆床位附加费,社会集团购买专控商品附加费、筵席税费等。城市教育附加费:指按照国家规定,向凡缴纳产品税、增值税、营业税的单位和个人,按三税的 2% 至 3% 征收的教育费附加。

3. 企业办学校教育经费指中央和地方政府所属企业举办的,并在企业营业外资金或企业自有资金列支的各级各类学校(不含职工培训性质的学校)的经费。

4. 校办产业、勤工俭学和社会服务收入中用于教育的经费。指各级各类学校的校办产业、勤工俭学、社会服务收入中用于补充教育经费的部分,包括用于教职工个人的福利、奖励和改善办学条件、改善集体福利、教学设施等方面的经费。

5. 社会团体和公民个人办学经费。社会团体和公民个人办学经费指社会团体和公民个人举办的各级各类学历教育和非学历教育机构的教育投入与实际教育支出。

6. 社会捐(集)资办学经费。社会捐(集)资办学经费指城镇、农村、厂矿、企事业单位的个人根据自愿、量力的原则捐(集)资助学,以及海外台胞、港澳同胞、外籍团体、友好人士等对教育的资助和捐赠。

7. 学杂费。学杂费是指各级各类学校的学生个人缴纳的学费和杂费,包括委托培养学生和自费学生缴纳的经常费和基建费。

8. 其他教育经费。其他教育经费是指上述各项经费以外的其他项目预算外教育经费。如:学生缴纳住宿费、借读费等。

人们通常把上述教育经费来源渠道中,财政预算内教育经费以外的各种教育经费统称为预算外教育经费。

二、学费与教育成本分担

1. 学费

对非义务教育阶段的学生征收学费,与国家选择的经济与社会管理制度有关。举办教育需要费用,这种花费要么来自政府税收,要么直接来自于公民个人。如果国家决定把教育作为公共事业,让公民免费接受教育,那么国家就需要向居民征收更多的税收。如果国家决定负担部分教育经费,那么个人也就需要分担另一部分教育成本。如果国家决定所有的教育都由市场提供,那么个人就需要支付全部的教育成本。在计划经济时代的很长一段时期,上学不交学费,而且政府还向升入一定阶段达到一定程度之后的学生提供人民助学金。这是因为在当时个人收入分配中所占比重很低,在教育的个人收益和社会收益之间,社会收益占主导。随着我国经济和社会制度的转型,收入分配关系在个人、集体与国家之间发生了根本性变化,个人收入所占比重越来越大,教育的个人收益也越来越突出。

学术界对学费的性质存在争议。有人认为学费的本质是教育服务的价格,有人认为学费的本质是教育成本的补偿而并不是教育服务的全部价格。事实上,判断学费的性质要看政府是否对学校提供了资助。如果政府对学校进行了投入,那么学费就不完全是教育服务的价格,而只是教育成本的补偿。在现代社会,教育对收入和社会分层有重要影响。受教育权的平等常常与经济和社会地位的平等有关。因此,受教育权备受关注。收取学费客观上会对低收入者的入学机会产生影响。所以,学费标准的确定一直备受社会关注。

除九年制义务教育阶段外,我国高中和高等教育都要收取一定数额的学费作为教育成本的补偿。在我国学费标准的确定实行属地管辖原则,由学校所属地区的物价局根据当地物价水平确定。所以,全国各地的学费标准的确定方式也不尽相同。有些地区实行统一限价标准,即不同类型和不同学科采用统一学费标准。有些地区则采用分科制与分等制相结合并辅之以热门专业适当提价的确定方式。高等教育具有正外部性,其定价不宜采用边际原则,而应遵循成本原则。2000 年教育部下发了《关于 2000 年高等学校招生收费工作若干意见的通知》,提出学费标准应依据高校年生均日常运行费用、财政拨款、当地经济发展水平和居民承受能力等情况确定,并且规定了高等学校的学费弥补生均成本的比例最高不超过 25%,以及不同地区、不同层次的学校、重点学校和一般学校,同一学校的不同专业的学费标准应有所区别等要求。

2. 教育成本分担机制

教育成本不仅关系到家庭、政府和社会各界对教育的投资决策、政府财政的拨款及学费标准的制订,还关系到教育资源实际消耗的测算和教育资源的优化配置与学校办学效益的度量。教育成本分担是教育成本如何在政府、个人(家庭)、企业和社会团体等各方面之间合理分担并最终实现的问题。约翰斯通(D. B. Johnstone)于 1986 年提出的"成本分担"概念并阐明"成本分担"理论,认为教育成本应由纳税人、学生、家长以及社会人士(捐赠)共同来分担。[①] 政府和个人(受教育者)应当在其受益范围内支付教育经费。除此以外,凡直接或间接受益的社会大众,都应对教育成本承担一定的责任。

教育成本在社会各方面之间合理的分担需要依据一定的原则,这包括利益获得原则、能力原则、公平原则和成本—收入平衡原则。利益获得原则是教育成本分担的基本原则,它充分体现了"谁受益,谁支付;多受益,多支付"的经济原则。教育中的私人产品要素和公共产品要素,导致教育资源的投入不仅对接受教育的个人(家庭)具有直接利益,其中的外部效应也为整个社会带来了利益。因而,社会各成员应当根据其获得的利益分担教育成本。能力原则,也称为经济承担能力原则,是依据利益获得者的经济实力决定负担程度的原则,教育成本的分担应当充分考虑各个主体的实际支付能力,能力强者应多负担成本。公平原则指实施教育成本分担应尽可能不影响教育机会均等,要保障大多数有学习能力的学生获得受教育的机会。成本—收入平衡原则是指国家或学校在确定教育成本分担比例时,应该综合考虑培养成本和毕业生的年度工资性收入水平,不能超越教育收益而确定教育成本。以上教育成本分担原则具有统一性,不可孤立地运用某个原则来要求特

---

① 约翰斯通. 高等教育财政:问题与出路[M]. 北京:人民教育出版社,2003:72.

定的个人或人群。[1]

三、教育经费的衡量指标

一国教育经费的投入量,对其教育发展水平具有决定性作用。世界各个国家、地区间的经济发达程度、居民消费水平、人口规模以及年龄构成等存在着极大的差异,政治行政制度与体制也迥然不同,教育经费的投入悬殊。但也有若干可作为相对比较的指标,以衡量一国政府与社会对教育投入的重视程度,如政府财政中教育支出占国民生产总值的比例和政府财政预算中用于教育支出的比例,仍然是目前被广泛应用的指标。

1. 政府教育支出占国民生产总值的比例

国民生产总值(GDP)是一国在一定时期(通常为 1 年)内所生产的最终产品与劳务的市场价值总和,它是反映一个国家经济的发展水平、经济产业结构以及居民生活水平的重要指标。政府财政性教育支出包括财政预算内教育经费(包括教育事业费、教育基建投资等),各级政府征收用于教育的税费,企业办学经费,校办产业、勤工俭学和社会服务收入中用于教育的经费,其他属于国家财政性教育经费(指不属于上述各项财政性资金用于教育的经费,即属于国家财政性但未列入预算内资金管理的预算外资金,按有关规定划拨给教育的经费等)。政府教育支出占国民生产总值的比例,大体上反映了教育事业在经济与社会发展中的地位。

改革开放前,我国未提出过教育经费增长的要求。改革开放以后,1985 年发布《中共中央关于教育体制改革的决定》,1986 年颁布《义务教育法》,1995 年颁布《教育法》,1993年和 2010 年先后发布《中国教育改革和发展规划纲要》和《国家中长期教育改革和发展规划纲要(2010—2020 年)》,明确提出伴随国民经济发展和财政收入增长,"逐步提高两个比例"(逐步提高财政性教育经费支出占国内生产总值的比例和占财政支出比例)和"四个增长"(中央和地方政府教育拨款增长要高于财政经常性收入增长,并使按在校学生人数平均的教育费用逐步增长,生均公用经费、教师工资逐步增长),相继提出财政性教育经费占 GDP 比重 2000 年和 2012 年达 4%的目标。虽然实施过程中有波折,实现时间远超规定时间,但经种种努力,决策目标最终还是得以实现。通过对 1991—2016 年《中国教育经费统计年鉴》中的相关数据进行整理发现,全国财政性教育经费占 GDP 比例由 1991 年的2.81%上升至 2016 年的 4.22%[2]。

专栏 6-2

4%目标的由来

20 世纪 80 年代初,北京大学高教所汪永铨教授(当时也任全国教育科学规划领导小组成员)找到厉以宁教授,建议开展教育经济学方面的研究。汪永铨和

---

① 张新平,褚宏启.教育管理学通论[M].北京:高等教育出版社,2012:482.
② 王善迈,赵婧.教育经费投入体制的改革与展望——纪念改革开放 40 周年[J].教育研究,2018,39(8):4-10.

厉以宁组织申请国家"六五"社科基金教育学科重点项目"我国教育经费在国民收入中的合理比例和教育投资的经济效益"，课题负责人为厉以宁教授。参加该项目的有中央教育科学研究所、北京师范大学、西安交通大学等全国二十多个单位，北京大学是这一多家单位合作大项目的牵头者。北京大学陈良焜、中央教育科学研究所孟明义和北京师范大学王善迈等分别主持和承担了这一项目中子课题的研究工作。

公共教育经费占国民收入的比例为4％左右的研究成果出自于北京大学陈良焜教授领导的子课题"教育经费在国民收入中合理比例的国际比较"。该成果的主要内容作为专著《教育经济学研究》，于1988年由上海人民出版社正式出版，厉以宁担任主编，陈良焜、孟明义、王善迈担任副主编。出版前厉以宁将该书关于教育经费合理比例的观点报送中央领导同志参考，后被收入新华社国内动态清样1986年第616期，在决策部门传阅讨论。

课题组选择人均国民生产总值作为一个国家经济发展的指标，试图找出与不同的经济发展水平相适应的教育投资比例的国际平均水平，以消除经济发展水平不同造成的不可比性。课题组使用38个人口规模在一千万以上的国家1961—1979年公共教育支出和GDP数据，利用计量回归方法，对不同经济发展水平国家的公共教育支出的平均水平进行了估计。结果显示，人均GDP达到1000美元时，公共教育支出的国际平均水平为4.24％。课题组在政策建议中提到2000年我国比较适宜的财政性教育投资比例为4％。

1992年，在秦宛顺主编、北京大学出版社出版的《教育投资决策研究》一书中，陈良焜等人又采用40个国家1980—1985年的数据再次对公共教育支出比例进行了计量回归分析。结果显示，人均GDP达到1000美元时，公共教育支出的国际平均水平为3.85％。课题组认为到2000年我国比较适宜的财政性教育投资比例仍然为4％。

1993年2月，国务院发布的《中国教育改革和发展纲要》明确提出："逐步提高国家财政性教育经费支出占国民生产总值的比例，本世纪末达到4％。"

【资料来源】岳昌君，期待财政性教育经费占GDP百分之四目标的实现[J].西部论丛，2010(8)：39-41.

2. 政府预算内教育经费与财政支出的比例

公共财政预算教育经费占公共财政支出比例，是指公共财政预算教育经费占公共财政支出的百分比。公共财政预算教育经费是指中央、地方各级财政或上级主管部门在本年度内安排，并划拨到各级各类学校、教育行政单位、教育事业单位，列入国家预算支出科目的教育经费，本指标按公共财政预算教育经费包含教育费附加的口径计算。公共财政支出是指国家财政将筹集起来的资金进行分配使用，以满足经济建设和各项事业的需要。公共财政预算教育经费是通过政府财政预算后直接拨付的款项，公共财政预算教育经费占公共财政支出比例高，表明政府对教育投入的重视程度高。因此，这一指标可反映全国及各地公共财政对教育事业的投入水平和力度。例如，2001—2010年，公共财政教育投入从约 2700 亿元增加到约 14200 亿元,年均增长 20.2%,高于同期财政收入年均增长幅度;教育支出占财政支出的比重从 14.3% 提高到 15.8%,已成为公共财政的第一大支出。[①] 但是,该指标主要体现政府部门对教育投入的重视程度,但不能表明公共财政预算教育经费的充足程度,指标值的高低会受到当地公共财政支出能力的影响。[②]

政府预算内教育经费占财政支出比例的不断扩大,是工业化发展所导致的。按照经济学家瓦格纳(Wagner)提出的法则——政府活动扩张论,即随着经济的增长,必然伴随着公共部门包括国家活动的不断扩张,公共部门的支出会出现持续增长的趋势。这其中主要有三方面的原因:第一,经济中的结构性变革、社会的民主化和对社会正义的日益增加的关注。经济部门之间相互依赖性的增加,城市化和技术的变革将扩大对包括教育在内的公共服务需求;第二,自给自足的农业家庭的衰落以及作为自我维持的单位的家庭的减少,进一步增加了对公共服务特别是教育的需求。这是因为工业化的发展使得社会分工和生产的专业化日益加强,经济交往频繁并且日趋复杂化,引发社会中的各种矛盾和摩擦增加,必然要求公共部门的职能不断扩大,产生更多的社会公共事务的管理和保护活动,以确保经济活动能够符合经济和社会健康、稳定、持续发展的要求。第三,由于工业化发展促进了社会进步,人们对文化教育和社会福利的要求增加,政府出于公平分配的理由应予以提供,公共教育支出在整体经济中的比重便会不断上升。

政府活动扩张论强调政府的职能,不仅限于用法律保护人身和财产安全的范围,还应当适应工业化发展需要,相应增加文化教育和社会福利式的服务。特别是对教育的需求,会随着社会的进步而上升,因此政府有义务予以提供,促进教育的发展并改善教育的社会服务职能。当然,具体投入的教育领域会因各个国家当时追求的具体目标不同而有所差别,如 20 世纪 90 年代以后,很多国家的政府教育投入的重点集中在促进高等教育"产学研"的结合,提升教师的专业化水平,加强各级各类学校的信息化水平建设等方面。

案例分析

撤点并校:整合教育资源还是减少教育投入

撤点并校是指我国政府意图优化基层中小学教育资源配置,对邻近学校进行合并的系列措施。就出发点而言,撤点并校有着积极意义,但该政策实施过程所带来的负面影响也十分突出,除了因学校撤并速度过快而导致部分地区辍学率反弹之外,部分网络媒体与一些学者质疑各省大幅度撤点并校是以整合教育资源为借口压缩教育投入。

撤点并校起因与意图的争议首先体现在政策宣传方面。按照中央在全国范围内的主流宣传,撤点并校的意图是撤销、合并分散办学条件下小、弱、贫的学校,开办大规模、高质量的学校,改善基层中小学生学习环境,防止不同学校间因资源差距较大而导致教育质量

---

① 中国政府网.国务院关于进一步加大财政教育投入的意见.[2011-07-01].http://www.gov.cn/zwgk/2011-07/01/content_1897763.htm

② 教育部网站.中国教育监测与评价统计指标体系[EB/OL].[2015-08-18].http://www.moe.gov.cn/srcsite/A03/s182/201509/t20150907206014.html

差异。这在教育部《关于实事求是地做好农村中小学布局调整工作的通知》、国务院《关于基础教育改革与发展的决定》以及教育部财政部《关于报送中小学布局调整规划的通知》中均有所体现。绝大多数的地方政府宣传口径与中央是一致的,概言之,撤点并校的目标为"优化教育资源配置,方便教育管理,提高教育质量,实现教育均衡发展"。显然地,中央制定撤点并校政策的出发点应是"整合教育资源"。

与中央宣传不同的是,部分地方的政策条文似乎另有所图,在文字表述上并不遮遮掩掩,而直指压缩教育经费之意。例如,湖北石首《关于印发〈石首市村办小学并校减员实施方案〉的通知》表述如下:目前,小学布点偏多,经费短缺,资源浪费,有碍教育事业的快速发展,并校减员势在必行。实际上,与此《通知》相类似的表述在多个地方文件中可见,如此来看,就地方政府而言,各省在"经费短缺"背景下的撤点并校可能有"减少教育投入"之嫌。

撤点并校起因与意图的争议还体现在撤点并校和生源减少之间的因果关系上。不少人认为撤点并校从制定到实施的过程完全是因为计划生育后农村生源减少。然而,质疑者认为这一观点可以解释"撤点并校政策为何制定"而无法解释"地方政府的撤点并校幅度为何过大"。计划生育政策实施所带来的生源减少作为中央颁布撤点并校政策的出发点并不存在争议。但是,撤点并校实施过程中,各省基层学校减少的速度远远超过人们预期,此种情况下,生源减少无法作为撤点并校在基层实施过程中幅度过大的全部原因。

"生源减少论"同样无法解释两个事实:其一,20世纪80年代末90年代初各省自发展开了学校裁撤行为,全国小学数量由多变少的转折点(1992年)出现在农村生源绝对数量由多变少的转折点(1996年)之前;其二,各地小学撤并速度与生源减少速度存在很大差异,学校数量减幅远远大于在校生减幅,例如,相较于1996年,2007年全国小学数量减少了50.4%,而小学生生源仅仅减少了22.4%。基于此,质疑者认为撤点并校政策在各省的实施过程中可能被"扭曲"。

此外,在与撤点并校实施相同的时间段内,各省普遍出现了教育财政经费所占比重持续降低的事实,这使关于各省大幅度撤点并校意图的争议加剧。尽管我国各省历年教育财政资金支出的绝对数额持续递增,但在我国宏观经济高速发展的背景下,将财政支出绝对额较大作为教育事业地位较高的证据的说服力并不强。与绝对指标相比,相对指标更能体现教育部门在博弈中所处的位置。观察各省教育财政支出所占比重,却可以发现这一指标在部分省市持续下降,若观察全国各省历年教育财政支出占比均值,这一下降趋势更加明显。

据此,各省地方政府被质疑在撤点并校政策执行过程中"搭了便车",将以整合教育资源为目的的撤点并校变成了减少教育投入的事由。学者们认为,因为教育投资效益具有周期性、隐蔽性等特点,尽管各级政府一直高调宣称执行科教兴国战略,教育在舆论宣传中也总是被置于较高的地位,但地方官员总是"有意无意"冷落教育事业并挤占教育财政经费,基层政府对待教育的态度也是"说起来重要,做起来次要,忙起来不要",官员中间更是有着顺口溜"一工交,二财贸,马马虎虎抓文教",在国家现代化进程中,教育只是其边缘性而非核心化结构,在财力落后的中西部偏远地区,政府对教育经费投入的努力程度低于经济较发达地区。

【**资料来源**】丁冬,郑凤田.撤点并校:整合教育资源还是减少教育投入?——基于1996-2009 年的省级面板数据分析[J].经济学(季刊).2015,14(2):603-622.

思考题

1. 地方政府为什么会被质疑在以整合教育资源为初衷的撤点并校过程中借机减少了教育投入?

2. 如何保障教育资金专款专用,杜绝教育经费在地方财政运转过程中被挤占。

第七章　教育规划

　　教育规划是为使教育更加有效地满足学生与社会需求而进行的宏观管理和决策的过程。教育规划自 20 世纪 50 年代开始兴起,曾经在发展中国家和发达国家中广泛实行,特别是在计划经济国家中普遍实行;因 70 年代的经济危机,教育规划在多数国家一蹶不振;80 年代后期,各国又在探索新的规划模式,试图在教育与经济社会需求之间寻求更大平衡①。

　　20 世纪 50 年代至 60 年代,中国经济社会以及教育发展长期实施以发达国家为目标的"追赶战略"。进入 21 世纪以来,教育规划正在从以"他我"为目标的追赶模式向以"自我"实现为目标的成长模式转变。以党的十九大报告提出的教育改革发展要求为标志,我国进入教育强国建设的新时代。中国教育规划从实践到理论正在日益走向成熟,将领袖智慧与人民智慧相互统一、紧密结合,创造出一种基于群体智慧的战略规划定制模式,为公共政策特别是战略规划制定提供了可资借鉴的中国方案②。

第一节　教育规划概述

一、教育规划的内涵与作用

（一）规划的定义

　　规划(plan)在管理学领域通常也称之为计划。关于规划的定义有很多种,比如:"规划是一种普遍的和连续的执行功能,它包括复杂的领悟、分析、理性思考、沟通、决策和执行的过程。""对所追求的目标及实现该目标的有效途径进行设计。""规划就是为我们所做的事情制定规则,避免迷惑与匆忙行事,充分利用资源并且减少浪费。计划是控制的基础。""规划是一个确定目标和评估实现目标最佳方式的过程"。这些定义都体现了这样的含义:"规划是一种准备过程,事关一系列的决策,拟定将来的行动方案,具有明确的既定目标,依赖最优化的方法实现"③。

　　提到规划,我们会想到一种是规划文本,另一种是规划工作。规划文本与规划工作是两个既有联系又有严格区分的概念。规划文本是规划工作的结果,是未来行动安排的管

---

①　王晓辉.论教育规划[J].教育研究,2002(10):51-56.

②　高书国,杨海燕.中国教育规划的价值追求与模式转型[J].中国教育科学(中英文).2019,2(4):38-49.

③　张新平,褚宏启.教育管理学通论[M].北京:高等教育出版社,2012:225.

理文件,通常是以书面文字或电子文档形式出现。对于规划工作而言,又有广义和狭义之分。广义的规划工作是包括制定规划、执行规划和检查规划的执行情况三个阶段的工作过程;狭义的规划工作是指制订规划工作。

(二)教育规划的内涵与特征

1. 教育规划的内涵

目前学术界对教育规划(Educational Planning)的定义还没有统一的标准。在国际上使用的教育规划,主要是指与各国社会和经济发展计划密切相连的较长期的、综合的教育规划。也就是我们通常所讲的教育事业的发展规划,简称教育规划。在教育行政上所讲的教育规划正是在这个意义上讲的,是相对于短期的实施计划而言的。[1] 人们对"教育规划"理解的争议,集中在教育政策制定过程中不同阶段的选择上。人类社会组织中教育政策制定实施过程大概包括以下几个主要步骤:(1)确认某种现象为一个教育政策问题;(2)提升该问题到政策议程,并采取相应的对策;(3)对一系列可能的"解决方案"进行确认和评估;(4)选择一种解决方案(即政策);(5)实施方案;(6)评估、反馈,并在适当的地方重复上述步骤。弗雷尔(J. P. Farrell)认为,广义的"教育规划"指的是上述过程的全部或者几个部分,与"教育政策分析""教育行政管理"基本重叠或类似。狭义的"教育规划"是指上述过程中"对一系列可能的'解决方案'进行确认和评估",在这样的定义中,政治决定者处理(1)(2),规划者确定和评估"备选方案"(3)后提交给决策者,决策者选择一个方案(4),由决策者交给管理者执行(5)(6)的工作。[2] 例如,联合国教科文组织国际教育规划研究所首任所长菲利普. H.库姆斯认为,"从最广泛的通用意义上讲,教育规划是把理性的系统分析运用于教育发展进程,使教育能更有效、更经济地满足学生及社会的需要与目标"[3]。安德森和鲍曼(Anderson and Bowrnan)认为,"教育规划是指事关教育未来行动方案的一系列决策的筹划过程"[4]。中国国学者张春曙认为,"作为一门交叉学科,教育规划理论和方法的学科跨度很大,涉及发展经济学、教育经济学、预测学、教育系统工程以及教育学本身等多门学科理论。同时,教育规划又是一门实践性很强的应用技术学科"[5]。

概括对教育规划的不同理解和认识,可以发现教育规划常常被看作:(1)进行处理性或技术性选择的过程;(2)进行渐进变革的过程;(3)相互依赖和互为因果的一系列系统决策的矩阵;(4)新环境中时间、空间和因果关系的图形建构;(5)政治和权力运作下的决策战略;(6)由对话达成的决定及相互影响和执行;(7)教育或社会学习的过程。

基于以上认识,我们把教育规划的定义为:在国家教育方针政策的指导下,为实现预定的教育目标及任务而采取的规则、步骤、方法的总和。从此定义出发,教育规划有如下特征:

第一,教育政策是制订教育规划的前提。就是说,教育规划必须为权力所支持。一般

---

① 陈孝彬,高洪源.教育管理学.北京:北京师范大学出版社,2008:138-139.

② 戚业国.教育规划的本质、发展与基本模型[J].教育发展研究.2008(23):20-24.

③ 库姆斯,什么是教育规划[M].上海:上海教育出版社,2009:8.

④ Anderson C. Arnold, Mary Jean Bowman. Theoretical Considerations in Educational Planning [M]. Oxon: Routledge, 2006:15.

⑤ 张春曙.教育规划理论与方法[M].北京:高等教育出版社,2000:1.

说来,教育政策是由国家权力所决定和支持着的关于教育的思想观念、意愿和行动准则。这与个人、党派、社会团体等关于教育的意见、希望、提案等有着根本的不同。当然教育规划不同于教育政策,但教育规划是离不开教育政策的,那就是说,它必须以教育政策为指导。

第二,教育规划是量化了的教育政策目标或教育发展目标。它不是个人或团体对教育发展的某种愿望,而是以数量化的形式表现出来的、可能实现的教育目标。另外从时间上看,它又是为实现某一教育目标而制定的时间一览表。

第三,教育规划具有技术性。那就是说它包含着对教育现状的分析、对未来发展的预测、战略上的决策,以实施方案的建立等程序或步骤。而教育现状的分析、教育预测、教育决策、教育规划实施方案的建立都具有一定的技术性,也就是说,都需要通过相应的技术手段来实现。

此外,有学者提出,由于历史文化、政治体制、经济社会发展水平等国情不同,我国教育规划在发展过程中还呈现出一定程度上的特性,如前瞻性、系统性、选择性、公益性和目的性等①。唯有立足教育规划的前瞻性,把握教育规划的系统性和复杂性,明确教育规划的目的性和公益性,理解教育规划的选择性,坚持问题导向和改革动力,才能确保教育规划编制达到理想或比较理想的状态,确保教育规划科学可行,为实现预期目的奠定坚实基础。

(三)教育规划与教育计划的异同

按照教育规划的规模可以分为教育事业规划和教育计划。教育规划与教育计划的区别在于,规划是对较大范围、较大规模及较长时间内教育发展总方向、大目标、主要实施步骤及重大措施的设想。这种设想的最大特点是粗略规定各有关发展指标,不具体确定有关的工作步骤和实施措施及具体工作时间表。因此我们也可以说规划不是严格完整意义上的计划。计划相对规划而言,是指在规划指导下,根据一定的政策、任务做出的较短时间的具体安排和落实措施,计划的发展指标、措施步骤、时间安排都比较详尽、具体。规划与计划在实际工作中往往是相互联系、互相包含的,两者都是对一定时期教育发展的设计和安排,所依循的原理、原则是相通的。因此人们并不把它们做严格的区分,例如,联合国教科文组织国际教育规划研究所使用的是"educational planning"这一专门术语。此外,我国制订的国民经济、社会发展计划、教育发展规划等,实际上都不是单纯的计划或规划,而是二者结合的产物。

但随着管理科学的发展,两者的不同点日益凸显。规划从大处着眼,主要解决战略思想、战略目标、战略重点、战略举措、战略安排的问题,是具有长远性、前瞻性、全局性、战略性、方向性、宏观性和概括性的行动纲领,涵盖更广,层次更高,时段更长。计划从微观入手,主要落实规划的具体措施、步骤与方法,是规划的延伸与展开,富于方案性、可行性和操作性。教育规划注重全面部署、谋求重点突破、着眼长远发展,教育工作计划关注分解工作任务、明确工作职责、追求工作绩效。规划与计划既不是交集关系,也不是并集关系,更不是补集关系,而是一个子集的关系,规划里面包含着若干个计划。

---

① 汤贞敏.我国教育规划的基本特性及"十三五"教育规划的制订[J].中国教育学刊,2016(3):1-5.

（四）教育规划的作用

规划的本质是一种谋划，是对组织发展目标和未来实践活动的战略谋划。教育规划的功能是其地位、意义和作用的综合体现，是教育计划职能的延伸、升级和扩展。教育规划既谋划当前又展望未来，既着眼全局又关注局部，既注重预测又进行决策，既阐述使命又制定政策，既呈现愿景又部署行动，是现代教育管理基础性的职能活动，它不仅有助于定位总体目标、落实具体目标、阐明指导思想、厘清发展思路，而且有利于优化资源配置、提高使用效益，组织和动员各方力量，共同推进教育事业科学发展。

1. 主导教育发展方向

教育规划是教育发展的行动指针和方案，其所确定的战略目标与方向、战略思想与意图、战略选择与决策、战略举措与安排，具有很强的规范和指导功能，不仅有助于决策者保持清醒的头脑，按照既定的方向前进，不至于在繁琐的事务管理中迷失方向，而且使得执行者有所依归和遵循，按照规划的进程运作，不至于在日常的实践活动中偏离目标。战略目标是教育规划的核心，教育规划的首要功能就是目标导向，主导教育发展。教育发展目标可以从不同角度进行分类，或按照时间维度分为长远目标和阶段目标，或按照层次分为总目标和子目标，或按照指标类别分为定性目标和定量目标。无论何种目标，都是对教育发展前途的期望、憧憬、设计、描绘和具体度量，既是教育发展的蓝图，又不仅限于是一幅美丽的画卷。[①] 它不仅指示方向、调动积极性，而且付诸实践、富有针对性。

2. 优化教育资源配置

教育规划是现代教育管理的重要手段，制订和实施战略规划是对教育资源进行有效整合和部署的过程。运用战略创新思维，着眼全局、明确重点、谋划长远，既是教育规划的内在需要，也是其基本功能。一方面，教育规划面向现代化，从全局一盘棋的战略高度，整体设计教育发展的规模与速度、结构与体系，统筹协调教育发展的水平与质量、公平与效益，系统策划教育发展的投入与产出、改革与创新。另一方面，教育规划面向未来，从宏观与长远发展的战略层面，超越各种具体问题和眼前利益，梳理教育发展的总体思路，提纲挈领，抓住关键问题，分清轻重缓急，确定优先发展方向，守正创新，有所为有所不为，将处于离散状态的各类资源有序整合起来，并不断开拓与优化组合，产生"1+1＞2"的放大效应，从而全面提升教育的综合优势和竞争实力，进而为人的发展和社会发展提供更加优质的服务。

3. 规范教育组织行为

教育规划是指引教育发展的政策性和法制性文献，其实质在于规范当前的教育实践活动、设计未来的办学管理行为。在一个教育规划周期内，达到什么目标，采取什么措施，解决什么问题，战略规划必须做出回答，并绘制出教育行动的路线图，既为规划者和实施者提供指南，使其有所遵循，也为监控者和评估者提供依据，使其有所参照。教育规划既可以规范教育活动，也有利于提高教育行为的自觉性。教育组织的任何部署都是在总方针指导下进行的，只有遵循教育发展的总战略与总规划，各种具体的策略与计划才能实现

---

① 乔治·凯勒.大学战略与规划——美国高等教育管理革命[M].青岛：中国海洋大学出版社，2005：189.

结构耦合、功能互补,也才能采取步调协同一致的行动。教育规划是对执行计划及其实施结果进行评估的总指导原则和总规范,既有助于计划者对实施计划进行优化选择,也有利于对实施情况进行监控,促进实施者自觉纠正偏离目标的行为,从而保证战略目标的实现。

学者们基于教育改革形势变化的分析发现,我国教育规划还面临四大挑战,即全面在实践中实施素质教育、全面深化教育领域综合改革、全面落实立德树人根本任务、全面系统,推进育人方式改革的挑战①。为此,他们提出新时代教育规划的重点任务为:澄清认识、创新制度,全面推进素质教育;针对制度障碍,深化教育体制机制改革;明确定位内涵,落实立德树人根本任务;统筹协调,综合系统,推进育人方式改革。

二、教育规划的范式与模型

教育规划建立在不同的思想基础上,有不同的模式与方法,依据主观与客观、互动与理性,形成了教育规划两类不同范式和三种操作模型。②

（一）教育规划的两类假设及其范式

对教育规划属性的认识一直有争执,由此派生出客观与主观两种范式,形成了互动与理性两种模型。

在科学主义思潮的影响下,相当长一段时间里,客观范式占据教育规划的统治地位,这样的规划思想移植了价值无涉的社会科学和自然科学的积极假设,认为教育规划是对客观规律的认识过程,虽然真理是相对的,但客观规律是一个不断接近的认识过程,相信客观存在着"真正科学"的规划,为此,这样的规划主张更多依赖数量计算作为教育规划的方法和手段。

与客观范式相对应,还存在着另一种主观范式,认为教育规划更多受到主观世界影响,相信是每个个人创造了他的生活世界,任何关于社会、社会制度、社会进程的理解都取决于参与者的主要观点,规划是人们思想及其实现的过程,是人们的主观努力奠定了规划实施的基础。尤其随着建构主义在教育界的影响不断扩大,主观规划范式产生的影响也越来越大。

按照客观范式,教育规划形成了"理性模型",这一模型强调规划是一系列关于实现既定或衍生目标方法的分析,否认规划中的主观成分。它有三个基本假设:第一个是规划所需要的知识是客观的、不断积累的、并且能够用抽象的系统化语言表达;第二个是带有流程图、劳动力矩阵、成本—收益公式和策划语言的规划说明一个价值中立的、科学的过程是可以实现的,这一过程并能够为及时有效的变革提供法则;第三个是规划模型和方法具有普遍性或者很少需要适应环境变化。

与理性模型相反,主观的规划思想形成了互动模型,互动模型提供的方法虽缺少系统性,但更利于参与、更具有适应性。这些方法通常被描述为"政治的""交易的""拥护的""学习—适应的",并承认观点与知识之间相互转化的价值,同时成为互动模型的松散的一

①　薛二勇,李健.新时代教育规划的形势、挑战与任务[J].中国教育学刊,2021(3):19-24.
②　戚业国.教育规划的本质、发展与基本模型[J].教育发展研究.2008(23):20-24.

个部分。因此互动模型下的规划过程通常缺少结构性、缺少预先规定的方法,而且强调诠释实践的重要性、信息交流的意义,以及个体和系统在各自的环境中相互作用的动态特征。

(二)教育规划的三种操作模型

因理性与互动、客观与主观,教育规划形成了三种操作模型,即专家模型、政治模型和协商模型。专家模型是理性模型中最为客观的那部分;政治模型包括了互动模型中倾向客观、理性的那部分;协商模型是指互动模型中纯主观的那部分。

1. 专家模型

专家模型通常被认为是理性模型的代表,尽管其衍生出很多不同形式,但基本特征还是相当明显的。专家模型是专家推动的决策过程,它把教育体系看作是一个"黑箱",严格限制作为可变量的数量,把规划制定过程看作是确定的变量导致的可以测量的结果,即规划投入后产出的必然结果。同时认为实施规划就是按照规划确定的方向执行,所谓实施应当是直线式改革过程中位于规划方法之后和规划评价之前的一个阶段,评价的结果作为调整实施的反馈或者下一规划过程的投入因素,通常不被用于调整本次执行的规划本身。

专家模型在二战后的半个世纪里影响了世界各地的教育变革规划,成为教育决策活动中一种理想追求。教育规划中常用的劳动力方式、成本—收益分析方式,主要依赖专家模型的基本架设。然而,由于教育通常与人的理性诉求联系在一起,与政治、文化和价值不可分离,专家模型的不断优化却没有提高其有效性。管理和行政领域的专家通常也更加青睐专家模型,系统分析和科学管理的方法在规划中被广泛使用,这些方法虽然技术性强、容易操作,但在实际教育活动中并没有发挥太大作用,因为其所依据的假设、基础数据通常并不是非常可靠。即便如此,专家模型在很多情况下仍然受到欢迎,现阶段仍然是教育规划中的一种重要方式。

2. 政治模型

政治模型包括互动与理性的中间部分,互动中有理性、理性中渗透互动,最主要是一种政治的导向。教育规划在实际的制订过程中,经常会受到政治权利、意识形态的影响,即使有关纯粹的技术任务都不能摆脱。"政治模型把教育规划看作是交易、谈判和权力运作的过程",看作是相互影响和交换的动态转变过程,不完全支持理性模型的多数假设。当然,理性规划者通常也会把政治因素作为规划的投入因素,做出选择时也会采用客观的考察和合理性分析。政治模型把规划的实施看成一个不断接近(而不是实现)目标的过程,做出规划之前的谈判和交易被看成是规划的主要标志。

政治模型在20世纪60年代后才得到认可,60、70年代规划中的社会需求方式、职位需求方式都特别强调关注规划的政治背景。也有些学者把教育决策统统看成一种政治活动,把规划看作是政治的结果,"即使关于教育未来的替代方案能够被量化,最优的教育投资能被准确地说明,这样的方案的量化也只能在政治竞争、政治冲突和权力运作中才有意义"。

3. 协商模型

协商模型是比较典型的互动模式,它认为教育是一个开放系统,处在一个不确定、不连续的以至于难以概括的环境中,在这样的环境里,理解是有意义的教育行动的前提,一致同意是立法行动的前提。因此,教育变革的成效取决于参与变革的各方对这些变革意义的理解与接受程度,成功的教育规划取决于沟通、理解、协商,而不是政治权力、交易或者专家知识。教育规划的目标不应是规划成功与否的标准,而是可以改变的。协商模型的变型还包括学习—适应模型、交易模型、社会学习模型和情境规划模型等,他们与政治模型都强调谈判基础上达成共识,但协商模型更加重视特殊环境、执行者以及规划行为当前的环境。

协商模型表明,在规划教育变革时,有意义的行动需要获得信息、技术以及这项行动的背景,参与对话、相互学习和达成共识等活动本身就需要知识、训练和经验,教育规划协商模型成功的意义在于专家和公众一起排除障碍,营造沟通和交流的条件,并在决策过程中团结一致。

概括起来看,教育规划的理性模型最适合用于人们对于教育问题及其本质具有强烈共识的情况下,互动模型允许对现象和问题进行不同的诠释,重视规划的"生成性"。在实践中要解决既定问题的不同方面,就需要多样化的模式,在不同环节里灵活运用不同模式解决不同的问题,既要充分利用各种理性的技术方法,更要充分考虑到教育中的价值问题,认识到对教育问题理解和体验不同所导致的分歧。只有将主观范式与理性模式有机结合,才能更好地解决教育规划问题。

三、教育规划的常用方法

教育规划是在二战后兴起并受到重视的,半个多世纪的发展中历经多次起伏,形成了客观与主观两种基本范式,出现了专家、政治和协商三种基本规划模型。教育规划有国际比较、人力需求、社会需求、成本收益、成本效用等技术方法,但这些技术方法经常处于争议中,合理运用这些技术方法,处理好五个方面的关系是教育规划成败的关键之一。[①]

（一）国际比较方法

国际比较方法希望通过对教育发展的国际比较确定教育发展的未来预期,尤其对教育发展相对落后的国家和地区,以国际教育发展为参照,可以较好确定教育发展的目标以及相关指标。其理论假设是不同国家和地区的教育发展具有共同的规律,先发展的国家和地区积累的经验可以反映后发展国家的未来走向,因此,国际比较的常模可以作为教育规划的依据,通过比较经济发展水平与教育水平相似的国家和地区的教育指标来确立教育规划的相关目标要求。国际比较的具体方法很多,在教育规划中通常采用三种方法。

1. 人口比例法

通过比较寻找各级各类教育就学人数在总人口、各类人口中的合理比例,把这样的"合理比例"作为教育规模发展的规律,寻找这些规律用以确定某国家或地区教育发展的规模目标。在应用中,比较不同国家和地区的教育体系中,不同教育层次就学人数占总人口的比例情况,参照其他国家和地区的经验确定教育规划的规模指标。比如通过对中美、

---

① 戚业国.教育规划的方法与技术选择[J].华东师范大学学报(教育科学版).2009,27(1):1-8.

中印等国家之间初等、中等和高等教育在总人口中的比例进行比较,以此为参照判断我国各类教育在校生的规模是否合适,并确定未来的规模目标。人口比例法应用比较简单,对教育赶超中规模迅速扩大的教育体系具有较高的参考意义。

2．经济比较法

就是比较不同经济规模和发展状况中各类教育的规模,寻找经济量与教育规模之间的一定比例关系,以此作为确立一个国家和地区未来教育发展规模的参照。这种方法又分为经济总量比较与人均经济量的比较两种方法,经济总量通常采用单位 GDP 对应不同教育层次的人口和在校生层次比例,比如每 10 万美元 GDP 对应的持有高等教育文凭的人数、目前接受高等教育的人数等等,把这些指标作为规划教育规模的依据。人均经济量比较就是比较不同国家和地区人均 GDP 在某一阶段各类教育的就学人数、就学人数占总人口的比例,以此寻找与人均 GDP 对应的适当的人口教育层次结构,把这些"常模"作为教育规划的主要依据。

3．技术构成比较法

这种规划的国际比较方法更加复杂,引入了经济活动"技术构成"这样的指标,不仅要比较经济规模,更要比较经济的技术构成。分析不同国家在不同技术构成的情况下,其经济总量对应的教育比例结构,以此预测社会经济发展到一定阶段后的教育结构。这种预测方法比较的变量由一个发展到两个——经济量、经济活动的技术构成,变量的增加提高了预测的准确性,同时也大大增加了预测的难度,其中经济活动的技术构成经常是难以得到有效数据的变量。正是这种复杂性大大影响了这种预测方法在实际教育规划中的应用。

(二)人力需求法

传统教育规划方法最主要的是人力需求法,亦称劳动力方法。教育规划中的人力需求法,其假设前提是经济发展有赖于促进经济增长所需的受过教育和训练的各种人力;其关键环节是确定一国经济及各部门的职业结构并转换为相应的教育类型和水平;其三大步骤为:预测受过教育的人力需求;预测教育人才供给;平衡供需。对于第一大步骤,Pames(1962)在地中海区域规划(MRP)中列出了八个具体的步骤:(1)列出基年各部门、各职业、各教育水平的劳动力数量;(2)预测目标年份劳动力的总量规模,即劳动力总供给;(3)预测目标年份各工业部门的总就业情况;(4)把总就业情况在各个不同的职业和阶层之间进行分配,即各职业的人力分类需求;(5)把就业的各职业结构预测转换成各级各类教育结构需求的预测;(6)估算未来各级各类教育的劳动力供给情况;(7)根据第五和第六步的结果,计算每年各级各类教育流出的变化情况(供需平衡);(8)根据第七步的结果计算每年各级各类教育所需的人学人数。虽然前四步预测的精度决定了后四步的预测精度,但作为教育规划中的人力需求预测,着重在后四步。

概括而言,此方法就是认为某个国家在某个时间段,劳动力的职业教育结构与产出水平(一般按各部门增加的产出计算)之间存在一定的关系。如,现在生产价值一百万美元的电动机需要 50 个大学毕业的工程师。若一个国家想要达到较高的国民收入水平,如增加到生产价值 150 万美元的电动机,按人力需求法的观点,就需再培养 25 个具有大学毕业水平的工程师。20 世纪 60 年代大多数 OECD 国家的教育规划都使用此方法,还出现了大量分析职业—教育—经济关系的专著,试图探究其相互联系中的规律性。[①]

目前人力需求法仍非常流行,在实际规划工作中被广泛采用。究其原因可归咎于此方法"为了生产更多的产品,必须具有更多受过大学教育的工程师"这一直截了当的口号。但是人力需求法自一开始就受到了强烈批评。总结各种批评意见,主要涉及以下三个方面:首先,把未来的人员录用和教育系统的产出相对应这一基本思路极大地忽略了劳动力的其他来源。就是说,未来人员录用很可能不是来自教育系统的毕业生,而是来自劳动力流动,或是其他职业,或是失业者,或是未就业者。其次,人力需求法没有考虑劳动力供求之间具体调节的条件,特别是报酬与工作环境的影响。例如,在许多发展中国家,培训了大量的农业技术人员但仍不能补足这些专业人员的短缺:这些人的工资不足以吸引他们,以补偿艰苦的劳动条件以及这些职业与其他职业相比的消极形象。最后,某种培训类型和水平与一种职业之间的对应关系并非那么严格,除非如医生和一些严守规章的职业(如建筑师、律师)必须具备确定的文凭,几乎所有职业都可以接受几种培训,几乎所有培训都可以通向几种职业。这就是已在匈牙利提出的替代性原则。[②]

(三)社会需求法

要注意的是,这里的"社会需求"其实指的是消费者个人的需求。因此,这是以个人的教育需求为基础的教育规划方法。社会需求法的任务是预测未来可能需要的学额数,并设法提供这些学额以满足"社会需求(个人需求之和)";其基础是入学人数预测—"学生流"模型:当对象为普及性的基础教育时,往往简化为以分龄人口预测模型为核心,而对象为中、高等教育时,关键要确定的因素之一是"升级比例"。因此有学者认为,从某种意义上来说,社会需求法是根据升级比例来预测未来学额需求的方法。

社会需求法的最典型应用当属英国 Robibns 报告。Robibns 报告是英国最著名、最有深度的有关国家高等教育系统的研究。20 世纪 60 年代初期,英国大胆摒弃了人力需求的观点而在社会需求的基础上提供教育。Robibns 报告指出,社会需求预测取决于:(1)中等教育提供的水平,尤其是五、六年级;(2)高等教育允许入学的特定标准;(3)中等和高等教育的直接成本水平,尤其是学生补助的水平;(4)受过教育者所得的收入水平,这不仅是由于这些收入代表了额外教育水平的就业机会和收益,还由于这些收入构成了继续上学所放弃的间接成本。目前,入学趋势的外推是此方法的重点。当然对社会经济等因素的知识知道得越多,预测就会越精确。原则上,它能测量出教育需求的价格弹性,即其他因素不变时某些因素变化的效果。[③]

随着社会需求法的出现,批评也接踵而至。首先,它忽略了国家资源分配的问题,似乎认为用于教育的资源对于国家的发展无足轻重。其次,它不考虑经济所需人力的特点,有可能造成人才结构的失衡。最后,它倾向于过高估计民众对教育的需求,而忽视教育的费用,甚至导致学生数量过多而教育质量下降,还可能带来青年就业的危机。尽管社会需求法更缺乏科学依据,但在各国教育决策上都或多或少或明或暗地起着作用。一方面是

①　毛建青.三种主要教育规划方法述评[J].上海教育科研.2007(1):8-11.
②　王晓辉.论教育规划[J].教育研究,2002(10):51-56.
③　毛建青.三种主要教育规划方法述评[J].上海教育科研.2007(1):8-11.

因为它容易规划,另一方面它也容易体现教育民主。[1]

(四)成本收益分析法

由于认识到人力需求法的缺陷,并且也没真正成功的例子,教育规划者又回到以前由舒尔茨、贝克尔和其他人所建议的概念上去,即成本收益分析或"教育投资收益率"分析。教育收益率方法试图把提供某种教育或培训的所有可计量的成本形式以及由这种投入所带来的所有收益全都计算进去。因此,至少从理论上收益率方法有可能评价初、中、高等教育水平的额外学习所获得的结果。

教育的收益常常按其影响范围分为"私人"收益和社会收益。私人收益是那些由受教育者个人所得的收益;社会收益则还包括本人不能占有的,为社会其他成员所得的收益。与此相对应,教育成本也可以分为私人成本和社会成本,从而可以分别计算出教育的个人收益率和社会收益率。必须指出,教育成本在这里首先包括实际费用,其次包括由于学生在校学习而放弃的收入(机会成本)。

根据受教育年限,我们可建立年龄—收入剖面图,即用横截面数据来预测额外教育的终身收入。如果把教育成本看作是负收入,那么就可以计算出不同贴现率下额外教育的不同的净收入值。教育投资的内部收益率仅仅是贴现率,净终身收入现值的加总为0,或是将某一教育水平成本贴现后的值等同于从教育中获得的未来收入的贴现值。用公式表示为:

$$\sum_{t=15}^{t=60} \frac{E_t - C_t}{(1+r)^t} = 0$$

其中,r 为内部收益,E 为税前/后的收入,C 为教育成本,$t=15$ 为法定离校年龄,$t=60$ 为退休年龄。

成本收益分析可以决定经费在各级各类学校之间的分配,如英国的教育预算。但成本收益分析法也存在很多缺点。第一,成本收益分析法假定存在完全竞争的劳动力市场,认为工资(收入)完全是由市场决定的。但是在绝大多数国家里,这个假设都不成立,并不能真实地反映工资与边际生产率的真正关系。

第二,成本收益分析无法正确计算投资一定教育水平的真正教育成本和收益。由于数据可得性、不可量化性等原因,成本收益分析中对成本,尤其是机会成本的精确计量非常困难,对收益的计算也只能计算一些可量化的货币性收益,而非货币的消费收益无法计量。此外,样本、时间、模型的改变都会改变教育收益率的结果。所以,该方法普适性不强。第三,教育收益中的收入并不一定都是由教育引起的,可能还包括个人禀赋、家庭背景、社会阶层等原因。当然最近几年成本收益模型得到了一些改进。这种改进主要表现在部分纠正了大学毕业生的才能、社会经济背景甚至遗传基因差异等方面在收益计算上的偏差。目前大多把这些问题放在"收入函数"的范围内加以分析。这些模型所需的数据来自于大量的个体样本观察,难以解决"总体性影响"的问题;而且分析这些数据既费力又费时间。况且,大多数国家最近几年才具有这样一些数据。事实上,这些模型对实际教育规划者而言并不适用。

---

① 王晓辉. 论教育规划[J]. 教育研究,2002(10):51-56.

因此,虽然根据成本收益分析所得的一些结论可以在教育规划制订的过程中应用,但收益率方法能否作为一个决定扩展或限制国家教育投入的标准或指标仍值得怀疑。[①]

(五)成本效用分析法

这种教育规划的方法与成本收益分析方法具有类似性,区别主要在于当教育政策目标是非效益的时候,可以采用成本效用分析进行教育规划,比如提高质量、为弱势群体提供教育机会等等。这样的规划指向特定的目标,追求特定政策效用。"效用最大化"同样是这种规划方法的理论假设和目标追求,随着在不同情况下对教育"效用"的不同理解和定义,这种方法在应用中具有不同的具体方法。成本效用分析在以往的教育规划中更多作为一种理论方法,在实际的教育规划中应用并不广泛。

第二节　教育规划的类别

一、教育规划的分类

政府的教育规划在国家教育政策体系中具有重要地位,因制定主体和审批程序不同,教育规划分为不同类型。比如,每五年的"国家教育事业规划"是配合国民经济和社会发展规划,由教育部主持制定;国家不定期地对教育进行战略性、全局性部署规划,如1993年发布的《中国教育改革和发展纲要》以及2010年发布的《教育规划纲要》等,通常由国务院主持制定,由党中央和国务院共同发布。[②]

最常见的教育规划分类的依据是规划制订的主体、规划的目标、规划的内容以及规划的时间跨度。

1. 根据规划的主体来划分

根据规划的主体来划分,可以划分为国家规划、组织规划和个体规划。

国家规划,由国家的代理人——政府机构制订并保障其实施。我国的教育规划制定工作始于1983年。[③] 到目前为止,全国性的教育规划主要包括《全国教育事业十年规划和"八五"计划要点》(1992年颁布)《中国教育改革和发展纲要》(1993年颁布)《全国教育事业"九五"计划和2010年发展规划》(1996年颁布)《全国教育事业"十五"规划和2015年发展规划》(2001年颁布)《国家教育事业发展"十一五"规划纲要》(2007年颁布)《国家中长期教育改革和发展规划纲要(2010—2020年)》(2010年颁布)《中国教育现代化2035》(2019年颁布)。

组织规划,是为了实现组织发展目标而进行系统的、合理的分析,而提出的达成这一目标的方法与步骤。组织规划是全体组织成员共同构建的蓝图。例如,区域教育规划和学校发展规划都属于组织规划。个人规划的制订主体是个体,实施者也是个体。

①　毛建青.三种主要教育规划方法述评[J].上海教育科研.2007(1):8-11.
②　骈茂林."教育规划纲要"的政策属性与效力分析[J].国家教育行政学院学报.2013(3):15-20.
③　张春曙.教育规划理论与方法[M].北京:高等教育出版社,2000:14.

2. 按照规划的目标划分

按照规划预定实现的目标,可以划分为战略规划、战术规划、具体规划。教育战略规划(Planning of Educational Strategy),是未来一定时期教育发展的总方略和总规划,是教育组织对内外环境进行分析论证,从而明确指导思想、定位发展目标、指引前进方向、制订行动计划、部署实施方案、评价实际成效的活动[①]。战术规划用于实现战术目标,规定如何实施战略规划中的某一部分。具体规划关注如何实施战术规划以完成具体目标,是清楚界定了的规划。它具体而微地陈述了目标,不存在模糊性和理解上的歧义。

3. 按照教育规划的内容划分

按照教育规划的内容划分,可以分为综合性教育规划与单项教育规划。综合性教育规划包括教育发展的多种内容。单项教育规划只是针对某一内容而制订的发展规划,从教育系统的纵面来讲,即指初等、中等、高等教育,师范教育、职业教育、成人教育等各级各类教育的发展规划;从横面来讲,是指智育、德育、美育、体育、经费、教职、学生等方面的工作规划。

4. 根据规划的持续时间来划分

根据规划的持续时间来划分,可以划分为长期规划、中期规划和短期规划。长期规划一般持续时间为8~10年,或者持续10年以上。中期规划的持续时间一般是3~5年。短期规划的持续时间是1~2年,也可以更短,半年规划也可以叫作短期规划。除以上这些规划类型之外,还有一类规划——应急规划。应急规划是一种重要的规划类型,它是当原定的行动规划被打乱或者无法实施时采用何种替代方案的决定,与之相关的一个概念就是"危机管理"。

二、区域教育规划

区域教育规划有广义、狭义之分。广义的区域教育规划,一是指国际跨区域的国家、地区间组成的联盟(机构、组织等)协定的共同的教育发展规划,二是指各国内部行政区划间跨区域的省(市、区、州、县等)组成的合作组织协定的共同的教育发展规划,三是指各国内部相对于国家层面的省(市、区)地(市)、县(市)等地方各级组织制定的本地区的教育发展规划。狭义的区域教育规划又称地方教育规划,专指国内各省(市、区)地(市)、县(市)制定的其省域、市域、县域的教育发展规划。

(一)国际性的区域教育规划

国际性的跨区域教育规划,形式多样,种类繁多,主要有以下三类。

1. 联合国教科文组织公布的系列性区域教育发展规划

1946年成立以来,联合国教科文组织即致力于"明天的世界需要什么样的教育、科学、文化和传播"等前瞻性研究,组织研究、拟订跨国性的教育发展政策和计划。

2. 经济合作与发展组织(OECD)发布的系列性教育规划

20世纪50年代,OECD就开始关注教育对经济发展的作用,组织制定了《1958—

---

① 曾天山,褚宏启.现代教育管理学[M].北京:教育科学出版社,2014:145

1970年欧洲长期教育计划》以及著名的《地中海区域规划(MPR)》，预估市场国家劳动力的短缺和供给。近年来，该组织陆续开展多项国际性研究，出台区域教育发展规划，且日益重视高教组织(Higher Education Institutions，HEIS)在区域发展中的角色和作用。其下属的高等教育机构管理项目组(In-stitutional Management in Higher Education，IM-HE)开展了"支持高等教育为区域发展做贡献"的活动计划。2000年，OECD策划实施了"学生能力国际评估计划"(Programme for International Student Assessment，PISA)，旨在从质量和均等两个方面评比各参与国的教育成效，共有32个成员国和地区参与PISA的第一次评核周期(PISA2000)。2008年以来，OECD下属的教育研究与改革中心(Centre for Educational Research and Innovation，CERI)陆续推出《OECD展望：高等教育至2030》1、2卷，估测各成员国及相关国家未来20年高等教育发展的趋势和远景。

3. 欧洲联盟(简称"欧盟")通过的各类教育发展规划

1993年欧盟诞生以来，加速了教育发展的一体化进程。1997年，欧洲理事会与联合国教科文组织在葡萄牙里斯本召开会议，推出《欧洲地区高等教育资格承认公约》，简称《里斯本公约》。1998年，法、德、意、英四国教育部长在法国索邦大学聚会，签订了促进四国高等教育体系相互协调的协议，即《索邦宣言》。2004年，欧洲委员会召开会议，研究欧盟教育发展问题，提出了"教育和培训质量成为世界领头羊""建立终身教育体系"等战略目标，并讨论通过了《终身教育整体行动计划(2007—2013年)》，旨在通过终身教育，促进欧盟成为发达的知识社会，促进经济的可持续发展，提供更多更好的工作岗位，增强社会的凝聚力，保护后代的生存环境，加强欧盟教育和培训系统的交流、合作和革新，使其成为世界的典范。此外，《博洛尼亚宣言》是继《里斯本公约》与《索邦宣言》之后区域高等教育改革发展规划的范本。

(二)省际性的区域教育规划

在某些跨省市(或者跨县市)区域内部，以合作互利的方式推动区域教育发展规划，这也是区域教育发展规划制订的一种形式。

20世纪80年代，国内许多省(市、区)际、地(市)际、县(市、区)际地方性、跨区域的教育规划逐步发展起来。20世纪90年代，国家教委将"在全国基本普及九年义务教育，基本扫除青壮年文盲"的"两基"工作划分为东部地区9省市、中部地区12省市、西部地区9省市(当时重庆还不是直辖市)，"三片"地区实施。①

2003年，沪苏浙在上海签订了多项教育合作协议，共筑体制相通、市场开放、政策相容、机制灵活的教育合作大平台。三方教育部门的合作意向包括：建立交流合作的组织和工作机制；共同探索中小学课程教材改革和中学、高考制度改革；鼓励三地高校积极开展校际教学合作，推动学分互认等②。这些协议将逐步推动沪苏浙区域教育的进一步合作与发展。

2008年，国家发展与改革委员会正式公布《珠江三角洲地区改革发展规划纲要(2008—2020年)》，从国家战略的高度，要求珠江三角洲从义务教育、高中阶段教育、职业

---

① 庞超,徐辉.区域教育发展的比较研究:背景、意义与实施[J].比较教育研究,2009(6):22.
② 曹继军:江浙沪启动教育合作机制[N].光明日报,2003-10-14.

教育、高等教育和教育培训、教育改革、教育开放、教育一体化等方面,科学定位教育改革发展的中长期目标,系统规划教育改革发展的未来,先行先试,优先发展,科学发展,将珠三角地区教育的协同发展推向崭新的历史阶段。

2019 年,中共中央办公厅、国务院办公厅印发《加快推进教育现代化实施方案(2018—2022 年)》,提出构建长三角教育协作发展新格局,进一步加大区域内教育资源相互开放的力度。同年底,中共中央、国务院印发《长江三角洲区域一体化发展规划纲要》,强调推动区域教育合作发展。协同扩大优质教育供给,促进教育均衡发展,率先实现区域教育现代化。研究发布统一的教育现代化指标体系,协同开展监测评估,引导各级各类学校高质量发展。依托城市优质学前教育、中小学资源,鼓励学校跨区域牵手帮扶,深化校长和教师交流合作机制。推动大学大院大所全面合作、协同创新,联手打造具有国际影响的一流大学和一流学科。

(三)省市县的地方教育规划

地方教育规划既是国家教育发展规划的重要组成部分,也是地方总体规划的重要组成部分,具有自身的特色。但因地方教育规划起步较晚,编制工作存在条件因素不确定、多元主体利益冲突、教育改革取向有"落差"等问题[①]。

省(市、区)、地(市、区)县(市、区)三级教育规划,是根据中国 31 个省、直辖市、自治区(港、澳、台除外)行政区划而命名的地方性教育规划。相对而言,地、县两级教育规划层次低、范围小、易操作,内容以基础教育、中等职业教育和学前教育、扫盲教育、农民文化技术培训等为主。"八五"到"九五"期间,其规划的重点是普及九年义务教育。"十五"至"十一五"期间,其规划的重点是农村教育。2010 年后,全国 31 个省份相继出台中长期教育改革和发展规划纲要,制定了各自的发展战略。

以浙江省为例,着重介绍省级政府的教育规划。1996 年,浙江省《面向 21 世纪的教育发展战略》提出,从现在起,至 2010 年,浙江的教育改革与发展应达到"规模、结构、效益、质量"协同发展的总体目标。其战略举措是,关注教育类别、结构、层次、机制、体制等的重新选择和定格,实施"积极发展,深化改革,优化结构,合理布局,提高质量,注重效益,办出特色"的战略调整。深入实施科教兴省战略,全面推进素质教育,努力深化教育改革,加快发展各级各类教育。

2000 年,《浙江省教育现代化建设纲要(2000—2020 年)》提出,今后二十年,浙江省要提前基本实现教育思想理念、教育发展水平、教育教学体系、教育条件保障、教育管理水平五个现代化。以邓小平理论为指导,贯彻党的教育方针,全面推进素质教育,深化教育改革,加快教育发展,提高教育质量,建立具有浙江特色、结构合理、充满活力的现代教育体系。坚持以提高国民素质为宗旨,以培养学生的创新精神和实践能力为重点,面向全体学生,形成以素质教育为核心的教育思想体系。依法办学,依法治教,各类教育协调发展,教学质量位居全国前列,建设教育强省,为浙江的现代化建设提供强有力的智力支持和人才保障。

《浙江省中长期教育改革和发展规划纲要(2010—2020 年)》提出,今后 5～10 年,认

---

① 高淮微.我国中小城市区域教育规划编制研究:问题与对策[J].教育发展研究.2016,36(5):11-16.

真落实国家《教育规划纲要》以及国家《长江三角洲地区区域规划》，始终坚持"促进公平、提高质量、实现协调、增强活力、强化服务"的基本方针，加快教育现代化进程，建立更加完善的教育体系，实现更高水平的普及教育，提供更全面的优质教育，形成更广泛的公平教育，构建更有效的教育技术支撑，健全更加开放的教育体制机制。到 2015 年，基本实现教育现代化，教育发展水平位居国内前列。到 2020 年，全面实现教育现代化，建成教育强省，教育主要发展指标达到发达国家平均水平。

宁波市制定了中长期教育改革和发展规划纲要，提出了教育现代化发展目标：即到 2015 年，在全省率先实现教育现代化，教育竞争力水平居于国内同类城市前列。到 2020 年，率先形成学习型社会，教育发展主要指标达到发达国家平均水平。

三、学校发展规划

学校发展规划是学校治理水平的综合体现[1]。它既是一种学校管理方式的更新，又是通过学校共同体成员来制定和实施学校发展综合性方案的过程，是为学校发展提供支持能力，并不断探索学校发展策略，持续改进教育教学质量而进行的管理行动。作为一种有效的管理方式，学校发展规划不仅关注静态的文本，重视动态的操作过程及相关技术的应用，而且强调对学校管理的整体思考，管理方式的改善，关注自下而上、内在发展，通过对学校优势、发展机遇等的剖析，群策群力地谋划学校的共同愿景和发展策略[2]。

（一）学校发展规划的含义

对于学校发展规划（School Development Planning，SDP），学术界还没有形成统一的定义，既有项目组织从工作的角度进行了解释，也有研究者从学理上进行了分析，譬如：西方国家 SDP 项目对学校发展规划的解释是，通过学校共同体成员的共同努力，系统地分析学校的原有基础及学校所处的环境，发现学校的优先发展项目，确定学校的发展方向和教育目标，促使学校挖掘自身的潜在资源，按照本校的价值观，提高学校的管理效能，最终提高学校的教育质量。英国学者哈格里夫（D. H. Hargreaves）和霍普金斯（D. Hopkins）认为，学校发展规划是为了学校的发展、管理变化而采取的必要行动，是对学校发展过程进行描述且更为规范化的一种解释，是施加给学校的一种具有创造性的革新方式。根据布伦特·戴维斯（Brent Davies）与琳达·埃里森（Linda Ellison）的观点[3]，学校发展规划共包含三个层面的交互作用的规划。最高层面的规划是长期的、全面的规划，这种规划使用面向未来的思维方式确立学校的发展方向，对学习的本质及学校的发展均具有巨大作用。第二层面的规划是战略规划，在传统战略规划的基础上，确立了学校发展的战略意向。最低层面的发展规划——实际上应当称为操作性计划——规定：为了实现高层次的发展目标，学校应当具体怎么做。戴维斯与埃里森提出的学校发展规划模型不是等级式的，也不具有循序性，而是具有同步的性质。学校应当在三个层面同时运行，学校校长

---

① 魏峰. 学校发展规划制定的问题审视与改进之道[J]. 中国教育学刊，2017(11)：59-64.
② 楚江亭. 学校发展规划：内涵、特征及模式转变[J]. 教育研究，2008(2)：81-85.
③ Brent Davies，Linda Ellison：Strategic Planning in Schools：An Oxymoron[J]，School Leadership & Management，1998，18(4)，461-473.

和教职员工应当在三个层面上同时展开工作。我国大部分研究者认为,学校发展规划是一所学校根据国家或地区教育发展战略计划的要求,结合自身条件,对学校未来三至五年内要达到的主要目标和发展途径[①],如学校发展目标、发展规模与速度、组织结构、人力资源、办学条件、实施策略等方面所做的安排。

学校发展规划从本质上说是一个学校发展的动态过程,这种过程融计划文本制定于学校发展过程之中,其实是一种循环的发展过程,包括诊断、设计、实施、评价等四个环节。其中诊断指的是校情分析,设计指的是制定文本,实施指的是规划实施,评价指的是对规划实施效果的监测评估。四个环节之间有着紧密的联系,它们之间相辅相成,形成学校发展的循环过程。四个环节的任务都落实了,意味着一轮规划的完成,然后马上进入下一轮规划。把学校发展规划仅仅理解为计划文本的制定,实际上是窄化了学校发展规划的内涵。我们不仅仅要把学校发展规划作为计划文本,还要把它作为一种学校发展的行动过程。如果把学校发展规划等同于"文本",这样的规划就极有可能演变为"纸上规划",它会导致两种不良的后果:一是光追求文本的漂亮,容易出现不切实际、好高骛远的现象。突出体现在规划目标的确定上,不考虑学校的实际情况,出现过分拔高的现象。二是不注重规划的实施。制定学校发展规划,目的是为了推进学校各项改革举措;形成文本规划,目的是为了实施规划。规划要付诸实施才有效果,一份好的学校发展规划其实是"干出来"的。有许多学校把规划当作应付上级政府要求而制定的"文本",仅仅是制定"文本",不注重实施环节。有些学校把学校发展规划当作"抽屉文件""墙壁文件",文本形成了,除了唱高调之外,即把它放入抽屉,不去考虑下一步的实施、调整和自我评价工作。这种现象是学校发展规划项目的"大忌",因为这样的文本仅仅是纸面"文件",仅仅停留在理念层次上,无法真正地得以实施,这样的文本有还不如没有。[②]

(二)学校发展规划的研究

自 20 世纪 90 年代以来,国内关于学校发展规划的研究较为丰富,主要集中在国外学校发展规划理念与实践、国内学校发展规划的现状与问题、学校发展规划相关理论与方法等方面[③]。

1. 学校发展规划的价值

从价值取向上看,学校发展规划形成了"成人""成事"与"成文"三种基本的价值取向。"成人"取向的学校发展规划是把学校发展规划当作促进人的发展的方式或手段,在学校发展规划的制定与实施过程中,关注学校每一个人的发展,把促进个人对自身价值的追求与实现看成学校发展规划的目标。"成事"取向的学校发展规划把学校发展规划的制定与实施看成学校日常工作要完成的任务之一,认为规划做完了事情也就做完了,任务也就完成了。在这种价值取向指引下,学校发展规划比较关注学校事务的发展。"成文"取向的学校发展规划仅仅把学校发展规划当作一种文本,通常情况下是为了应付上级部门检查

① 张新平,褚宏启.教育管理学通论[M].北京:高等教育出版社,2012:283.
② 陈建华.论学校发展规划的局限性[J].教育发展研究.2015,35(10):20-25.
③ 闫温乐,陈建华.校长专业标准视野下的学校发展规划——基于上海 196 位初中校长调查问卷分析[J].现代教育管理,2018(3):36-41.

而打造出来的,只是表明学校有"规划"的事实,而不考虑其他价值。从价值内容上看,研究认为学校发展规划不仅有助于转变教育管理思想、凝聚力量、指引学校发展方向、分析诊断学校发展中存在的问题,而且对促进教育管理体系的完善与发展,深化基础教育改革,促进学校整体的发展与变革,促进校长、教师和学生等人的成长与发展,均有重要作用。

2.学校发展规划的主体、内容、过程和方法

第一,学校发展规划的主体。多数研究都认为学校发展规划主体是一个多层次、多渠道的合作团队,包含以校长为首的学校领导、教师代表、学生代表、规划专家团队、教育行政领导、社区人士以及家长代表等。第二,学校发展规划的内容。学校发展规划主要包括学校发展规划的基础与愿景、理念与目标、核心要点以及保障系统等五大方面。英国中小学学校发展规划的内容还具体包括学校课程、教师发展、学生辅导和训育等核心部分,以及招生、管理结构与方法、物质和财力资源等辅助部分。第三,学校发展规划的过程。学校发展规划是一种目标导引的领导方法,是一种全员参与的管理方式,更是持续推进学校改进的行动过程。从行为过程的整体构架上来看,可以将规划分为DPDE四个环节,即D(diagnose,诊断)、P(plan,设计)、D(do,执行)、E(estimate,评估)。诊断是基础,必须规避目前学校发展规划文本中的不足,利用SWOT工具诊断分析,明晰学校发展需要优先解决的问题;规划文本的设计是关键,必须始终关注愿景、文化、时机这三个要素;执行是重点,评估是保障[1]。第四,学校发展规划的方法。虽然学者提出的涉及学校规划的技术方法较多,如社区环境的PEST认识、学校现状的SWOT分析、发展线、社区资源分类、问题排序和学校发展展望等[2],但对学校发展规划方法的研究并不多。其中,一位研究者以案例分析的方法,对学校发展规划的目标分解型、组织学习型、专家参与型等三种规划方法进行了解析,并讨论了不同规划方法的特点和存在的问题[3]。

3.学校发展规划存在的问题

伴随着基础教育事业的发展,学校管理专业化水平不断提升,学校发展规划日益受到重视,从城市里的优质学校到普通的乡村中小学、幼儿园都纷纷制定发展规划。不可否认,在一些优质学校,学校发展规划甚至会超前于教育理念和教育政策,引领学校发展。但是,对于大多数普通学校而言,学校发展规划从制定到执行都存在诸多问题[4],例如,对学校发展规划内涵认识不到位,规划理论基础相对薄弱,规划文本制定过程中存在不足之处,规划设计与规划实施之间存在落差,"经验至上"的规划方式等[5]。从理念上看,不仅存在着对优质教育理解偏颇、办学理念空洞、特色发展不突出等问题,而且存在着规划价值不清、定位模糊等问题。从过程和内容看,主要表现为规划的制定脱离学校实际、缺乏规划起点,学校发展规划过程缺失,目标选择宽泛且不全面,学校发展规划愿景缺少共同

① 孙军,程晋宽.学校发展规划的理论构架分析[J].现代教育管理,2012(11):34-40.
② 楚江亭.学校发展规划:内涵、特征及模式转变[J].教育研究,2008(2):81-85.
③ 童康.学校发展规划研究[D].上海:华东师范大学,2002:33-55.
④ 魏峰.学校发展规划制定的问题审视与改进之道[J].中国教育学刊,2017(11):59-64.
⑤ 陈建华.论学校发展规划的局限性[J].教育发展研究.2015,35(10):20-25.

认可的基础,规划内容繁多且琐碎,重点项目不突出,特别是没有将学生和学生的学习作为战略要素放在规划的核心地位;存在着"理性"规划理念与"非理性"实践、学校自主发展与传统管理模式等冲突。从主体看,存在着校长变动频繁、权力过于集中、对规划调整及后续规划思考不当;教师对学校发展规划的认同程度不高、在学校发展规划工作中适应能力不强、青年教师事业心不足以及家长参与意识较弱,家长参与学校发展规划工作的制度不健全、家长参与能力有限等。从环境因素看,存在着政府和上级教育行政部门对学校管束过多过严、教育督导部门对学校规划执行的监督与辅导欠缺、学校内部的民主氛围薄弱等。基于此,学者们提出了相关改进之道:学校管理者增强主动规划的意识;以学习和研究提升学校发展规划制定的能力;吸纳学校组织成员和利益相关者的智慧;以规章制度保证学校发展规划的权威性[①]。

第三节　教育规划的管理

规划管理一般由战略规划制订、实施、评价三阶段构成,每个阶段又由若干个小步骤按序组成。教育规划的管理是由教育规划的预测、决策、制定、执行、评估、反馈、调整、领导、变革等环节构成的连续统一体,是一项程序性、过程性的实践活动,是一个确定目标任务、审视内外局势、选择实施战略、探寻战略路径、形成战略规划、制定实施方案、实施战略领导、评价实际效果的过程,也是一个不断循环、变化、调整的系统。

一、教育规划的程序

教育规划过程具有政治选择性、变量复杂性、系统全局性、高度专业性和广泛民主性等特征。下面以预测和决策为基础,着重阐明教育规划制定、实施和评价三个基本环节。

预测是指分析影响教育的因素,研究教育发展的形势,估测教育发展的趋势,确立教育发展的目标,探索教育发展的未来状态等,从而为教育战略决策提供预测依据。决策是战略规划的首要职能。1978 年,赫伯特·西蒙(Herbent Si-mon)提出"管理就是决策"的经典名言。战略决策经历了个人决策—经验型决策模式、集团决策—综合知识型决策模式、系统决策—职能型决策模式三个阶段。教育战略决策是对教育发展的重大目标、行动方案、实施步骤进行比较、论证、选择、确定的行为过程,也经历了 20 世纪 50 年代前后经验决策与科学决策两个阶段。

预测和决策是教育规划制定的前提性条件和基础性依据。规划制定是教育规划管理的第一步,包括分析组织环境、确定发展目标、选择实施战略、有效配置资源。规划实施是教育规划管理的第二步,是对战略规划的具体化与操作化,也就是将教育规划的总目标分解为年度目标和专项目标,制定政策,出台措施,贯彻执行规划。这既是将战略规划的内容转变成现实的过程,又是不断调整、改进、完善战略规划本身的过程。规划评价是教育

---

① 魏峰.学校发展规划制定的问题审视与改进之道[J].中国教育学刊,2017(11):59-64.

规划管理的第三步,是对教育规划的内容、实践和结果进行价值分析和评估,并根据环境变化而进行相应调整与修改,改进贯串教育规划的全过程。

二、教育规划的制定

（一）教育规划制订的原则

1. 客观性与主观性的统一

教育规划是教育发展规律的反映,既要适应社会发展,又要适应人的发展,既要服从物质文明建设,又要服从精神文明建设。"自然选择与适应进化论"的代表人物伊丹敬之认为,战略规划应与各因素自身规律相适应。教育的发展归根到底是由社会生产力发展水平决定的,生产力是包括教育在内的人类实践活动的物质基础。在教育发展过程中,社会生产提供多少社会劳动,不是人的主观意向能决定的。教育发展规划应保持与生产力发展的水平相适应。同时,教育的本质在于育人、促进人的发展、促使个体社会化、助推社会文明化,而人的发展、人才的成长、人类的延续有着自身的规律,教育发展规划应遵循人口增减和人的身心发展的自然规律。另一方面,教育规划毕竟是主观意向的产物,既要阐明理念性和精神性的战略思想、指导原则和主要方法,又要阐述整体性和总纲性的战略对策、步骤和措施,并进一步细化为操作层面的策略与方案。关键在于,教育战略规则是规划主体观点、意愿和理想的集中体现,具有典型的主观性。教育规划是客观规律与主观意志的有机结合。

2. 现实性与长远性的统一

教育规划是建立在对教育发展形势及教育组织内部资源的综合分析之上,用于指导教育事业进一步发展的纲领性文件。安德鲁斯（K. Andrews）认为,战略规划的重点在于统筹考虑组织的外部环境与内部能力,综合分析组织的优势、劣势及机遇与风险,并通过评估决定机会与资源的最佳匹配。伊丹敬之也提出,战略规划要以现状为前提。根植于现实的土壤,是教育规划的本质特征。教育规划的制定、实施和评价都必须基于对现有教育基础、环境、资源等主客观条件的系统盘点,现实性既是其立足点,又是其出发点。另一方面,教育规划是组织在较长时期内具有定向功能的发展目标及其实施举措的战略安排,是对教育未来趋势的科学预见和创新思考。避免盲目短视、急功近利,同样是教育规划的基本要求。教育发展并不是一种匀速直线运动,而更多地呈现周期性特点。例如,人口消长的周期性变化及队列效应等都会对教育产生周期性的影响,初等教育规模和速度的变化会周期性地传递到以上各级教育发展的规模与速度。教育又是一项长期性的活动,人才的培养与成长具有滞后性、迟效性特征,教育规划应该反映这种周期性和长期性,从战略高度处理好长期利益和短期利益的关系,立足现实,着眼长远,指向未来,促进教育事业的可持续发展。

3. 稳定性与适应性的统一

教育规划是兼顾各方利益、协调各方关系、综合各方意见而形成的顶层设计和擘画,是基于教育现状的发展蓝图,也是整体框架性的教育行动指南。教育规划的研拟、制定、审议、发布,须经过一系列组织和法律程序,一经颁定,即具有法制意义,在育发展总目标及其大政方略没有实现之前,除非客观形势发生巨大变化,其核心价值与意图一般不会随意变更,战略稳定性是其最基本的特性。另一方面,以詹姆斯·奎因(J. B. Quinn)、亨利、明茨伯格(Henry Mint-zberg)、伊丹敬之、威廉姆·吉尔斯(William Giles)、彼得·圣吉(P. Senge)等为代表的环境适应学派,包括自然选择与适应进化论、逻辑改良主义、学习组织论等分支,都十分注重依据环境的波动程度,制定或调整最合适的战略规划。安娜蓓尔·碧莱尔也认为,一个不能从事适应性工作的组织,不会得到蓬勃发展。教育组织是开放性的,其内外环境既复杂多样,又动荡多变,具有不确定性。由于教育规划覆盖的时限长,少则三五年,多则十年八年,甚至二三十年,其战略意义十分明显,因而教育规划更加强调教育系统与环境变化的协调关系,以变应变,因变制变,提升教育组织的动态适应与持续发展能力。教育规划是稳定与发展、静态与动态、变与不变的有机结合。

专栏 7-1

《国家中长期教育改革和发展规划纲要(2010—2020 年)》起草过程

2008 年 8 月 29 日,温家宝主持召开第一次科教领导小组会议,组成由 14 个部门参加的教育规划纲要领导小组和工作小组。《教育规划纲要》研究制定工作正式启动。2010 年 4 月 15 日,国家科教领导小组第二次会议审议并原则通过《教育规划纲要》;5 月 5 日,国务院常务会议审议并原则通过《教育规划纲要》;5 月 27 日,胡锦涛主持中央政治局常委会,审议并原则通过《教育规划纲要》;6 月 21 日,胡锦涛主持中央政治局会议,审议并通过《教育规划纲要》。

为研究制定《教育规划纲要》,工作小组办公室组织由 500 多位专家学者参加的 11 个重大战略专题组和 100 多位各领域高层次专家组成的咨询组,开展广泛深入的调查研究,了解掌握情况,聚焦重点难点。两年间,先后在境内外召开各种类型座谈会、研讨会 1800 余次,参与人员 35000 余人次。其中,刘延东主持召开的调研、咨询、征求意见和文本修改会 60 余次,主持召开工作小组会议 10 次。重大战略专题组开展 11 个战略专题、36 项子课题调研;工作小组各成员单位、各省(区、市)和 80 多所高校展开全面调研;8 个民主党派中央、4 个社会研究机构、6 个教育学会平行调研;驻外 60 个教育处组进行国际调研;委托联合国教科文组织、欧盟等国际组织开展比较研究。同时,部署东中西部 9 省(区、市)开展分区域规划研究,组织开展学前教育、义务教育、高中教育、职业教育、高等教育、继续教育、民办教育分领域规划研究。针对人民群众关心的 20 个热点难点问题,组织力量进行深入调研和讨论。整个调研阶段形成 500 多万字的报告。在调查研究工作的基础上,经过顶层设计、文本初稿起草和反复论证修改,包括 40 多轮大的修改,最终形成了《教育规划纲要》。

《教育规划纲要》的研究制定先后两轮面向社会公开征求意见。第一轮从 2009 年 1 月至 2 月,侧重问需于民,各界人士通过各种渠道发表看法 210 多万条。第二轮从 2009 年 2 月 28 日至 3 月 28 日,针对《教育规划纲要(征求意见稿)》文本公开征求意见,侧重问计于民。第二轮公开征求意见过程中,纲要起草组共收到意见、建议 2.79 万条;通过社会网络媒体共收集评论意见约 249 万条;中央主要新闻媒体累计刊发相关报道 1200 多篇。

《教育规划纲要》的研制过程充分体现了以下特点:把满足人民群众愿望与遵循教育规律相结合,把立足国情与借鉴国外有益经验相结合,把广纳群言与深入调研、专家咨询相结合,把听取教育系统意见与听取社会各方面建议相结合,把充分讨论与凝聚共识相结合。最终使《教育规划纲要》文本得到社会广泛认同和充分肯定。

【资料来源】《教育规划纲要》工作小组办公室.教育规划纲要学习辅导百问[M].北京:教育科学出版社,2010:4-5.

(二)教育规划制定的过程与方法

编制规划是教育规划管理的起始和核心环节。战略规划一经制定,即具有相对的严肃性与稳定性,但制定过程及至完成之后,仍处于持续不断的改善与完善之中,继而进入下一个循环过程。教育规划的编制,大致分为组建编制队伍、建立工作流程和教育规划资料库、确定规划参数和建立数学模型、拟定规划草案、论证评估规划、规划决策六个步骤。

教育规划的编制有多种方法,如人力需求法、社会需求法、投资收益分析法、回归分析法、模型建构法、系统分析法、教育类型法、SWOT 分析法、PERT 分析法[①]、PEST 分析法[②]等。不同的教育规划,目的和任务不同,所运用的方法和技术也不相同。下面简要介绍一下 SWOT 分析法在教育规划编制中的应用。

SWOT 分析法,又称 SWOT 矩阵或态势分析法,或称"优势—弱势—机会—威胁"(Strengths-Weaknesses-Opportunities-Threats)分析模型,是一种综合评价组织内外发展环境、选择最优化目标和战略的方法。20 世纪 80 年代初,美国旧金山大学海因茨·韦里克(H. Weihrich)将其应用于战略规划领域,并界划为基本面分析、辩证法分析、程度(概率)分析三个层次和 SW 内部分析、OT 外部分析两个部分及 SO 战略、WO 战略、ST 战略、WT 战略四种战略。1991 年,美国佛罗里达州立大学罗格·卡夫曼(Rrger Kaufman)和亚拉巴马州立大学杰理·哈尔曼(Jerry Herman)推出《教育战略规划:新思考,新构建,新活力》的权威版本,将 SWOT 分析法引入教育规划的编制。

SWOT 分析在教育规划编制的实践中得到广泛应用。其核心技术在于,通过对教育发展的外部机遇和挑战、内部优势和劣势在十字图表中的有序排列、匹配、对照、辨析和评价,即依据一定的次序,按照通用的矩阵,优先列出对教育发展有直接、重要、迫切、久远影响的因素,将间接、次要、缓慢、短暂的影响因素排在后面,在 SWOT 分析图上进行定位,或分别填入 SWOT 分析表,从而形成科学的教育规划。按照美国成功学大师安东尼·罗宾斯的"成功=明确目标+详细计划+马上行动+检查修正+坚持到底"万能成功公式,明确目标方向是其第一步,继而是对内外环境变化进行分析,评估教育自身的长短优劣,

---

①　PERT 分析法又称计划评审法,Program/Project Evaluation and Review Technique。

②　PEST 分析是指宏观环境的分析,综合分析组织所面临的政治(Political,P)、经济(Economy,E)、社会(Society,S)和技术(Technology,T)等四个因素。

确认教育组织的核心能力和关键限制,优化组合教育系统的资源,找寻教育发展的机会,防止和化解种种存在的威胁和潜在的风险,选择实现目标的战略,提出实施战略的计划,采取实施计划的行动,从而成功实现战略规划的目标。

专栏 7-2

《中国教育现代化 2035》起草过程

教育现代化文件起草工作 2016 年初启动,历时两年多时间,王沪宁同志多次对文件起草作出指示批示,孙春兰同志多次就相关工作进行具体部署。主要开展了以下工作:

一是贯彻中央精神。深刻学习领会习近平新时代中国特色社会主义思想和习近平总书记关于教育的重要论述,系统学习党的十九大和十九届二中、三中全会、全国教育大会精神,认真总结党的十八大以来在以习近平同志为核心的党中央坚强领导下教育改革发展取得的历史性成就,深入贯彻中央关于未来发展特别是教育改革发展的战略部署,努力将中央精神和国家战略贯彻落实到文件中。

二是组织专题研究。组织专家对未来经济社会和教育发展趋势、人口结构变化等开展前瞻性研究,邀请世界银行、联合国教科文组织提出政策建议。对各级各类教育发展目标进行测算论证,为文件起草提供了有力支撑。

三是深入开展调研。教育部党组成员带队分赴各地开展调研。广泛征询了企业家、专家学者、各省(区、市)分管教育的负责同志以及部分高校书记校长的意见建议。系统收集分析全球主要国家最新教育战略,赴联合国教科文总部召开中国教育现代化国际咨询会,听取经合组织意见,分析研判全球教育改革发展趋势。

四是广泛征求意见。两个文稿多次征求了相关部门和地方的意见,其中《中国教育现代化 2035》还广泛征求了中央党政军群有关部门,人大、政协机关,民主党派中央、有关高校及部分党的十九大代表、全国两会代表委员、专家学者的意见建议。有关部门和地方积极参与,协同研究。书面征求了全国教育大会与会代表意见。对各方提出的意见建议,都进行了认真研究并予以充分吸收。

【资料来源】新华社.绘制新时代加快推进教育现代化建设教育强国的宏伟蓝图——教育部负责人就《中国教育现代化 2035》和《加快推进教育现代化实施方案(2018—2022 年)》答记者问[N],人民日报,2019-02-24.

(三)教育规划的文本

教育规划以文本作为载体,以文件形式呈现。正式的文本,在内容、形式、结构、图表、文种、体裁等方面具有一定的标准、规范和要求,通常以文字为主、表格为辅。优秀的文本是一种致力于谋划全局、谋划根本、谋划重点、谋划长远的创造,或者说是战略的构想、规划思维、目标设计、蓝图绘制、价值指向、策略谋划、行动方案、重点工作、重大举措、特色创新等综合性、创造性的体现。

　　国内外各类教育规划文本各具个性与特色。一般情况下，国外及中国港、澳、台地区的教育规划十分重视理念、使命、愿景、核心价值观以及社会责任等内容的阐述，其文本主要由标题、导言(规划摘要)、基本情况、理念及愿景、开发战略能力、策略、核心价值与目标、战略挑战、战略前景、战略措施、实施与监控、结束语、附件等部分组成。国内各级各类教育规划的文本，一般由标题、序言或前期工作总结、现状分析、指导思想和发展思路、工作方针、战略目标和任务、战略措施与保障、实施、结束语等内容构成。

　　从标题看，国外许多教育规划都配有凝练而富有感召力的题目。例如，1983年美国高质量教育委员会发表的《国家处在危机中：教育改革势在必行》报告，2002年美国总统乔治.W.布什(George Walker Bush)签署的《不让一个孩子掉队》教育改革法案，美国爱荷华州立大学"2005—2010年规划"的《前瞻思维》标题，美国中佛罗里达大学"2002—2007年规划"的《通向卓越之路》标题，美国杜克大学"2006年战略规划"的《与众不同》标题，等。相比之下，中国教育规划大都冠以《××中长期教育发展规划纲要(××—××年)》《××"十二五"教育事业发展规划》等之名，或专项的《××高等教育(义务教育、基础教育、职业技术教育、学前教育等)发展规划》等之名，或单项的《××校园(学科、专业、师资、文化等)建设规划纲要》等之名，显得朴素平实，但相对空泛。"十二五"规划文本有所突破，在体例上采取了正文加专栏的形式，共设立了32个专栏。规划正文主要阐明发展改革思路，专栏集中表述教育改革和发展具体政策措施，是对规划正文部分的补充，突出规划的行动性和可操作性。

　　从结构看，国外教育规划文本的目标和措施是同步阐述的，即阐明一个战略目标马上跟随具体的战略措施。国内教育规划文本的目标和措施是分述的，即先概述目标，再叙述措施。国外教育规划文本重视核心价值观的阐述，国内教育规划文本重视指导思想的阐述。国外教育规划设立的战略目标相对专一而针对性强，国内教育规划确立的目标既包括中长期和近短期目标，又包括总体和具体目标等，仿佛一棵"目标树"，涉及面广、涵盖度高，但相对庞杂。

三、教育规划的实施与目标管理

　　实施教育规划，首先要建立规划实施的保障系统，如成立组织领导机构，完善并出台相关规章制度和加强规划实施的组织与领导等；然后就要开展落实规划的具体措施，如教育规划实施的宣传，组织教育规划实施的专项培训，分解教育规划的目标任务和制定教育规划实施的行动计划等。在教育规划实施的过程中有个常用的管理工具可以借鉴——目标管理。

　　(一)目标管理的基本思想

　　目标管理(Management by Objectives，MBO)是由美国著名的管理专家德鲁克在1954年发表的《管理实践》一书中提出的一种管理方法。这种管理方法提出后，逐步发展成为许多西方国家组织普遍采用的一种系统地制定目标，并据此进行管理的有效方法。

中国于 20 世纪 70 年代末引进了这一方法，并运用于企业管理，取得了明显的效果[①]。

概括地说，目标管理是一种综合的以工作为中心和以人为中心的系统管理方式。它是在一个组织中由上级管理人员会同下级管理人员以及员工一起来共同制定组织目标，并将其具体化展开到组织的每个部门、每个层次、每个成员，与组织内部每个单位、部门、层次和成员的责任成果密切联系，明确地规定每个单位、部门、层次和成员的贡献和奖励报酬等一套系统化的管理方式。

目标管理，在指导思想上，以 Y 理论为基础（Y 理论认为，在目标明确的情况下人们能够对自己负责）；在具体方法上，则是科学管理理论的进一步发展，它最早的目标管理仅是对组织成员进行业绩考核、行为激励的一种手段，最近的发展则是把组织的战略计划等均纳入目标管理之中，如组织结构设计、流程改造、文件管理和创新开发等都成为目标管理体系之中的内容。也有目标管理研究者认为，目标管理是一个管理领导系统，是一个组织有效运作的管理体系，而不能把目标管理看作组织的一种附加的管理职务[②]。由此可见，目标管理有四个特点：(1)组织目标是共同商定的，而不是上级下指标、下级提保证；(2)根据组织总目标来决定每个部门和个人担负什么任务、责任及应达到的分目标；(3)以这些总目标和分目标作为组织部门和个人活动的依据，一切活动都是围绕着这些目标而展开的，将履行职责与实现目标紧密地结合起来；(4)对个人和部门的考核和奖惩以目标实现情况为依据。

（二）目标管理的过程

目标管理是通过一个过程来实现的。这一过程可以分为三个阶段：目标的制定与展开阶段、目标实施阶段和成果评价阶段。这三个阶段形成了一个循环过程，如图 7.1 所示[③]。

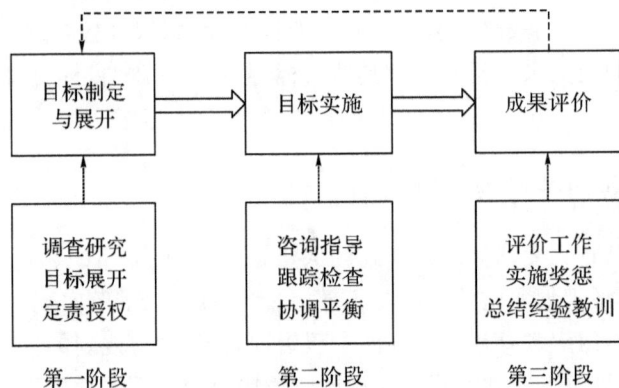

图 7.1　目标管理过程

1. 目标的制定和展开

目标的制定和展开是实施目标管理的第一阶段，也是最重要的阶段，如果目标设置合

---

① 邢以群.管理学[M].4 版.杭州:浙江大学出版社,2016:107
② 陈劲.管理学[M].北京:中国人民大学出版社,2010:96.
③ 《管理学》编写组.管理学[M].北京:高等教育出版社,2018:111-112.

理、明确,那么后两个阶段就容易了。目标设置可细分为四步,如表 7.1 所示①。

表 7.1 目标的制定与展开过程

步骤	说明
最高层管理者预定目标	目标的制定一般是先由高层管理者通过对组织内外部环境的分析,提出组织发展规划,初步确定组织今后一定时期内发展方向、期望的目标和要完成的主要任务,然后和下属进行讨论、修改、确定
重新审议组织结构和职责分工	目标管理要求每一个目标都有人负责,因此在预定目标后,要重新审视现有的组织结构,做出相应的必要变动,以明确职责,使每一个目标都有明确的责任部门和责任人
共同确立下级目标	向下级传达和明确组织的规划和目标,在此前提下和下级商定他的目标,共同讨论下属能做什么、有什么困难、需要什么帮助。目标确定的结果应是下级目标支持上级目标、分目标支持总目标,形成上下衔接、切实可行的目标体系
上下级进行协商并达成协议	上下级就实现各项目标需要的条件及达成目标后的奖惩事宜达成协议,并由组织授予下级相应的支配人、财、物等资源的权力。双方协商后,由上下级签署书面的目标责任书协议。组织汇总所有资料,绘制出目标图

2. 目标的实施

目标管理在实施阶段强调自主、自我管理,但这并不等于达成协议后管理者就可以放手不管,相反,管理者要利用双方经常接触的机会和正常的信息反馈渠道对工作情况进行检查。同时要加强对下级的指导和帮助,做好基础管理工作,完善必要的规章制度,形成日常工作靠规章制度、业务工作靠目标管理的工作模式。

3. 总结和评价所取得的成果

到预定的期限后,由下级提出书面总结报告,上下级再一起对目标完成情况进行评估考核,并根据考核结果按协议决定奖惩。目标管理以制定目标为起点,以考核目标完成情况为终结。也就是说,它所考核的对象是成果,成果是评价工作成效的唯一标准。不能目标是一套,考核又是另一套。考核的标准、过程、结果应当公开,以产生宣传、鼓励先进,鞭策、帮助落后的效果。下属对考核结果如有意见,应允许申诉,并认真加以处理。

(三)目标管理的优劣

组织创新和管理创新是组织管理的永恒主题。随着组织的发展和管理的进步,管理者需要克服目标管理在组织管理中的思维惯性,在组织的发展过程中不断运用新的维度空间对目标管理在组织中的适用性进行分析,与时俱进地发展目标管理的理论与方法。②

1. 目标管理的优点

在目标管理中,由于员工参与目标的设置,并有充分的自主权,下属更愿意投入实现组织目标的过程中去。目标管理为员工提供了明确的行动目标、自主工作和创新的组织

---

① 邢以群.管理学[M].4 版.杭州:浙江大学出版社,2016:109
② 许一.目标管理理论述评[J].外国经济与管理.2006(9):1-7.

氛围以及明确的奖惩标准,使员工对工作的满意程度提高。目标管理的优点主要包括:使员工知道他们所期望的结果;通过使管理人员制定目标及其完成目标的时间帮助计划工作的开展;改善了上下级的沟通;使员工更加清楚地明白组织的目标;通过注意对具体业绩的评价,使评价过程更为公正合理;使员工了解到他们的工作完成状况,直接关系到组织目标的实现。

2. 目标管理的缺点

目标管理也存在一些局限性。第一,在实施过程中,具体环节的操作比较困难。没有大量甚至反复的工作,目标管理就不可能达到应有的效果。特别是目标的设置,可考核的目标往往是很难确定的:有些目标会随年度不同而变化,另一些目标则可能难以量化。要让上级和下属最终都能接受目标,制定目标时经常出现讨价还价的现象。第二,容易导致管理者强调短期目标,不利于长期目标的完成。在实行目标管理的许多组织中,管理人员为了便于明确目标,往往愿意设置短期目标,很少超出一年。这就导致了员工看重眼前利益的行为,甚至还会产生急功近利的倾向,对组织长期目标的实现不利。第三,需要注意目标停滞的危险。一旦进入目标的实施阶段,目标的改变就非常困难。因为改变目标易打乱目标体系,管理人员只有重新征求有关部门和员工的意见才能进行。而目标的高低又与奖惩挂钩,涉及部门、下属的切身利益。所以此时目标的调整,困难往往比较大。为了避免不必要的麻烦,尽量不做目标调整,以求目标稳定,员工情绪稳定。[①]

鉴于上述分析,在实际中推行目标管理时,除了掌握具体的方法以外,还要特别注意把握工作的性质,分析其分解和量化的可能;提高员工的职业道德水平,培养合作精神,建立健全各项规章制度,注意改进领导作风和工作方法,使目标管理的推行建立在一定的思想基础和科学管理基础上;要逐步推行,长期坚持,不断完善,从而使目标管理发挥预期的作用。例如,目标管理对大学可以测量、分解的目标会带来较好的效果和绩效,特别是对任务清楚、责任明确、分解清晰、易于操作的工作。对于一些任务模糊、分解困难、不易操作的团队工作、服务工作、人才培养工作等,实施目标管理会有一定的困难。目标管理是一种管理理念和方法,大学要与自身精神文化和实际相结合,与以人为本相融合,与民主治校相依托,在探索中不断实践,在实践中勇于创新,才能保证大学目标管理工作真正促进学校。[②]

案例分析

SDP 项目的实施与 JN 县薄弱学校的改进

JN 县是甘肃省西部地区的一个贫困县,该县不仅自然条件恶劣,经常受干旱、冰雹、地震等自然灾害影响,而且经济条件较为落后,教育发展极为缓慢。全县共有各级各类学校 130 多所,其中有项目学校 15 所,项目学校都是农村贫困地区最为薄弱的中小学,包括

① 《管理学》编写组.管理学[M].北京:高等教育出版社,2018:114-115.
② 李海.大学实行目标管理的有限性分析[J].高教探索.2013(6):40-44.

小学、初中和高中各 5 所。在 SDP 项目实施之前，15 所学校教育理念陈旧、师资力量薄弱、办学资源短缺，与城市学校存在着很大的差距，这一情况严重影响了基础教育的普及范围和质量提高。自从 2001 年国家教育部引进并首先在甘肃等西部省区项目县开展"学校发展规划"试点工作以来，JN 县成为了 SDP 项目实施的首批实验县之一。经过几年的发展，在教育行政部门的领导下，在项目专家的专业指导下，在学校全体人员的自主努力下，JN 县基础教育取得了显著进步，学校办学水平有了明显提升。

为推进 SDP 项目的实施，JN 县主要开展了以下几方面的工作。一是成立项目领导小组。领导小组由教育局长为组长，副局长、副书记为副组长，财务科、教研室、办公室负责人为成员组成，它的成立为 SDP 项目的实施提供了行政支持和政策保障。二是注重对县教育局和项目学校相关领导进行培训。JN 县多次派出教育局领导和项目学校校长参加国家、省、市组织的 SDP 专项培训。近年来，先后参加各类培训的教育局领导和学校校长近 200 人。三是加强对 SDP 项目实施的领导与支持。不仅从区域层面加强了对所有学校项目的统筹规划，而且邀请了相关人员对每所学校的 SDP 方案进行了咨询论证，使各校的规划进一步科学化。同时，还为所有学校 SDP 的实施提供政策、人、财、物及技术上的扶持。四是多次邀请国家和省、市项目专家走进项目学校，对各校实施 SDP 项目进行诊断和现场指导。开展 SDP 专题讲座 40 多场，为项目学校 SDP 的实施提供了有力指导。五是借助宣传车和媒体，在全县对 SDP 项目的实施进行了宣传，为项目的实施赢得了社会和社区的支持。

SDP 项目实施 5 年以来，15 所项目学校都发生了相当大的变化。这主要表现在四大方面：一是消除了项目学校的危房，解决了校舍紧缺的问题，办学条件得到改善，学校校舍基本实现砖瓦化和楼房化。城乡学校的办学差距缩小了，学校的教育教学质量提高了。二是学校管理理念发生了转变，学校管理水平得到了提高。项目的实施对学校管理工作起到了很好的指导作用，使学校的管理更具人性化。由于学校在制定规划时能广泛征询社区成员、教师、学生、家长对学校发展、学校管理的意见和建议，使得学校的管理更符合广大群众的意愿，更加体现了人文关怀和民主管理理念。三是广大教师的教育教学观念发生了很大变化，教师以主人翁的身份积极参与到学校的管理之中，为学校的发展献计献策，他们的主人翁意识和工作责任心明显增强了。四是赢得了社区的关心和拥护。项目实施之前，社区群众从来不关心学校的发展，认为学校办学是政府的事情，是教育部门的责任。项目实施之后，社区群众的观念和行为都发生了显著变化，他们不仅从思想上认识到学校发展是社区发展的重要内容，而且从行为上为学校教育教学工作的改进提供了实际支持。

【资料来源】张新平，褚宏启.教育管理学通论［M］.北京：高等教育出版社，2012：400.

思考题

1. 从区域层面实施 SDP 项目来看，教育行政部门与学校分别扮演着什么样的角色？
2. 从县域的角度实施 SDP 与在学校内部实施 SDP，主要存在哪些区别？
3. 你认为 SDP 项目的实施与薄弱学校的改进存在着什么样的关系？

第八章 学校组织结构与创新

当管理者制定计划、做出相应战略决策之后，需要通过组织来执行。这就要求管理者按照组织目标和计划所提出的要求，设计出合理的、高效的、能保证计划顺利实施的组织分工协作体系，合理安排和调配各种资源以保证计划和组织目标的顺利达成。此外，在管理学界对于创新管理相关理论不断地演进的过程中，作为创新管理的重要组成之一，组织创新已经开始得到越来越多管理者的重视。

学校管理是伴随学校教育的产生而产生的，是为了提高学校教育的有效性而对学校资源和事务进行组织安排的活动[①]。学校组织理论是在一般组织理论[②]基础上，通过对其吸纳而发展起来的。学校的组织结构与创新既要遵循组织与管理的一般原理，又要深入分析和理解学校组织的性质特点。[③]

第一节 组织及组织结构设计概述

一、组织的定义

"组织"在中文里是一个动名词。作为动词，"组织"是管理的一种职能，甚至是管理的代名词。不论多么简单的工作，只要需要两个以上的人共同劳动，都会产生组织问题。显然，为了一个共同目标而走到一起的一群人，为了使每个人都能以适当的方式提供目标活动所需要的贡献，首先需要进行劳动分工，然后需要对他们的分工劳动进行协调。动词属性的组织是本教材将要展开讨论的管理的一个基本职能。作为名词，"组织"是指一群人的一种相对稳定的集合。人类在适应、征服和改造自然的实践中早已意识到集体活动可以实现人们孤立工作无法取得的成果，因而人类的大多数活动都以某种方式有组织地集体进行。由若干个人组成的集合体，如果他们在一定的时期内相对固定地集中在一起从事某种活动，就会形成某种社会组织。因此，组织是指一群人为了实现某个共同目标而结合起来协同行动的集合体。[④]

---

① 萧宗六,余白,张振家.学校管理学[M].5版.北京:人民教育出版社,2018:2.

② 一些代表性的组织理论包括:科学管理理论、行政管理理论、人际关系理论、人力资源理论、系统理论、质量管理理论、组织文化和领导理论等。参见:汤普金斯.公共管理学说史:组织理论与公共管理[M].上海:上海译文出版社,2010:4-7.

③ 张东娇,程凤春.学校管理学[M].北京:北京师范大学出版社,2014:83.

④ 《管理学》编写组.管理学[M].北京:高等教育出版社,2018:19.

根据理查德·斯科特(W. Richard·Scott)杰拉尔德·戴维斯(Gerald F.Davis)的研究,关于组织的定义主要有三种视角——理性系统、自然系统和开放系统[①]。

理性系统视角的定义:组织是意在寻求特定目标且具有高度正式化社会结构的集体。这个定义不仅强调组织的独特性,同时也关注它们的规范结构[②]。该定义代表目前组织研究领域占据主导地位的理论视角,不仅引导着多数组织理论学者的研究工作,同时也自觉或不自觉地被现实世界中大多数管理者和其他实践者接受。此外,这个定义发挥着使组织学成为一个独立研究领域的作用,并支撑起关于组织的理性系统视角。

自然系统视角的定义:组织是这样一种集体,其参与者追求多重利益,既有共同的也有不同的,但他们共同认识到组织是一种重要的资源以及保持其永续长存的价值。自然系统观强调组织与其他社会集体的共同属性。组织无法与其他社会系统分离,因此,也受这些社会系统的所有力量的制约。

开放系统视角的定义:组织是相互依赖的活动与人员、资源和信息的汇聚,这种汇聚将不断变迁的参与者同盟联系在一起,而这些同盟则根植于更广泛的物质资源与制度环境。从开放系统视角看,组织依赖于同外界的人员、资源和信息的交流,环境决定、支撑和渗透着组织。

理解这些视角的意义在于这几个方面。首先,如果不知道组织研究受到不同视角的引导,就很难充分理解和有效运用大量的组织研究文献。比如,为什么有的研究人员假设组织目标是首要的和显然的,而另一些人却认为它可有可无,而且不能从其表面意义上去理解?为什么有的分析者坚持认为组织结构难以改变,而另外一些人却认定变化始终存在,变革不难推动?这些都是典型的、如果不了解研究工作背后的视角就无法理解的问题。此外,我们不仅需要对理解过去研究成果的帮助,更需要对当前研究的指导。尽管这些视角出现于不同的时期,但是后来者并没有成功地取代其前辈。目前,所有三种视角都仍然指导着组织研究工作。

二、组织设计的主要维度

组织设计是对组织系统的整体设计,即按照组织目标在对管理活动进行横向和纵向分工的基础上,通过部门化形成组织框架并进行整合。

图 8.1 展示了组织设计中的两个极端模型:一是机械模型(mechanistic model),也称之为官僚结构,其特点是广泛的部门化、高度的正规化和更多的管理层级;二是有机模型(organic model),类似于无边界组织,其结构扁平化,正式的决策程序较少,具有多个决策者,并鼓励灵活的工作实践。[③]

---

① 理查德·斯科特,杰拉尔德·F.戴维斯.组织理论:理性、自然与开放系统的视角[M].北京:中国人民大学出版社,2011:30-35.

② 例如:正式组织是一种人与人之间有意识、经过协商和有目的的协作(巴纳德,1938);组织是互动的人群集合,是一种具有集中协作功能的系统,而且是这类系统中的最大的。……与非组织人员之间和组织之间的松散且常变关系不同,组织内部具有高度专门化和高度协作的结构,使得组织成为一种社会学单元,就像生物学中有机体的个体一样(马奇,西蒙,1958).

③ 斯蒂芬·罗宾斯,蒂莫西·贾奇.组织行为学(第16版)[M].北京:中国人民大学出版社,2016:396-397.

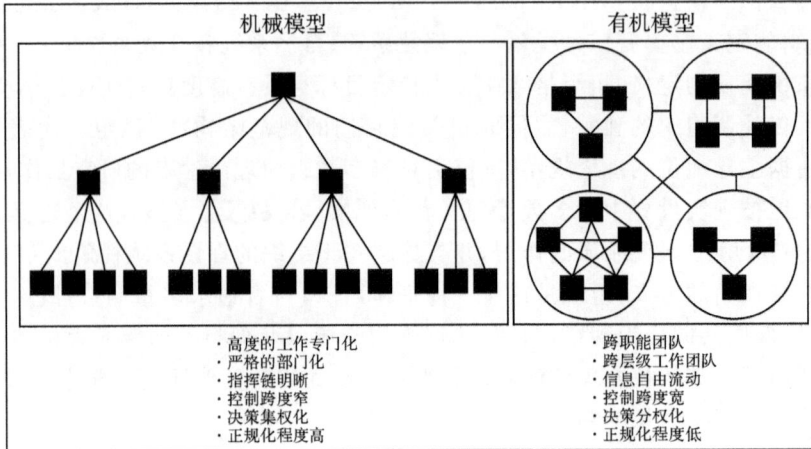

图 8.1　组织设计的机械模型与有机模型

　　为什么有的组织选择更加机械的模式,而有的组织则选择更有机的模式? 组织设计的影响因素可从结构维度和情境维度进行分析,如图 8.2 所示[①]。结构维度提供了描述组织内部特征的标准,从而为测量和比较组织奠定了基础。情境维度(contextual dimensions)则反映了整个组织的特征,包括组织规模、技术、环境和目标等,它们描述了影响和决定结构变量的组织背景。情境变量由于同时反映组织和环境两个方面,因而易于与结构变量混淆。可以将情境变量理解为隐藏在组织结构和工作过程之下的一系列互相重叠的因素。这些组织设计的变量之间彼此相互作用、相互调节,有助于达到组织的目标。

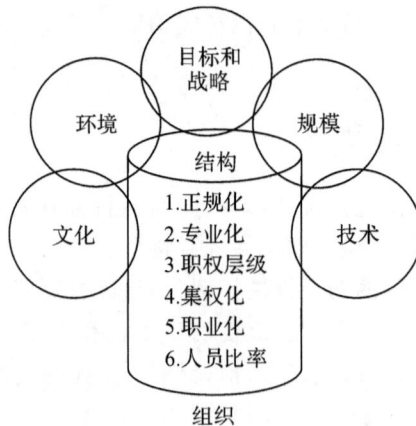

图 8.2　组织设计的结构变量和情境变量

　　① 理查德·L.达夫特.组织理论与设计[M].北京:清华大学出版社,2011:16-20

（一）结构维度

1. 正规化

正规化（formalization）是指组织中书面文件的数量。这些文件包括工作程序、职务说明、规章条例和政策手册等。这些书面文件规定组织中的行为和活动。正规化通常可通过对组织内的文件页码数目的简单清点来衡量。例如，一所规模很大的大学，就倾向于具有较高的正规化程度，因为它会有许多成卷的有关学生注册、课程增减、学生联合会、学生公寓管理及财务支出等的书面规定。相比之下，一个小型的家族企业就几乎没有书面规定，因而也就可视之为非正规化的。

2. 专业化

专业化（specialization）是指将组织的任务分解为各项独立工作的程度。如果专业化程度高，每个员工就只执行范围狭小的工作。如果专业化程度低，员工职责内的工作范围也就比较宽。专业化有时也称作劳动分工。

3. 职权层级

职权层级（hierarchy of authority）描述了组织中的报告关系和每个管理者的管理幅度。这种层级通过组织图上的垂直线段来表示，如图 8.3 所示。层级是与管理幅度（即向某位主管报告工作的直接下属人数）相关联的。管理幅度较窄时，层级就倾向于增多。如果管理幅度较宽，职权的层级链就缩短。

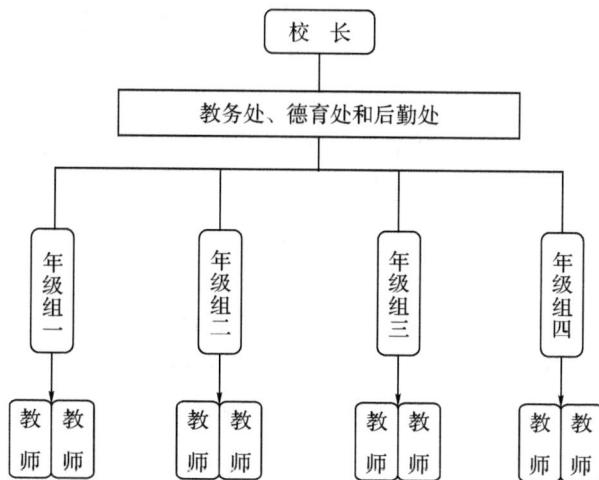

图 8.3 某小学的职权层级组织图

4. 集权化

集权化（centralization）是指有权做出决策的层级高低。如果决策保持在高层，那么组织就是集权化的。当决策授予较低的组织层级时，就是分权化的。例如，组织中运用集权或者分权制定的决策包括购买设备、确立目标、选择供应商、设定价格、雇用员工以及决定营销区域等。

5．职业化

职业化(professionalism)是指员工的正规教育和培训的程度。当员工需要较长时间的训练才能掌握工作时,该组织被认为具有较高的职业化程度。职业化一般通过员工的平均受教育年限来衡量,这在医疗行业中可能高达 20 年,而在建筑公司中则低于 10 年,

6．人员比率

人员比率(personnel ratios)是指人员在各职能、各部门中的配置,包括管理人员比率、事务人员比率、专业职能人员比率以及间接与直接劳动人员的比率等。人员比率的测算就是将各类人员的数量除以组织的员工总数。

(二)情境维度

1．组织规模

组织规模是指以组织中的员工人数来反映的组织的大小。规模可以针对整个组织,也可以针对其中的特定部分,如针对一个工厂或一个事业部来进行衡量。因为组织是一个社会系统,规模通常就以人数来衡量。其他的尺度如销售总额或资产总额也反映组织大小,但它们不反映社会系统中人员方面的规模。

2．技 术

技术(organizational technology)是指组织将投入转换为产出所使用的工具、工艺方法和机械装置。这里关注的是组织如何生产出提供给顾客的产品和服务,包括诸如计算机辅助制造技术、先进的信息技术和互联网的使用等。一条装配生产线、一所大学里的教室和一个通宵运作的包装与分销系统尽管彼此各不相同,但都使用了技术。

3．环 境

环境(environment)包括组织边界之外的所有因素。主要包括产业、政府、顾客、供应商和金融机构等。由于组织活动是社会活动,而不是一场"独舞表演"①,一个组织外部的其他组织往往是其环境中对该组织有最大影响力的因素。

4．目标与战略

目标与战略(goals and strategy)决定了一个组织区别于其他组织的目的和竞争性技巧。目标常以书面方式陈述出来,作为公司目的的一种持久不变的说明。战略是行动计划,是组织应该对环境和达成组织目标而需要的资源分配和活动方案的描述。目标和战略决定组织经营的范围以及员工、客户和竞争者之间的关系。

5．组织文化

组织文化(culture)是指隐藏在组织中的由员工们共享的一套核心价值观、信念、认知和规范等。学者对大量成功的企业研究发现,他们所具有的最明显的特征、最重要的竞争优势、最值得凸现的要素其实就是其组织文化②。组织文化并无书面化的说明,不过,组织文化可以通过考察典故、口号、礼仪、穿着和办公室布设等观察和了解到。

以上所讨论的 11 个情境和结构变量间是相互依存的。例如,规模大、常规技术和稳

---

① 卡尔·维克.组织社会心理学:如何理解和鉴赏组织[M].北京:中国人民大学出版社,2009:27.
② 卡梅隆,奎因.组织文化诊断与变革[M].北京:中国人民大学出版社,2006:5-6.

定环境情境中的组织,都倾向于创设一种具有较高的正规化、专业化和集权化的结构。图 8.4 概括了组织结构设计的影响因素及其结果。[①]

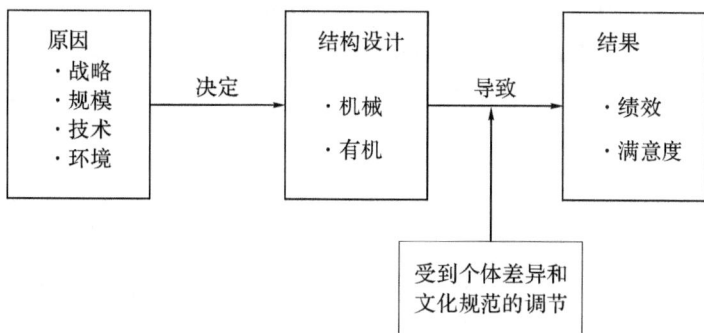

图 8.4　组织结构设计的影响因素及其结果

三、组织结构与设计方案

公共组织理论认为,结构是使组织实现其目标的基本管理工具,是组织躯体的骨架,它可表现为工作分工的几何图式及其等级上的排列。不同的组织结构对组织的过程与行为会产生不同的影响,并且,不同的组织结构对组织效率也具有较为直接的影响,我们很难想象一个结构不合理的组织能有高效率。[②] 这也正如其他管理学家所言:"组织内部的结构和协调的特性——组织之间和无组织个体之间的松散与多变的关系形成对比——使得作为社会单元的单个组织的重要性可与个别有机体在生物学中重要性相比"[③]。

（一）组织结构的概念与要素

组织结构（organizational structure）界定了对工作任务进行正式分解、组合和协调的方式。组织结构（organization structure）的定义包含三方面关键要素:(1)组织结构决定了组织中的正式报告关系,包括职权层级的数目和主管人员的管理幅度;(2)组织结构确定了将个体组合成部门、部门再组合成整个组织的方式。[④] (3)组织结构包含了确保跨部门沟通、协作与力量整合的制度设计。

上述三要素涉及了组织的纵、横方向。具体地说,前两个要素规定了组织的结构框架,也即纵向的层级,第三个要素则是关于组织成员之间的相互作用关系。一个理想的组织结构应该鼓励成员在必要的时间和地点通过横向联系提供共享的信息和协调。

组织结构反映在组织图上。人们不可能像观察制造设施、办公室或产品那样"看清楚"组织的内部结构。虽然我们能看见在各处上班的员工们在履行他们的职责并完成各项的任务,但要切实地看到所有这些活动后面的结构还只能借助于组织图。组织图是对组织的一整套基本活动和过程的形象化的表现,如图 8.5。因此,组织图对我们了解一个

---

① 斯蒂芬·罗宾斯,蒂莫西·贾奇.组织行为学(第 16 版)[M].北京:中国人民大学出版社,2016:401.

② 陈振明.公共管理学[M].2 版.北京:中国人民大学出版社,2017:37-38.

③ 詹姆斯·马奇,赫伯特·西蒙.组织[M].北京:机械工业出版社,2008:4.

④ 理查德·L.达夫特.组织理论与设计[M].北京:清华大学出版社,2011:98.

组织如何运行有很大的作用,它不仅说明了组织的各构成部分和相互关联的方式,而且也展现了各职位、各部门是如何整合为一个整体的。

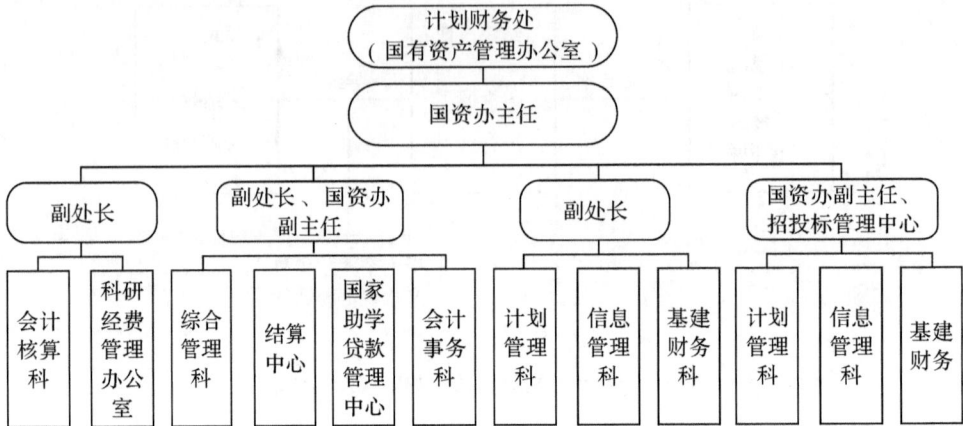

图 8.5 某高校的计划财务处组织结构图

(二)组织结构设计方案

管理者设计组织结构时通常需要考虑六个关键因素:工作专门化、部门化、命令链、管理跨度、集权与分权和正规化[①]。表 8.2 表明设计恰当的组织结构时需要考虑的六个关键问题。

表 8.2 设计恰当的组织结构时需要考虑的六个关键问题

关键问题	解决途径
把任务分解成相互独立的工作单元时,应细化到什么程度?	工作专门化
对工作单元进行合并组合的基础是什么?	工作部门化
员工个人和群体向谁汇报工作?	命令链
一名管理者可以有效指导多少员工?	管理跨度
决策权应该放在哪一级?	集权与分权
规章制度在多大程度上可以指导员工和管理者的行为?	正规化

基于上述认识,组织结构的整体设计方案包括三方面内容:规定的工作活动、报告关系、部门组合方式。

1. 规定的工作活动

设立部门的目的是为了完成对组织有战略意义的任务。例如,在典型的制造企业中,工作活动被划分为一系列职能,以帮助组织完成其目标。比如设立人力资源部门进行招聘与培训,设立采购部门以取得供应品与原材料,设立生产部门制造产品,设立销售部门销售产品,等等。当组织越来越大,越来越复杂时,组织需要完成的职能也越来越多。一般而言,组织会设立新的部门或事业部以完成那些有价值的任务。

---

① 理查德·L.达夫特.组织理论与设计[M].北京:清华大学出版社,2011:17-18.

2. 报告关系

一旦规定的工作活动与部门确定后，接下来的问题就是：这些活动与部门应如何在组织层级中统一起来？报告关系，通常也称作指挥链，在组织图中是用垂直线来表示的。指挥链应该是一条连续的权力线，它将组织中所有的成员连接起来，并显示谁应该向哪位主管报告工作。部门职责的确定以及报告关系的确立就决定了组织应该如何将员工组合到各部门中。

3. 部门组合方式

部门组合的方式包括职能组合、事业部组合、多重组合、横向组合以及虚拟网络组合等。部门组合（departmental grouping）方式影响到员工个人，因为这些员工将拥有共同的主管，使用共同的资源，一起对部门的绩效负责，并趋向于彼此认同和相互合作。

（1）职能组合（functional grouping）是将执行相似的职能或工作过程，或者提供相似的知识和技能的员工组合在一起。比如，将所有的市场营销人员置于同一主管人员的领导下工作，制造工人、人事部门员工、工程人员也这样组合起来。对于某互联网公司来说，与网络维护相关的所有人员会被组织到一个部门。在某科研公司内部，所有的化学研究人员组合为一个部门，而生物学研究人员则组成另一部门，因为他们代表着不同的学科领域。职能型结构的优缺点如表 8.3 所示。

表 8.3　职能型结构的优缺点

优　点	缺　点
1. 实现职能部门内部的规模经济	1. 对环境变化反应迟缓
2. 促进知识和技能的纵深发展	2. 可能导致决策堆积于高层，层级链超载
3. 促进组织实现职能目标	3. 导致部门横向协调差
4. 最适于只有一种或少数几种产品的组织	4. 导致缺乏创新
	5. 对组织目标的认识有限

（2）事业部组合（divisional grouping）是按照所生产的产品将人们组合在一起。生产牙膏所需要的所有的人员，包括营销、制造和销售人员，都组合在同一经理人员的领导下。事业部型结构的优缺点如表 8.4 所示。

表 8.4　事业部型结构的优缺点

优　点	缺　点
适应不确定性环境中的快速变化	失去了职能部门内部的规模经济，
产品责任和接触点明确会使顾客满意	导致产品线之间协调差
实现跨职能的高度协调	不利于能力的纵深发展和技术的专业化
使各单位能适应不同的产品、地区或顾客	使跨产品线的整合和标准化变得困难
最适于提供多种产品的大型组织	
决策的分权化	

（3）多重组合（multifocused grouping）意味着一个组织同时采用两种结构组合方式。

这类模式通常称作矩阵结构或混合结构。有的组织可能需要同时按照职能和产品事业部或者结合几种组织结构的特点综合考虑。矩阵型结构的优缺点如表 8.5 所示。

表 8.5　矩阵型结构的优缺点

优　点	缺　点
获得满足顾客双重需要所必需的协调	导致员工面临双重的职权关系,容易产生无所适从和混乱感
促使人力资源在多种产品线之间得到灵活的共享	意味着员工需要有良好的人际技能并接受高强度的训练
适应不确定性环境中频繁变化和复杂决策的需要	耗费时间,需要频繁开会协调及讨论冲突/解决方案
为职能和产品两方面技能的发展提供了机会	除非员工理解这种模式,并采用像大学那样的而不是纵向的关系方式,否则难以奏效
最适于拥有多种产品线的中等规模的组织	需要做出很大努力来维持权力的平衡

（4）横向组合（horizontal grouping）意味着员工是围绕直接为顾客提供价值的核心工作流程、首尾贯通的工作、信息和物质流来组织的。所有参与某一核心流程工作的员工都组合到一个小组内,而不是分散于各职能部门中。横向型结构的优缺点如表 8.6 所示。

表 8.6　横向型结构的优缺点

优　点	缺　点
促进组织对顾客需要的变化做出灵活而快速的反应	确定核心流程较为困难,而且耗费时间
将员工的注意力引向为顾客生产和提供价值	要求对组织文化、工作设计、管理哲学、信息和奖酬系统做出变革
每个员工都对组织目标有宽广的认识	传统的管理者可能有阻力,因为他们得放弃权力和职权
促进员工注重团队工作和合作	需要极大地加强员工培训,使他们能在横向型团队环境中有效地工作
通过提供分享责任,制定决策及对结果负责的机会提高员工的生活质量	可能会制约技能的纵深发展

（5）虚拟网络组合（virtual network grouping）是一种最新的部门组合方式。在这种组合方式下,组织是一个集群,其组成部分相互独立,松散地联结在一起。从本质上讲,部门就是为了共享信息、完成任务而通过电子化方式联结在一起的独立的组织。部门可以分散在世界的各个角落,而不一定必须集中在同一个地方。虚拟网络型结构的优缺点如表 8.7 所示。

表 8.7　虚拟网络型结构的优缺点

优　点	缺　点
使小型组织能在全球范围内获取人才与资源	管理人员无法对众多的活动与员工进行直接控制
公司无须在工厂、设备或分销设施上大量投资便可即时扩大经营范围	需要花费大量时间来管理与签约伙伴的关系和冲突
组织高度灵活,迅速应对需求的变化	一旦合作组织经营失败或退出该行业,则组织存在着失败的风险
减少了行政管理费用	由于员工感到自己随时会被外部签约服务所取代,员工忠诚度和公司文化可能会很弱

第二节　学校组织结构

一、学校组织性质与特征

（一）学校组织性质

学校的产生使教育从生产和生活中分化出来,脱离了原始的自然状态,具备了独立的社会职能。[1] 对学校组织性质的看法关系到我们如何看待教师、如何看待学生、如何把握学校组织目标以及以怎样的理念去管理学校等一系列问题。[2]

1. 艾兹奥尼的组织理论

美国组织社会学家艾兹奥尼（Etzioni）根据组织为使其成员服从并参与组织而采取的控制手段的不同,将组织分为三种基本类型:功利性组织、规范性组织和强制性组织。[3]

（1）功利性组织。功利性组织以奖金等物质刺激作为控制成员的手段。企业、商家等就是这样的组织,其组织目标本身就是功利性的。

（2）强制性组织。监狱、军队等属于强制性的组织。在这样的组织中,不是所有人都认同组织的目标,必须采取强制性的手段使个体的看法与整体目标相一致。在强制性组织中,人际间的关系呈现一种疏离的状态。

（3）规范性组织。规范性组织主要依靠精神的监督手段,如道义、规范、良心等来实现对组织成员的控制。常见的规范性组织如环保组织、宗教组织以及某些文化组织等。

需要指明的是,艾兹奥尼认为,组织的性质不能取决于某一个绝对的特点。我们也持这样一种观点,即从不同角度看学校组织的性质是不同的。从教师角度看,学校具有功利性组织的特点;从学生角度看,学校的强制性特点又极为突出。

---

[1]　扈中平.现代教育学[M].3 版.北京:高等教育出版社,2010:22.

[2]　徐瑞,刘慧珍.教育社会学[M].2 版.北京:北京师范大学出版社,2017:225.

[3]　吴康宁.教育社会学[M].北京:人民教育出版社,1998:251-252.

因此,应从整体上把握学校组织的性质。从整体上看,学校组织是一个规范性的组织,它需要教师的信念、责任感以及对学生的热爱、关怀去支撑,不宜过分地强调学校的功利性。当前,受到市场的冲击,学校开始倾向于采用市场的管理方式,如引入市场机制、按劳取酬、绩效原则等管理学校。功利性的原则已经深入到学校的方方面面,不仅体现在教师管理方面,而且对学生的管理也是如此。我们认为,对学校而言,最重要的是培养学生的群体性、互助精神、责任心等。因此,学校组织更应该是一种规范性的组织。

很多学者也提出学校要减少功利性的管理方式,如美国著名高等教育专家伯顿·克拉克教授就认为学校组织系统的管理不适用经济化原则,而应遵循其自身的特点。

2. 斯科特的学校组织理论

美国学者理查德·斯科特将组织分为营利性组织和非营利性组织。[①] 他认为学校是典型的非营利组织,其组织目标是非营利性的,而且,从斯科特总结的非营利性组织的 7 条标准看,学校组织也几乎完全符合。在斯科特看来,非营利组织具备以下 7 条标准:①缺乏利润衡量的标准。学校主要以传播文化、培养人才为目的,对于学校利润、教师的工作成果等都难以衡量。②属于服务性组织。学校主要是为学生发展服务的。WTO 就将教育归为服务性贸易。③市场的作用比较小。就这一标准来看,我国的学校属于典型的非营利组织,因为我国的教育主体是公立教育,教育财政由国家主控,对市场的依赖较小。④专业人员及自愿服务人员占主要地位。⑤所有权没有明确的归属。我国的学校组织也与这一标准极为相符。虽然我国的教育所有权是明确归全民所属,但是所有权的行使却是不明确的。⑥政治色彩比较浓厚。⑦缺乏良好的控制和管理的手段。教师处理问题带有明显的个人化色彩,没有统一的技术性的方式方法去制约教师按统一规定做事。

(二)学校组织特征

学校是一种有计划、有组织地进行教育教学活动的社会组织。其基本特征可以从如下几个方面进行分析[②]:

教育任务过于复杂,学校组织必须通过劳动分工提高工作效率。分工主要涉及学科分工和水平分工。学科分工是指语文、数学、英语等,水平分工是指将学校分为小学、初中、高中和大学等。

1. 学校组织文化

学校组织文化的分析可以通过研究文化的表述、文化的内容和主要的沟通方式,而偶像、故事和礼制作为学校文化的符号有助于识别学校的组织文化。偶像是指发挥交流文化的物质性的人造器物(理念、格言和奖品);故事是指在真实事件的基础上通过改编的叙事,用以服务于学校文化的建立;礼制是指组织中重要的标志性的理性意识和惯例。大多数学校文化体现在课程计划、学校环境布局、学生学习活动与实践活动、教师会议、师生关系等。概括而言,学校组织文化可以划分为信任文化、调控文化等不同类型。

信任文化主要涉及教师与学生、校长与教师、校长与中层管理者、教师与家长、教师与

---

① 理查德·斯科特,杰拉尔德·F.戴维斯.组织理论:理性、自然与开放系统的视角[M].北京:中国人民大学出版社,2011:3-5.

② 张东娇,程凤春.学校管理学[M].北京:北京师范大学出版社,2014:87-89.

教师等的信任。信任对于学校文化,甚至学校的各方面都起着非常重要的作用。例如,当学生对教师的信任度很高的时候,学生会相信教师是可靠的、善良的、负责任的,更易于接受教师给学生施加的影响;当校长对教师的信任度很高的时候,校长会相信教师是积极进取的、能按时完成所布置的任务、对工作认真负责等,校长更易于对教师采取比较宽松的政策,给教师更多发展的空间;当教师对校长的信任程度很高的时候,教师更容易相信校长制定的制度方针的合理性,更加积极主动地配合校长展开工作;当教师之间的信任度很高的时候,教师更易于分享自己的工作心得和工作经验,从而促进教师专业化的成长;而当校长对中层干部的信任度不高时,不易于中层管理者的政策的执行,阻碍了政策方针落实到实处;当家长对教师的信任度比较低的时候,易于对教师产生敌对情绪、怀疑教师的人品和能力、不积极配合教师的工作,同时这种态度也会影响学生对教师的评价,阻碍了学生与教师信任关系的确立。

调控文化主要涉及校长和教师对学生学业的发展、人生观和价值观的培养等。调控文化是所有组织的共性文化,对于学校文化而言,主要可以划分为以控为主的文化和以调为主的文化。

以控为主的学校文化强调用刻板的制度和传统对学生进行高度控制,把学校看成是师道尊严的场所,学生必须无条件服从教师的命令和安排,教师不必去了解学生的需要和差别,只需要把学生当作是待加工、没有主观意愿的物品,学校便成为等级森严的场所。

以调为主的学校文化把学校看成是民主社会的一部分,是培养学生民主能力的场所。教师认为学生有自觉学习的态度和积极向上的品质,教师的强权控制被学生的自我约束所取代,教师与学生之间的交流更多是以沟通与合作方式进行,学校充满信任和谐的氛围。

2. 学校正式组织与非正式组织

学校的正式组织是按照韦伯的科层制模式建立。学校的管理层级是垂直分布,每一级管理者都受到上一级管理者的监督和控制,在学校中由上到下体现为校长、主任、年级长、教师。严密的上下级关系确保了下级对上级的命令的遵从,有利于学校组织的目标和任务落到实处。为了确保科层制的实施,学校有相应的规章制度进行约束。规章制度规定了每个职位的权利和义务,包括服从上级的命令、完成上级交给下级的任务、及时向上级报告工作情况等。

学校非正式组织是在学校正式组织展开活动的过程中,学校成员认可在其他同事身上存在的自己所具有、所喜欢、所欣赏的特点,从而加深对其认识,并建立工作以外的联系,最后在学校正式组织以外形成了一些与非正式组织相联系又独立于正式组织的小群体。学校中非正式组织的互动方式主要表现在以非正式组织的领导为中心的纪律网络、非正式的沟通渠道等,同时非正式结构也建立了共享价值和信念。

学校非正式组织作为一个群体,能够给成员提供归属感,满足成员心理上的需求;学校非正式组织对信息的传递速度快,比较真实,信息往往反映了教师的观念、态度以及工作进展情况,促进校长和主任等管理者了解组织内的真实情况;同时通过非正式组织使其成员加深对组织目标的了解,激发对组织目标的认同感,促进学校教育目标的实现。

（三）学校组织对个体的意义

现代社会是高度组织化的社会，每个人在参与社会生活的过程中都离不开组织，正如达夫特所说，"组织包围着我们并以多种方式改变着我们的生活。"[①]在现代化的、有组织的社会生活中，学校组织的作用是多方面的。其对个体的意义，主要有如下四点：首先，参与学校组织并在其中接受教育和培训是个体参与社会生活的必要途径。其次，学校组织是个体实现发展的必要条件。在现代社会中，学校对个体的影响越来越大。这种影响主要体现在知识教育、身体健康、思想品德、价值观念、人际交往技能等各个方面。个体需要借助于学校教育的条件实现自身的发展。再次，学校组织可以增加个体对发展资源的利用机会，如对教师、图书、设备等资源的利用，这有助于提高个体的学习效率。最后，学校组织可以提高个体应对学习化社会挑战的能力。在终身学习的大背景下，学校不仅可以满足人们的基本学习需求，而且可以使人学会学习，奠定终身学习的基础。

值得注意的是，以上分析均是从功能主义的角度论述的，着眼于社会组织、学校组织的积极层面。事实上，人们对于组织意义的观点并不尽相同，如默顿就曾论述过组织的"反功能"（dysfunction）或者"消极功能"（negative function）。在 20 世纪 40 年代，默顿创立了功能研究的分析范式，提出功能分析要将主观动机与客观结果相区别，客观后果可能会与预期不符。科层制在提高效率的同时，也具有明显的反功能。科层制的反功能主要表现为：刻板僵化，墨守成规，应变能力差，反应缓慢，限制了个人的发展和创造性，等等。默顿认为，如果在学校里学生们从其小伙伴群体那里学到了社会所不希望有的行为，那么，学校也就具有了反功能。[②]

二、学校组织结构特征

组织是开展管理活动的前提和载体，学校组织结构是学校教育及其管理活动的重要依托[③]，这些教育组织结构对其提供的教育质量有着重要和深远的影响[④]，其特征可从以下两个方面进行理解。

（一）韦伯式学校结构

韦伯式学校结构是一种专业化和科层化互相补充的结构类型，主要涉及专业结构、权威结构和混乱结构。

专业结构是专业人员做出重要决策的结构。专业人员主要是指具有相关专业知识、有实力做出组织决策的专业人员。在学校组织中，教师的权力比较大。

权威结构强调科层制，而忽略专业性。该结构形成结构严密的上下级关系，确保对上级命令的服从；同时，有规章制度服务于科层结构，规定具体职位的权利和义务；采取非人格化取向，而不是凭感觉。

混合结构是一种科层化与专业化都低，容易产生混乱和冲突的组织结构。

---

① 理查德·L.达夫特.组织理论与设计[M].北京：清华大学出版社，2011：17.
② 戴维·波普诺.社会学（第 10 版）[M].北京：中国人民大学出版社，1999：18.
③ 张东娇，程凤春.学校管理学[M].北京：北京师范大学出版社，2014：83.
④ 莫塞斯.教育管理的案例研究[M].北京：教育科学出版社，2010：166.

（二）松散的组织结构

对于学校组织的结构特点，大多数学者公认的看法是，学校组织的结构是一种松散型的结构。这取决于学校组织形成的基础，即学校组织是以学科为基础的。由于学科之间是彼此独立、封闭的，学生接受教育也是按学科进行的，因此学校的组织结构呈现出一种松散、扁平的状态。

与此相对应的是，学校组织不同于其他组织，它具有两个权力系统，一个是行政权力系统，另一个是学术权力系统[①]。后者的存在对于前者而言，是一种补充，也是一种制衡。因此，比起其他组织，学校组织更加关注其组织成员——教师的专业性，关注其相对独立的专业权力，强调学术权力对行政权力的制约作用。

科恩（Cohen）和马奇（March）认为，教育组织并非像人们所想象的那样具有统一而清晰的目标、明晰的技术线路以及规范的运作程序[②]。事实上，教育组织内部的无序远甚于有序，人员、机构间的联系呈现明显的松散特征。卡尔·韦克（Karl E. Weick）把这类组织称之为"松散联结的系统"（loosely coupled system）[③]。托尼·布什则进一步将"松散联结系统"的特征概括为以下几个方面：（1）组织目标不明确。"教师的专业自主权能够使他们自由地确定自己的工作目标，并在工作中使自己的行为与确认的目标相一致"。（2）组织管理的手段和程序不清楚。（3）组织中不同机构间虽然存在联系，但相互间的影响比较小，机构和成员有相当程度的自主权，独立性强。（4）组织结构不确定。规模越大，复杂程度越高的组织，其权力结构越复杂模糊。（5）越是高度专业化、规模较大、有多种目标的学院组织，其组织内部运作越无序，它越"需要专业人员依据自己的判断来从事教学，而并非按照管理者的命令去工作"。（6）组织管理中参与者的流动性强，很难明确各人的责任。（7）组织对外部信息的把握具有不确定性，决策过程模糊。（8）组织的决策是无计划的决策。"当新的问题出现时，组织将注意力集中在对付新问题，而未能顾及对原有决策的实施。"（9）强调分权优势。[④]

对于学校这种组织结构的特点，学者们评价不一[⑤]。例如，迈克尔·科恩（Cohen, M. D.）等人对大学组织研究的结论是大学处于"有组织的无序"状态[⑥]；而伯顿·克拉克教授则认为，恰恰是这种结构松散的网络和中心在工作层面的特点，成就了高等院校，使之成为历史上最为古老、最有生机的社会组织[⑦]。

---

① 伯顿·克拉克在对世界各国的高等教育管理体制进行全面考察的基础之上，将大学组织的学术权力划分为10种类型，这说明大学组织的权力结构正如其松散的组织结构一样复杂。参见：伯顿·克拉克.学术权力——七国高等教育管理体制比较[M].杭州：浙江教育出版社，1989：173-184.

② 迈克尔·D.科恩，詹姆斯·G.马奇.大学校长及其领导艺术[M].青岛：中国海洋大学出版社，2006：3.

③ Weick K E. Educational Organizations as Loosely Coupled Systems[J]. Administrative Science Quarterly. 1976，21(1)：1-19.

④ 托尼·布什.当代西方教育管理模式[M].南京：南京师范大学出版社，1998：168-177.

⑤ 阎光才.大学组织的管理特征探析[J].高等教育研究，2000(4)：53-57.

⑥ 迈克尔·D.科恩，詹姆斯·G.马奇.大学校长及其领导艺术[M].青岛：中国海洋大学出版社，2006：213.

⑦ 伯顿·克拉克.高等教育系统——学术组织的跨国研究[M].杭州：杭州大学出版社，1994：310-311.

专栏 8-1

世界一流大学的学术组织结构

高等学校里的学术机构,指的是专门从事教学和研究工作,或专门从事教学、研究两者之一的机构,包括学院(college,school,faculty)、学部(division)、学系(department)、研究院(所、室、组)(institute,group)、中心(center)、实验室(laboratory),有的直接称为"单位"(unit,program),等等。

世界一流大学的学术组织结构主要有以下几种主要模式:一是矩阵模式。由本科学院(college or faculty)和专业学院(professional school)构成的矩阵式组织,本科学院负责本科生的教育,专业学院按学科划分培养研究生及开展研究,这种模式的典型代表是哈佛大学和耶鲁大学。二是大学院模式。大学院是按照性质相近的学科组建的,学院由学系和研究机构组成,既培养学生也开展研究。每个学院体量都比较庞大,且拥有非常大的自主权,这种模式的典型代表是麻省理工学院和斯坦福大学。三是学部模式。学部模式是按学科分类组建的并对学术进行分类管理,下辖众多的学系和研究机构,承担大学日常事务的管理,这一模式比较典型的代表是日本京都大学。四是剑桥模式。剑桥大学的组织架构十分独特,它由 31 个"社团型学院"、22 个"学科型学院"及 8 个研究单位组成。社团型学院与剑桥大学之间是一种松散的关系,这些学院拥有独立的法人资格,负责招生和提供资源,这些学院所提供的资源包括配备导师,但不提供课程计划和授予学位;业务教学和科学研究由学科型学院及研究单位负责。国外大学基层学术组织的共性特征主要表现在三个方面:一是基层组织界定灵活,普遍重实轻名。不受学科专业目录限制,有利于问题的深入研究和跨学科研究。二是基层学术组织功能健全,并定位准确。基层学术组织的核心功能是学术能力,不必具有社会福利、政治动员等非学术性功能。世界高水平大学是制度文明的产物,尊重基层的学术权力应该成为大学制度建构的指导思想。当前,我国大学同样已不能依赖外控制度模式促进大学的发展,大学的自主发展成为必然。三是基层学术组织的生态环境健康、自由。学术组织有明确的分工和梯队,以此来保证教授全身心地参与学术事务的决策。

【资料来源】邹晓东.对构建现代大学制度的内在因素的思考[J].河南大学学报(社会科学版).2012(1):127-136.

三、学校组织结构模式

(一)学校组织结构的一般模式

1. 直线式学校组织

这类组织由一位上级领导负责指挥,命令从上至下层层下达,形成直线式指挥链条。[1] 如图8.6所示。

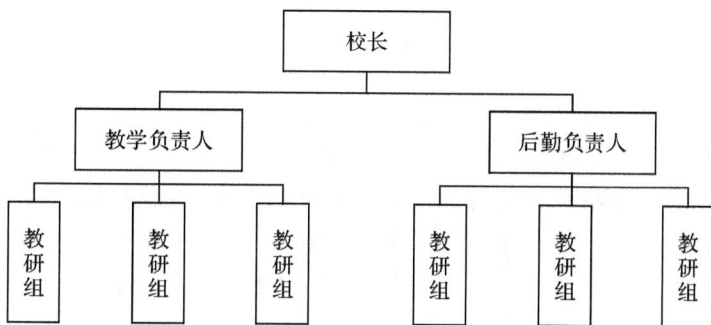

图8.6　直线式组织结构

2. 职能型学校组织

在学校管理中层设教务处、德育处和总务处等分工负责的职能部门。各职能部门各司其职,在其职能范围内,直接指挥下级单位的工作,同时监督同级其他职能机构的工作。

3. 直线职能型结构

直线职能型组织是直线型和职能型组织的结合体,具体来说有四种组织形态,如图8.7所示。

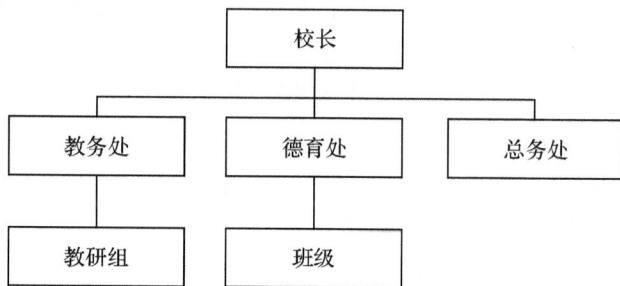

图8.7　直线职能型结构

4. 事业部型学校组织

一种典型的用分权形式来管理学校的组织形式,如在学校总组织下设小学部、初中部、高中部等事业部,各事业部享有具体的经营管理权。如图8.8所示

---

[1]　陈孝彬,高洪源:教育管理学[M],北京,北京师范大学出版社,2008:345.

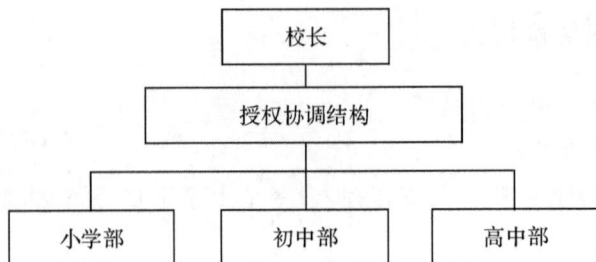

图 8.8　事业部型组织结构

（二）传统学校组织结构模式的弊端

传统的学校组织形式在不同程度上都反映出了其结构功能的有限性。如直线型组织因为结构简单只适用于小型学校；职能型组织由于存在着不同职能部门的多重指挥而容易产生冲突；事业部型组织存在的重复设置管理机构、人员的情况，会造成学校管理成本增高等。我国现行主要的学校组织形式是直线职能型组织，即实行"校长—职能部门—年级组、教研组—备课组—教师"的四级管理体制。虽然几经变革，但依然没有能够摆脱其局限，具体表现在以下几个方面[①]：

1. 组织层次过多，工作效率低下。高耸的金字塔型组织结构，层次过多，导致信息的流通延缓和失真，影响工作效率和工作质量。

2. 缺乏沟通，容易造成冲突。不仅上下层职能部门之间缺乏沟通，平行组织之间也缺乏一定的横向交流与协作，各职能部门之间易产生冲突。

3. 管理重行政事务，轻教学事务。直线职能型组织在组织的科层取向与专业取向之间更易倾向于科层取向，由于学校规模扩大，组织中的集权化加强，如此，教研组的职能便不能得以有效发挥。

4. 职能部门干预多，实体缺乏自主权。在这种学校组织结构中，年级组和教研组不是相对独立的基层管理实体。职能处室对年级组和教研组的管理干预过多，而年级组和教研组因缺乏必要的自主权而导致工作积极性差、管理效率低下。

（三）学校组织架构演化趋向

学校组织具有"松散—耦合"的特征，组织成员之间相互联系却又彼此保持独立。官僚制的学校组织结构既有可能促进正式化和集中化而提升组织运行效率，也有可能过分强调规章等级而妨碍教师的工作积极性，阻碍学校的发展[②]。由于国家多项政策因素的强力推动，学校的规模呈扩张趋势，传统的四级科层管理体系的直线职能型组织无法适应大规模学校的有效运行，组织架构亟待创新。

1. 组织架构创新的重点

当学校组织规模扩张时，学校会设置"年级组"（或"年级部"）来分担学校中层机构的

---

①　张东娇，程凤春.学校管理学[M].北京：北京师范大学出版社，2014：105.
②　孟静怡，柳斯邈，宋婷娜.促进还是阻碍：学校组织结构对教师工作满意度影响的实证研究[J].现代教育管理，2018（12）：79-84.

任务。而年级组和教研组由于在科层性和专业性所具有的取向不同,又难免会存在摩擦和冲突。在一些组织运转不够协调的学校,年级组认为教研组是一个教学研究组织,不具有行政权力,无权评价教师工作;而教研组则认为年级组由同一个年级的各个学科教师组成,没有学科专业性,因此,将年级组和教研组对立起来。事实上,年级组与教研组,不应该、也不可能被偏废。学校组织变革之中,如何确定教研组、年级组在整个组织架构中的位置,找到纵向控制和横向协调之间的平衡点,是当前学校组织架构创新的重点所在。

2. 组织结构创新的模式

我们处在一个信息化社会,运用一些技术手段,能够轻而易举地实现对大量信息的集中快速处理,在第一时间内将所有有价值的信息传递给高层决策者。这就在根本上动摇了经典管理理论中"管理幅度"论的理论基础,使许多原来仅起到"信息中转站"的中间管理层的作用淡化,当组织扩大规模时,原来加强管理的思路是增加管理层次,而现在的思路却是增加管理幅度。

基于合作的学校组织结构创新,必须考虑到嵌入组织中的整体社会的结构环境,也必须克服学校自身路径依赖的惰性[①]。这种组织必然是一种扁平化的组织,通过破除组织自上而下的垂直高耸的结构,减少管理层次,建立一种紧凑的横向组织,达到使组织变得灵活、敏捷、柔性和富有创造性的目的。

学校组织结构扁平化需要打破传统的、严格控制的、集权性的纵向组织结构,建立灵活多样的以分权性为主导的横向组织结构。基于合作的扁平化的学校组织强调合作与共享,强调团队精神,团队与团队之间、团队成员之间、团队与学校之间是求同存异、互相帮助、共同发展的协作关系。[②]

就学校组织结构来说,变革要符合组织结构的扁平化趋向,又要达到组织中科层取向与专业取向的融合,因此,可以尝试建立组织的矩阵型结构,既保持学校组织原有的纵向直线职能结构,又以年级组作为横向交流与协作。具体而言,就是做到教研组与年级组的有机结合:纵向以学科为导向,由教研组长实施管理,缩短教师与校长之间的距离,使校长直接了解教学动态,教师直接体验校长的决策智慧;横向按年级进行组织,由年级组长实施管理,设立备课组,加强跨学科之间的教学协作。如图8.9所示。

矩阵型组织结构中,一名教师同时接受两个上级:教研组长与年级组长的领导。从科层隶属关系上来说,教师直接受年级组长的领导并在该年级承担教学、科研工作,在体制编制上直接归属于该年级。同时,该教师还要完成教研组组长分配给他的任务;教研组长要对教师的专业成长与专业发展负责。

建立矩阵型组织结构,既可以是临时性的,也可以是永久性的。实行矩阵型学校基层教学管理模式,有利于加强学术交流,开拓教师的知识面;有利于科学发展和知识创造;有利于合理配置资源,避免学校教学科研活动中不必要的浪费;有利于学校教学质量的提高。在现阶段,它能够有效地协调年级组与教研组之间的关系,使其获得平衡与发展。

大学是底部沉重的组织,激活学术的心脏地带需要基层学术组织的管理创新。C9高

①　张新平.教育管理实践个案研究:实地研究方式[M].上海:上海教育出版社,2007:32.
②　孟繁华,田汉族.走向合作:现代学校组织的发展趋势[J].教育研究,2007(12):55-59.

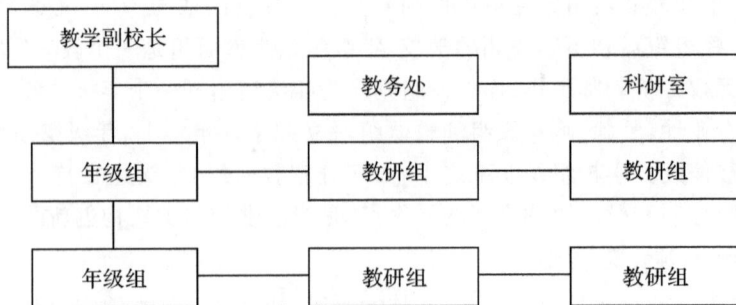

图 8.9　矩阵型组织结构

校改革的总趋势是建立健全学校宏观管理、学院自主运行的校院两级管理体制,推动基层学术组织由科层组织模式向学会组织模式转变。具体来说,在校部层面完善科层组织模式,主要是精简机构,通过整合行政职能部门,提升校部机关谋划运作、组织协调、监督管理及综合服务能力;在学院层面建构学会组织模式,主要是以学科群落设置系所,搭建扁平化的组织结构,探索课题组长制(PI 制)和跨学科机制,落实"教授治学"。如北京大学、清华大学、上海交通大学、浙江大学、西安交通大学、哈尔滨工业大学提出推动基层学术组织创新,复旦大学、南京大学、中国科学技术大学提出精简和优化校部机关,见表 8.8。[①]

表 8.8　C9 高校建构扁平化组织结构的改革内容

大学名称	改革内容
北京大学	突破学科、院系壁垒,打造学科集群,在真正认识和把握学科规律的前提下,推进院系结构和学科架构的优化调整;形成以课题组长(PI)为核心的队伍结构
清华大学	完善学校、院系、项目负责人三级项目管理体系,加强对重点专项、重大专项、重要基地的组织与管理
复旦大学	按照精简、高效的原则调整校部机关,建立跨部门跨单位组织协调的有效手段和长效机制;梳理学校现有教学科研机构,逐步调整和规范校内二级单位设置,以一级学科或若干一级学科为基础,把学院建设成为统筹人才培养和学科、平台建设的办学实体
上海交通大学	突出学术高峰建设目标导向,聚焦学术前沿,推进跨学科协同发展的机制改革,以人员双聘、多聘为纽带,鼓励学院牵头建设学术领域特色鲜明的交叉平台
浙江大学	建立健全有利于学科交叉和项目合作的新型学术组织,完善基层学术组织的建立和退出机制,激发基层学术组织活力
南京大学	完成学校管理机构设置与职能配置优化改革;从面向主管部门设置机构与配置职能逐步转变为面向师生需求设置与配置;成立学校行政综合服务中心,简化办事程序;完成院级学术组织建设,充分调动一线教师在教学科研、人才培养等方面的积极性

---

① 周光礼.大学校院两级运行的制度逻辑:国际经验与中国探索[J].高等教育研究,2019,40(8):27-35.

续表

大学名称	改革内容
中国科学技术大学	坚持以人为本,树立"管理即服务、服务创造价值"的理念,把师生的愿望和需求作为行政管理活动的出发点,在学校行政部门中开展服务型机关建设,实现工作作风和工作职能的两个转变
西安交通大学	完善以本科专业人才培养为主的"校、院、系"建设,完善以科研组织和研究生培养为主的"校、院、所"建设;积极发挥基层学术组织和教授会在学术事务上的作用,提升基层学术组织运行质量与效率
哈尔滨工业大学	学院设立教授会、教学分委员会等专门委员会,各专门委员会依据各自的章程开展工作;学院教授会作为学院学科建设、师资队伍建设等学术事务的咨询与决策组织;充分发挥教授在学术决策和学术事务管理中的作用,积极探索教授治学的有效途径

第三节　学校组织创新

进入 21 世纪以来,组织外部环境动态性特征越来越显著。不管是技术变化速度还是社会沟通与交往复杂程度,都对管理活动提出了新的挑战。特别是移动网络、大数据、物联网、社交网络和云计算等信息技术的发展,使得组织环境、组织成员和技术都发生了颠覆性变化。在这种动态的复杂环境中,管理活动只停留于维持阶段是不够的,它必须主动适应环境变化的要求,不断对组织活动进行调整和创新。[①]

一、创新与组织创新

(一)创新的含义

"创新"的概念最先由美籍奥地利经济学家熊彼特(Schumpeter)于 1912 年在其著作《经济发展理论》中提出,他把创新描述为"具有历史意义和不可逆行为方式",以及"创造性破坏"[②]。熊彼特之后,创新的概念经过学者们不断发展,其内涵日益丰富,体现在技术创新、产品创新、流程创新、服务创新、制度创新和组织创新等诸多这样有关创新的概念中在技术经济研究领域,创新一般指技术创新,是知识实现商业化和经济价值的过程。根据目前已有研究的分析和归纳,创新的概念主要涉及四大方面:"产品或工艺的创新""商业应用""组织的创造力"和"从开发到市场的整个过程"。归纳起来,创新一般被定义为是对原有事物的改变或新事物的引入,是创造新的理念并将其付诸实践的过程。广义上说,一切创造新的商业价值或社会价值的活动都可以被为创新。[③]

---

① 《管理学》编写组.管理学[M].北京:高等教育出版社,2018:327.
② 约瑟夫.熊彼特.经济发展理论[M].北京:商务印书馆,1990:73.
③ 陈劲,郑刚.创新管理:赢得持续竞争优势[M].3 版.北京:北京大学出版社,2016:23.

创新是管理的一种基本职能。管理创新活动是相对于维持活动的另一类管理活动，它是在探究人类创新活动规律的基础上，对管理活动改变的过程，是一种产生新的管理思想和新的管理行为的过程。作为管理工作的一种状态，管理创新就是改变管理理念和创新职能管理手段，其目的不仅在于提升组织创新能力，而且在于提高组织管理效率，创造社会财富，实现组织新的目标。

（二）组织创新的主要工作

组织创新是管理创新工作的关键内容，不仅将创新工作置于组织化的有机运行之下，更是为创新工作可持续发展提供了基础保障。做好组织创新工作就要消除组织创新与变革的障碍，对组织结构进行变革和创新，有效配置创新人才，构建可持续创新的学习型组织。[①] 此外，为了促进组织创新，还必须理解组织如何更好地将自己与所处环境中的其他社会参与者联系起来[②]。总之，组织创新要求管理者按照创新目标和计划要求，建立合理、高效、能保证计划顺利实施的组织结构与体系，合理安排和调配各种组织内部和外部资源，以保证组织创新计划的顺利实施。具体而言，组织创新的工作主要包括以下几方面：

1. 改进组织文化和完善创新制度

在组织创新方面的研究，组织文化已是管理创新领域新的研究内容。如何通过优化组织文化来提高组织创新水平，是该领域研究的重点。此外，制定鼓励创新的规章制度是组织进行创新管理的基础工作。通过制度建设可以使管理创新活动制度化、规范化、持续化。因此，在企业需开展组织创新的过程中，企业的管理者要在促进组织创新方面，对企业文化给予足够的重视，要培养企业员工的创新价值观，完善企业创新激励制度，优化企业的创新行为模式，其中管理者应最重视企业员工创新价值观方面的培养，而对企业创新行为模式的重视程度可居其次，最后为企业创新激励制度。[③]

2. 保证对组织创新的投入

对于组织创新，所需要的投入既包括资金的投入，更重要的是时间、精力、信息等方面的投入。管理者要舍得花一定的时间与精力于组织创新，也要给员工以一定的时间和条件使其能够进行管理创新。把每个人的每个工作日都安排得非常紧，使每个人都"满负荷工作"，人们就没有时间进行思考，也就无法产生创新的构想。美国成功的企业往往让员工自由地利用部分工作时间去探索新的设想，如 IBM、3M、奥尔—艾达公司以及杜邦公司等都允许员工利用 5％～15％的工作时间来开发他们的兴趣和设想。

3. 成立创新小组，有效开展管理创新

在组织内部，从事组织创新的形式可以多种多样，如成立质量管理小组（简称 QC 小组）、攻关小组、管理专项工作推进小组、模拟董事会等，其中运作较为有效的是 QC 小组。QC 小组是企业内员工组成从事改善工作和产品质量的自主团队，通过鼓励、引导、支持

---

① 《管理学》编写组.管理学[M].北京:高等教育出版社,2018:327.

② 杰弗里·菲佛,杰勒尔德·R.萨兰基克.组织的外部控制:对组织资源依赖的分析[M].北京:东方出版社,2006:284.

③ 王成刚,石春生.组织文化对组织创新的作用机理研究[J].科研管理.2018,39(7):78-84.

员工开展 QC 小组活动,可以提高职工参与管理的意识和参加管理工作的积极性。通过调动一线员工的积极性,来解决组织管理中存在的问题是管理创新最为有效的方法。

4. 广泛开展创新思维与创新技法教育

目前,我国许多组织的员工没有接受过创新思维与创新技法的教育。这是一种极大的人力资源的浪费。广泛深入地开展创新教育,特别是结合管理、科研、生产方面的实际问题开展创新教育,很容易收到既解决实际问题,又开启人的创造性思维的双重效果。事实证明,一般员工经过短时间的培训就可以收到明显效果,对员工进行创新技能的开发投资也是投资回报率最高的投资之一。①

5. 实施开放式创新

传统的封闭式创新观念认为,创新只能由企业自己单独进行,从而保证技术保密和独享,进而在技术上保持领先地位。但在知识经济条件下,企业创新资源的相互依赖性和组织边界的可渗透性,使得以前许多企业获得竞争优势的封闭式创新范式已不再合适。基于此,2003 年,切萨布鲁夫(Chesbrough)教授提出了开放式创新(open innovation)的概念:企业在技术创新过程中,同时利用内部和外部相互补充的创新资源实现创新,企业内部技术的商业化路径可以从内部进行,也可以通过外部途径实现,在创新链的各个阶段与多种合作伙伴多角度的动态合作的一类创新模式②。此外,与开放创新有关的方法还包括合作创新、基于网络组织的创新和协同创新等③。

二、学校组织创新的理论与方法

在知识经济时代,知识资本取代劳力资本成为组织最重要的资源,传统的组织经营理念已无法适应快速变化及高度竞争的经营环境,必须有效转型才能够持续发展。影响学校组织创新的因素十分复杂,构建富有成效的组织,要求该结构与组织目标、环境、技术和人员等相匹配,并平衡一些由既要秩序又要自由这一基本的组织两难问题所导致的相互抵触的力量④。对于大学而言,需要通过组织创新进行平衡的要素更加复杂,如科学研究、人才培养和社会服务等⑤。学校组织的管理要以组织学习和知识管理等理论与方法为基础,实现学校管理的战略转型。

(一)组织学习

1. 组织学习的内涵

组织学习并不是个人学习,更不是简单的员工知识培训。阿吉里斯和舍恩在《组织学习》中提出组织学习是"组织成员发现并纠正组织应用理论中的错误,并将探索结果深深

---

① 邢以群.管理学[M].4 版.杭州:浙江大学出版社,2016:342-343

② Chesbrough H W. Open innovation: The new imperative for creating and profiting from technology[M]. Boston:Harvard Business Press,2003:43-45.

③ 陈劲,郑刚.创新管理:赢得持续竞争优势[M].3 版.北京:北京大学出版社,2016:197-214.

④ 韦恩·K.霍伊,塞西尔·G.米斯克尔.教育管理学:理论·研究·实践[M].7 版.北京:教育科学出版社, 2007:82-83.

⑤ 王凯,胡赤弟."双一流"建设背景下创新人才培养绩效影响机制的实证分析——以学科—专业—产业链为视角[J].教育研究,2019,40(2):85-93.

印入个人意象和组织的共享图式中"①。组织学习是创造、完善和管理组织的知识体系，以更好地指导组织行为，提升组织绩效，是组织在动态的环境中获得竞争优势的重要途径。

从学习的层次上看，可以分为个体学习、团队学习、组织内学习以及组织间学习四个方面。我们所关注的组织学习其实是"组织内学习"。个体学习是指以个人为主的对组织内外情况的思考与分析。个体学习的目的是完善和加深学习者对于组织及其外部环境认识。组织学习就是在大量个人学习的基础上，围绕某些特定的问题在组织内展开的学习活动。个体的学习是整个组织学习活动的基础，也是组织学习活动得以进行的前提。

组织是由个人构成的，个人学习是组织学习的必要条件，反过来，组织学习可以更好地促进个人学习。西蒙认为组织主要通过两种途径进行组织学习：(1)通过组织成员的个体学习进行组织学习；(2)吸收新成员进行组织学习(这些新成员需要掌握组织所不具备的知识)。虽然组织学习的基础是组织成员的个体学习，但组织学习绝不是个体学习的简单加和。只有经过有效的共享与互动，才能将个体知识转化为组织知识②。

2. 单环学习与双环学习

从不同的角度，可以对组织学习进行不同的分类，其中最经典的分类方式就是阿吉里斯和舍恩提出的"单环学习"(single loop learning)和"双环学习"(double loop learning)。他们认为学习实现的情况主要有两种：第一，当组织实现了预期的成果时会发生组织学习，即行动预期和行动结果之间是匹配的；第二，当组织发现并纠正了预期与结果之间的不匹配，即将不匹配转化为匹配。③

单环学习是根据预定目标来评价结果，并通过对组织战略和行为的修正，来实现预定的组织绩效；双环学习则是重新评价组织目标的本质、价值和基本假设。举例来说，如果我们把空调温度定到28℃，那么空调就会根据其所感知的室内温度与28℃的差距来进行调整，直到实现室温28℃。这个过程就是单环学习，因为空调就是根据预定的目标来不断调整自己。如果空调开始思考"为什么要28℃，这个温度有什么意义"，这就是双环学习，因为它涉及预定目标的本质和意义。

单环学习与双环学习的具体过程如图8.10所示。组织行为会产生一定的结果，如果结果实现了预定目标，就发生了单环学习。如果结果与预定目标不一致，就会发生两种学习。在评价结果之后，单环学习(如实线所示)是根据结果与目标的差距来调整行为，以实现目标绩效，而不会质疑目标本身；相反，双环学习(如虚线所示)则根据结果的差距去思考目标的本质，可能会调整目标。

不论如何，只有组织行为产生了结果，并且将结果与预定目标进行对比的时候，才会发生组织学习。发现问题和找到问题的解决方案对组织学习是非常必要的，但仅有二者并不构成完整的组织学习过程，只有实施该解决方案后才是真正的组织学习。

单环学习和双环学习两者都是所有组织发展的必要条件。单环学习有助于解决简单

① 阿吉里斯.组织学习[M].北京：中国人民大学出版社,2002:2.
② 陈劲.管理学[M].北京：中国人民大学出版社,2010:246-247.
③ 阿吉里斯.组织学习[M].北京：中国人民大学出版社,2002:89.

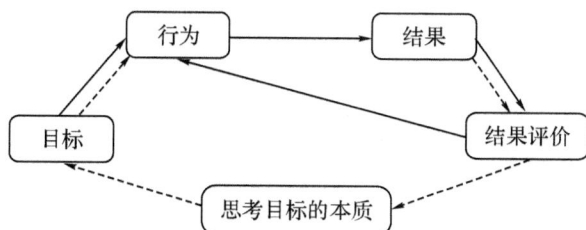

图 8.10 单环学习与双环学习

的、重复性的、程序性的问题;双环学习有助于解决复杂的、突发的、非程序性的问题,有助于组织的"蜕变",并确保组织在今后会有更大的变化。

3. 开发式学习与探索式学习

从信息和知识的流动过程角度,詹姆斯·马奇 1991 年将组织学习分为开发式学习和探索式学习[①]。开发式学习(exploitation learning)是指在适应环境的过程中,组织对其已经掌握的、有效的知识和方案进行改进,使该方案的效率越来越高,从而提高组织的短期绩效。这种学习侧重于对已有知识的应用和扩展。开发式学习强调聚焦,避免变化,并努力降低风险。例如,某公司发现项目制可以提高组织的创新。对该模式进行仔细研究后,在全公司推行项目制,并且对管理者和员工进行相关的培训,帮助他们更好、更熟练地加入到项目团队中。在应用项目制的过程中,企业对其关键要素的了解也越来越深入,相关的知识也越来越完善,从而进一步提高项目制运作的效率和绩效。

尽管开发式学习可以实现组织绩效的提升,但当经营环境发生了巨变或者行业中的所有企业都熟练掌握了某种关键技术的时候,开发式学习就难以发挥作用。此时,就需要进行探索式学习。在发现现有的技术和知识已经无法适应动态的环境,组织就会对全新的技术知识和商业机会进行探索和尝试,这就是探索式学习(exploration learning)。通过探索式学习,组织可以获得全新的知识,而不是对原有知识的深入挖掘。例如,某著名的电脑制造商的生产效率非常高,但由于电脑市场的竞争日益激烈,利润越来越微薄。董事会和高层通过对大量的市场信息和内部数据的分析,认为单纯依靠电脑制造难以保持发展态势,而金融业是高利润行业,很有发展潜力。于是,该公司开始抽出部分资金来组建基金公司,从事金融运作。但它在金融行业经验不足,因此只能通过不断的探索来寻求合适的方案。

简单来说,探索式学习是组织学习在知识广度方面的延伸;开发式学习是组织学习在知识深度方面的延伸,如图 8.11 所示。探索式学习和开发式学习在组织中是同时存在、相互依赖的,对组织来说都是非常重要的,但是两者之间存在冲突,相互争夺组织内部有限的资源。由于资源的有限性,增加用于探索式学习的资源投入,就需要相应减少在开发式学习方面的资源投入。因此,在应对不断变化、高度复杂的环境的时候,组织必须努力找到适合自身的探索式学习和开发式学习的平衡点。探索式学习有利于促进组织的变

① March J G. Exploration and Exploration in Organization Learning[J]. Organization Science. 1991, 2(1): 71-87.

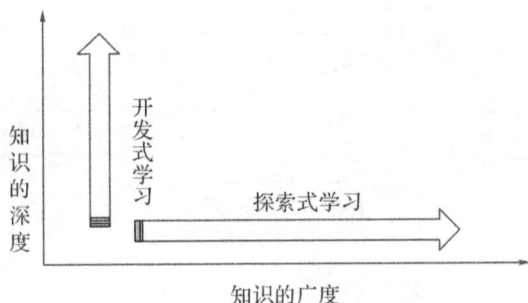

图 8.11　开发式学习与探索式学习

革,包括发现新技术、业务机会、新流传、新产品的途径。然而,探索式学习也会为企业带来高度的不确定性,较长时间之后才可能有所回报,在短期内可能无法获得任何回报。与之相比,开发式学习所获得的绩效反馈更快、更直接、更清晰。

（二）知识创新模式与过程

1. 知识创新的模式

野中郁次郎提出"人类知识通过隐性知识和显性知识的社会交互作用进行创新和扩张"。知识创新创造过程可以分成社会化、外在化、组合化和内在化四种模式。组织知识创造的过程是一个连续的、自我升级的螺旋式运动过程,知识的创造需要触发事件引发的条件,野中郁次郎称为"场"（Ba）,如图 8.12 所示。①

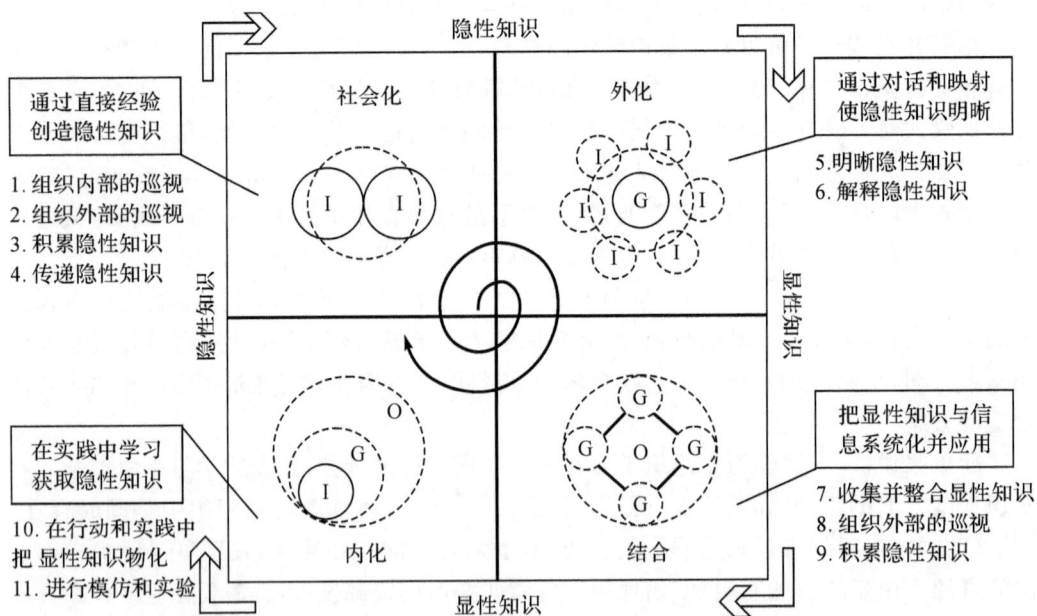

图 8.12　知识创造与应用的 SECI 模型

①　查尔斯·德普雷,丹尼尔·肖维尔.知识管理的现在与未来[M].北京:人民邮电出版社,2003:108-110.

社会化和外化主要强调了知识的创造过程。社会化（从隐性知识到隐性知识）是新的隐性知识通过经验共享在个人间的传递。经验共享是这个转化过程的关键，而它又是通过共同活动，如在一起工作、休息或在同样的环境下生活等途径来实现的。对组织内部或外部情况进行的巡视也可以成为获取经验型隐性知识的有效途径。外化（从隐性知识到显性知识）是隐性知识明晰化进而转化为显性知识的过程。通过隐性知识的显性化，隐性知识可以在组织成员间被共享并成为创造新知识的基础。隐性知识的显性化通常是通过比喻、类比、图表化或原型等方式来实现的。

结合和内化主要关注知识的应用。结合（从显性知识到显性知识）是显性知识转化为更复杂或系统化的知识体系的过程。知识在这一过程中通过文档、会议或交流等形式在组织成员间进行了交换和再造。大规模数据库中的数据分析与采集系统就是这个过程的一个例子。内化（从显性知识到隐性知识）是显性知识在实践中具体化进而转化为隐性知识的过程。这个过程与"干中学（Learning by Doing）"的关系最密切。通过内化，知识实现了在组织内部的共享，并拓宽和改变了组织成员的思维方式。一旦知识内化为思维方式或专有技术（Know-How），它就变成了有实际价值的资产。

然后，个人的隐性知识会再次通过社会化在群体内被共享；群体中的新知识则向整个组织以及跨组织领域扩展。知识的创造和应用会不断地在组织的不同环节（共时的）和不同阶段（历时的）上展开。它绝不会仅仅局限在一个组织层面上。

2. 知识创新的过程

组织知识创新的螺旋过程，始于个人层面，经过不断扩张的相互作用而上升，这种相互作用的过程超越了小组、部门，甚至组织的界限。它不仅仅是成员之间的能动互动，也是成员与环境之间的互动过程。根据创新的四阶段模型——"问题界定""概念证明""可行性证明"和"进入市场"①，可从以下几个方面分析知识创新的过程。

（1）共享隐性知识阶段。组织知识始于分享隐性知识，因为个人所掌握的丰富的未经使用的知识首先在组织中放大，这个过程对应的就是社会化。但隐性知识难以交流和传递，不同背景、观点和动机的人共享隐性知识就成为组织知识创新的关键步骤。因此，组织中个人必须由共享情感和心智模式来共同创造信任。

（2）创造新概念阶段。在这个阶段将共享的知识、共同的心智模式用文字表述出来，最终明确到一个新的概念，从而转化成显性知识。在这个过程中，组织成员通过对话合作创造出概念。为了创造新的概念，需要组织成员彻底思考现存的假设，必要的多样性可以使大家在看待同一问题上拥有不同的视角和观点。例如，本田公司就用"汽车进化论""人性最大化""机器最小化"等概念来灌输组织创造性思维方式。

（3）证明概念阶段。在这个阶段新的概念必须接受检验，以决定此概念是否值得付诸实践。如大学促进技术商业化而创设的概念证明中心，是一种在大学之内运行或与大学有关的促进大学科研成果商业化的服务组织，它通过提供种子资金、商业顾问、创业教育、孵化空间和市场研究等对概念证明活动进行个性化的支持，如开发和证明商业概念、确定

① Ibert O, Mueller F C. Network dynamics in constellations of cultural differences: Relational distance in innovation processes in legal services and biotechnology[J]. Research Policy. 2015, 44(1): 181-194.

合适的目标市场和实施知识产权保护等[①]。

(4)构建原型阶段。被证实的概念要进一步转化成实在的成果,这种转化既可能是新的产品,也可能是新的公司价值观、新的管理系统或组织结构。因为这个过程比较复杂,不同部门间的动态合作是必不可少的。组织内部多样性、冗余信息的存在都有助于这个阶段的实现。

(5)知识层次交叉阶段。最后一个阶段是将部门新的知识在部门内扩散、部门间扩散甚至扩散到外部要素之中,野中郁次郎所称的这些外部要素包括顾客、供应商、分销商和其他利益相关者。进行创新的组织不是在一个封闭系统中,而是处于一个开放的体系中。

(三)学校知识管理的模型

学校知识管理是通过知识共享,运用集体智慧提高学校运行和创新能力的一种管理活动,把知识看作最重要的资源,把最大限度地获取和利用知识作为提高学校实力的关键。[②]

要实现对学校知识的科学管理,就要了解知识管理的运作过程与涉及的主要因素,这样方能明确思路,把握实质。结合国内外企业知识管理的成功案例,已有研究构建了一个基于"对象—流程—保障"的学校知识管理模型,如图 8.13 所示[③]。

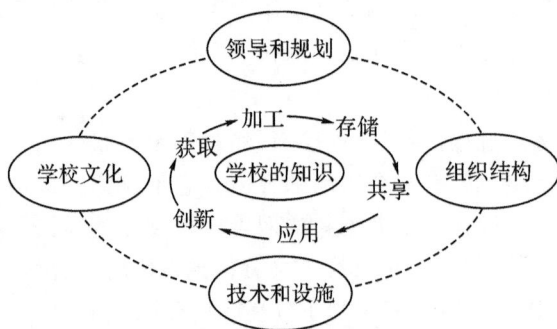

图 8.13　学校知识管理模型

该模型由三个同心圆环所构成——知识、知识活动和支撑因素,涵盖了学校知识管理的三个层面。

1. 知识

知识是环状模型的中心和第一环,指学校的知识,它是学校知识管理的对象和本源性要素。学校的知识包括两个方面:学校内部的知识和学校外部的知识。学校内部的知识既包括学校所拥有的各类知识资源,如学校的发展历史与文化传统、各类图书与学术期刊等,也包括学校中教师所拥有的各种显性和隐性知识,如教师的学科知识、教育心理知识、通识知识、教学技巧、教学习惯等。学校外部的知识是指在学校之外的,对学校和教师的

---

① 王凯,邹晓东.美国大学技术商业化组织模式创新的经验与启示——以"概念证明中心"为例[J].科学学研究.2014(11):1754-1760.

② 张新平,褚宏启.教育管理学通论[M].北京:高等教育出版社,2012:364

③ 金玉梅.学校知识管理的模型与实施[J].中国教育学刊,2011(2):25-27.

发展有着重要作用的各类知识,如各类图书、网络上的资料等。通过合理择取,这些知识会被纳入学校的知识体系,成为学校知识的一部分。学校知识管理就是要对学校的所有这些知识进行管理,使知识的价值增值,使学校组织得到进一步发展。

2. 知识活动

知识活动是环状模型的第二环,指围绕着学校知识而展开的各种管理活动,包括知识的获取、加工、存储、共享、应用与创新,它是学校知识管理的实践性要素。知识的获取是知识管理者根据学校及教师的知识需求从外部获得有关的知识,如购买图书资料、获取网络资源等。知识的加工是对从外部获得的知识以及学校内部的知识进行分析、整理和归类,使知识条理化和清晰化,便于人员查找和使用。知识的存储是采用纸质或电子形式将加工后的知识进行保存,这样可以使学校知识得以传承,避免知识流失,从而提高知识的利用率。知识的共享是学校成员对学校的所有知识都能够分享,打破知识的垄断现象,使知识由点到面铺开。知识的应用是将获取的知识应用于实际教学、管理或科研,发挥知识改变实践、改造理论的作用。知识的创新是发现和创造新的知识,它是学校可持续发展的动力源泉。

3. 支撑因素

支撑因素是环状模型的第三环,指知识管理活动得以有效开展的各种保障条件,包括领导和规划、组织结构、技术和设施、学校文化,它是学校知识管理的条件性要素。在领导和规划上,学校要有专人负责和统领知识管理活动,对知识管理进行短期和长期的规划和设计,以确定学校知识发展的方向和步骤;在组织结构上,部门间要打破传统的等级制度和金字塔式的纵向结构关系,形成民主平等、便于沟通的扁平化结构,以发挥各部门进行知识管理的整体合力;在技术和设施上,除传统纸质方式外,学校可配备基于网络的计算机设备和系统,配有专门的知识管理应用软件,并有精通此方面的专业技术人员,熟练掌握知识发现技术、知识挖掘技术、知识搜寻技术、合作技术、知识传递技术和知识地图技术等,以提高知识管理的效率和水平;在学校文化上,要形成一种学习型和创新型文化,鼓励教师间的交流和讨论、反对封闭和保守,鼓励学习和创新、反对机械和守旧,鼓励新思想和新尝试、反对旧观念和落后做法。

(四)学习型学校的建构

1. 学习型组织的内涵

学习型组织(learning organization)的概念是由麻省理工学院的彼得·圣吉教授于1990年首先提出的,并迅速成为组织管理领域最为流行的概念。彼得·圣吉认为学习型组织是一种创造性组织,组织结构与氛围的设计使成员的创造潜能得以发挥,更能提升组织动态匹配的能力。① 在学习型组织中,员工会通过组织内学习,并经常与外部结构进行组织间学习,从而不断地补充和完善组织知识。这种组织具备很强的学习和应用所学知识的能力,可以实现持续的竞争优势。在知识经济时代,工作性质是以知识和学习为特征的,学习型组织充分体现了知识经济时代对组织管理模式变化的要求。构建学习型组织

---

① 彼得·圣吉.第五项修炼——学习型组织的艺术与实践[M].北京:中信出版社,2009:3-12.

就是要提高组织的学习能力,实现组织知识的不断更新和完善。而组织知识和组织学习之间是相互促进的协同关系:组织学习能力越强,组织知识更新和完善的效率就越高;相应地,好的组织知识基础也有利于提升组织的学习能力。

2. 学习型组织的"五项修炼"

彼得·圣吉在《第五项修炼》中指出,可以通过五项学习修炼来构建学习型组织:自我超越、改善心智模式、建立共同愿景、团队学习以及系统思考。这五种要素构成了一个学习型组织的大厦,系统思考是大厦的核心。第一,系统思考。系统思考的关键在于具有系统的观点和动态的观点,它的艺术就是要看穿复杂背后引发变化的结构。第二,自我超越。自我超越是一种愿景和实现愿景的过程,最终将不断突破极限深化到组织成员的潜意识之中。第三,改善心智模式。心智模式是深植于人们内心的思维逻辑。改善心智模式的修炼就是不断反思自己的心智模式和对他人的心智模式进行探寻,提高组织适应能力。第四,建立共同的愿景。组织在持续不断鼓励发展个人愿景的同时,将个人的愿景整合成组织的共同愿景,驱使人们为之而奋斗和奉献。第五,团体学习。团体学习是发展组织成员整体合作与实现共同目标能力的过程,只有将个体的力量整合为整体的力量,提高集体的智商,才能达到组织学习的目的。

3. 学习型学校的建设

建设学习型学校需要学校组织与管理实践的创新。在学校管理创新中引入学习型组织理论,可从全面树立学习型组织理念、确立学校组织的共同愿景、加强教师的团队学习等方面做起。[①]

(1)全面树立学习型组织理念。首先,学习型组织理念强调以人为中心,树立以人为本的观念,建立组织成员的新型关系,即圣吉所说的"盟约"关系。其次,学习型学校要建立良好的人际关系,使人与人之间感情融洽,相互发生积极的影响。再次,学习型组织理念要求进行组织学习,组织学习与个人学习并不矛盾。个人学习必须纳入组织学习,才有助于建设学习型学校。最后,学校管理者要高度重视师生的参与意识和创造精神,使师生的才能得到充分发挥、人性得到完善的发展。

(2)确立学校组织的共同愿景。首先,要明确学校的共同愿景。共同愿景、团队愿景、个人愿景之间是相互关联的;个人愿景是建立团队愿景、共同愿景的基础;共同愿景、团队愿景是由个人愿景汇集、互动成长而形成的。其次,学校管理的重要工作是持续不断地鼓励学校成员发展个人愿景,经过不断地交流,找出能够超越和统合所有个人愿景的共同愿景。再次,在建立共同愿景时,要放弃愿景总是由学校高层提出并宣布的做法,也要避免来自制度化的学校规划过程。最后,建立学校共同愿景,要求学校管理者必须具备管理的专业知识和较高的判断能力,要具有统计、分析、整合、提炼信息的能力。没有较高素质,就无法建立组织真正的共同愿景。

(3)加强教师的团队学习。团队学习是发展组织成员整体搭配与实现共同目标能力的过程。首先,教师是学校教育工作的主体力量,能否很好地进行团队学习将直接决定管

---

① 张新平,褚宏启.教育管理学通论[M].北京:高等教育出版社,2012:369.

理创新的成败。其次,赋予教师学习以群体意义和团队形式,有助于教师形成共同的价值、达成共同的目标。如果离开团队学习的协作精神,就会造成个人主义的恶性膨胀。最后,学校组织机构,诸如年级组、教研室的学习,是建立学习型学校的关键。团队学习可促使教师拥有共同的心智模式,实现由个人超越变为组织超越,从而使教师用系统思考的方法产生整体大于部分之和的学习效果。

案例分析

慕尼黑工业大学的"外延型矩阵"模式

19 世纪初,德国大学形成了"大学—学部—研究所/讲座"型学科组织模式,该模式在洪堡时代有力地促进了大学科学研究,引领了世界研究型大学的发展。但在今天,该模式日益成为德国大学开展跨学科研究的障碍。慕尼黑工业大学(以下简称"慕尼黑工大")在德国大学中率先打破传统体制束缚,启动了跨学科组织改造,将学部改为综合化的学院,同时,将原先隶属于学部的研究所独立出来,或者建立新的跨学科研究中心,形成了"大学—学院 &(跨学科)研究机构"的矩阵式学科结构。2005 年以来,在德国政府"卓越计划"的推动下,慕尼黑工大沿此改革思路,进一步设置了整合研究中心(Integrative Research Centers)、卓越集群(Excellence Clusters)和国际科学与工程研究生院(International Graduate School of Science and Engineering,IGSSE),形成了独具特色的"外延型"跨学科矩阵组织模式。

整合研究中心包含工程学院、生物工程学院、社会技术中心和正在筹建中的机器人智能学院等,横跨自然科学、工程科学、医学与生命科学等多个学科,开展具有重大科学突破前景的新生学科领域的创新研究。与整合研究中心关注新兴学科领域的交叉研究不同,卓越集群强调通过多学科协作来解决各种科学与社会问题。慕尼黑工大目前有 43 个卓越集群,其中,宇宙的起源与结构集群、纳米系统创新集群、系统神经病学集群等 5 个集群在德国处于领先地位。国际科学与工程研究生院提供结构化的跨学科课程、软技能培训、研讨会与研究论坛、国际交流研究等,并资助奖学金,授予相应博士学位,其目标是培养具有跨学科研究素养和创新能力的科学领袖。

慕尼黑工大的整合研究中心、卓越集群和研究生院,都在学院之外独立设置,共同接受大学的垂直管理,并能够直接对话大学理事会。他们虽与传统院系平行发展,但又依托传统院系,在跨学科研究和教育方面保持密切合作。从整个学科组织图景来看:整合研究中心、卓越集群和研究生院呈水平状态,分布在学院的外缘,这就如同在传统以院系为单位的"纵向"学科组织外围增加了一块"横向"的新组织单元,呈现出纵横交错的"矩阵"结构形态(见图 8.14)。总之,慕尼黑工大借助国家"卓越计划"的"东风",沿着"大学—学院 & 研究机构"的改革思路,以研究单位的"身份"在学院外围,设置独立发展的跨学科教育与研究机构,形成"外延型"跨学科组织矩阵,最终打破了传统学部组织模式造成的学科分割,为师生提供了跨学科研究与学习的重要平台。

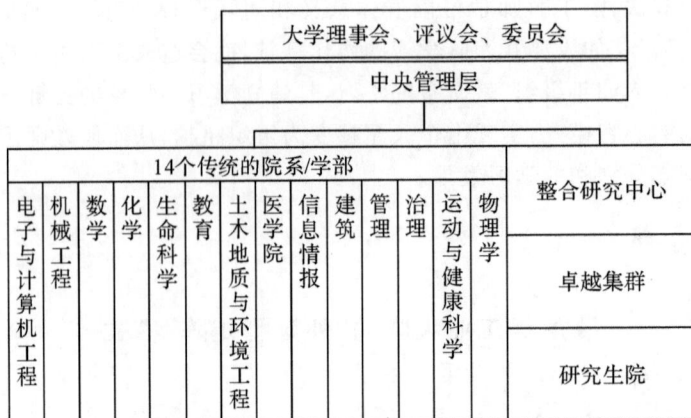

图 8.14　慕尼黑工业大学的"外延型矩阵"跨学科组织模式

【资料来源】茹宁,李薪茹. 突破院系单位制:大学"外延型"跨学科组织发展策略探究[J]. 中国高教研究.2018(11):71-77.

思考题

1. 慕尼黑工业大学的"外延型矩阵"模式的主要特征包括哪些?

2. 慕尼黑工业大学的"外延型矩阵"模式能够促进跨学科研究的主要原因是什么?

3. 在整合与分配学校各组织机构的责任、权力和资源的时候,需要注意哪些问题?

第九章　学校管理制度

制度和思想教育都会影响人的行为,但是靠制度调整人的行为比靠道德调整人的行为,有更大的优越性。道德的约束为"软约束",而制度的约束为"硬约束"。制度对于包括校长、教师、学生在内的各类行为主体可以做什么、必须做什么、不得做什么规定得更加明确清晰,对于不当行为的制裁方式规定得更加清晰,明确了学校对合规行为的肯定性后果和对违规行为的否定性后果,形成了一种倒逼机制,使行为人根据制度规定预测自己某种行为的后果,并根据此后果决定是否实施某种行为。[①]

传统的学校教育系统随时代进步而变革,现代学校制度是一个在实践过程中内涵不断丰富、更新和发展的概念,主要涉及学校与政府的关系、学校与社会的关系、学校内部治理结构。学校管理制度是现代学校制度的重要内容,全面分析构建现代学校制度的制度设计与方法途径,系统探索我国现代学校制度的多重路径,亦即通过政府、学校、社会三个方面协同建设,在教育改革中逐步为建立现代学校制度提供理论支撑和实践样本,有助于为社会大众获得优质公平的教育服务创造良好的制度环境。

第一节　组织制度与学校管理制度概述

一、组织制度概述

1. 组织制度理论的演化历程

制度理论可谓是"博大精深",如经济学、政治学和社会学等对其都有全面和深入的研究。从研究的历史发展角度,学者们通常把制度理论划分为"早期的制度理论"(也称之为"旧制度理论")和"新制度理论"。经济学的新制度理论主要包括交易成本经济学、博弈理论方法、演化经济学和资源依赖理论;政治学的新制度理论主要包括历史制度主义和理性选择理论;社会学的新制度理论主要来源于认知理论和文化理论,主要包括现象学和常人方法学。

制度理论最有影响的应用是对组织运行的中观层面进行分析,主要关注社会规则、准则和信念等对组织的影响。把制度与组织最早联系起来进行的研究开始于 20 世纪 50 年代,主要代表学者包括"哥伦比亚学派"的莫顿与塞尔兹尼克,"卡内基学派"的西蒙,社会

---

① 褚宏启.制度为什么重要:教育法治化与学校制度建设[J].中小学管理.2019(8):60.

学家帕森斯。莫顿提出,"作为规则的组织"比"作为工具的组织"更为重要;塞尔兹尼克主要强调了"制度化"(institutionalization)对组织的重要性。西蒙根据"经济行为人的有限理性(bounded rationality)"这一假设,把人的有限理性与组织结构特征联系起来进行研究,强调"组织规则、程序和习惯与惯例"的重要性。帕森斯则主要通过研究组织与其所处环境的关系,用他的"文化—制度"思想来分析组织,提出组织的价值观系统是通过组织与"不同功能背景"中的"各种主要制度模式"相连实现合法化。

新制度理论与组织理论相结合主要经历了三个阶段。第一个阶段:斯维尔曼较早把新制度理论引入到组织研究中,提出了"组织行动理论",认为组织环境不仅是资源供应基地,还是"组织成员生活意义的来源"。第二阶段:布迪厄通过提出"社会场域"(social field)这一概念来强调习惯对组织发展的重要影响。第三阶段:迈耶和罗恩以及朱克尔通过同时发表于 1977 年具有开创新的两篇文章[①],把新制度理论更加成功地引入到组织研究中。迈耶和罗恩提出,制度是文化规则的集成,文化规则逐渐理性化成为组织建构的独立基础,强调更广泛的制度环境中组织模式变化所产生的影响。尽管迈耶和罗恩主要从宏观层面对新制度理论展开研究,但作为迈耶的学生朱克尔主要研究制度的"微观基础",强调认识性信念力量对行为的锚定作用:"社会知识被制度化之后作为一种事实存在,就会成为客观现实的一部分,并基于此基础能够直接传播"。

继迈耶等人研究成果之后,迪马吉奥和鲍威尔、迈耶和斯科特[②]又为组织分析的新制度理论做出重大贡献。他们从宏观环境视角展开的研究已经成为社会学领域的主流。迪马吉奥和鲍威尔区分了制度影响组织发展的三种重要机制:"强制"(coercive)"模仿"(mi-metic)和"规范"(normative)。通过这些机制,制度的影响扩散到"组织域"(organization field),组织结构同形(structural isomorphism)或相似是竞争和制度过程的重要结果。迈耶和斯科特提出,所有组织都是由技术与制度要素形成。以上四位学者认为组织域或部门是最适合研究制度过程的新的分析层次。

总之,制度学派是经济社会学中具有最大影响力的学派之一,又分为组织制度学派和历史制度学派。"新组织制度理论"就是由组织制度学派演化而来,是"组织分析的新制度主义"[③](New Institutionalism in Organizational Analysis)的简称,其主要理论基础是"新制度理论"。该理论的概念基础起源于迈耶(Meyer)、罗恩(Rowan)、斯科特(Scott)和朱克尔(Zucker)等几位学者于 20 世纪 70 年代开始的有关"组织社会学的新制度主义"讨论和相关研究工作[④]。

2. 新组织制度理论的核心思想

新制度主义学派认为,组织通常需要面临两种不同的环境:技术环境和制度环境。这

---

① 这两篇文章分别为:Meyer, J. W., Rowan, B. Institutionalized Organizations: Formal Structure as Myth and Ceremony[J]. American Journal of Sociology, 1977, 83(2): 340-363.; Zucker, L. G. The role of institutionalization in cultural persistence [J]. American Sociological Review. 1977. 42(10)42726-743.

② 见:鲍威尔,迪马吉奥. 组织分析的新制度主义[M].上海:上海人民出版社,2008.

③ 不过,也有些学者(Greenwood et al.,2008)指出,无需拘泥于学派对"组织制度主义"(Organizational Institutionalism)进行区分,而是要关注"在理解和分析组织时,制度视角能够为我们提供什么帮助"。

④ 这些代表性研究包括:Meyer, Rowan, 1977; Zucker, 1977; Meyer, Rowan, 1983; DiMaggio, Powell, 1983; Tolbert, Zucker, 1983; Meyer, Scott, 1983.

两种环境对组织有不一样的要求:技术环境对组织的要求是"效率"——依据效率最大化原则组织生产;制度环境对组合的要求是服从"合法性"(legitimacy)[①]机制——采用"理所应当"的组织形式(organizational forms)和行为。过去的研究(如"权变理论"和经济学理论等)只注意到技术环境对组织的影响,而对制度环境没有予以关注。由此,鲍威尔和迪马吉奥提出,新组织制度理论的核心思想是,组织紧密地嵌入社会与政治环境之中,正式的组织结构不仅受到技术要求和资源依赖的影响,还受到组织所处的更大范围制度环境(规则、信念和惯例等)的影响。这一理论重视"理性的社会建构"和"非市场治理机制",主要关注组织所生存的制度环境对组织的影响机制,以及组织形式与制度模式的协同演化机制。因此,新组织制度理论为研究组织与制度环境之间的关系机制提供了很有价值的理论工具。

3. 组织制度的概念与构成要素

基于经济学、政治学和社会学有关新制度理论的分析,特别是迪马吉和奥鲍威尔两位学者的研究,诺斯与斯科特把影响组织和组织成员的正式制度与非正式制度分为管制、规范和认知三类。斯科特于2002年在组织分析的制度理论中特别增加了社会和文化要素,以便为制度环境中的网络如何影响风险资本的功能提供更具社会化的解释。斯科特对制度定义是"为社会生活提供稳定性与意义的管制性(Regulative)、规范性(Normative)和文化—认知(Cultural-Cognitive)要素以及相关活动和资源"(见表9.1)[②]。

表 9.1 制度的三大要素

区分维度	管制性要素	规范性要素	文化—认知要素
遵从的基础	权宜(expedience)	社会责任	理所应当 共同理解
秩序的基础	管制规则	约束性期待	建构性图式(schema)
制度扩散机制	强制	规范	模仿
制度逻辑	工具性	正当性	正统性
制度指标	规则 法律 奖惩	证明 认可	共同信念 共享的行动逻辑 同形(isomorphism)
制度产生的影响	害怕 内疚/清白	羞耻/荣耀	确定/困惑
合法性基础	法律制裁	道德支配	理解 认可 文化支持

① 这里的"合法性"不仅仅是指法律制度,还包括文化制度、观念制度、社会期待等要素构成的制度环境对组织行为的影响(周雪光,2003)。

② Scott,W. Richard. Institutions and organizations:Ideas, interests and identities(Fourth Edition)[M]. Thousand Oaks:SAGE Publications,2014:96.

二、学校管理制度

(一)学校管理制度内涵

自夏商,便有了"庠、序"(即学校)。孟子曰:"庠者养也,校者教也,序者射也。"作为一个特殊的社会组织,学校一出现,便以培养社会所需要的人为己任,进而出现为培养人才所采取的因材施教等教育之法。学校教育是由专职人员和专门机构承担的有目的、有系统、有组织的,以影响受教育者身心发展为直接目标的社会活动。学校教育是与社会教育相对的概念,专指受教育者在各类学校内所接受的各种教育活动,是教育制度的重要组成部分。

组织学研究中很早就注意到,组织中许多活动都是循规行为。组织规章制度明确规定了权威关系,维持日常活动,确定组织的边界。[①] 管理学校不仅要建立合理完善的领导体制和组织机构,而且还必须建立健全一整套系统完备的管理规章制度。学校管理制度主要指学校生活中的人们所要遵从的规章制度,也简称为"校规"。在理论界,校规有广义和狭义之分,狭义的校规仅指由学校制定的学生必须遵守的各项规则的总称,而广义的校规还包括教师以及校内各种组织运行应该遵守和适用的各项规则、制度体系。[②] 本书采用广义的概念。在日常教育生活中,学校的管理制度安排广泛地影响着教师与学生的价值观念、判断与行为。甚至可以说,有什么样的学校管理制度就会有什么样的学校生活,就会有什么样的未来公民。因而,学校管理制度安排的优劣与否直接关系到学校治理质量的高低。[③]

(二)学校管理制度的内外部关系

现代学校制度所涉及的关系,主要表现为学校的外部关系和内部关系。学校外部关系主要是学校与社会的关系;而学校内部关系则主要是学校内部的校长、教师、学生等主体间的关系。[④]

1.学校与社会的关系

学校与其他任何组织一样,是一个无时无刻不与外界发生交换、互动的开放性系统,只有主动识别和适应外部环境的需求与变化,才能使学校组织得到社会这个大系统的支持和给养,从而获得自身的更新和发展。因此,学校与社会的关乎现代学校制度的又一重要外部关系。首先,对学校来说,要认识到学校自身是社会系统中的一个组成部分,对社会系统中其他相关主体和组织对学校发展的价值和意义,有一个深度的认识和理解。从而主动加强学校与社会的交往与沟通,尤其是加强与学校发展密切相关的公众群体、社会团体组织、家庭和社区等;会参与主体之间的联系。而对于作为现实世界的一个大系统的社会来说,学校则是其中一个不可分割的子系统,因为学校教育的作用是为社会各个行业和

---

① 周雪光,李贞.组织规章制度与组织决策[J].北京大学教育评论.2010,8(3):2-23

② 郑宁.我国学校校规建设:政策演变、总体现状以及对策建议[J].华中师范大学学报(人文社会科学版).2021,60(2):179-188.

③ 胡金木.现代学校治理的制度之善[J].华东师范大学学报(教育科学版).2018,36(2):54-59.

④ 曾天山,褚宏启.现代教育管理学[M].北京:教育科学出版社,2014:125-126.

领域培养优秀人才提供不竭的动力。事实上,从学校教育的功能来看,它不仅体现在培养人的个体功能,还具有促进社会进步和发展的社会功能。由此可以看出,学校与社会天生就具有某种内在的联系,认识学校的社会性特征、社会组织及其群体的角色特征、利益趋向,及其彼此的联系,思考学校与社会关系构建的方向,也是现代学校制度建设无法规避的问题。

（2）学校内部的关系

学校制度不仅要关注外部社会关系,也必然要关注学校组织成员之间的关系问题,也就是要处理好校长、教职工、学生彼此之间的相互关系。这些学校主体之间关系的建立,需要在明确各自的角色与作用、权力与责任、权利和义务的基础上,通过制定一系列的民主管理制度、人力资源管理制度、发展评价制度、绩效考核制度来落实和体现。这些管理制度的不断完善与优化,不仅仅在于规范学校日常工作的有序运转,更在于促进学生、教师和学校的发展。因此,从整体上探析学校现有制度存在的问题,创新现代学校管理制度、人事制度、财务制度、评价制度等,是正确处理现代学校制度内部关系的当务之急。

第二节　我国学校管理制度的现状

学校管理制度作为学校师生员工的行为准则,是我国社会基本制度、是非标准、行为规范的反映,是落实依法治校、推进现代学校治理的重要抓手,集中体现了学校教育及其管理工作的基本特点,是学校管理职能有序发挥、实现有序化管理的必然要求。然而,从当前学校管理制度的制定过程、实施效果来看,无论是中小学校管理制度的实施,还是高等学校管理制度的实施,都存在一些问题和不足[1][2]。

一、中小学校管理制度

（一）中小学校现行基本管理制度

随着我国基础教育管理体制改革的深入,我国中小学已经基本形成了包括校长负责制、岗位责任制、教职工聘任制和监督制度等为主体的学校内部管理制度体系。

1. 校长负责制

校长负责制包括上级领导、校长负责、党支部政治核心和保证监督、教职工参与民主管理等四个互相联系又互相区别的组成部分。学校实行校长负责和校长负责下的分级负责,各级都要逐级向上级负责,最后向校长负责的管理体制。校长在教育行政部门领导下开展工作,具体执行教育教学任务;校长作为学校行政人和法人代表,对学校工作全面负责,行使行政决策权、行政指挥权、财务权。学校党支部集中精力加强党组织建设,监督方针政策的贯彻:包括校长在内的行政领导成员的思想和工作作风,加强对教职工的政治思想工作,教育党员起先锋模范作用,参与学校重大决策过程。学校教代会是教职工参与民

① 曾天山,褚宏启.现代教育管理学[M].北京:教育科学出版社,2014:126-130.
② 郑宁.我国学校校规建设:政策演变、总体现状以及对策建议[J].华中师范大学学报(人文社会科学版).2021,60(2):179-188.

主管理的主要形式,校长的决策和指挥必须建立在广泛听取教职工的意见、充分发挥教职工聪明才智的基础上,校长要向教代会报告工作,学校重大决策要提交教代会审议。

2. 岗位责任制

岗位责任制是指对学校的全部工作实行定员、定额、定质、定量和定时间的制度。它包括教职员工责任和各级管理者岗位责任制,其基本内容一般包括岗位的职责、为完成职责必须进行的工作与基本方法,以及应达到的基本要求与质量标准。学校的制度多种多样,但基础是岗位责任制。只有建立和健全岗位责任制,把学校的每一项工作都落实到每个人,从学校管理者到全体教职员工,人人都有确定的岗位和明确的责任,事事都有人负责,才能保证有良好的教育教学秩序,从而取得良好的教育教学与管理效果。

3. 教职工聘任制

学校要培养合格人才,就必须有一支优秀的、高素质的教职工队伍。这就要求改革学校人事制度,明确岗位职责、待遇报酬和奖惩措施,激励大家努力工作,真正做到教书育人、管理育人、服务育人。学校进行人事制度改革是调动教职工积极性和开发创造力的需要。人才资源中最宝贵的是积极性和创造力。学校教职员工的劳动有其自身的特殊性。教学过程、教学管理过程主要是常务性劳动和创造性劳动,称为"良心活",难以用简单的方式加以计量。因而通过某种途径调动广大教职工的积极性,开发其创造力,就显得尤为重要。而改革传统的用人制度,打破职业"铁饭碗",将优胜劣汰的竞争机制引入学校的人事管理,正是有效途径之一。

4. 学校监督制度

在现实工作中,常会发生一些缺乏监督的情况。例如,在现行的校长负责制下,校长有权对学校的内部分配体制做出决策,国家允许学校从自筹经费中拿出一部分用于分配,教师的工资量由校长定,而校长的工作量由自己定。在这种制度下,校长的行为风险几乎为零,而收益却很高,因此,学校监督制度尤为必要。校长负责制提出者萧宗六教授将此含义概括为"上级机关领导,校长全面负责,支部保证监督,教工民主管理"的"四要素"。监督的主体是党支部,即学校党支部书记和部分党员教师,监督的对象是行使学校管理权力者,主要是校长。

(二)中小学校管理制度存在的问题

随着教育的不断发展和基础教育管理改革的不断深入,我国中小学校内部管理制度不断调整、完善和优化,但仍然存在一些现实问题。

1. 学校办学自主权有待进一步落实

20世纪中叶以来,世界各国纷纷将发展教育摆在国家发展的战略性位置,国家财政对于各类中小学校,尤其是公办中小学规模的扩张及其办学质量的提升给予了极大支持。然而,政府对学校诸多事务的管控也在一定程度上抑制了学校自主性与创造力的生长。由此,中小学的办学自主权问题开始衍化为一个世界范围内的共性问题,也逐步得到学界的关注。三十余年来,我国学者对公办中小学办学自主权问题的研究逐渐升温,且形成了较为清晰的发展脉络。不同阶段的研究重点先后表现为:在实施"校长负责制"的背景下讨论学校的办学自主权、基于实践需求强调办学自主权的落实、在推进教育管办评分离的过程中再次强调学校的办学能力。[①]

针对政府对学校管得过多过细的问题,2010 年颁布的《国家中长期教育改革和发展规划纲要(2010—2020 年)》要求建立健全现代学校制度,构建政府、学校、社会之间新型关系,要求"落实和扩大学校办学自主权""推进政校分开、管办分离""明确政府管理权限和职责,明确各级各类学校办学权利和责任""政府及其部门要树立服务意识,改进管理方式,……依法保障学校充分行使办学自主权和承担相应责任"。2013 年,十八届三中全会对治理现代化做出了全面部署,对于教育行政改革也提出了明确要求:深入推进管办评分离,扩大省级政府教育统筹权和学校办学自主权,完善学校内部治理结构。上述这些要求概括起来,就是现在常说的"管办评分离""放管服结合",核心是落实学校的办学自主权。但就实际效果看,"管办评分离"做得相对较好,"放管服结合"做得差强人意,政府对于学校的管理依然过多过细,但是对于学校的放权和服务做得非常不够。[②]

2. 学校民主、参与管理机制尚不健全

已有大量研究表明,学校民主参与对学校组织和参与个体具有积极作用。对于学校组织而言,学校管理中的民主参与能够促进学校效能提升和学校组织创新。对于参与个体,民主参与有利于提升满意度,减少压力,同时对各主体民主心理和民主技能程序的获得具有教育功能。在公立中小学实行民主管理对于整体提升国民民主素养、推进政治民主和社会民主进程具有重要作用。[③]

此外,无论是从国家教育政策法规,还是学校内部管理体制改革行动,都可以看出我国着力实现学校参与管理、民主管理的愿望和诉求。当下我国各地凡是具有一定规模的中小学都成立了工会组织,实行校长负责制的学校也都有配套的教职工代表大会制度,这些都为推进民主管理的思想提供有力的平台和机会。然而,在具体的学校管理实践中,工会组织和教代会是否真正发挥了其法定的职能,是否真正为全体教师实现自己参与学校管理的权利而正常有序运转呢?从目前的中小学管理实践来看,在一些学校中,工会办公室几乎成了休闲室、杂物室,组织旅游休假、发放假日副食成了工会的主要业务,而在关于教职工聘用、解聘、报酬、超时工作、劳动争议等重要事务方面,却很少介入。例如,一项有关教师聘任的调查显示,教师在聘任过程中,"几乎没有机会参与自身利益密切相关的聘用合同的制定和修改……教师甚至不清楚本校聘任教师的方法""作为当事人一方的教师并不很关注《聘用合同》所具有的法律意义,没能把自己摆在与学校平等的地位上,仍处于被动接受管理的状态"。这一现象不仅表明目前学校工会组织和教代会在法定职能行使上的无所作为,还反映了全体教师的民主参与学校管理的意识十分淡薄。学校民主、参与管理机制的缺失,也充分表明学校的和谐、民主管理之路仍然任重道远。[④]

3. 学校的聘任制影响教师流动

教师的合理流动作为均衡配置教师资源,促进义务教育均衡发展的一种有效策略,能

① 蒿楠,李敏,周倩.我国中小学办学自主权研究:回顾与反思——基于三十余年来的文献分析[J].教育科学研究.2019(7):32-39.
② 褚宏启.把简政放权进行到底:基础教育行政管理 70 年简评[J].中小学管理.2019(10):25-27.
③ 孙雪连,褚宏启.学校管理中民主参与的影响因素研究[J].教育发展研究.2017,37(10):76-81.
④ 曾天山,褚宏启.现代教育管理学[M].北京:教育科学出版社,2014:128.

够促进教师在城乡和校际间均衡分配,最大限度地实现教师的社会价值和自我价值,促进教育事业的持续、均衡、协调发展。

教师流动主要包括自主流动和政策性流动两种,自主流动主要是指教师根据自己的个人意愿进行的工作调动;政策性流动则是指政府为了实现学校间教师资源的均衡配置,强制或者鼓励教师从一所学校到另一所学校进行短期或者长期工作(不论人事关系是否变动),比如教师的支教或轮岗交流。我国中小学教师流动始于20世纪末,从总体上看主要存在的问题包括以下几个方面。首先,参与政策性流动的教师比例较低,部分区县尚未建立教师交流制度;教师流动以单向流动为主;教师政策性流动对于推进均衡发展的作用有限。教师流动中所存在问题产生的原因有多种,其中最核心的是教师管理制度的问题,主要包括:教师政策性流动的最初定位主要限于城镇学校对农村学校的单向支持;现行教师管理体制中教师是"单位人"而不是"系统人";教师政策性流动对学校和教师发展的作用没有得到充分认识;教师聘任制没有得到很好地贯彻落实。例如,1993年颁布的《教师法》中明确规定"学校和其他教育机构应当逐步实行教师聘任制",2003年,人事部发布《关于深化中小学人事制度改革的实施意见》提出要"实行教职工聘用(聘任)制",目的就是要建立"能进能出、能上能下"的教师任用新机制,优化教师队伍结构,合理配置教师资源。但是,目前教师聘任制并没有得到很好地贯彻落实,出现了"只能上不能下,只能进不能出"的情况。[①]

二、高等院校管理制度

大学治理的核心任务就在于探寻科学合理高效的制度安排,保证高等教育在合乎办学规律和改革发展的轨道上运行。为此,就需要构建富有活力、务实高效的大学治理体系。而构建大学治理体系的关键在于制度供给与制度建设,也就是定规则、定规章、定规矩等制度设计与制度执行,为治理现代化奠定基础。[②]

(一)高校制度体系及其结构

大学制度体系可以分为三个层面:一是根本制度,是关于大学治理的最基础的制度安排,是反映大学治理特性的最基础的制度设计,是大学之所以成为大学的最重要的制度体现,其制度特征与要求体现为根本性和永久性;二是基本制度,是大学治理的规则与程序的制度安排,主要涉及大学治理主体、治理机制动态协调的制度体系,其制度特征与要求体现为稳定性和适应性,制度内容包括大学的决策制度、行政执行制度与学术管理制度等方面;三是具体制度,是大学治理具体行为与政策设计的制度规范,其制度特征与要求体现为有效性与实践性,制度内容包括学校运行层面的学生管理制度、经费管理制度、社团管理制度、安全管理制度等具体制度安排(见表9.2)。[③]

---

① 史亚娟.中小学教师流动存在的问题及其改进对策——基于教师管理制度的视角[J].教育研究,2014,35(9):90-95.

② 李立国.大学治理的制度逻辑:融通"大学之制"与"大学之治"[J].华东师范大学学报(教育科学版).2021,39(3):1-13.

③ 李立国.大学治理的制度逻辑:融通"大学之制"与"大学之治"[J].华东师范大学学报(教育科学版).2021,39(3):1-13.

表 9.2 大学制度体系及其结构

制度体系	制度结构	制度特性	制度内容
	根本制度	根本性、永久性	高校法人制度、高校领导制度
	基本制度	稳定性、适应性	决策制度、行政执行制度、学术管理制度
	具体制度	有效性、实践性	具体规章制度和政策、文件

（二）高校院校现行基本管理制度

自 1978 年改革开放以来,我国高等学校的内部、院系领导体制改革经历三个历史阶段:(1)1982-1989,年,推行校长负责制与系主任负责制改革阶段;(2)1989—1999 年,实行党委领导下的校长负责制,扩大院系办学自主权段;(3)1999 年至今,实行院(系)目标管理责任制,进一步深化校、院两级领导体制阶段。

1999 年年底以来进行的校、院两级领导体制改革的重点在于进一步理顺学校领导层、机关部处、学院、系之间的关系,在调整高校内部权力结构的同时,转向院系的领导体制建设与改革,努力缩短学校领导跨度与管理幅度,特别是采取各种措施努力使学院(系)的责、权、利相一致。当时,国内许多高校随着院系调整与学校规模、学院规模的变大,开始努力使学院成为办学实体,企图形成学校、学院两级办学,学校、学院、系所三级管理或者学校、学院(系)两级管理的内部管理模式。

推行院系目标管理责任制是学院(系)办学自主权扩大的必然结果,也是办学权力下放后,规范管理与加强责任考核的必然要求。院(系)目标管理责任制的推行,也加快了学院领导体制的改革。院系目标管理责任制试行以来,先后有许多大学都在积极探索适应本校实际的学校与院系两级管理的新体制,如湖南大学、武汉理工大学、上海财经大学等。2005 年年初,上海财经大学"推进学校两级管理体制改革"的总体构想体现出完整系统的思路,其改革的目标是通过推进两级管理,变目前的"校部集中管理"为"校院两级管理",厘清校、院两级的权力和职责。学校主要管理全局性、战略性的重大问题,对院(系)实施目标管理;院(系)拥有相对独立的办学自主权,即在下放事权的同时,下放相应的人事权、财务权、物力配置权。学校对学院的管理主要体现为规划、指导、服务、监督、协调。校部加快完成四个方面职能的转变:从微观管理转向宏观管理;从事务管理转向政策管理;从过程管理转向目标管理;从审批管理转向服务管理。学校主要依据校、院双方签订的目标责任书对学院整体工作及其领导班子进行年度和任期考核,考核结果与本单位相关利益直接挂钩。

此外,上海大学进行"党政合一"改革试点也颇为引人关注。改革前学院的领导结构由名誉院长、党委书记与常务副院长组成,分别选三人担当。改革后取消名誉院长,党委书记与院长由同一人担当,由学院党政联席会议(院务会议)进行集体决策,但始终由既是院长也是书记的同一人主持领导。其实这就是一种首长负责制,对院(系)目标管理责任制而言,其实质是由某一个人担当主要责任人。这种领导体制的好处是既充分体现了党委的领导,也具有以往系主任负责制的优点。不过实践经验表明,"党政合一"改革成功与否,取决于权力运行监控机制的完善,特别是要实施有效的同级监督,否则容易出现一人大权独揽、独断专行的局面。目前一些高校正在积极推进和试点的院(系)党政领导"公推直选"改革,也是一项受到大家好评并取得了许多成效的积极探索。

（三）高校院校管理制度存在的问题

已有研究表明,由于大学组织的特殊性,其规章制度效用的发挥受多种权变因素的影响[1]。我国高等学校管理体制改革和相应的制度变革促进了高等院校的发展,但大学制度改革和管理制度的优化不是一朝一夕就能够完成的,我国高等院校管理制度依然存在着一系列问题。

1. 法人治理结构缺乏制度保障

法人治理结构研究倾向于从整体上探究大学组织的内部治理。建立法人治理结构的最初尝试来自于企业,旨在解决所有权和经营权分离后带来的"委托代理"问题。法人治理结构强调决策权、执行权、监督权相互制衡。大量实证研究发现,西方大学普遍建立董事会与校长相互制衡的法人治理结构。中国大学建立法人治理结构是在坚持"党委领导下的校长负责制"的前提下,建立"五位一体"的治理构架。一些证据表明,这种治理安排存在运行不畅:一是党政职责界限不清。校务委员会难以发挥作用。二是外部利益相关者参与内部治理机制缺乏。中国大学董事会不是大学的权力机构,只是承担资金筹措、对外联络、产学合作等功能的咨询机构。董事会基本上参与不了学校决策,大学内部人控制现象严重。三是内部治理机构设置行政化,监督缺位。无论是教职工代表大会,还是学生代表大会,其运行均被置于行政机构之下,制衡机制先天不足,作用发挥弱化。四是内部治理行政权力主导,学术权力式微。学校内部建立了强有力的行政主导体制,学术权力弱化,无论在校一级还是在院一级,学术权力都没有制度化发挥作用的渠道[2]。

2. 服务性的行政组织制度有待完善

改革开放以来,在"领导就是服务""管理就是服务"理念的推动下,大学行政组织管理工作有了一定的改善,行政管理人员的认识和工作作风有了一定的改进。但是,由于大学行政组织制度的性质并没有根本性的改革,所以,整个组织管理工作中的官本位现象并没有改观,学校的全部办学资源都掌握在各级行政管理部门和行政管理人员手中,教学科研听命于行政管理部门和行政人员,这不符合大学作为学术机构的要求,阻碍学术事业的发展。大学行政组织管理工作不是学校的功能性活动,而是辅助活动,是为功能性活动的有效开展起帮助、支持和维护作用的。因此,相关管理制度应该是服务性的,行政组织管理的价值体现为服务师生及其教学研究活动,行政组织管理制度应当确保相关工作发挥其服务职能。

3. 教师绩效评价制度不利于教师的专业发展

良好的考核评价制度有助于调动教师工作积极性、主动性,对提升高等教育质量具有

① Fini R, Grimaldi R, Meoli A. The effectiveness of university regulations to foster science-based entrepreneurship[J]. Research Policy. 2020,49(10):1-15.

② 周光礼,郭卉.大学治理实证研究 2015—2019:特征、趋势与展望[J].华东师范大学学报(教育科学版).2020,38(9):200-227.

显著影响。目前,绩效评价已成为我国高校教师评价制度的主流,对教师专业发展影响深远。[①] 不同学科、专业的教师其学术研究的特点不一,教师的学术水平、职称评定必须根据其学科专业的性质进行科学、合理的学术成果质量的评价,不能简单地以定量的学术成果来衡量,尤其是不能以简单的学术研究数量来评价。然而,目前国内大多数高校的教师考核评价制度依然重量不重质,使学术丧失了应有的意义,导致学术质量的下滑。例如,某大学关于副教授的 8 项选择性评审条件中全部是数量要求,包括以第一作者署名在核心期刊发表本学科学术论文数、正式出版专著或教材的字数等。[②]

4. 学校—院系两级管理制度影响实质性学院制建设

高校以其学术性的本质属性区别于其他组织,从而履行自己的使命。学院系作为以学科专业为基础的学术组织,承载着人才培养、科学研究等高校核心使命,是伯顿·克拉克所认为的"在生产点上以知识密集型技术为特点的组织环境迫使决策权倾向于留在操作层"[③]的组织。"没有权力下沉就没有学院治理,底层赋权是学院治理的前提条件与标志性特征。"[④]然而,长期以来,学校—院系的纵向科层组织使得院系处于隶属地位,学校是上司、院系是下属的观念根深蒂固,其运行体制上的行政化、官本位传统难以破除。改来改去,院系的治理权限还没有真正细化出来,高校治理权力还没有真正落实到院系层级,权力和资源的配置主要集中在大学层面,一些"核心权力"和"管理重心"并未真正到达院系,甚至有时显现出事权不断下放、责任不断下压,而资源不断向上集中、权力不断上移的倾向。推进办学重心下移困难重重,学校—院系关系难以彻底理顺成了院系治理长期面临的困境。[⑤]

第三节　现代学校制度建设

现代学校制度是适应知识经济时代潮流的一种学校制度,是符合 21 世纪初叶我国经济与社会全面发展的、指导和约束学校可持续发展的各种制度的总称。[⑥]《国家中长期教育改革和发展规划纲要(2010—2020 年)》(简称《教育规划纲要》)提出,要建设依法办学、自主管理、民主监督、社会参与的现代学校制度。

一、现代学校制度的内涵

学校制度建设是教育制度的基本内容,是适应社会转型需要而产生的教育改革的核心问题之一。"现代学校制度"的概念是伴随着"现代企业制度"的出现而产生,并逐渐走

---

① 操太圣,任可欣.评价是如何影响高校青年教师专业性的? ——以 S 大学为例[J].大学教育科学.2020(2):111-118.

② 曾天山,褚宏启.现代教育管理学[M].北京:教育科学出版社,2014:130.

③ 伯顿·克拉克.高等教育系统——学术组织的跨国研究[M].杭州:杭州大学出版社,1994:18.

④ 龙宝新."双一流"建设背景下二级学院内部治理的机制与架构[J].高校教育管理,2019,13(4):18-26.

⑤ 胡华忠.我国高校院系治理的困境及消解[J].复旦教育论坛.2020,18(3):5-11.

⑥ 袁勇.教育公正:现代学校制度的核心价值[J].教育科学研究.2015(8):14-18.

进教育领域的视野,日渐成为教育理论界关注和探讨的热门话题。就目前对于现代学校制度概念的界定来看,尚没有统一的定论。有学者认为,现代学校制度是一种适应社会化大教育和社会主义市场经济体制、政治体制、科技体制改革的内在要求,以学校法人制度为主体,以有限责任制度为核心,以教育管理专家经营为表征,以学校组织制度和管理制度以及新型的政校关系为主要内容的现代学校体制。也有学者在对转型期学校制度价值的再认识的基础上,认为现代学校制度是在新的社会背景下,能够适应市场经济发展和建设学习型社会的基本要求,以学校法人制度和新型的政校关系为基础,举办者产权与学校日常管理权基本分离,学校依法自主管理,由教育管理行家负责学校日常管理,教职工依法民主参与,学校与社区中的各种组织及家长密切合作,指导和约束学校可持续发展的一套完整的制度体系。① 还有学者对现代学校制度作了较为全面、系统的界定,即现代学校制度指的是能够适应向知识社会转轨及知识社会形成后的社会发展需要,以新型的政校关系为基础,以现代教育观为指导学校依法民主、自主管理,能够促进学生、教职工、学校、学校所在社区的协调和可持续发展的一套完整的制度体系。②

尽管学者们探讨现代学校制度内涵的角度和侧重点有所不同,提出的现代学校制度的内容和表述也有所差异,但是,究其本质却具有内在的一致性。亦即他们都突出强调了现代教育制度的民主性、现代性、开放性等特征;强调了学校与政府、社会的良好关系构建;强调了学校内部结构的整合与优化,以及对利益相关者权益的尊重与维护。因此,现代学校制度的内涵必然包含上述三个方面的内容,这无疑是现代学校制度建设所要关注的重要切入点和落脚点。③

二、现代学校制度的特性

学校教育在工具理性的支配下,尊崇效率至上,实现标准化管理,逐渐显现出一种"非人控制"与"去道德化"的形态。良序社会需要一种良善制度,学校善治更离不开良善制度的支撑④,现代学校制度应体现如下特性:⑤

1. 民主性与自主性相统一

现代学校的自主性与民主性是有机统一的,学校依法自主管理需要以民主文明的制度环境为依托。学校民主是依靠相互协商和自愿同意的方法实现学校管理的一种方式,因此,现代学校制度的建立要把民主性贯串于学校各项工作的始终,以学校民主的理念为指引,设计和制定一整套学校民主决策制度、民主管理制度、民主监督制度等,力求使现代学校的民主性充分体现在决策过程、重大决策、日常管理、监督制衡等各个环节上,从而确保包括学校全体成员在内的利益相关者的知情权、表达权、参与权、表决权等各种基本民主权利得到有效落实。现代学校制度的民主性应该做到以下三个方面:(1)学校制度体系

① 李继星.现代学校制度初论[J].教育研究,2003(12):83-86.
② 朱小蔓.基础教育阶段现代学校制度的理论与实验研究[M].北京:教育科学出版社,2008:19.
③ 曾天山,褚宏启.现代教育管理学[M].北京:教育科学出版社,2014:119-120.
④ 胡金木.现代学校治理的制度之善[J].华东师范大学学报(教育科学版).2018,36(2):54-59.
⑤ 曾天山,褚宏启.现代教育管理学[M].北京:教育科学出版社,2014:123.

的民主性。建立起符合民主精神的学校制度体系是学校民主性的基础和重要体现。（2）学校决策、管理的民主性。要通过学校民主制度的设计与实施,确保与学校有关的各人群的相应民主权利,包括知情权、参议权、表达权、弹劾权、决策权等权利。现代学校的民主性,要通过具体的方法和技术加以体现。德国一些中学建立了教师委员会、家长委员会、学生委员会三个二级委员会,其成员通过无记名投票的方式,选举出学校管理委员会,作为学校的民主决策机构。这种治理机构值得我们研究。合议制、民主集中制等基本制度,少数服从多数的基本原则,听证会、论证会、征求意见会等会议形式,都值得我们实验研究。（3）课堂、教学的民主性。从一定意义上说,现代学校的民主性也包括课堂教学的民主性,应建立民主、平等的师生关系,反对教师专制,保护学生个性发展,从小培养学生的民主意识。[①]

在现代学校制度的民主环境下,学校组织及其成员的自主性也得到切实增强。这种自主性不仅体现为学校组织独立的决策和独立的治理,也体现为教职工教学研究的自由和学生学习的主体性。首先,就学校组织而言,学校自主性的增强,一方面可以明晰政府与学校的权力界限,有利于调整政府和学校关系,使学校走出受制于政府各种规制的困境,为重建政府与学校的新型关系提供坚实的基础;另一方面,也为学校探寻符合自身实际的正确发展之路提供先决条件。只有学校有了办学自主权,才能依据学校的客观实际去合理定位学校发展的方向与目标、创新和设计学校管理制度、拓展教师的专业发展通道等各种工作,也才能走出自己的特色发展、内涵发展甚至卓越发展之路。可以说,现代学校制度是实现学校自身的特色发展、内涵发展和卓越发展不可或缺的制度保证。其次,对教师教学研究来说,自主性的增强,不仅可以使他们免受行政干预,发挥其教学专业者的智慧与能量,享受教学研究的自由和乐趣,也可以给予教师一定的空间和时间去主动反思教育的本质,研究学生的心灵世界,从而探寻有效的教学方式与方法,最终实现教育培养人的终极价值目标。再次,对学生来说,自主性的增强,使学生在学习上能够自主选择与自主管理,使学生的主体性地位在教与学的过程中得到切实体现,学生的个性化得到充分发展,学生的自身潜能能够得到深入的挖掘。事实上,现代学校制度的终极价值追求也就是实现学生的全面发展,倡导和增强学生的自主性,也必然是现代学校制度所关注的核心命题。

2. 人本性与开放性相统一

人本性就是"以人为本","以人为本"是科学发展观的核心,也是现代学校制度最根本的原则。虽然"制度的关键功能是增进秩序",但是制度绝对不是通过秩序来控制人的,而是通过秩序来促进人发展的。促进并规范人的发展是制度最深刻的人性前提。学校的各种制度安排都是为师生的成长创造一种良好的秩序的,是保护师生、促进师生成长的。离开了师生的发展,制度也就失去了存在的价值基础。学校制度只有服务于师生、促进师生合乎人性的发展,才有存在的价值,否则就会变成师生成长的桎梏。在合乎人性的学校制度下,师生独特的个体性与丰富的多样性会得到全面尊重,在此基础上,学校才能更好引

---

① 朱小蔓.基础教育阶段现代学校制度的理论与实验研究[M].北京:教育科学出版社,2008:24-25.

导师生认识到公共生活所需要的公共性品质。①

与其他组织一样,学校组织也是一个开放系统。现代学校的开放系统涉及校内关系和校外关系两个方面。就校内关系而言,现代学校制度的开放性体现在学校内部各组织之间、组织与自然人之间相互开放。如各年级组、学科教研组之间相互开放,取长补短,相互学习;学校管理工作向教职工、学生开放,引导教职工和学生积极参与学校管理、发展和改革的各项事业中去。就校外关系而言,体现在校内外教育资源相互开放,实现学校与社会的紧密联合,实现国内外教育的相互开放。学校资源应对社区开放,社区中可用于教育的资源应对学校开放;提倡、鼓励各界人士与学生家长积极、有效地参与学校管理,贡献精神财富;加强教育的国际交流与合作,使学校在师资交流、生源流动、教学科研、资源共享等方面实现国际化。②

3. 科学性与发展性相统一

科学性是现代学校制度的固然属性,只有制度本身具有科学性与合理性,才能得到人们的认同与接受;否则,其必然受到质疑,失去自身存在的价值与意义。现代学校制度的科学性主要表现在两个方面:一是体现在具体制度的完善性上。现代学校制度的框架体系是由各种指导学校工作的教育法律法规和规章制度构成的,这些法律法规之间应相互联系,不能相互矛盾。同时,要注意规章制度在批准和发布程序上与其他规章制度的统一性,防止规章制度的审议、批准、发布程序等发生错误和政出多门。二是体现在制度文本的规范性上。每项规章制度都应有具体执行部门、配合执行部门和监督部门。③

发展性是现代学校制度的又一特征,其要义在于促进学校组织及其成员趋向更高层次、更高水平的变化过程。从学校利益相关者的角度来说,现代学校制度的发展性不仅要核心指向促进学生的全面发展,还要促进教师的专业发展、校长的专业发展、家长的成长以及社区成员的发展。具体来说,学生的全面发展包括身心的健康成长、个性与道德品质的形成、知识的积累、学业的进步、学习能力的提高、创造智慧的形成等;教师的专业发展表现为专业知识和技能的增长、教学经验的积累、教学行为的改进、教学能力的提升、教育观念的更新、专业智慧的生成、专业精神的形成等;校长的专业成长包含校长教育思想的不断成熟、领导水平与能力的不断提高,直至成为教育家型校长;家长的发展表现为教育观念的改变、家庭教育方式的转变等;社区成员也要在现代学校制度的框架和环境中深化对学校发展的认识、对教育本质的理解,成为学校发展的合作伙伴。

4. 生态性与和谐性相统一

现代学校制度体系作为现代教育系统的一部分,其自身也有一个生态平衡问题。学校只有在良好的社会生态环境中才能充分发挥其教育职能。因此,生态性是现代学校制度又一重要特征。现代学校制度只有构筑和保持学校的生态环境,才能体现出现代学校制度的内在教育价值。与现代学校制度的开放性相类似,生态性一方面应保持学校职能主体和外部环境关系的制度体系平衡,另一方面要保持学校职能主体与内部关系制度体

① 胡金木.现代学校治理的制度之善[J].华东师范大学学报(教育科学版).2018,36(2):54-59.
② 朱小蔓.基础教育阶段现代学校制度的理论与实验研究[M].北京:教育科学出版社,2008:27-28.
③ 周川,马娟,等.现代学校制度与学校自主发展研究[M].哈尔滨:黑龙江人民出版社,2011:42.

系之间的平衡。有研究者认为,构筑教育生态需要从以下两种视角来分析:一是从学校的活动边界来看,学校要以学生为中心来考虑学校的活动安排和制度设计;二是从学校的必备功能来看,现代学校应该是学园、家园、乐园、花园,根据学校的办学理念,实现人本型学校、学习型学校、创新型学校等多种表现形态。制度体系的成熟体现在各种制度之间的和谐。[①]

尽管现代学校制度尚没有一致的定论,但是从现代学校制度的本质来看,其作为协调政校关系、改进学校教育质量、促进学校和学生发展的一整套制度体系,已经基本得到广泛的认同。随着教育的不断向前发展,现代学校制度的某些具体的制度内容之间、制度与制度之间不可避免地存在一定的冲突,只有不断协调、优化,才能发挥其促进学校及其成员发展的内在价值。因此,不断调整各种具体制度之间的矛盾,追求各种具体制度之间的平衡与和谐,是现代学校制度建设的目标,也是现代学校制度的重要特征之一。

三、现代学校制度的建设

2010年颁布实施的《教育规划纲要》将现代学校制度建设上升到国家政策层面并作出具体战略部署。现代学校制度建设步入全国范围的区域探索阶段,各地积累了一定的实践经验,例如:简政放权,落实学校办学自主权;复归学校主体地位,提升其自主性;制定章程,加强学校制度建设;激活校长队伍,实行自主管理;完善治理结构健全民主管理机制;注重社会参与,让学校融通社会。[②]

(一)保障办学自主权

针对相关部门对学校“管得过多”“管得过死”的问题,2020年9月,八部门联合印发的《关于进一步激发中小学办学活力的若干意见》明确提出要保障学校的“三个自主”[③]。

1. 保障教育教学自主权

在学校层面,区域要鼓励支持学校办出特色、办出水平,强化学校课程实施主体地位,明确学校在遵循教学基本要求基础上有“五个自主”,包括自主安排教学计划、自主运用教学方式、自主组织研训活动、自主实施教学评价、自主实施跨学科主题教学。在教师层面,学校要充分发挥教师在课堂教学改革中的主体作用,鼓励教师大胆创新,改进教育教学方法,积极探索符合学科特点、时代要求和学生成长规律的教育教学模式。同时,各地要大力精简、严格规范各类“进校园”活动,有效排除对学校正常教育教学秩序的干扰。

2. 扩大人事工作自主权

第一,扩大学校在副校长聘任中的参与权和选择权,鼓励地方积极探索由学校按规定的条件和程序提名、考察、聘任副校长。第二,扩大学校对中层管理人员聘任自主权,按照精简效能的原则,学校自主设置内设机构,自主择优选聘中层管理人员。第三,扩大学校在教师招聘中的参与权,要充分尊重和发挥学校在教师公开招聘工作中的重要作用,由学

① 周川,马娟,等.现代学校制度与学校自主发展研究[M].哈尔滨:黑龙江人民出版社,2011:45.
② 许杰.现代学校制度建设的实践逻辑[J].教育研究,2016,37(9):32-39.
③ 吕玉刚.让“全面激发中小学办学活力”落到实处——《关于进一步激发中小学办学活力的若干意见》文件解读[J].中小学管理.2020(11):5-7.

校提出招聘需求和岗位条件,并全程参与面试、考察和拟聘人员确定;还特别鼓励地方探索在学校先行面试的基础上组织招聘,对具备条件的学校可自主按规定组织公开招聘。第四,扩大职称评聘自主权,强调中初级职称和岗位由具备条件的学校依据标准自主评聘,高级职称和岗位按照管理权限由学校推荐或聘用。第五,扩大绩效工资分配权,新增绩效工资总量主要用于奖励性绩效工资分配,奖励性绩效工资由学校在考核的基础上自主分配。

3. 落实经费使用自主权

学校按照有关规定和需要自主提出年度预算建议,自主执行批准的预算项目。进一步完善学校公用经费使用管理办法,加大学校经费使用自主权。学校依法依规自主使用社会捐资助学的经费。

大学办学自主权与大学自治、学术自治等概念的意蕴相近。政府主要通过立法赋权、行政授权及大学建章立制等其他确权行为来确立大学在学术、教育和行政方面的合法性权力。我国大学办学的有关权力包括两个层面,一是作为高等教育举办者的政府(包括中央政府和地方政府)拥有的权力;二是大学自身所拥有的权力及其内部的权力网络,两者构成了大学办学的"国家基础性权力"的权力网络和权力系统。从应然与实然相结合的角度对我国大学办学自主权的拥有、扩大和落实三个方面进行考察,大学办学自主权并不存在一种理想模型,不能简单照搬和移植国外的一些做法,而需结合具体的国情政体、高等教育的发展目标及现状等因素做出理性的适当选择。大学办学自主权扩大包括存量式扩大和增量式扩大,存量式扩大是基于大学办学需要或针对大学办学存在的问题而做出的某种调适,而增量式扩大则具有明显的建构性。大学办学自主权的落实涉及办学自主权的法律赋权或行政授权的实际获得、办学自主权的运行及其督促检查。①

(二)完善内部治理结构

现代学校制度的构建要体现现代教育特征,主要涉及学校内部的制度设计与建设,因此应该以学校为主体来进行。现代学校工作应法制化、规范化,必须制定和完善学校章程,以便学校按照章程自主管理、依法办学,使学校的自主权真正得到落实。目前一些学校还没有将制定学校章程提到议事日程,有人认为这是上级部门和国家的事,和学校无关。许多教育行政主管部门也未意识到制定学校章程、依章程办学的重要性,多以下达各种指令指标作为学校工作的指南,学校也以完成指令性指标程度作为工作的标准。随着教育行政部门机构改革的逐步深化和教育管理职能的转变,对学校的管理从直接管理为主变为间接管理为主,从具体管理变为宏观指导;从单一的运用行政手段转到依法监督、评估、指导。因此,建立现代学校制度的当务之急,就是要尽快制定和完善学校章程,将学校重大的基本问题明确和稳定下来,从而为实现政府宏观管理、学校面向社会依法自主办学创造良好的条件。

高校根据现代大学制度的目标,按照民主化、科学化、法制化的原则,妥善处理党委领导、校长负责、教授治学、民主管理的关系,使行政权力和学术权力的运行更加高效有序。2010 年,教育部发布了《高等学校章程制定暂行办法》,确定了 12 所章程建设试点学校,

---

① 卢晓中.国家基础权力视域下的我国大学办学自主权[J].大学教育科学.2020(4):41-47.

建立校—院—系三级管理体制,实行干部制度改革,完善学校财务和审计制度,健全教职工代表大会制度、学生代表大会制度、校友会制度,推进民主管理,实施信息公开制度,促进社会监督。随着"双一流"建设的全面推进,大学内部治理体系创新问题日益凸显。当前中国高校存在的主要问题是权力上移,职责下移,这严重抑制了基层学术组织的活力。西方国家大学校院两级运行的基本经验是:学术权力与行政权力由"纵向分权"走向"横向分权",学校层面以行政权力为主导,实行科层组织模式;基层学术组织层面以学术权力为主导,实行学会组织模式。中国高校建立校院两级运行机制的基本思路应该是由"横向分权"走向"纵向分权",在学校层面实施科层组织模式,在学院层面以学会组织模式为主、科层组织模式为辅。其中,降低管理重心、建立校院两级运行机制得到了普遍的认同。为此,C9高校进行了以管理重心下移为标志的权力配置改革,以落实基层学术组织的自治权(见表9.3)。[1]

表9.3 C9高校落实基层学术组织自治权的改革内容

大学名称	改革内容
北京大学	继续推进管理重心下移,进一步激发院系的积极性、创造性;发挥学部协调作用,健全学部运行机制,逐步实现学校负责宏观规划与服务,学部负责协调与监督,院系自主管理的格局
清华大学	优化权责配置,发挥院系主体作用;将学术评价、副高级及以下专业技术职务的聘任、人才引进和薪酬调整等权力下放到院系,使院系党政和长聘教授会成为人事制度的执行主体
复旦大学	推进权力下放,增强学院办学活力;根据学校学科发展总体规划确定的目标、任务和要求,学院制定学科发展规划,以目标为导向核拨办学经费,进一步扩大院系管理自主权,增强院系办学活力
上海交通大学	下放学院预算编制自主权,由学院统筹安排学校下达的日常经费、学科建设经费以及学院自筹的教学、科研等其他收入;研究制定一套权责对等、边界清晰、责任明确、违约负责的权责清单,加快推进清单管理方式的协议授权
浙江大学	按照"放管服"改革的要求,继续推进简政放权,扩大院系的办学自主权和资源统筹能力,尊重院系基于规划目标和办学实际的自主发展,针对院系实际分类授权,探索院系自我发展、自我管理、自我约束的机制及多样化的治理模式
南京大学	进一步推进校院系两级权责划分与有效互动;进一步厘清校院两级管理职责,梳理各类管理权限,推动管理重心下移,落实院系在自己的权限范围内教学、科研及行政管理等方面的自主权,突出院系办学主体地位,激活院系办学活力;明晰学校及需要下移到院系的各类权限,明确实施与学术相关的权、责、利重心逐步下移的时间、措施及步骤,确保事权相宜、责权一致

[1] 周光礼.大学校院两级运行的制度逻辑:国际经验与中国探索[J].高等教育研究,2019,40(8):27-35.

续表

大学名称	改革内容
中国科学技术大学	在增强学校层面宏观调控能力的同时,注重发挥学院和重点科研机构在办学中的主体作用,在人权、事权、财权等方面赋予基层更多权利,实现管理重心下移
西安交通大学	推进办学重心下移,加强基层学术组织建设,明晰学院的办学主体责任,赋予学院相应的办学自主权和资源调配权,厘清校、院、系(所)权责配置及实现方式
哈尔滨工业大学	进一步理顺学校与学院的关系,稳步推进向学院下放管理权限,强化学院主体地位和各级行政部门的服务职能,建立与世界一流大学相适应的管理服务体系

专栏 9-1

建立健全大学章程的建议

大学章程是指由大学自己制定的有关其基本组织和基本权利的规范,它在大学管理中发挥着极其重要的作用。一所大学是否有大学章程、是否依法按照章程管理是建设现代大学制度的关键。应依据有关法律法规以及教育行政部门的实施细则,结合学校的校情制定和完善大学章程,明确大学章程在大学依法自主办学中的法律地位、制定主体和内容要求、制定程序和完成期限等,还要明确高校办学宗旨、办学特色、教育理念与历史传统,以及明确高校与政府管理部门及社会的关系。

建立健全大学章程,完善学校内部治理机构、决策体制与机制,促进高校决策与管理科学化、民主化、制度化。

第一,大学章程要清楚地界定大学的管理关系,合理分配权力,明确划分职责。这是大学章程的首要职能,也是分权制衡理论的灵魂所在。我国大学实行党委领导下的校长负责制,对该制度的实施要有可操作的实施细则,也要发挥其他机构和职位的大学管理主体的作用,形成一个相对合理的治理结构。

第二,要保障教授、学者民主参与的权利。要明确各类委员会的角色定位,赋予它们应有的权力和地位,这是各类委员会发挥实质性作用的制度前提。

第三,要明确规范一些重要机构的运行。对诸如党委常委会、学术委员会这些重要机构的权力和职责要做出清楚的陈述,指明其活动范围,使其各就其位,各司其职。

第四,在内容上保证大学章程的完整性,除了清楚地界定大学的管理关系、确立管理体制之外,大学章程还应当对包括财务制度、学校的一般人员(如教职员工、学生等)、考试、学位和大会等内容进行清楚地界定,这些内容是大学正常运作不可或缺的组成部分,有必要在大学章程中做出明确规定。

第五,明确大学章程修订的程序。修改或者撤销章程,要有明确的规定。大学章程的修订也需要有相应的人数和所依据的法律法规的条款,大学章程一旦实行,就应该使它具有相对的稳定性和权威的地位。第六,在技术上保证大学章程内容条款的明确性和可操作性,大学章程的语言要仔细斟酌,要精确,不易引起歧义,便于贯彻落实,避免成为一纸空文。

【资料来源】邹晓东.对构建现代大学制度的内在因素的思考[J].河南大学学报(社会科学版).2012(1):127-136.

(三)健全社会参与机制

1. 社区参与

社区作为影响学校教育发展的重要因素之一,正受到越来越多的重视,发挥着参与和监督作用。学校资源要向社区开放,努力实现资源的共享与社区互惠互利。学校应发挥自己的优势主动协助社区进行社区教育,为满足居民的学习需求尽力。吸纳社区参与学校管理,使社区居民更方便、更直接地了解学校的工作和面临的困难,有助于增进社区居民对学校的理解,包括社区对学校和教师的公正评价。因社区和学校的合作而产生的共同利益,也有利于学校从社区获取更多的支持和帮助。社区参与学校管理主要应以间接的建议、监督或评估为主。社区群众的出谋划策可以帮助学校减少决策的失误,同时,社区的监督和评估将优化学校的管理,促使学校的管理走向民主化,最终实现学校的良性发展。

2. 家长参与学校管理

一直以来家长参与学校管理都被国外视为是学校管理民主化的具体体现。许多国家的教育组织、学校和教育学者们积极倡导和鼓励家长参与学校管理,并深入开展家长参与的实验、研究和探讨,形成十分浓厚的家长参与的环境和氛围。近年来,家长参与的理念和做法逐渐被我国教育管理理论界和实践工作者采纳,但在学校实际操作中,由于家长的身份、知识背景、参与管理程度等原因,家长参与还比较薄弱,有待进一步加强。

3. 引入教育社会评价

引入教育社会评价机构,建立并完善政府、专家和社会三位一体的评价体系,是教育评价改革的突破口,有利于当前的评价体制从封闭走向开放,逐渐与国际先进教育评价体制、与现代教育制度接轨。

4. 加强教育中介机构建设

我国的教育中介机构主要包括教育评估机构、教育咨询与服务机构、教育信息中心、人才交流机构、教育事务代理机构等。教育中介组织不是政府的派出机构,不是办学实体,是联结政府、社会和学校之间的桥梁和纽带。建立以市场为主体的社会参与机制,需要大力培育和发展教育中介机构。我国目前的中介机构存在不少问题,如中介机构不够健全,不能承担政府分离出来的职能;有些中介机构由政府官员担任领导人,成了政府的附属机构;还有些中介机构成员专业能力和专业素质不高,评估结果缺少权威性和科学性等。建立健全教育中介机构需要政府转变职能,给教育中介机构以充分的生存空间,增进教育中介机构的合法性和权威性,加强教育中介的机构建设,提高自身素质。[①]

案例分析

制度优化:从综合预算到协议授权

校院之间资源与政策的博弈是改革的焦点和难点问题,为此,上海交通大学在新一轮的"院办校"改革中更加重视制度设计。在本轮"院办校"改革中,学校围绕资源和政策这两个关键点,分别推出了"院系综合预算"和"协议授权"两项重大改革举措。

2014 年起,上海交通大学针对资源配置权与事权割裂的问题,在部分学院开展校院二级综合预算改革试点工作,调整了学校对试点学院的综合预算模式、核算模式和目标管理方式。学校改变了以往通过各职能部门细分项目向学院分配资源的方式,而是给各学院设立"发展专项经费",将学科建设经费、人才培养经费和国际合作与交流经费等打包给学院,并打通不同经费间的限制,同时扩大学院自筹经费的自主使用权和使用比例,由学院统筹安排学校下达的日常经费、学科建设经费以及学院自筹的教学、科研等其他收入,以"量入为出,事前控制"的原则根据当年工作计划制定预算方案,纳入学校年度预算,学校财务部门严格按照学院制定的年度预算进行财务管理。目前该项改革已经覆盖至全体院系。"院系综合预算"改革的意义不仅仅是扩大了院系的财力和财权,更重要的是改变了资源调配模式。由于学院的财务预算需以年度工作计划为依据,从而促使学院更加关注事业的发展,并实现了财权和事权的同步下移,促进了校院二级成本分摊规则与机制的建立,这也有助于提高学院的办学积极性和主动性,迫使校部机关放弃以"项目管理"为主的传统管理方式,更积极主动地探索以"服务监管"为主的新型服务模式。

2015 年起,上海交通大学开始研究和策划"协议授权"改革,针对学校政策"一刀切"而学院特殊政策难以制度化的改革顽疾,希望形成规范有序的授权规则,变特事特办为制度规范。"协议授权"改革分为三个阶段进行,第一阶段是以校部机关为主、自上而下地梳理责权清单,这份清单涉及人事管理、教学管理、财务管理、资产管理、科研管理、国际合作与交流等与学院办学紧密相关的各项事务。列在清单上的各项事务又分为三类:已下放给院系的责权(如教师的聘期考核)、不宜下放给院系的责权(如正高师资的晋升与评聘)和经协商可下放给院系的责权(如教师的津贴标准)。责权清单的梳理和分类工作非常重要,可以让学院了解到已经拥有了哪些自主权,又有哪些自主权可以去争取,同时也可以让职能部门更加清晰工作内容和边界,主动改善相关工作。第二阶段以学校规划部门牵头与各学院协商中长期目标任务。以战略规划为依据的目标管理是上海交通大学开展战略管理的重要手段,"协议授权"改革正好与院系"十三五"建设目标的制定工作相结合形成了"院系十三五建设协议书",协议书中涵盖了学科建设、党建、学生工作、院为实体和综合预算改革等全方面的工作内容,同时也明确了学校的责任,特别明确了人员编制、经费和政策等支撑院系办学的基础性保障。

---

① 曾天山,褚宏启.现代教育管理学[M].北京:教育科学出版社,2014:135-137.

在制定建设任务的过程中,学校更多地结合学院的学科特性、发展阶段以及自主发展意愿等多方面因素,把目标任务分为核心指标、指定指标和自选指标三类。核心指标是根据学校总体战略目标设立的面向全体学院的统一指标,体现了学校的总体建设目标。指定指标是根据各学院学科特色或发展短板所设定的个性化指标,体现了学校对学院的差异化指导。自选指标是学院根据自身特色和工作重点自主提出的建设指标,体现了学院的自主发展意愿。"院系十三五建设协议书"是校院对工作任务达成的共识,最终由校党委书记和校长代表学校与各院系的主要负责人共同签署后生效。校院先商定发展目标,后商讨政策授权内容,是为了更加强调授权的目的是为了发展,避免院系要权的盲目性以及院系间的攀比心态。第三阶段以院系为主,根据自身目标任务的需要自下而上地提出需要授权的具体政策事项,与相关部门就可授权事项达成一致意见,并签署"政策授权协议"将学院的责权予以明确。"政策授权协议"的作用仅为明确校院间责权划分,为推进政策落地还需要制定两份规范化文件,一份是"政策授权协议"的实施细则,用以明确校院间具体事务操作规范;另一份是"学院内部管理制度"规范授权事项在学院内部的决策程序和办事流程。实施细则和"学院内部管理制度"配套使用才有可能在每个学院授权范围不相同的情况下依然保持流畅的行政流程。同时,"学院内部管理制度"也是学校监管学院是否规范使用授权事项的重要依据。内部管理制度的完备性和学院对管理制度的执行程度是学院能够获得授权试点资格重要依据,即自律是充分授权的前提条件。学校在改革过程中强调,自律不是放宽要求而是更严要求,不是不要监管而是不怕监管。

【资料来源】杨颉.协同治理协议授权——探索校院二级管理改革新路径[J].中国高教研究.2017(3):12-16.

思考题

1. 上海交通大学在新一轮的"院办校"制度改革的重点是什么?并分析具体原因。

2. "学院内部管理制度"的主要作用是什么?在实际执行过程中可能会遇到哪些困难?

3. 基于上述案例,谈谈现代学校制度建设的关键环节是什么?

第十章　学校领导

　　管理是领导未来、计划落实的过程。在愿景设置、战略制定、计划落实与决策过程中，领导对愿景、战略和决策负有更多的责任，而计划是传统管理者的首要功能。由于组织更需要洞察未来，设立美好的愿景，制定科学可行的战略，实施更有效、满意的决策；未来的组织更需要由未来的蓝图来指导当今的发展，因此，领导在管理中占据更重要的位置。然而，有两种主要因素造成的冲突是所有教育界领导都必然会遇到的，不论他任职何处、身居何职：一是由于不同的人对教育组织的职能、最佳领导和管理方式的不同理解；二是在社会中普遍存在的对教育本质以及教育目标的不同看法。[①]

　　孔子认为领导应该以道德规范为基础，用教育的方式让人民更好地认识世界，开展工作；老子认为最好的领导是"无为而治"；马克思主义理论强调对社会的领导绝不是对人民的统治和剥削，而是为人民服务。社会主义的领导取向是以实现社会主义和共产主义为理想，以全心全意为人民服务为宗旨，以为群众多办实事好事、切实当好人民公仆为内容，以大公无私、坚持原则、坚持真理、勤劳奉献、敢于胜利为主要特征[②]。

第一节　领导及领导理论概述

一、领导的内涵

　　在现实生活中，领导有时是指领导者这一角色，有时是指领导职位，有时是指领导者的行为，有时是指一种特殊的社会现象。[③] 因此，关于领导的定义，有不同表述，例如：领导是上级影响下级的行为，以及劝导他们遵循某个特定行动方针的能力（切斯特·巴纳德）；领导是指管理人员与下属共同进行工作，以指导和激励下属的行为，使其能符合职务，以及了解下属的情感以及解决行动时所面临的各种问题（萨默）；领导是影响力，是影响人们心甘情愿和满腔热情地为实现群体目标而努力的艺术或过程（哈罗德·孔茨）。虽然各位学者的表述不同，但核心都是强调领导是一种影响力。

　　此外，很多学者也提出，领导是领导者及其领导活动的简称。领导者是组织中那些有影响力的人，他们可以是组织中拥有合法职位的、对各类管理活动具有决定权的主管人

---

　　① 罗伯特·G.欧文斯.教育组织行为学[M].上海：华东师范大学出版社，2001：24.
　　② 邱霈恩.领导学[M].4 版.北京：中国人民大学出版社，2014：55.
　　③ 刘建军.领导学原理[M].4 版.上海：复旦大学出版社，2013：12.

员,也可能是一些没有确定职位的权威人士。领导活动是领导者运用权力或权威对组织成员进行引导或施加影响,以使组织成员自觉地与领导者一起去实现组织目标的过程。领导是管理的基本职能,它贯穿于管理活动的整个过程。

领导(过程)是领导者率领、引导和影响人们在一定的条件下实现某种目标的行为过程,任何领导活动都是借助他人来实现的,领导工作的绩效是通过被领导者的活动绩效来体现的。领导就是某一具体社会系统中处于支配和决定地位的主体,根据该系统的需要和愿望以及现实情境和条件,确定本系统的目标、任务和行动指南,获取和动用各种资源及手段,发动整个系统、特别是非居支配与决定地位的群体与组织等力量,致力于完成既定任务、实现既定目标的最权威的行为过程[①]。

二、领导的权限

领导是领导者向下属施加影响的行为,领导的实质在于影响。影响力由法定权和自身影响力两个方面构成。

(一)法定权

法定权是组织赋予领导者的岗位权力,它以服从为前提,具有明显的强制性。法定权随职务的授予而开始,以职务的免除而终止。法定权包括决策权、组织权、指挥权、人事权、奖惩权几个方面,具体内容如表 10.1 所示。

表 10.1　领导者的法定权

法定权	内涵
决策权	领导过程就是制定决策和实施决策的过程,决策正确与否是领导者成功的关键因素之一
组织权	在领导活动中,根据工作的需要,对机构设置、权力分配、岗位分工和人员使用等作出安排的权力
指挥权	在领导活动中,向下属部门或个人下达命令,为实现决策、目标和任务而进行各项活动的权力
人事权	领导者在对有关人员的挑选录用、培养、调配、任免等事宜的决定权。这种权力把下属的工作和前途与领导者直接联系起来,形成一种重要影响力
奖惩权	奖惩权是领导者根据下属的功过表现进行奖励或惩罚的权力。奖惩权是领导者统驭被领导者、实施领导的必要保证

(二)自身影响力

自身影响力是领导者以自身的威信影响或改变被领导者的心理和行为的力量。它不具强制性,取决于领导者本人的素质和修养、个人魅力。自身影响力主要包括品德、学识、能力、情感等,具体内容见表 10.2 所示。

---

① 邱霈恩.领导学[M].4 版.北京:中国人民大学出版社,2014:27.

表 10.2　领导者的自身影响力

影响力	内涵
品德	严谨的作风;作风正派,行为端正;以身作则
学识	领导者要有广博的知识
能力	领导者要有较强的工作能力。比如,分析判断能力、决策能力、组织能力、沟通能力、创新能力等
情感	情感交流是通往良好人际关系的桥梁,良好的人际关系是形成领导者影响力的基础条件

三、领导的作用

领导就是指挥、带领、引导和鼓励部下为实现目标而努力的过程。因此,领导者必须具备三个要素:(1)领导者必须有部下或追随者;(2)领导者拥有影响追随着的能力或力量,它们既包括由组织赋予领导者的职位和权力,也包括领导者个人所具有的影响力;(3)领导行为具有明确的目的,可以通过影响下属来实现组织的目标。领导者在带领、引导和鼓舞下属为实现组织目标而努力的过程中,要具有指挥、协调和激励三方面的作用[1]。

1. 指挥引导作用

在组织的集体活动中,领导者应当通过引导、指挥、指导或先导活动,帮助组织成员最大限度地实现组织的目标。尽管引导、指挥、指导和先导等活动在形式上略有差异,但共同的要求都是:领导者不是站在组织成员的后面去推动、督促,而是作为带头人来引导他们前进,鼓舞他们去奋力实现组织的目标。领导者只有站在群众的前面,用自己的行动带领人们为实现组织的目标而努力,才能真正起到指挥的作用。

2. 沟通协调作用

组织的目标是通过许多人的集体活动来实现的。即使组织制定了明确的目标,但由于组织成员对目标的理解、对技术的掌握和对客观情况的认识因他们个人知识、能力、信念等方面的差异而不同,他们在思想认识上发生分歧、在行动上出现偏离目标的现象都是不可避免的,因此需要领导者来协调他们的关系和活动,使他们步调一致地朝着共同的目标前进。

3. 激励鼓舞作用

任何组织都由具有不同需求、欲望和态度的个人所组成,组织成员的个人目标与组织目标不可能完全一致。领导活动的目的在于把个人目标与组织目标相结合,引导组织成员满腔热情地为实现组织目标做出贡献。领导工作的作用在很大程度上表现为调动组织中每个成员的积极性,使其以高昂的士气自觉地为组织做出贡献。如果领导不具备激励、鼓舞的能力,那么即便组织拥有再多的优秀人才,也很难发挥其整体作用。

---

① 周三多,陈传明.管理学——原理与方法[M].7版.上海:复旦大学出版社,2018:284-285.

四、领导和管理者的区别

从定义上看,管理是通过综合运用人力资源和其他资源以有效地实现目标的过程,领导是带领和指导群众以实现共同目标的过程;管理的对象不仅包括人力资源,而且还包括信息、技术、资金等其他资源,而领导的对象就是人;从本质上而言,管理是建立在合法的职务权力基础上对下属的行为进行指挥的过程,领导则更多的是通过其个人的魅力与专长来影响追随者的行为。

组织的每一个层级都有管理者,管理者可以是领导者,但领导者不一定是管理者。管理者和领导者是有区别的。管理者是被正式授权来管理一个组织或部门的,管理者利用职权来解决问题、做出决策和实施行动,领导者则可能是在群体活动中自发形成的,他们的影响力可以与其在组织中的职位无关;管理者的对象是组织中的下属,领导者的对象则是群体中的追随者;管理者通过计划、组织、控制来提高效率,完成任务和达成目标,领导者通过指导、协调和激励使追随者自觉地朝着领导者所指引的方向前进(见表 10.3)[①];管理者更多的是在群众后面鞭策,而领导者则更多的是在群众前面带领;管理者更多的关注于正确地做事,领导者则更多的关注于做正确的事。

表 10.3 管理者和领导者的职责区别

三项基本职责	管理者	领导者
确定工作内容	计划和预算	指明方向(描绘远景、指导计划)
建立人员构架和关系	组织和落实	协调关系(支持信任、步调一致)
保证员工确实完成任务	检查和纠偏	激发鼓励(排忧解难、激发信心)

五、领导理论

领导理论是研究领导本质及其行为规律的科学。领导理论的发展经历了三个阶段:性格理论阶段、行为理论阶段、权变理论阶段。由于对领导的理解不同,形成了领导学理论研究的三种类型,即"特质论""行为论""权变论"和"道德论"。每一个领导理论都是在特定背景下对领导实践的一种特定反映和解释,都为该理论的发展做出了重要的历史贡献,并不存在一个绝对的最佳领导模型。[②]

(一)领导特质理论

1. 天才论

早期的特质理论认为,领导行为主要取决于领导者内在的品质,具备了某些天生的品质就能成为好的领导者,只有先天具有这些品质的人后天的培养才是有效的。许多心理学家对某些社会上公认的成功领导者进行了研究、测定,试图归纳出成功的领导者各自应具备的品质,如有学者认为天才的领导者应该是健谈的、外表英俊潇洒的、智力过人的、自

① 邢以群.管理学[M].4 版.杭州:浙江大学出版社,2016:241.
② 李燚,魏峰.领导理论的演化和前沿进展[J].管理学报.2010,7(4):517-524.

信的、心理健康的、有支配他人的倾向、外向而敏感的。

2. 后期的特质理论

特质理论继承了 20 世纪初出现的"天才论"的许多传统,但它在研究方法上因为拥有心理学的支持,从而超越了天才论。领导者具备的品质不是生而有之,而是在实践中逐步形成和累积起来的,是通过培训学习获得的。也就是说,在实际工作中,选择领导者需要有明确的标准;培训领导者要有明确内容;考核领导者要有严格的指标体系。例如,哈佛商学院在其《总经理学》教材里提出,优秀的总经理必须具备以下基本素质:领导能力、决断力、预见力、说服力、创造力、洞察力、体力和魄力、勇气与自信、吸引力等。蒋朝晖等人基于美国教育理事会 2017 年发布的全美 1546 名大学校长的调查数据,研究归纳出美国大学校长群体的五大特征:校长群体构成更趋包容和多元,女性和少数族裔校长比例不断增加;校长大都具有博士学位且以人文社科背景的学术精英为主;校长晋升路径具有开放性和流动性;校长遴选注重发挥市场机制和社会力量作用;校长高度重视大学经费筹措和管理[①]。

还有一些类似的研究,但总的来说,领导特质理论并未取得多大的成功,也有人认为,这不是一种研究领导有效性的好方法,因为各研究者所列的领导者特性包罗万象,说法不一且互有矛盾;这些研究大都是描述性的,并没有说明领导者应在多大程度上具有某种品质;进一步地,并非所有的领导者都具备所有的品质,而许多非领导者也可能具备大部分这样的品质。尽管如此,这些理论并非一无用处,一些研究表明了个人品质与领导有效性之间确实存在着相互联系。如一些研究表明,内在驱动力、领导愿望、诚实与正直、自信、认知能力、业务能力,确实与领导的有效性有很大关系。此外,现代领导品质理论从领导者的职责出发,系统地分析了领导者应具备的条件,向领导者提出了要求和希望,这对于我们培养、选择和考核领导者也是有帮助的。

专栏 10-1

中国高水平大学校长的领导特质

虽然高层管理者的心理特质难以测度,但其人口学特征,如年龄、教育背景、工作经历等可以客观度量。尽管人口统计学特征不能全面反映高层领导的认知模式和心理特征,但高层领导的人口统计学特征与组织运行发展结果之间的显著关系,已经在企业创新、组织绩效、财务绩效、创新绩效和多元化战略选择等方面得到了实证研究相当广泛的支持。作为社会组织的大学,其组织架构和运行模式与其他社会组织存在许多相似之处。通过观察中国高水平大学校长人口学等个性特质变量可以研究他们的战略选择、工作行为等治校表现。

1. 中国高水平大学校长具有开阔的教育视野

---

① 姜朝晖,黄凌梅,巫云燕. 谁在做美国大学校长——基于《美国大学校长报告 2017》的分析[J]. 教育研究,2018,39(10):121-129.

从教育视野看,有以下几点值得关注:第一,从学历看,中国高水平大学校长都具有博士学历,这表明具备博士学历已成为高水平大学校长任用的趋势和要求。高学历代表校长的思辨能力和综合能力提升空间较高,能够在复杂的决策过程中客观分析及理性思考,能够全面关切和充分理解大学各利益相关者的不同诉求,并提出相应的解决方案。第二,从学科背景来看,一半以上的校长具有工科背景,25.65%的校长具有理科背景,具有经济学和农学背景的各有2人,具有教育学和法学背景的各有1人;有5人(占12.82%)具有交叉学科背景。第三,从求学经历看,大部分校长无本校求学的经历,79.49%的校长有出国留学的经历。

2. 中国高水平大学校长具有丰富的大学管理经验

作为大学"一把手",头等重要的工作自然是引领并助推学校发展。有教育等行政部门工作经历的校长,其把握国家教育发展战略能力较强,能结合学校实际情况选择正确的发展战略,有利于国家教育战略的"落地"。另外,长期的政府部门工作经历,有助于协调大学与外界的关系,能为大学发展带来更多资源和便利条件。有多校工作经历的校长,有助于其视野开拓,了解不同学校的特色和差异,学习发达学校的经验(治校思想、模式、方法等),明晰本校禀赋的优势和缺陷,从而制定差异化、针对性的发展战略。另外,如果有本校工作经历的校长,由于其熟悉学校的环境和情况,加上更容易得到师生的拥护,其工作开展更为顺利。

根据对中国高水平大学校长工作经历的研究发现,在中国高水平大学中,有25位校长(占64.10%)从其他学校及科研机构调入。近三分之一的校长来自内部选拔,其中大部分校长都是从副校长岗位升任的。有政府行政部门工作经历的有4位(占10.26%),其中直接从政府行政部门调任的有3位。从工作经历可以看出:第一,校际(包括与其他科研机构)领导之间交流使用是近年来中国高水平大学校长遴选的主要方向和方式,但从内部选拔仍然是一个重要途径。第二,校长基本上都有基层教学或管理单位工作的经历,比较熟悉基层单位工作流程。这使他们对学校管理和发展有更多的了解,便于做出更科学、合理的决策。

【资料来源】方晓田,郑白玲.中国高水平大学校长领导特质与治校理念研究[J].国家教育行政学院学报.2017(3):77-83.

(二)领导行为理论

领导行为理论的研究是从领导者的风格和领导者的作用入手,把领导者的行为划分为不同类型。领导的有效性主要取决于领导行为方式、作风,注重考察那些成功的领导者做些什么、怎样做的,优秀的领导者的行为与较差的领导者的行为有无区别等,把领导者的行为划分为不同类型,进行相互比较,从而归纳出各种不同的领导方式和领导方法。领导行为理论对经济和组织发展影响深远,相关研究成果不断涌现,如分享型领导[①]、平台

---

① 龙立荣,陈琇霖.分享型领导对员工感知组织和谐的影响与机制研究[J].管理学报.2021,18(2):213-222.

型领导①等。下面将介绍三个经典的领导行为理论。

1. 勒温理论

美国艾奥瓦大学的著名心理学家勒温和他的同事们从 20 世纪 30 年代起就进行关于团体气氛和领导风格的研究。归纳出领导方式分为三种:权威(专制)式、民主式、放任式,具体内容见表 10.4。

表 10.4　领导方式

领导方式	特征
权威式	只注重工作的目标,只关心工作任务和工作效率,不关心组织成员
	被领导者与领导者之间的社会心理距离比较大
	虽然通过严格管理能够达到目标,但组织成员没有责任感,情绪消极,士气低落
	工作效率居中
民主式	注重对组织成员的鼓励和协助,关心并满足组织成员的需要,营造一种民主与平等的氛围
	领导者与被领导者之间的社会心理距离比较近
	不但能完成工作目标,并与组织成员之间关系融洽,组织成员工作积极主动,有创造性
	工作效率最高
放任式	采取的是无政府主义的领导方式,对工作和组织成员的需要都不重视,无规章、无要求、无评估
	人际关系不好。只能达到组织成员的社交目标,但完不成工作目标
	工作效率最低

2. 四分图理论

20 世纪 40 年代末,美国俄亥俄州立大学通过搜集大量的下属对领导行为的描述个案,将上千种领导行为因素进行了归纳,试图找出领导的有效性的相关行为因素。把研究聚焦于领导者在领导下属时所表现出的行为,提出了"结构维度—关怀维度"四分图理论。

"结构维度"(以工作为重)是指领导者把领导行为的重点放在完成组织绩效上,建立以达到工作目标为目的的结构。以工作为中心,领导者既规定了他们自己的任务,也规定了下级的任务,包括进行组织设计、制定计划和程序、明确职责和关系、建立信息途径、确立工作目标。

"关怀维度"(以人为重)则是指领导者信任下级,友爱温暖,关怀下级个人福利与需要。以人际关系为中心,注重同下属建立良好的关系,包括营造互相信任的气氛、尊重下级的意见、注意下属的感情和问题等。

领导行为是这两种行为的具体组合,领导者的行为可以用"领导四分图"表示,如图 10.1所示。

---

① 郝旭光,张嘉祺,雷卓群,等.平台型领导:多维度结构、测量与创新行为影响验证[J].管理世界.2021,37(1):186-199.

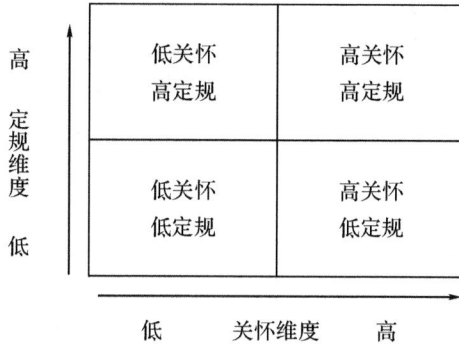

图 10.1　领导行为四分图

　　他们依照这两方面的内容设计了领导行为调查问卷,就这两方面各列举 15 个问题发给企业,由下属来描述领导人的行为如何。调查结果表明,以人为重和以工作为重并不是一个连续带的两个端点,这两方面常常是同时存在的,领导者的行为可以是这两个方面的任意组合。研究者认为,以人为重和以工作为重的领导方式是相互联系的。一个领导者只有把两者相互结合起来,才能进行有效的领导,即最佳的领导行为是既要以人为重,又要以工作为重。

　　3. 管理方格图理论

　　在四分图理论基础上,美国心理学家布莱克(R. Blake)和莫顿(S. Mouton)提出了管理方格图理论。他们将四分图中以人为重改为对人的关心度,将以工作为重改为对生产的关心度,将关心度各划分为九个等分,形成 81 个方格,从而将领导者的领导行为划分成许多不同的类型,如图 10.2 所示。在评价管理者的领导行为时,就按他们这两方面的行为寻找交叉点,这个交叉点就是其领导行为类型。纵轴上的积分越高,表示他越重视人的因素;横轴上的积分越高,就表示他越重视生产。

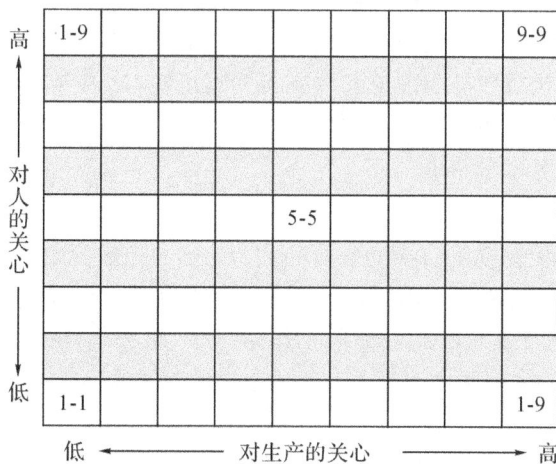

图 10.2　管理方格图

布莱克和莫顿在管理方格图中列出了五种典型的领导行为：

(1-1)为贫乏型，采取这种领导方式的管理者希望以最低限度的努力来完成组织的目标，对员工和生产均不关心，这是一种不称职的管理。

(1-9)为俱乐部型，管理者只注重搞好人际关系，以创造一个舒适的、友好的组织气氛和工作环境，而不太注重工作效率，这是一种轻松的领导方式。

(9-1)为任务型，管理者全神贯注于任务的完成，很少关心下属的成长和士气。在安排工作时，尽量把人的因素的干扰减少到最低限度，以求得高效率。只关心生产不关心人。

(9-9)为团队型，管理者既重视人的因素，又十分关心生产，努力协调各项活动，使它们一体化，从而提高士气，促进生产。这是一种协调配合的管理方式。

(5-5)为中庸之道型，管理者对人和生产都有适度的关心，保持完成任务和满足人们需要之间的平衡，既有正常的效率完成工作任务，又保持一定的士气，都过得去但又不突出，实行的是中间式管理。

到底哪一种领导方式最好呢？布莱克和莫顿组织了很多研讨会。绝大多数参加者认为(9-9)型最佳，也有不少人认为(9-1)型好，其次是(5-5)型。

管理方格图理论，提供了一种衡量管理者领导形态的模型，对于培养管理者是一种有用的工具，它可使管理者较清楚地认识到自己的领导行为，并明确改进的方向。布莱克和莫顿曾据此提出一套培训管理人员的方法[①]。

(三)领导权变理论

许多管理心理学家认为，管理者的领导行为不仅取决于他的品质、才能，也取决于他所处的具体环境，如被领导者的素质、工作性质等。事实上，领导品质和领导行为能否促进领导的有效性，受环境因素的影响很大。有效的领导行为应当随着被领导者的特点和环境的变化而变化，即：

$$E = f(L \cdot F \cdot S)$$

式中：E 代表领导的有效性，L 代表领导者，F 代表被领导者，S 代表环境，表示函数关系。

这种认为领导行为应随环境因素的变化而变化的理论就是领导权变理论。这类领导理论，从时间上来说，比领导品质理论和领导行为理论晚，从内容上来说，是在前两类理论的基础上发展起来的。它所关注的是领导者与被领导者及环境之间的相互影响。这方面比较具代表性的理论有以下两个。

1. 路径—目标理论

加拿大多伦多大学教授罗伯特·豪斯(R. J. House)把激发动机的期望理论和领导行为理论结合起来，提出了路径—目标理论。该理论认为，领导者的工作是利用结构、支持和报酬，建立有助于员工实现组织目标的工作路径。"路径—目标理论"同以前的各种领导理论的最大区别在于，它立足于部下，而不是立足于领导者。这一理论的两个基本原理是：

(1)领导方式以部下乐于接受为前提，领导者要寻求能够给部下带来利益和满足的

---

① 邢以群. 管理学[M]. 4 版. 杭州：浙江大学出版社，2016：246.

方式。

(2)领导方式以激励为目的,领导者要能够指明工作方向,使其能够顺利达到目标,在工作过程中满足组织成员的需要。

根据该理论,领导方式可以分为四种:

(1)指示型领导方式(directive leader)。领导者对下属提出要求,包括对他们有什么希望,如何完成任务,完成任务的时间限制等。指明方向,给下属提供他们应该得到的指导和帮助,使下属能够按照工作程序去完成自己的任务,实现自己的目标。

(2)支持型领导方式(supportive leader)。领导者对下属友好,关注下属的福利和需要,尊重下属,能够真诚帮助。平易近人,平等待人,关系融洽。

(3)参与型领导方式(participative leader)。领导者邀请下属一起参与决策,虚心听取下属的意见,让下属参与管理,将他们的建议融入组织的决策中去。

(4)成就导向型领导方式(achievement-oriented leader)。领导者做的一项重要工作就是树立具有挑战性的组织目标,为下属制定的工作标准很高,寻求工作的不断改进,激励下属想方设法去实现目标,迎接挑战。

罗伯特·豪斯认为,领导方式是有弹性的,针对不同的阶段和不同的领导对象可以选择不同的领导方式,所以这四种领导方式可能在同一个领导者身上出现。豪斯强调,领导者的责任就是根据不同的环境因素来选择不同的领导方式,如表 10.5 所示。如果强行使用某一种领导方式,必然会导致领导活动的失败,应采用最适合于下属特征和工作需要的领导风格。

表 10.5　领导方式和环境

领导方式	领导行为	环境
指令型	确定群体任务目标 明确各自职责 严格管理员工 用正式的权力管理	群体的任务是非程序化的 员工期望得到指点
支持型	友好、平易近人 明白下属的兴趣 用奖励支持下属	任务缺乏刺激性 员工希望得到领导的支持和鼓励
参与型	让下属参与决策 分担职责 鼓励协调一致 用非正式权力领导	任务复杂、需要团体协调 员工希望参与 员工有工作所需技能
目标导向型	鼓励下属设置高目标 让下属充分发挥创造性 实行目标管理	员工希望自我控制 员工能自我激励 员工有所需工作技能

2. 领导生命周期理论

领导生命周期理论(life-cycle approach to leadership)是由科曼首先提出,后由保罗

·赫西和肯尼斯·布兰查德予以发展的领导生命周期理论,也称情景领导理论,这是一个重视下属的权变理论。

该理论是建立在管理方格图理论和不成熟—成熟理论基础之上的,认为领导的成功取决于下属的成熟程度以及由此确定的领导风格。下属成熟度是个体对自己的直接行为负责任的能力和意愿。包括工作成熟度和心理成熟度。该理论将领导风格分为四类:(1)高工作—低关系;(2)高工作—高关系;(3)低工作—高关系(4)低工作—低关系。

生命周期理论认为依据下属的成熟度,选择正确的领导风格,就会取得领导的成功。在下属逐渐成熟的过程中,领导的风格应当逐渐调整。总体要求:对于不同成熟度的下属要采取不同的领导方式;同一下属,在不同的成熟时期,采用不同的领导方式;同一下属在同一时期,针对不同的工作采用不同的领导方式。随着下属成熟度的提高,领导者既可以不断减少对其下属活动的控制,还可以不断减少关系行为,如表10.6所示。

表 10.6　因人而异的领导方式

下属特征	下属所处阶段	领导方式
执行某任务既无能力又不情愿 既不胜任工作又不能被信任	不成熟	命令型领导方式 (高工作—低关系)
无能力,但愿意执行必要的工作任务 有积极性,无技能	稍成熟	说服型领导方式 (高工作—高关系)
有能力,但不愿意干所承担的工作	较成熟	参与型领导方式 (低工作—高关系)
愿意又有能力担负责任	成熟	授权型领导方式 (低工作—低关系)

（三）道德领导理论

近年来,道德领导研究备受组织研究人员的青睐。相关研究主要聚焦于领导的道德维度,强调领导者无论作为道德个人还是作为道德管理者,其真诚、公平和值得信赖等个人特征和道德行为表现,都在塑造和提高其追随者的道德行为中起重要作用。目前已有研究结果表明道德领导影响员工的绩效行为,包括工作绩效、组织公民行为、帮助行为和建言行为。道德领导包括道德个人(moral person)和道德管理者(moral manager)两个维度。道德领导的道德个人维度包括领导者的个人特质、个性和利他动机,如正直、诚实、值得信赖、公正和关怀等。道德领导的道德管理者维度则包括领导者对追随者的道德和不道德行为的主动积极影响,如通过身体力行道德行为传递道德和价值观信息、借助奖励和约束来保证追随者表现出道德行为等。[①]

道德领导是近年来教育领导研究取得的突破性进展之一。诸多学者将道德领导置于领导理论框架的首位,认为学校领导实践当以道德权威与专业权威为基础,以激发师生在教育活动中的主动意识与生命活力。道德领导等理论的诞生、发展与演变改变了以往教

① 仲理峰,孟杰,高蕾.道德领导对员工创新绩效的影响:社会交换的中介作用和权力距离取向的调节作用[J].管理世界.2019,35(5):149-160.

育管理研究界"移植"普通领导理论的定势,使得教育领导的研究有了更多"个性"与"再创造"的成分。道德领导之后,分布式领导(distributed leadership)、知识社会领导(leadership for the knowledge society)、服务型领导(servant leadership)等理论成果也纷纷涌现并产生影响,在教育领导学的理论丛林中占有一席之地,这些无疑都是十分可喜的成就。理论的进展启发着学校领导者再度审视:学校共同体的价值几何、愿景何以描绘,并反思自身在科层制赋予的行政权力外,是否拥有激发师生内在动力与信念的专业权威与道德权威。例如,赫斯特(Joseph P. Hester)开发出了"德性领导者"(ethical leaders)的评价指标(见表 10.7),以帮助学校领导者以道德的视角对自我及其学校进行反思和审视。①

表 10.7　"德性领导者"的自我评价指标

序号	指标/问题
1	您是否严格遵守相关法律及校务委员会规定,并对员工提出同样的要求?
2	您是否担负起履行学校办学使命的责任?
3	您是否真诚地关心您学校的学生们?
4	您是否在员工面前努力树立道德领导行为的榜样?
5	您是一位拥有创造力的思考者和问题解决者吗?
6	您会为自己和员工探寻积极成长和改变的机会吗?
7	您是否要求自己和员工对学生学业上的成就或失败负责?
8	您是一位终身学习者吗?
9	您对您的员工与学生们有信心吗?
10	在一些情境下,您会跟随其他工作人员的引领吗?
11	您认为您是一位值得信赖的人吗?
12	作为学校领导者,您会把精力集中在为学生、家长及其他教育者服务上吗?
13	您是否积极地在学校中建立领导和解决问题的团队?
14	当您说"我无法给出全部的答案",您会内心毫无波澜吗?
15	您会积极征求别人的意见吗?
16	您是否在学校中建立一些共同体,而不是要求员工盲目听从您的想法?
17	您是否鼓励营造一种开放的、可自由思考的环境?
18	您是否忠于自己的教育信念以及学校的办学使命?
19	您是否平易近人?
20	您的所思所想与您的行为一致吗?

总之,当代领导理论从"何以领导"的技术与方法层面,超越理性交易关系,逐渐演进为"为何领导"的精神与价值层面,领导理论也从单一走向多元,由关注领导个人特质到强调组织情境整合,受此研究趋势影响,当前的学校领导正走向多元整合领导。学校多元整合领导可从结构性领导、人力资源领导、政治性领导以及文化领导四个维度来建构。根据多元整合架构的学校领导理论,学校领导者应权宜运用多元的策略和方法,整合不同领导

①　李荣安,周倩,蒿楠.道德领导:理论进展与中西对话[J].教育科学研究.2020(5):32-37.

形态的多元领导，才能发挥出卓越的领导效能。[①]

第二节　学校领导体制与领导者

一、学校领导体制

学校领导体制是确定学校内部领导力量的地位、作用、权责划分及其彼此关系的根本制度。它除规定学校工作由谁来领导，以什么形式进行领导外，还确定学校内部各种组织的地位、作用和相互关系。

我国中小学现行的领导体制是校长负责制，是《中共中央关于教育体制改革的决定》于 1985 年 3 月颁布实行的。作为一种学校管理制度选择，中小学校长负责制从 20 世纪 80 年代中期开始成为国家教育政策，以法律法规、规划的形式推行，至今已 30 余年（见表 10.8）[②]。校长负责制是由校长全面负责学校行政工作的一种制度。这种界定的法律依据是《中华人民共和国教育法》第三章第三十条"学校的教学及其他行政管理，由校长负责"。实行校长负责制的学校，校长是学校行政的最高负责人，是学校的法人代表，对外代表学校，对内全面负责，有决策指挥权。[③]

表 10.8　中小学校长负责制 30 年法律地位的演变

时间	法规、政策	规定
1985	《中共中央关于教育体制改革的决定》	学校逐步实行校长负责制
1993	《中国教育改革和发展纲要》	中等及中等以下各类学校实行校长负责制
1995	《中华人民共和国教育法》	学校的教学及其他行政管理，由校长负责
2004	《2003—2007 年教育振兴行动计划》	在普通中小学和中等职业技术学校全面推行校长聘任制和校长负责制
2006	《中华人民共和国义务教育法》	学校实行校长负责制
2010	《国家中长期教育改革和发展规划纲要（2010—2020 年）》	完善普通中小学和中等职业学校校长负责制
2016	《依法治教实施纲要（2016—2020 年）》	健全校长负责制
2017	《国家教育事业发展"十三五"规划》	完善中小学、中等职业学校校长负责制

我国高校的领导体制是"党委领导下的校长负责制"。1998 年 8 月 29 日，第九届全国人民代表大会常务委员会第四次会议通过的《中华人民共和国高等教育法》明确规定："国家举办的高等学校实行中国共产党高等学校基层委员会领导下的校长负责制"。党委领导下的校长负责制是一种按照党的民主集中制原则，实行集体领导、分工负责的制度，

---

① 胡春光，董泽芳.论学校领导研究的新趋势：多元整合领导的理论架构[J].教育研究与实验.2018(1)：35-41.
② 王库，林天伦.中小学校长负责制 30 年：困境与对策[J].教育科学研究.2017(7)：44-48.
③ 萧宗六，余白，张振家.学校管理学[M].5 版.北京：人民教育出版社，2018：22.

它是中国高校的特色和优势所在,也是完善中国特色现代大学制度的基石。党委领导是指党委集体领导,即党委总揽学校改革、发展、稳定的大局,统一领导学校的工作,集体讨论决定学校的一切重大事项;党委既是高校全局工作的领导核心,同时是高校的政治领导核心,也是高校管理体制的领导核心。校长负责是指校长对外是学校的法人代表,对内作为学校最高行政领导,在党委领导下全面主持行政工作,依法行使职权。校长负责是落实党委领导的关键,校长不仅要自觉维护党委的领导地位和权威,还要充分维护高校法人权益。党委领导下的校长负责制是我们党在总结新中国成立以来高等学校发展正反两方面经验基础上确定下来的具有中国特色的大学领导体制,有力地保障了中国高等教育的持续、稳定、健康发展,也是建设现代大学制度的核心内容[①]。

二、学校领导者的角色

学校领导者是指在学校中负有最高决策责任的管理人员。在我国,校长和副校长、书记和副书记属于决策人员,即学校领导者,但是在一些规模较小的学校只设一名校长和一名书记,将各部门主任也吸纳进决策层,因此在这些也被认为是学校领导者。我们在这里所谈论的学校领导者主要是指校长。校长作为领导者可划分为五个角色[②]:

第一,发展战略的引领者。作为发展战略的引领者要做好学校长期的发展规划和不同阶段的工作计划,同时要营造有利于发展的学校文化。校长需要准确判断学校自身的优势与劣势,科学论证并制订合理可行的学校发展规划;善于把握教育形势的发展变化,明确各阶段的工作重点,提出适当的工作策略和有力的行动措施;继承发扬学校的优良传统,形成独特的学校文化,建设优雅的校园环境。

第二,管理机制的创设者。作为管理机制的创设者在校内建立以"科学管理、民主管理和依法管理"为特征的管理机制。科学管理要求搭建一个结构合理、素质过硬的领导班子,形成科学的集体决策机制;民主管理要求校长能够充分发挥党支部、工会、教代会等机构的民主监督功能,保证各项决策在教职工中获得较高的认可度;依法管理要求校长领导学校制订规范的办学章程,不断完善各项规章制度,根据形势变化进行制度创新,严格按照有关规章制度开展具体工作,保证制度执行到位。

第三,人力资源的开发者。作为人力资源的开发者要努力打造两支队伍,即专职教师队伍和行政管理人员队伍。在专职教师队伍方面,校长需要有效引导教师提高师德水平,准确了解教师的专业发展需求,合理指导教师制订职业生涯规划,为教师提供丰富的专业发展机会,科学评价教师工作,建立特定教师群体的培养机制。在行政管理人员队伍方面,校长需要根据每名教职工的特长与优势安排、调整管理岗位,设计合理的学校后备干部培养和选拔机制。

第四,教学活动的引领者。作为教学活动的引领者要积极推进教育改革、指导教师教学活动和组织教师进行教学科研。校长要掌握先进的教育教学理念,积极推动课程与教学方法改革;抓住教学管理各个环节的要点,科学指挥教学活动,有效监控教学质量;定期

①　张德祥.1949年以来中国大学治理的历史变迁——基于政策变革的思考[J].中国高教研究.2016(2):29-36.
②　褚宏启,张新平.教育管理学教程[M].北京:北京师范大学出版社,2013:229-230.

听评课,指导教师的课堂教学实践;积极组织教师申报教研课题,有效指导教师从事教学研究活动。

第五,内外资源的保障者。作为内外资源的保障者应合理统筹和利用校内资源、获取广泛的社会资源。前者要求校长合理安排、使用和监控校内各种资源,最大效度地发挥其效能。后者要求校长注重优化学校的外部环境,密切家校合作关系,争取上级主管部门的支持,促进校际交流,充分挖掘和获取社会办学资源。

事实上,校长可以说是一个特殊群体,因为他们身份更加复杂和多样,与此相对应,多元的角色扮演必然导致角色冲突。例如,大学校长作为管理者和作为领导者的角色冲突主要表现为行为上的差异,具体表现在行为主体、行为结构、行为导向和行为目标上呈现不同的行为特征;基于权变理论,从管理、领导与环境三维匹配关系分析,大学校长角色可以划分为守成型、管控型、改革型和卓越型四种。[①] 这也正如学者们对美国大学校长研究后所得出的结论那样,"想把一个政治系统当作官僚机构来管理的校长,通常都干得不怎么样;同样如此,如果一位企图把一致意见的系统或无政府状态的系统作为一个政治系统来治理的校长,肯定也会把整个系统搞得一团糟"[②]。

三、学校领导者的专业标准

专业标准是衡量职业是否发展成熟成为一门专业的标志和尺度。校长的专业标准能够明确校长工作的重要领域以及相应的知识、态度和行为等内在结构,为制订校长资格、聘任、培训、考核、晋升、薪酬等校长管理制度提供依据,并为校长专业发展提供目标愿景、行动框架和评价标准。

为加强专业化的校长队伍建设,推进义务教育均衡发展,办好人民满意的教育,经数年的研究和广泛收集集各方意见,我国教育部于 2013 年 2 月 4 日正式颁布了《义务教育学校校长专业标准》(以下简称"标准")[③],这是我国教育史上第一个关于中小学校长的专业标准。"标准"由基本理念、基本内容和实施要求三部分内容构成,提出了"以德为先、育人为本、引领发展、能力为重、终身学习"五个基本理念,明确了校长的道德使命、办学宗旨、角色定位以及专业发展的实践导向和持续提升的要求。同时,标准首次系统地建构了我国义务教育学校校长的六项专业职责,即"规划学校发展、营造育人文化、领导课程教学、引领教师成长、优化内部管理、调适外部环境",明确了校长专业发展的主要方向,也响应了国家倡导的"教育家办学"的要求。在此基础上,"标准"又明确了其适用范围以及针对各个层面的实施要求。大体来讲,标准突出了专业理念对校长群体的高位引领,规范了校长的办学行为和领导管理学校的基本职责,不仅为校长的工作绩效设定了评估标准,也为

① 孙家明,廖益,赵三银.大学校长的角色冲突与角色定位:管理者还是领导者——基于权变理论的视角[J].领导科学.2019(16):109-112.
② 迈克尔·D.科恩,詹姆斯·G.马奇.大学校长及其领导艺术[M].青岛:中国海洋大学出版社,2006:40-44.
③ 教育部关于印发《义务教育学校校长专业标准》的通知. http://old. moe. gov. cn/publicfiles/business/html-files/moe/s7148/201302/147899. html

引领校长专业化素质长远持续提升确立了行为准则,主要体现在以下几个方面[①]。

(一)校长的专业化

专业化是一个社会学概念,是指一种职业经过一段时间后不断成熟,逐渐符合专业标准,成为专门职业并获得相应的专业地位的动态过程。关于校长专业化的内涵,有学者指出,从职业群体的角度看,校长专业化就是指校长职业由准专业阶段向专业阶段不断发展的过程,亦即在整个职业层面上逐渐达到专业标准的过程;从校长个体的角度看,校长专业化也被称作"校长专业发展",是指校长的内在专业结构不断更新、演进和丰富的过程。那么,我们怎么判断校长是否达到了专业化的程度呢?参照医生、律师等相对成熟的专业化职业,我们可以抽取这些职业的一些专业化因素去衡量校长职业的专业化程度。例如,现存的校长是否也有严格的从业资格限制?是否有完善的校长工作评价体系?是否有专业化的校长培训体系?是否有成熟的且被广泛认同的职业道德伦理规范?是否已经形成有一定规模的校长劳动力市场?这些都可以作为衡量校长职业专业化程度的参考依据。从内容架构来看,《义务教育学校校长专业标准》是从校长个体角度着眼的,把校长的专业发展定义为校长的专业知识、专业态度、专业能力所构成的专业素质结构不断更新、演进和丰富的过程,对其进行了完整的结构化的表述,进而形成了一个相对理想的体系。

(二)校长的专业职能

校长的专业职能,即校长的职业角色和职业活动,就是校长应该做哪些事情。当然,校长在日常的工作中,面临各种各样的事件和问题,并在不同的活动中扮演着不同的角色。在对一些西方国家已经出台的校长专业标准的参考借鉴下,《义务教育学校校长专业标准》主要对校长的核心业务进行界定,把校长的职业活动划分为六大领域:第一项职责"规划学校发展"和第二项职责"营造育人文化",体现了校长对学校的文化价值领导,既顺应了国家对于义务教育学校办学导向的整体要求,也为学校的个性特色发展留下了一定的空间,是校长专业职责的灵魂所在;第三项职责"领导课程教学"和第四项职责"引领教师成长",体现了校长对学校的教学领导,这也是提高学校教育质量的关键所在;第五项职责"优化内部管理"和第六项职责"调适外部环境"体现了校长对学校的组织领导,是提升学校组织运行效率的重要管理保障。可以说,这是一种高度概括但又相对理想化的表述。然而,在实际工作中,这种理想的标准化的引导能否对校长的具体工作产生影响,仍是不能下定论的,因为具体问题的解决往往以当时当地的具体情况为准,很难由固定的标准来判定。更多时候,标准起到一种"镜子"的作用,校长只能把标准作为一种参考、一种依据,借以评价、反思自己的工作行为。

(三)校长的专业素质

在《义务教育学校校长专业标准》中,国家对校长专业素质的要求主要体现在校长专业的基本理念和校长职能履行的具体专业要求。"标准"按照党的十八大精神和《教育规划纲要》的总体要求,提出了"以德为先、育人为本、引领发展、能力为重、终身学习"五个基本理念,明确了校长的道德使命、办学宗旨、角色定位以及专业发展的实践导向和持续提

---

① 蒿楠.论基于"标准"的校长专业发展——我国《义务教育学校校长专业标准》反思[J].教育科学研究.2015(3):36-40.

升要求。同时,在每一项校长的专业职责中,都提出了配套的相关专业素质要求,包括专业理解与认识、专业知识与方法和专业能力与行为等指标。这些对校长专业素质的具体要求,给校长的专业提升提供了很好的参考,有助于校长在理解国家教育改革发展总体要求的基础上,就个人以及所在学校的实际情况,有针对性地制定自己的专业提升计划,并在工作和学习的过程中,不断参照"标准"去挖掘更大的专业提升空间。

大学校长是大学能够保持竞争优势的一个极其重要的因素,对大学的发展起着举足轻重的作用[①]。大学组织属性及规律的特殊性及其内生的高度复杂性,决定了大学必须用更高标准的德才素质能力体系遴选大学领导者及管理者并不断加强高素质大学领导队伍的建设,以提升大学领导者及管理者的领导力水平,尤其是一流大学更需要依靠一流德才品质和有治理能力的大学领导者去引领和建设。作为拥有最多世界一流大学的国度,美国建设一流大学的成功经验应当引起我们的重视,其中美国大学校长对一流大学建设功不可没。他们不同凡响的教育信仰、远见卓识、办学理念、治校能力及其超人的改革魄力或力挽狂澜或革故鼎新,不仅为自己执掌的大学带来了生机活力,甚至向陈腐的教育理念勇敢挑战,为整个美国大学的改革带来了新鲜空气。比如哈佛大学一位前校长指出,大学要在现代社会的多种挑战面前取得成功和进步,最关键的一环就在于校长能发挥有效的领导作用。美国一项关于"大学领导研究"的结果亦表明,大学教师把学校的发展进步归功于校长的领导。所以美国大学一位新校长的上任往往意味着该大学一个新时代的开始。为说明大学校长应该具有的胜任即领导特征,学者运用归纳法和演绎法研究提出了"大学组织及其校长胜任素质的关系分析框架"(见表10.9)[②]。

表 10.9 大学组织及其校长胜任素质的关系分析框架

大学属性	使命与责任	大学特征	校领导素质要求
人才培养机构	教书育人	大学是由富有思想自由、人格独立、批判精神的师生构成的学术共同体	校长必须受过高学历教育,是一个教育家,热爱学生,尊重教师,了解教育规律,为人师表
科学研究机构	知识创新	学科专业特征强烈,专业人才集中,智力劳动	校长是有学术成就的学者,具有强烈的科学精神、注重学术道德及理解学者的情怀,理解和掌握学科发展及学术研究的规律
文化传承系统	文化传承	文化影响无所不在	校长是文化领袖,思想引领者,儒雅,有感召力,人格高尚

① 毛建青,侯春笑,张凤娟,等.中美大学校长职业特征的比较研究[J].江苏高教.2020(7):16-23.
② 眭依凡.大学领导力提升:推进大学治理能力现代化的实践路径[J].中国高教研究.2021(1):10-20.

大学属性	使命与责任	大学特征	校领导素质要求
高度复杂组织	强调效率优先的竞争性	机构复杂、人员复杂、目标多样、矛盾交织	校长是领导权威,熟悉大学并有大学管理的经历,有高超的领导力,有成就感和组织驾驭能力,为好的协调者并有强烈的效率意识

第三节 学校领导与决策

一、决策的内涵与要素

(一)决策的内涵

任何管理活动都由决策和执行两部分构成,管理不仅是行为过程也是决策过程[1]。决策行为是管理的核心,决策制定过程是理解组织的关键所在[2]。狭义的决策是一种行为,是在几种行动方案中做出选择。如果只有一个方案,就没有选择的余地,也就无所谓决策。决策要求提供可以相互替代的两个以上的方案。广义的决策是一个过程,包括在做出最后选择之前必须进行的一切活动。首先,决策的前提,是为了解决某个问题,实现一定的目标。其次,有决策的条件,有若干可行方案可供选择。再次,需要对方案进行分析比较,确定每一个方案对目标的贡献程度和可能带来的潜在问题,以明确每一个方案的利弊。最后,是决策的结果,即在众多可行方案中,选择一个相对满意的行动方案。总之,决策是指为实现一定的目标,在多个备选方案中选择一个方案的分析判断过程。

(二)决策的要素

决策要素可分为有形要素和无形要素。对于管理决策来说,这两类要素都是其存在的必要条件,尤其是无形要素。缺少任何一个,都难以形成完善有效的科学决策。[3]

1.决策主体

这是决策构成的核心要素,可以是单个决策者,也可以是多个决策者组成的群体,如委员会(公司最高层的委员会是董事会)。实际上,现实中很少有决策是个人在完全不考虑他人观点的情况下做出的,即使个人具有决策制定权,也通常要听取利益相关群体的意见,再征得其他人或团体的同意或默许。

2.决策制度

决策制度包括决策过程中人员的安排,如职务和职位等。从职务角度看,组织决策中

① 詹姆斯·马奇,赫伯特·西蒙.组织[M].北京:机械工业出版社,2008:32.
② 赫伯特·西蒙.管理行为[M].北京:机械工业出版社,2003:2-3.
③ 《管理学》编写组.管理学[M].北京:高等教育出版社,2018:70-71.

的人员必须从事一定的与组织目标实现相关的工作,承担一定的义务。从职位角度看,同一种工作或业务经常无法由一人完成,需要设置多个从事相同工作或业务的岗位。而且,担任不同职务、承担不同责任的人员之间必然存在某种责任、权力以及利益方面的关系。

3. 决策方案

决策方案指可供决策主体选择的行动方案。备选方案的制定、评价和选择是决策过程的基本环节。为供选择,备选方案要尽可能多,并具有可行性和创造性。为了提出更多、更好的方案,需要从多角度审视问题,需要广泛地调研,需要征询他人的意见,需要学习和掌握创造性解决问题的思维和方法。

4. 组织目标

目标是组织在一定时期内所要达到的预期成果,为决策提供方向。目标在组织中的作用是通过其具体形态来实现的,目标的具体形态是通过目标的具体描述来完成的。处于不同组织层次上的管理人员所关注的目标是不同的:宗旨和使命是最高层次,由董事会负责制定;高层管理人员主要负责制定战略。战略是指导全局和长远发展的方针,涉及发展方向以及资源分配方针等;中层管理人员主要应制定战术目标;基层管理人员则负责具体作业目标。组织目标是一个完整的体系。决策需要关注组织使命和宗旨这些方向性目标。

5. 不确定性情境

不确定性情境指决策中虽然对最终结果产生影响但却不能直接由决策主体控制的部分。例如,生产能力决策中新产品可能的需求量就是一个不可控因素,可将其视为一种自然状态,它是由环境决定的,与决策本身无关。

(三)决策的模型

学者们把组织的决策模型概括为两种:理性选择与循规行为[1]。理性选择模型和循规模型所描绘的行为有着两种不同、甚至是相对立的逻辑。在理性选择模型中,行为虽然受到各种限制,但总是遵循着最优化逻辑。这一模型的基本内容是:决策者有明确的效用函数(目标);面对一组可能实现其目标的选择;可以计算对比这些不同选择所带来的收益代价;根据一系列决策规则做出选择,从而使决策者的(预期)效用函数最大化。当然,这些决策行为受制于决策情境中各种限制条件的约束。与理性选择模型中的决策者形成对比的是,循规行动者并不追求选择的最大化;相反,行动者的问题是:"我应该采取的适当的行动方式是什么?"因此,决策的过程是个人认识其所扮演的社会角色的过程,也是将合乎情理的规章制度与具体决策情境相匹配的过程。

对比上述两种决策模型可知其明显差异之处:第一,理性选择模型中的决策特点是计算。在这一模型中,决策者收集信息、比较各个选择,并评价各个选择产生的结果。与之相比,循规行为所根据的是常规,而常规可以更为经济地使用信息按部就班地解决问题,从而减少进行新的选择的可能性。第二,理性选择模型的特点是预测行为,关注决策具体情境;而循规模式则强调解释,即解读嵌于环境与历史之中的社会期待。第三,前者描述

---

[1] 周雪光,李贞.组织规章制度与组织决策[J].北京大学教育评论.2010,8(3):2-23.

了一个针对即时决策情境中的最优化努力;而循规行为常常以独立于特定决策情境的普遍原则为依据。因此,循规行为意味着在全局稳定性与局部最大化之间的平衡。

二、教育决策的含义和分类

(一)教育决策的含义

教育决策有广义和狭义之分,广义的教育决策泛指教育领导者对教育组织中各种问题的处理或对各种方案的选择,无论是政策性的还是事务性的,无论是全局性的还是局部性的各种决定和选择,均可包含其中。狭义的教育决策一般仅指教育领导者为了达到一定的教育目的而对本组织未来实践的方向、目标、原则和方法所做的决定[①]。

决策对理解教育管理来说非常重要,因为这个选择的过程在激励、领导、交流和组织变革的过程中扮演着重要的角色。决策也渗透于管理职能的各个方面。规划、组织、雇佣、指示、调节和控制等都包含决策的过程。各个层次的学校管理者都要进行决策。这些决策最终可能会影响学校的学生。然而,所有决策无论大小都会对教师和学生的行为产生影响。学校领导者的决策可能会影响整个组织,因此,他们必须提高决策的技巧;同时,由于学校领导者的决策会影响对他们的评价,决策质量的高低就成为判断管理者效率的一个尺度[②]。

(二)教育决策的分类

决策根据它所要解决的问题的性质和内容,可分成许多不同的类型。学校领导在进行决策之前,首先要了解所要解决的问题的特征,以便按不同的决策类型,采取不同的决策方法。一般而言,教育决策可以分为以下几种类型。

1. 依据决策的来源,可将决策分为居中的决策、请求的决策和创造的决策。居中的决策是根据上级的权威指示和要求而做出的决策。这种决策重在"执行"上级指示,而没有太多选择的余地。此时组织的领导者处于居中的位置,一方面决策要反映上级的指示精神,另一方面又要力图使组织成员能够接受决策的内容。居中决策对领导者的协调及沟通能力有较高的要求。请求的决策是因组织成员的要求而进行的决策。请求的决策越多,越反映组织本身的不健全,也反映出领导者预见能力和把握全局能力的薄弱。创造的决策是领导者旨在推动组织的变革和发展而进行的决策。这种由领导者创意的决策往往能反映领导者的才能和胆识。

2. 依据所要解决的问题的性质,可将决策分为程序性决策和非程序性决策。程序性决策是指对一些重复出现的例行事务的决策,对决策的过程可作程式化处理。非程序性决策是指对复杂的没有先例的新问题的决策,决策的过程没有明显的程式可以依据。

3. 依据所选择的决策态度,可将决策分为积极的决策和消极的决策。积极的决策是对决策采取积极的态度,对所要解决的问题做出明确的决定。消极的决策是对所要解决的问题采取回避的态度,不作任何决策。这种不作任何决策的决定就是一种消极的决策。

此外,依据决策所涉及的层面可将决策分为战略性决策和战术性决策;依据决策目标

---

① 吴志宏,冯大鸣,魏志春.新编教育管理学[M].上海:华东师范大学出版社,2008:141-142
② 伦恩伯格,奥恩斯坦.教育管理学:概念与实践[M].5版.北京:中国轻工业出版社,2013:81.

的多寡,可将决策分为单目标决策和多目标决策;依据决策时所掌握的信息,可将决策分为确定型决策、非确定型决策和风险型决策;依据决策是否运用计量手段,可将决策分为定量决策和定性决策等等。

专栏 10-1

高校决策的三种类型

根据高校学术、行政二元结构的权力特征,高校决策具有学术决策、行政决策和综合决策三种类型。

学术决策,指对纯学术的问题(即仅需要做真伪判断的问题)做出决策。如教师职务晋升的学术评议,高层次人才引进的人选,学生学位授予,学校教学、科研成果的评价和奖励,对外推荐教学、科研成果奖,等等。行政决策,指对纯行政的问题(即不需要做学术真伪判断,仅需要做利益、利害判断的问题),由行政系统做出决策,但决策中应征求师生意见。例如校园建设、教职工住房和学生宿舍建设、师生医疗和保健、校友工作,等等。综合决策,是指高校大量问题的决策,既需要进行真伪判断,又要放在全校范围内进行利益、利害判断,这就需要学术、行政组织共同决策。如学科建设、专业建设、学术和行政组织机构设置、教师聘任、学校战略规划,等等。教师聘任是典型的综合决策。某位教师有没有达到教授、副教授的水平,属学术问题,由学术组织做出决定;学校是否聘任某教师,则要看岗位是否需要、学校财力水平等,由行政组织做出决定。

高校决策中,在处理三种决策之间的关系时,应把握以下几个方面:首先,转变观念。在治理和决策中,有一个十分重要的观念,即权力分散是有效治理的前提之一。从统治、管理到治理,是一个权力分散的过程。权力高度集中,则是统治,而不是治理。习近平总书记指出:"人民立场是中国共产党的根本政治立场,是马克思主义政党区别于其他政党的显著标志。"国家治理要依靠人民,让人民当家做主,并处理好党的领导、人民当家做主、依法治国的关系。高校治理则应充分发挥师生在治理、决策中的作用,并建立有效的决策机制、制度。其次,重视处于弱势地位的学术决策。与行政权力相比,高校的学术权力处于弱势地位。高校的学术委员会大多仅仅发挥咨询作用,而没有起到学术决策的作用。所以,要形成相应的制度,建立健全学术决策的体制机制,保障学术权力的有效运行。再次,坚持两个"优先"原则。学校内部的权力主体除了党委书记、校长及副书记、副校长,还有中层行政和学术管理人员,以及教师、学生、职员等,他们在决策中不可能拥有同等的责任、权力。那么,如何处理各种权力主体之间的关系?美国高校在决策中,提出了两个"优先"原则,即"首创优先"和"首责优先",可供借鉴。"首创优先"指共同治理需要全体成员参与,但要有分工合作,行政人员、学术人员、学生各自具有自己的优势,在某一项决策中,谁更占有优势,便会发挥更大的作用。"首责优先"指大学的各个群体在决策中都负有责任,但谁对某项事务负有首要责任,则其具有优先发言权,对事务有更大的决定权。

【资料来源】刘献君.高校决策的若干特点及其应对方略[J].大学教育科学.2021:1-6.

三、学校领导提高正确决策的方法

(一)影响决策的因素

决策既是一门科学,又是一门艺术。影响决策的因素众多,其中主要的影响决策的因素包括以下几个方面[①]:

1. 环境

环境是组织生存与发展的土壤,环境变化往往是导致企业进行变革决策的一个最直接的原因。随着时代的发展、科学技术的进步、经济全球化趋势的加剧,外部环境变化的速度越来越快,对组织的影响程度也越来越大。

2. 组织的历史

决策通常不是在一张白纸上描绘组织的未来蓝图,而是在一定程度上对组织先前的活动进行调整。因此,组织过去活动的特点、过去决策的依据以及过去决策在实施过程中遇到的问题都会在不同程度上影响组织今天的选择。

3. 决策者的特点

决策者的个人特点对组织未来行动方案的选择有着至关重要的影响。决策者的职能背景会影响对不同活动相对重要性的判断;决策者的风险意识会影响对具有不同风险程度的行动方案的接受;决策者过去职业生涯中的成功或失败则可能影响他们对不同行动方案的赞同或厌恶。

4. 组织文化

决策通常会带来变革。决策过程中,任一方案的选择都意味着对过去某种程度的否定,任一方案的实施都意味着组织要发生某种程度的变化。决策者和决策的实施者对这种可能产生的变化的态度必然影响对不同行动方案的评价和选择。人们对待组织变化或变革的态度,在根本上取决于组织文化的特点,以及组织文化所创造的价值观念和行为准则。

(二)理性决策的过程

管理和教育管理研究文献中出现了各种各样与决策流程相关的模型和理论,其目的就在于在对决策选择进行假设的基础上逐步成功地提高决策的水平。在一种被称之为理性或规范式(rational or normative prescriptive)的决策模型中,决策被看作是一个流程,这个流程始于一个问题或一种需要,而后校长通过一系列的连续措施,最终找到一种有效的解决方案或做出有效的决定,从而合理地解决问题。[②]

---

① 《管理学》编写组.管理学[M].北京:高等教育出版社,2018:80.
② 斯诺登.学校领导与管理:重要概念、个案研究与模拟练习[M].上海:华东师范大学出版社,2008:4.

在现实工作中,导致决策失败的原因之一就是没有严格按照科学的程序进行决策①。进行决策时遵循理性决策过程有助于提高决策的正确率。尽管按照理性的决策过程进行决策,并不能够保证最终的决策一定正确,但如果决策出现失误,必然是因为没有遵循理性决策过程,在其中的一个环节或几个环节出现了失误。在实际决策时,要特别注意以下六个阶段的工作。②

1. 识别问题

识别问题就是要找出现状与预期结果的偏离。管理者所面临的问题是多方面的,有危机型问题(需要立即采取行动的重大问题)、非危机型问题(需要解决但没有危机型问题那么重要和紧迫)、机会型问题(如果适时采取行动能为组织提供获利的机会的问题)。识别问题是决策过程的开始,以后各个阶段的活动都将围绕所识别的问题展开。如果识别问题不当,所做出的决策将无助于解决真正的问题,因而将直接影响决策效果。

另外,作为领导者而言,还要认识到:并不是所有问题都必须由自己来解决。作为领导者,与其说是个问题解决者还不如说是个问题发现者。对于现实中发生的很多问题,并不需要领导者亲自去解决。在面对问题时,领导者更多的时候不是直接决策,而是问一些简单的问题:在这个组织中,谁最适合来解决这个问题? 我可不可以只作适当的指示,然后把整个问题的解决都交给下属? 在管理实践中,决定由谁来决策有多种选择,如表 10.10所示。

表 10.10 决策方式的选择

决策方式	特点	优点	缺点	适用情景
个人决策	由个人评估问题,根据自己的判断做出决定	决策速度快	依赖个人经验和知识	时间紧迫或危机问题;秘密性质的问题;情况较清楚,实施仅涉及决策者个人,即使失误损失也不大的问题
协商决策	在与他人协商和听取他人意见的基础上由决策者做出最终决定	基于群体信息	需要较多时间;易受他人影响	时间允许且其他人对此问题有相关经验,决策者对此问题有较多疑问时;所需解决的问题有较强专业性时
集体决策	把问题交由团队分析,通过相互交流,最终由团队按少数服从多数的方式确定决策方案	群体信息和智慧;相互交流和启发,可产生更具创造性的方案	效率低下;不一致时需要妥协;有被个别人操纵的可能	问题重大,需要考虑多方面因素或需要创新性方案时;涉及面广,实施需要各方面配合或涉及多方利益时

① 邢以群.管理学[M].4 版.杭州:浙江大学出版社,2016:139-140.
② 《管理学》编写组.管理学[M].北京:高等教育出版社,2018:78-80.

2.诊断原因

识别问题不是目的,关键还要根据各种现象诊断出问题产生的原因,这样才能考虑采取什么措施,选择哪种行动方案。可以通过尝试性地询问来发掘问题的原因。例如:组织内外的什么变化导致了问题的产生? 哪一类人与问题有关? 他们是否有能力澄清问题? 等等。或是利用鱼骨图等诊断分析工具逐步发现原因并分清主次。

3.明确目标

找到问题及其原因之后,应该分析问题的各个构成要素,明确各构成要素的相互关系并确定重点,以找到本次决策所要达到的目的,即确定目标。美籍华裔企业家王安博士曾说过:"犹豫不决固然可以免去一些做错事的机会,但也失去了成功的机遇。"犹豫不决,通常就是由于目标很模糊或设立得不合理所致。

4.制定备选方案

明确了解决问题要达到的目标后,决策者要找出约束条件下的多个可行方案,并对每个行动方案的潜在结果进行预测。在多数情况下,它要求决策者在一定的时间和成本约束下,对相关的组织内外部环境进行调查,利用顾客、供应商、外部的评论家、工人、管理阶层、报刊、论文及本企业自己积累起来的调研数据等多种来源,收集与问题有关的、有助于形成行动方案的信息进行分析。同时,决策者应当注意避免因主观偏好接受第一个找到的可行方案而中止该阶段的继续进行。在这一阶段中,创新因素的运用是最重要的,应注意与创新方法的适度结合。

5.评价、选择方案

决策者通常可以从以下三个主要方面评价和选择方案:首先,行动方案的可行性。即组织是否拥有实施这一方案所要求的资金和其他资源,是否同组织的战略和内部政策保持一致,能否使员工全身心地投入决策的实施中去,等等。其次,行动方案的有效性和满意程度。即行动方案能够在多大程度上满足决策目标,是否同组织文化和风险偏好一致,等等。需要指出的是,在实际工作中,某一方案在实现预期目标时很可能对其他目标产生积极或消极影响。因此目标的多样性在一定程度上又增加了实际决策的难度,决策者必须分清不同决策目标的相对重要程度。最后,行动方案在组织中产生的结果。即方案本身的可能结果及其对组织其他部门或竞争对手现在和未来可能造成的影响。采用统一客观的量化标准进行衡量,有助于提高评估和选择过程的科学性。

6.实施和监督

一项科学的决策很有可能由于实施方面的问题而无法获得预期成果,甚至导致失败。从这个意义上说,实施决策比评价、选择行动方案更重要。决策工作不仅仅是制定并选择最满意的方案,而且必须将其转化为实际行动,并制定出能够衡量其进展状况的监测指标。为此,决策者首先必须宣布决策并为其拟采取的行动制定计划、编制预算。其次,决策者必须和参与决策实施的管理人员沟通,对实施决策过程中所包括的具体任务进行分配。同时,他们必须为因出现新问题而修改实施方案做好准备,通常要制定一系列备选方案以便应对在决策实施阶段所遇到的潜在风险和不确定性。再次,决策者必须对与决策实施有关的人员进行恰当的激励和培训。因为即使是一项科学的决策,如果得不到员工的理解和支持,也将成为无效决策。最后,决策者必须对决策的实施情况进行监督。如果实际结果没有达到计划水平,或者决策环境发生了变化,就必须在实施阶段加以修正,或者是在目标不可达到时修正原始目标,从而全部或部分重复执行以上决策过程。

决策实际上是一个"决策—实施—再决策—再实施"的连续不断的循环过程,如此往复贯穿于管理活动的始终。

(四)学校集体决策的技巧

由于学校内的决策多是在集体参与的基础上制定的,目前已有很多种改进决策过程的技巧。学校集体共同决策的五个重要技巧是:头脑风暴法、名义群体法、德尔菲法、唱反调法和辩证探寻法[①]。

1. 头脑风暴法

1984 年 Alex Osborn 提出了头脑风暴法(brainstorming),这一方法被用于创造性地提出解决问题的方案。头脑风暴法的主要特征是从评价中分离出观点。前面我们已经注意到在决策过程中生成备选方案时常会产生很多新的想法,这些想法都非常重要。这会使学校管理者评价备选方案并做出决策时的选择更加多样化。当一些解决问题的方案被提出时,人们总是要去评价他们,但过多地考虑往往会使一些富有创造性和可行性的观点被排除。以下是头脑风暴法的核心法则:

(1)不要评价或讨论备选方案。将评价放在后面,避免评价自己和他人的观点。

(2)鼓励"随心所欲"。不要认为任何观点是稀奇古怪的,一个非常规的观点可能会引出一条颇具创造性的决策。

(3)鼓励多提观点。提出的观点越多,讨论评价之后留下的可用观点也就越多。

(4)鼓励相互补充。群体成员应该尝试去增添、润色和改进一些个人的观点。因此,大多数观点的产生都是群体合作的结果,而不是个人的成果。

作为生成观点的一种方法,群体头脑风暴法也许并不如个体头脑风暴法那么有效,但在今天,头脑风暴法已被广泛运用于包括学校在内的各种类型的组织之中。

2. 名义群体法

另一种可用于校本决策的技术是名义群体法(nominal group technique),此法结合了头脑风暴法的某些特点。在头脑风暴法中,个体聚在一起讨论问题的解决办法。与头脑风暴法不同,名义群体法既要生成解决问题的观点,又要去评价这些观点。名义群体法包括六个步骤:

(1)观点的悄然产生。给出 5～10 分钟,在房间前面放一张表格,列出需要解决的问题,并让每位团队成员在表格里填写解决问题的方法。要求成员彼此不可以互相说话,也不可以抄袭其他人的意见。

(2)循环记录观点。领导者绕着房间聆听每位成员的观点,并将这些观点记录在表格中。依此方法,循环往复,直到再也想不出新的方法。其目的是得到群体观点的一个准确

---

① 伦恩伯格,奥恩斯坦.教育管理学:概念与实践[M].5 版.北京:中国轻工业出版社,2013:199-203.

的清单,作为对群体观点的汇集。

(3)讨论观点。按照清单上的顺序对每一个观点进行讨论。领导者每宣读一个条目,都要问问团体成员这个观点是否有问题,是否需要明确,大家是否同意。

(4)初步表决条目的重要性。让每名参与者都做出独立的判断,将结果记录在一张7.6厘米×12.7厘米的纸上,并秘密地对各种方案进行排序。评判的最终结果将用于群体的决策中。名义群体法到此结束,或者也可以做进一步的讨论和重新投票表决。

(5)补充讨论。分析投票表决的方式,核查做决定的原因,以确保做出更为准确的决策。

(6)最终表决。最终表决的方式和初步表决一样,采取秘密投票、排序的方式。这一行动的完成标志着决策过程的终结。

综如上所述,名义群体法将解决办法的产生和评价的过程分离开来,想法都只是名义上产生的(未经口头讨论)。这就很好地避免了群体思考容易导致的群体抑制性和相似性。以结构式的方式进行评价,可以让每一个想法都得到充分的重视。

对于名义群体法效率的研究非常令人振奋。就由此产生的观点的质量和数量而言,就有研究发现名义群体法要优于普通群体决策和头脑风暴法。而且,名义群体法有利于决策的实施。无论在什么情况下,名义群体法都为群体创造性想法的提出提供了更多表达和评价的机会,这一点远远好于头脑风暴法和普通的群体决策。但是,尽管支持名义群体法的研究很多,但许多学校管理者在群体决策过程中仍没有很好地发挥它的作用。

3. 德尔菲法

20世纪70年代,兰德公司(Rand Corporation)的研究人员发明了德尔菲法(Delphi technique)。与头脑风暴法和名义群体法不同的是,德尔菲法完全依赖于一个名义的群体;也就是说,参与者不会进行任何面对面的讨论。相反,他们通过在各自家里面发邮件的方式参与进来,这种方式给那些可能由于距离和时间问题远离组织的大批的专家、顾问、管理者和选民提供了参与的机会。例如,一个大的城市学区的督学希望评价基本技能领域的课程,德尔菲法的使用就可以让全体学生、教职工、社区成员以及全国著名专家都参与到整个过程之中。

德尔菲法有许多种变化,但一般来讲是这样运作的:

(1)确定一组来自组织内外部的专家,并要求他们相互合作。

(2)让组内的每一位成员都了解基本的问题。

(3)每个专家单独匿名写下评论、建议和解决问题的方法。

(4)组织中心负责编写、抄写、复制专家的评议。

(5)每一位小组成员都将收到一份印有所有人评论和解决办法的副本。

(6)每位专家都对他人的评论进行反馈,写下新的想法,并将其提供给组织中心。

(7)如有需要,组织中心可重复进行第5步和第6步,直到达成一定的共识,或者使用某种投票程序得到最终的决定。

德尔菲法的成功取决于专家意见、交流技术以及参与者的动机和组织中心给定的决策时间。

德尔菲法有许多的益处:第一,它消除了许多与其他群体决策法相关的人际问题;第二,它得到了专家的协助及其充足的时间投入;第三,它为反思和分析问题提供了充分的时间;第四,它提供了大量的多样化的观点;第五,它还有利于精确预测未来可能发生的事件。德尔菲法的主要目标包括:

(1)确定或设计一些可能的计划方案。

(2)探索和解释引发不同判断的基本假设与信息。

(3)找出使群体成员达成共识的信息。

(4)建立基于横跨广泛学科的课程所做出的各种有事实根据的判断之间的联系。

(5)教育群体成员去关注学科的多样性及其相互关系的层面。

4. 唱反调法

唱反调法(devil's advocacy)是另一种提高群体决策质量的方法,它将冲突引入到决策过程之中,可以对群体思维在一定程度上起矫正作用。前面我们提到群体思维会产生抑制作用,会导致成员对群体规范的遵从,而这种遵从可能是不成熟的。唱反调法可以消除这些影响,消除其他群体成员的遵从现象。当规划小组找到解决问题的备选方案之后,将这些方案交给一名或多名群体成员,并要求他们找出方案中的错误之处。"如果方案能够经得住唱反调的人的审查,那么也就可以假定它能够免受群体思维的影响……并且它是实际可行的。"[①]虽然唱反调法可以用作解决问题备选方案出来之后的批评技术,但它其实也可用于决策过程的早期阶段。例如,一次决策会议中可以任命一名成员充当"唱反调的人",对每一个解决方案都提出尽可能多的反对意见。

5. 辩证探寻法

和唱反调法一样,辩证探寻法(dialectical inquiry)也是一种控制群体决策过程中诸如群体思维等现象的技术。辩证探寻的过程可以描述为:

(1)首先,群体内部分裂为两个或多个有分歧的群体,分别代表针对特定问题的不同观点。每个群体内部尽可能保持一致性;而群体之间尽可能存有更多的分歧。总起来说,这些群体涵盖所有可能影响最终问题解决办法的所有立场。

(2)每个群体单独聚会,明了各自立场背后的假设,并按照它们的重要性和可行性进行评估。每个群体都陈述一下对其他群体的"支持"或"反对"意见。

(3)每个群体要与持其他立场的群体进行辩论,并为自己的立场辩护。这样做的目的不是为了让对方信服自己。而是要确保每个群体表述的观点立场不一定被其他群体接受。

(4)所有群体提供的信息都要经过分析,这有助于明确各种信息间的差异,为后期对问题的研究提供一个很好的指南。

(5)最后,要努力使持各个立场的小组达成一致意见。找出尽可能满足所有立场要求的策略。最后一步允许进一步对解决问题的相关信息进行提炼。

虽然辩证探寻法的最终目的是寻求对管理计划的一致性意见,但完全一致的意见往

---

① Schweiger D M, Sandberg W R, Ragan J W. Group Approaches for Improving Strategic Decision Making: A Comparative Analysis of Dialectical Inquiry, Devil's Advocacy, and Consensus[J]. Academy of Management Journal. 1986, 29(1): 51-71.

往不可能达到。而且,程序可以产生出组织规划所需要的有用的指标。

第四节　学校领导与授权

教育质量提升和结构均衡始终是教育发展的重要目标,每一所学校都是一个细胞单元,其发展离不开以校长为核心的学校高层管理团队的集体协作。自 20 世纪 80 年代《中共中央关于教育体制改革的决定》发布以来,我国开始逐步推行中小学校长负责制,把学校管理权力从教育主管部门逐渐向学校管理团队下放。国家教育主管部门陆续出台的《国家中长期教育改革和发展规划纲要(2010—2020 年)》《依法治教实施纲要(2016—2020 年)》《国家教育事业发展"十三五"规划》等一系列文件,进一步强调要将校长负责制落到实处并不断推进完善。2019 年 2 月,中共中央、国务院印发的《中国教育现代化2035》面向教育现代化的十大战略任务中又进一步强调要推进教育治理体系和治理能力现代化,提高学校自主管理能力,完善学校治理结构。

校长负责制作为教育治理体系中提升学校自主管理能力的重要一环,一直备受瞩目。随着校长负责制的实施,校长基于行政管理职能对学校的人事、财务、聘任以及课程管理等工作有了完整合法的职位权力,有效改善了校长"被工具化"的倾向。然而,随着学校管理事务量的增加和专业化程度逐渐加深,校长必须考虑如何把管理职权下放给学校高层管理团队,从而促进学校治理水平的提升,基于授权导向的团队集体领导模式渐次成为中小学校管理实践的发展方向。校长授权给高层管理团队是学校组织形态趋于专业化、分散化的必然趋势,也是一种基于合作关系所形成的新型团队管理模式。[①]

一、权力与授权

(一)权力的性质与特征

作为政治学、社会学、领导科学等多学科研究的共同课题,"权力"通常被描述为组织中人与人之间的一种关系,是指处于某个管理岗位上的人对整个组织或所辖单位与人员的一种影响力,或简称管理者影响别人的能力。[②]

(二)职权的来源与形式

从组织设计的角度分析,组织中各层级的权力来自其职位,因此又称为职权。职权有以下三种类型。

1. 直线职权

直线职权是指管理者直接领导下属工作的权力,自组织的顶端一直延伸到底部,形成一条线形的指挥链。指挥链上的管理者拥有对下属人员工作的指挥权,下属与上级的沟通沿着指挥链自下而上地进行,否则就会越级。

[①]　仇勇,李飚,王文周.授权型校长对中小学校高层管理团队绩效的影响机制研究——基于北京市的调查分析[J].教育学报.2019,15(3):113-122.

[②]　周三多,陈传明.管理学——原理与方法[M].7 版.上海:复旦大学出版社,2018:216.

2．参谋职权

参谋职权是指组织中的参谋人员拥有的某些特定的权力，如建议、审核、对直线职权的评价等，是对直线职权的一种补充。随着组织规模扩大、管理事务增多，直线管理者需要设置一些参谋岗位来辅佐其工作，以弥补直线管理者能力、精力方面的缺陷。

3．职能职权

直线管理者除听取参谋的建议之外，必要时还可以将部分职权授予其他个人或职能部门，被授权方可以是管理者直接下属，也可以是自己管辖之外的部门。

（三）授权的含义

分权和授权是两个极相似的概念，其实质都是权力的转移，但二者又有着本质的区别：分权是权力在组织系统中的分配，而授权是组织中的管理者将部门职权授予下属或参谋，由其代为履行职责的一种形式；分权的主体是组织，而授权的主体是拥有职权的管理者；分权的对象是部门或岗位，内容全面，而授权的对象是具体的人员，授权内容也局限在上级管理者的部门职权；分权具有恒久性，往往伴随着组织结构的调整而调整，授权则更加灵活，可以是长期性的，也可以是临时性的[①]。简言之，授权就是指上级赋予下级一定的权力和责任，使下属在一定的监督之下，拥有相当的自主权而行动。授权者对被授权者有指挥、监督权，被授权者对授权者负有汇报情况及完成任务之责。具体而言，授权有以下含义：

1．工作任务安排

管理者将工作任务分派给下属，意味着下属可以按照工作目标和要求，在执行任务的过程中发挥其主观能动性。

2．权力转移

上级管理人员将部门职权一次性或临时性地授予参谋或下属，被授权方就拥有了相应范围内的权限。

3．明确责任

权力与责任是一对孪生兄弟，权力的转移也就意味着管理者将相关工作的执行责任移交给被授权者，自身则承担授权和监管的责任。因此，授权同时是一个明确责任的过程。

二、授权的原因与原则

（一）授权的原因

人们认为，过去教育管理主要关注的是通过上层人物紧握决策规划权，从而控制教师行为。而现在的新概念注重发展一种能带动被领导参与、使其受到鼓舞并促使其更加努力的远景目标[②]。正是因为对学校未来有着共同美好的远景，教师与校长才团结一致、分担必要工作以实现远景目标，双方的关系才得以转变。这也正是我们今天为什么经常听

① 《管理学》编写组.管理学[M].北京：高等教育出版社，2018：154.
② 罗伯特·G.欧文斯.教育组织行为学[M].上海：华东师范大学出版社，2001：330.

说,未来远景是实现学校领导的一个关键因素。如果不能分享权力,也就无法创设共同的远景。

1. 可促使管理者专注而有效地达成目标

授权可使管理者从日常事务中解脱出来,既能专心处理重大问题,又能控制全局;授权也可使管理者把一些自己不会或不精的工作委托给有相应专长的下属去做,通过充分发挥下属的专长,弥补授权者自身才能之不足;同时,授权能帮助管理者有效运用群体的力量,获得良好的群众基础,培养出合适的接班人,创造出更好的绩效,从而也有助于管理者自身的晋升发展。而事事亲力亲为不授权,不仅业绩受限于本人的时间和精力,而且会导致下属的无望和无能,从而影响组织整体的工作绩效和管理者自己的前途,如表 10.11 所示[①]。

表 10.11　授权:有助于获取更大的权力

晋升所注重的方面	授权	不授权
才能—以往业绩	群体的力量	个人的力量
群众基础—民主评议	民主、相信群众	独裁、不相信群众
接班人—候选人数	一批接班人	一批马屁精
领导意见—满意程度	较满意	不一定
衡量结果	有望晋升	危及现职

2. 可促使员工愉快而高效地完成工作

授权通常意味着信任、尊重和认同,这能提高下属的工作情绪,增强其责任心;授权也有利于改善上下级关系,使下属从听令行事的被动状态转变为主动担责的积极状态,使上下级关系转变为合作共事、相互支持的关系;由于授权使下属拥有了一定的权力和自由,从而也可调动其工作积极性、主动性和创造性,并提高下属的工作效率。

3. 有助于组织培养人才和提升效益

授权可锻炼下属能力并提升管理者的领导水平,有利于人才梯队的建设和管理者的培养。通过授权,使下属有机会独立处理问题,从实践中提高专业能力和管理的能力;管理者能更有效地使用时间,将精力集中于下属的成长、工作的协调和总体的把握,从而提高其用人水平和决策能力。这能为组织未来的发展打下良好的队伍基础。由于授权可使得全体组织成员人尽其才,更为高效地做好各自的工作,因而也有助于增进组织效率和提升组织效益。

(二)授权的原则

1. 目的性原则

作为管理活动的一部分,授权应该有明确的目的。这就需要弄清楚以下问题:授权的目的是什么? 期望达到什么效果? 目标明确之后,才能确定授权内容和授权对象,不能为了授权而授权。

---

① 邢以群.管理学[M].4 版.杭州:浙江大学出版社,2016:210.

2. 信任原则

权力的授予要以双方信任为基础,这就要求上级管理者充分信任下属。虽然授权之后沟通和反馈必不可少,但上级管理者在授权之后要尽量减少干预,保持指挥的统一性。当然,信任并不等同于放任,如果出现失控的危险,上级管理者可以及时收回授权。

3. 权责一致原则

权责一致的原则要求管理者充分授权并鼓励下属承担相应的责任,这样不仅能够提高授权的有效性,也有利于人才的培养。与此同时,上级管理者要根据任务完成情况和工作效果对下属的工作给予相应的鼓励。

三、授权的过程

(一)有效授权的影响因素

领导授权行为能有效促进下属、团队和组织绩效的提升。具体而言,领导者被要求分享权力、赋予员工更多的职责和自主权并提供相应的支持,从而消除下属的无力感,促进下属任务绩效和关系绩效的提升[1]。而现实情况是,领导者经常"劳神苦思、代下司职",出现了所谓的授权障碍[2]。影响授权有效性的因素主要包括以下方面:

1. 授权内容

要想发挥组织成员的积极性、主动性和创造性,组织就需要进行充分授权,但授权内容应当适中。如果授权内容过多,可能影响上级管理者的权威;授权内容过少,不仅不利于下属积极性的发挥,而且不能减轻管理者的负担。

2. 信息的共享程度

得到授权后,接受方需要在允许的范围内做决策,需要相关信息的支撑。如果管理者仅仅将部分职权授予对方,而不提供充分的信息,下属可能无所适从。因此,信息共享程度会对授权的有效性产生重要影响。

3. 授权者的主观态度

授权者是授权过程的起点,其主观态度对能否进行有效授权具有决定性影响。这种主观态度包括权力观、授权意愿、责任心等。

4. 接受方的条件

接受方需要具备一定的条件,如与授权内容相关的知识、能力、经验和责任心等,这样才能高效率地完成任务。因此,接受方的条件会影响授权的范围与效果。例如,已有研究结果表明,员工必须加强工作能力和人际技能的培养,提高自己的工作绩效,培育领导者对自己的信任来获得他们的授权[3]。

---

① Lee, A., Willis, S., Tian, A. W. Empowering leadership: A meta-analytic examination of incremental contribution, mediation, and moderation[J]. Journal of Organizational Behavior, 2018, 39 (3): 306-325.

② 刘文兴,廖建桥,黄诗华.不确定性规避、工作负担与领导授权行为:控制愿望与管理层级的调节作用[J].南开管理评论,2012,15(5):4-12.

③ 易明,王圣慧,等.木秀于林风必摧之?下属绩效影响领导授权行为的机制与边界条件[J].南开管理评论. https://kns.cnki.net/kcms/detail/12.1288.f.20210422.1726.010.html

5. 隐含的奖励

有效授权的另一个影响因素是授权过程隐含的奖励,包括物质层面和精神层面的奖励。接受方在享有权力、承担责任的同时,需要物质上和精神上的褒奖。有时领导的口头表扬就能够起到激励的作用,但现实中往往被忽视。

专栏 10-3

授权型领导与下属自我领导的匹配

为了更加高效地应对当今复杂多变的外部环境,现代企业的组织结构逐步由传统的金字塔式向扁平化转变,这使得团队成员在组织中的作用也变得越来越重要。在这样的大环境下,管理者采取命令、控制等传统方式来进行管理已经越来越难以适应外部环境需求和新的组织架构,而领导向下属授权的作用与意义则日益凸显。因此,在过去二十多年里,以分享权力、鼓励员工自我管理为核心的授权型领导(empowering leadership)也越来越受到研究者和管理实践者的青睐。授权型领导是指领导通过强调下属的工作价值、肯定其工作能力等方式,授予下属更大的决策权,并让下属更加自主地执行工作任务,从而实现与下属分享权力的一系列行为。大量研究发现,授权型领导对下属、团队的工作相关结果具有积极的影响。例如,在下属层面,授权型领导能够提高下属的内部动机、自我效能感、领导成员交换、工作满意度、工作绩效、组织公民行为和创造力;并且能够减少下属抑郁、越轨行为和离职;在团队层面,授权型领导则能够提高团队绩效等。可见,现有研究绝大多数都聚焦于探索授权型领导的有效性与积极影响,并普遍认为授权型领导对下属以及团队都是有好处的。

尽管现有研究普遍肯定了授权型领导的积极影响,但近年来少量研究开始对这一主流假设提出质疑与挑战。例如,有研究发现授权型领导会增强下属的工作紧张感(job-induced tension)和强迫式激情(obsessive passion for work),降低下属的工作效率。这些新近研究已初步反映出,目前关于授权型领导有效性的主流观点(即授权对下属总是好的)是不够全面和均衡的,授权型领导的消极影响亟须研究者们进一步探索。纵观已有研究,尽管少量新近研究开始探索授权型领导可能的消极影响,却忽视了领导—下属二元匹配(congruence)在其中的重要作用,这一忽略则是现有研究不够全面和均衡的主要原因之一。因为授权型领导行为并非存在于真空中,而是领导通过一系列与下属的互动行为所开展的分享权力、促进下属参与决策的过程。这意味着,下属作为领导管理过程中的重要组成部分,其个人因素也会对领导授权这一过程的知觉、解释以及应对等产生影响。换言之,在领导管理过程中,是领导与下属双方共同塑造了授权型领导所产生的影响。例如,某些下属更倾向于依赖领导的指示与管理来执行工作任务,他们不能(或不偏好)通过一系列自我管理和自我控制行为来实现自己所设定的工作目标(即低自我领导,low self-leadership)。对于这些下属而言,获得更多的自主权和决策权并不总是一种积极的体验。领导过多授权所营造的没有明确指令的情境反而可能被这类下属视为一种困扰。由此可见，同时考虑领导与下属二元关系中的匹配（即一致性）才能更加完整地呈现授权型领导对下属所产生的影响。

基于上述推理，我们可以提出以下研究问题：授权型领导是否会对某一些下属（例如，自我领导较低的下属）产生消极影响，导致其更低的工作绩效？如果是，如何影响？通过引入领导—下属匹配的视角探索授权型领导的潜在消极效应，在理论上挑战了"授权对下属总是好的"这一主流假设，为探索授权型领导对下属的影响提供了更加全面和辩证的视角。同时，在实践方面也能促使领导意识到一味地授权并不一定是好的，要结合下属特征和行为采取相应的管理行为，才有可能达到最佳管理效果。因此，探索授权型领导与下属自我领导的匹配对下属工作绩效的影响，对授权型领导研究的理论发展与管理实践均具有重要意义。

【资料来源】陈晨，秦昕，谭玲，等.授权型领导——下属自我领导匹配对下属情绪衰竭和工作绩效的影响[J].管理世界.2020,36(12):145-162.

(二)授权的基本过程

授权的过程包括：分派任务，授予权力，明确责任，确立监控权。

1. 任务的分派

权力的分配和委任来自于实现组织目标的客观需要。因此，授权首先要明确受权人所应承担的任务或职责。所谓任务，是指授权者希望受权人去做的工作，它可能是要求受权人写一个报告或计划，也可能是要求其担任某一职务承担一系列职责。不管是单一的任务还是某一固定的职务，授权时所分派的任务都是由组织目标分解出来的工作或一系列工作的集合。一旦需要授权的任务明确，管理者也就相对比较容易找到和确定合适的受权者。

2. 权力的授予

在明确了任务和受权人之后，就要授予其相应的权力，即给予受权者相应的开展活动或指挥他人行动的权力，如有权调阅所需的情报资料，有权调配有关人员等。给予一定的权力是使受权者得以完成所分派任务的基本保证。

上述两项工作通常通过岗位说明书或授权书来加以书面明确，通过面对面交流加以进一步明确和解释。

3. 责任的明确

当受权人接受了任务并拥有了所必需的权力后，就有义务去完成所分派的工作并正确运用权力。受权人的责任主要表现为向授权者承诺保证完成所分派的任务，保证不滥用权力，并根据任务完成情况和权力使用情况接受授权者的奖励或惩处。要注意的是，受权者所负的只是工作责任，而不是最终责任。授权者可以分派工作责任，并且受权者还可以把工作责任进一步地分派下去，但对组织的责任是不能分派的。受权者只是协助授权者来完成任务，对于授权者来说，自身则承担授权和监管的责任，即授权者对组织的责任是绝对的,在失误面前,授权者应首先承担责任。

　　4. 监控权的确立

　　正因为授权者对组织负有最终的责任,授权者授予受权者的只是代理权,而不是所有权。为此,在授权过程中,要明确授权者与受权者之间的权力关系。一般地,授权者对受权者拥有监控权,即有权对受权者的工作进行情况和权力使用情况进行监督检查,并根据检查结果,调整所授权力或收回权力。

案例分析

李校长的"无为而治"

　　李校长是一所重点中学的校长、市教育学会的理事长,又是区政协委员。他经常参加校外社交活动,不是每天都在学校,但学校工作井然有序。在校时,他经常到办公室同教师谈这谈那,也不拘形式地与学生接触,问这问那。在交流中,教师、学生向他提出了许多具体要求。例如,物理教研组长提出,实验器材不足,要求学校解决;一个班主任反映,学生课外作业负担过重,希望学校采取一些措施予以解决;会计谈到学校基础设施建设中存在一些矛盾,请求仲裁。对于这些要求,李校长一般都会说:"我知道了。这个问题副校长在管,你去问他,让他决定。""我同教务处谈谈,让他们处理。""我跟总务主任说一下,让他解决。"

　　一次在教职工大会上,李校长念了一张给他的条子:"你是校长,为什么遇到问题不表态? 是权不在手,还是处理不了?"念完条子,李校长首先感谢了写条子的老师对他的关心,然后明确表示:"我是有职有权的,学校里重大事情的决定,都是由我主持做出的。这就是权嘛! 至于执行过程中的具体问题和细节的处理,领导成员有明确分工。因此,我不能随意表态。"对李校长的解释,一些教职工仍不赞同。他们认为,领导成员多,应是校长说了算。若两位领导对一个问题表态不同,应该听校长的。由于有这样一些议论,李校长不在校时,个别领导成员就把一些自己能处理的事也搁了下来。

　　面对这些情况,李校长除了在领导班子中统一认识外,又通过各种方式对教职工谈了他的看法:校长负责制,不是按校长个人的意志办事。不按章办事,校长说的也不能算数。有的事无章可循,特别是有关改革的事,更不能由校长一人决定。学校中大大小小的事,都由校长决定,都要通过校长,这不叫有职有权,而是个人专权。集体决定的事,校长随意变更,或者对那些有人分管的事,校长出面表态处理,不但不能调动每个人的积极主动性,发挥其才干,而且会养成一些同志的依赖性。

　　李校长的看法得到领导成员的赞同,但有的教职工还是向他提出问题:"这样说,校长不是'无为而治'了吗?"他回答说:"校长应该管他所应管的,而不管他所不应管的。样样抓在自己手中,看似权力大,实质上是放掉了大权。不把权授给分管的领导,自己成为光杆司令,那才会真正地失权。"

　　【资料来源】程凤春.学校管理的 50 个案例[M].2 版.上海:华东师范大学出版社,2018:63-64.

思考题

1. 如果你是李校长，你如何界定在哪些事情上有所为，在哪些事情上有所不为？

2. 你认为李校长的这种领导方式，在实践中会出现哪些问题？

3. 为克服授权中遇到的问题，请你对李校长提出一些建议。

4. 谈谈你对校长角色的认识。在新的形势下，校长的角色发生了哪些转变？

第十一章　教师管理

"教师是克服人类无知和恶习的大机构中的一个活跃而积极的成员,是过去历史上所有高尚而伟大的人物跟新一代之间的中介人,是那些争取真理和幸福的人的神圣的遗训的保存人,是过去和未来之间的一个活的环节。教师所从事的事业,从表面上看虽然平凡,却是历史上最伟大的事业之一。"[①]1966年10月,联合国教科文组织发表的《关于教师地位的建议》指出:"教育工作应被视为专门职业。这种职业是一种要求教师具备经过严格并持续不断的研究才能获得并维持专业知识及专门技能的公共业务。"世界上大多数国家都采纳了这一建议。从我国的现实情况来看,教师工作是一种专门的职业,只有经过严格培训和专门训练的人才能胜任。教师职业作为一种专门职业,具有不可替代性。[②]

第一节　教师管理概述

教师管理是学校管理的重要内容,是对教师的任用、培养、考核、工资待遇等方面的规定及其操作。[③] 科学的教师管理需要基于科学的理论和教师工作自身的特点。而教师管理的核心是通过有效的激励和评价,激发教师的工作潜力,促进教师自我价值的完整实现[④]。在学校教师管理的过程中,教师个体具有主体性作用,需要依据自身的生涯发展阶段进行积极的自我管理,与此同时也需要学校组织创造有利的条件和环境,促进教师的专业成长和专业发展。

一、教师的地位、权利和义务

(一)教师地位的内涵

《关于教师地位问题的建议》指出:教师"地位"(status)一词,意指其受重视程度,系经由对教师所发挥之功能、所表现之能力以及工作态度的重要性予以评估所引证的结果。广义上,教师地位涵盖了教师的政治地位、经济地位和职业声望等方面的内容;狭义上,教师地位指教师作为专业人员的法定条件和权利。

概括起来,教师地位具有两个方面的基本内涵:(1)教师地位的基础是法律保障,教师

---

① 凯洛夫.教育学[M].北京:人民教育出版社,1957:693.
② 余雅风.新编教育法[M].上海:华东师范大学出版社,2008:133.
③ 萧宗六,余白,张振家.学校管理学[M].5版.北京:人民教育出版社,2018:199.
④ 张冬娇,程凤春.学校管理学[M].北京:北京师范大学出版社,2014:125.

的政治地位、经济地位以及职业声望都是由法律地位所派生的;(2)教师地位的核心是专业身份的确立,教师的专业身份决定了教师权利和义务的内涵。[①]

(二)我国教师地位的确立

新中国成立后,特别是改革开放以来,教师的地位在很多方面得到了明显提高。但一些人依然把中小学教师看作靠教书谋生的匠人,这种社会定位反过来又降低了教师自身的职业要求。所以,提供良好的外部制度环境,促进教师地位的提升被普遍看作推动教师自身专业成长的重要举措。

1993年,我国颁布了《中华人民共和国教师法》,为维护教师的社会地位提供了基本的法律保障。《教师法》明确规定:"教师是履行教育教学职责的专业人员。承担教书育人,培养社会主义事业接班人,提高民族素质的使命"。"各级人民政府应当采取措施,加强教师的思想政治教育和业务培训,改善教师的工作条件和生活条件,保障教师的合法权益,提高教师的社会地位"。该法第一次全面地对教师的权利和义务、资格和任用、待遇和奖励等方面做出了法律上的规定,要求"全社会都应尊重教师"。近年来,随着法制建设的不断深化,各层次的立法都有了关于教师的规定,形成了较为完整的教师法律保障体系。教育法律中有《义务教育法》《教师法》《教育法》《高等教育法》;教育行政法规类有《教师资格条例》《国务院关于贯彻实施〈中华人民共和国教师法〉若干问题的规定》《〈义务教育法〉实施细则》;教育部门规章中有《〈教师资格条例〉实施办法》《中小学教师继续教育规定》《特级教师评选规定》等。其中,1995年国务院颁发的《教师资格条例》,标志着我国开始建立教师资格证书制度。所谓教师资格是指公民从事教师职业的基本条件,反映了国家对从事教育教学工作人员的基本要求,公民只有符合这些条件并经过国家教育行政部门的认定才能获得具有法律效力的教师资格。2000年教育部又颁布了《教师资格条例实施办法》,教师资格制度开始全面实施。实施教师资格制度体现了教师专业特点,有利于全社会充分认识教育事业和教师职业的重要性,使教师地位、教师队伍素质和教育质量之间形成良性循环。

2018年1月,中共中央、国务院印发的《关于全面深化新时代教师队伍建设改革的意见》明确提出"确立公办中小学教师作为国家公职人员特殊的法律地位""到2035年教师成为让人羡慕的职业"。这是新中国成立以来党中央出台的第一个专门面向教师队伍建设的里程碑式政策文件,将教育和教师工作提到了前所未有的政治高度。

(三)我国教师的权利和义务

教师地位是通过法律确定的权利和义务来体现的,正是这些权利和义务的性质和规定揭示了教师特定专业法律地位的内涵。

1. 教师权利

教师的权利是指教师依法应当享有的各种权益。教师作为教育法律关系中的主体,既具有普通公民的一般法律地位,也具有教师专业所规定的特定法律地位。因此,教师权利既包括一般的公民权利,也包括由职业特点和专业特点决定的特殊教育权利。教师除了享有国家宪法所规定的公民的一般权利外,还享有《中华人民共和国教师法》规定的以

---

① 扈中平.现代教育学[M].3版.北京:高等教育出版社,2010:165.

下权利:(1)进行教育教学活动、开展教育教学改革和实验;(2)从事科学研究、学术交流,参加专业的学术团体,在学术活动中充分发表意见;(3)指导学生的学习和发展,评定学生的品行和学业成绩;(4)按时获取工资报酬,享受国家规定的福利待遇以及寒暑假期间的带薪休假;(5)对学校教育教学、管理工作和教育行政部门的工作提出意见和建议,通过教职工代表大会或者其他形式,参与学校的民主管理;(6)参加进修或其他方式的培训。

2. 教师义务

教师的义务是指教师依法应当承担的各种职责。教师除了必须承担国家宪法规定的公民的一般义务外,还应当履行《中华人民共和国教师法》规定的以下义务:(1)遵守宪法、法律和职业道德,为人师表;(2)贯彻国家的教育方针,遵守规章制度,执行学校的教学计划,履行教师聘约,完成教育教学工作任务;(3)对学生进行宪法所确定的基本原则的教育和爱国主义、民族团结的教育,法制教育以及思想品德、文化、科学技术教育,组织、带领学生开展有益的社会活动;(4)关心、爱护全体学生,尊重学生人格,促进学生在品德、智力、体质等方面全面发展;(5)制止有害于学生的行为或者其他侵犯学生合法权益的行为,批评和抵制有害于学生健康成长的现象;(6)不断提高思想政治觉悟和教育教学业务水平。

二、教师管理的功能

教师的主要职责是传道授业解惑,而教师管理的作用是维护师德、促进教师专业发展、保持结构合理、激发活力。[①]

(一)维护教师高尚师德

教师职业道德是一般社会道德规范的角色化和行业化。在现代社会中,教师职业具有区别于其他职业的显著特征,这决定了教师职业道德具有不同于其他职业道德的特殊性。[②] 教师素质,师德为魂。高尚的师德,是对学生最生动、最具体、最深远的教育。师德历来是教师队伍建设的首要问题,历来为各国所重视,常常作为评价教师的首要标准,将师德表现与教师的成长和专业发展紧密联系起来。当好教师,没有捷径可走,对工作的无限热情,对学生潜力的无限信任,对每天工作取得进步的强烈渴望,对孩子成功的欣赏,工作中富于笑声、激情、技巧、紧迫感和爱,这些都是全世界优秀教师表现出的共同特点。

师德为先,体现了教师专业的特殊要求,体现了没有爱就没有教育的理念。2005 年,我国教育部印发了《关于进一步加强和改进师德建设的意见》,提出了师德建设的思路、任务和措施。2008 年,教育部和中国教科文卫体工会全国委员会联合修订颁布《中小学教师职业道德规范》,提出"爱国守法、爱岗敬业、关爱学生、教书育人、为人师表、终身学习"六个方面的规范要求和"不得有违背党和国家方针政策的言行;对工作不得敷衍塞责;不讽刺、挖苦、歧视学生,不体罚或变相体罚学生;不以分数作为评价学生的唯一标准;自觉抵制有偿家教,不利用职务之便谋取私利"的禁行性规定。2011 年,教育部和中国教科文卫体工会全国委员会联合颁布《高等学校教师职业道德规范》,提出了"爱国守法、敬业爱

---

① 曾天山,褚宏启.现代教育管理学[M].北京:教育科学出版社,2014:272-274
② 傅维利,于颖.教师职业道德的独特品性及其价值实现[J].教育研究,2019,40(11):151-159.

生、教书育人、严谨治学、服务社会、为人师表"六个方面的规范要求和"不得从事损害国家利益和不利于学生健康成长的言行;不得损害学生和学校的合法权益;不得从事影响教育教学工作的兼职;坚决抵制学术失范和学术不端行为;坚决反对滥用学术资源和学术影响;自觉抵制有损教师职业声誉的行为"的禁行性规定。实施师德"一票否决制"。

特别是党的十八大以来,习近平总书记在关于教育工作的系列重要讲话中,把师德师风建设作为提升新时代教师素质、办好人民满意教育的首要任务,先后用"大先生""筑梦人""系扣人""引路人"等表现力极强的称谓表达对广大教师的殷切期望,并提出"四有好老师""四个引路人""四个相统一"等师德建设标准和要求,将教师队伍建设特别是师德师风建设提到了一个前所未有的战略高度。2018年,中共中央、国务院印发的《关于全面深化新时代教师队伍建设改革的意见》对新时代师德师风建设作出了总体部署。

专栏 11-1

着力提升思想政治素质,全面加强师德师风建设

1. 加强教师党支部和党员队伍建设。将全面从严治党要求落实到每个教师党支部和教师党员,把党的政治建设摆在首位,用习近平新时代中国特色社会主义思想武装头脑,充分发挥教师党支部教育管理监督党员和宣传引导凝聚师生的战斗堡垒作用,充分发挥党员教师的先锋模范作用。选优配强教师党支部书记,注重选拔党性强、业务精、有威信、肯奉献的优秀党员教师担任教师党支部书记,实施教师党支部书记"双带头人"培育工程,定期开展教师党支部书记轮训。坚持党的组织生活各项制度,创新方式方法,增强党的组织生活活力。健全主题党日活动制度,加强党员教师日常管理监督。推进"两学一做"学习教育常态化制度化,开展"不忘初心、牢记使命"主题教育,引导党员教师增强政治意识、大局意识、核心意识、看齐意识,自觉爱党护党为党,敬业修德,奉献社会,争做"四有"好教师的示范标杆。重视做好在优秀青年教师、海外留学归国教师中发展党员工作。健全把骨干教师培养成党员,把党员教师培养成教学、科研、管理骨干的"双培养"机制。

配齐建强高等学校思想政治工作队伍和党务工作队伍,完善选拔、培养、激励机制,形成一支专职为主、专兼结合、数量充足、素质优良的工作力量。把从事学生思想政治教育计入高等学校思想政治工作兼职教师的工作量,作为职称评审的重要依据,进一步增强开展思想政治工作的积极性和主动性。

2. 提高思想政治素质。加强理想信念教育,深入学习领会习近平新时代中国特色社会主义思想,引导教师树立正确的历史观、民族观、国家观、文化观,坚定中国特色社会主义道路自信、理论自信、制度自信、文化自信。引导教师准确理解和把握社会主义核心价值观的深刻内涵,增强价值判断、选择、塑造能力,带头践行社会主义核心价值观。引导广大教师充分认识中国教育辉煌成就,扎根中国大地,办好中国教育。

加强中华优秀传统文化和革命文化、社会主义先进文化教育,弘扬爱国主义精神,引导广大教师热爱祖国、奉献祖国。创新教师思想政治工作方式方法,开辟思想政治教育新阵地,利用思想政治教育新载体,强化教师社会实践参与,推动教师充分了解党情、国情、社情、民情,增强思想政治工作的针对性和实效性。要着眼青年教师群体特点,有针对性地加强思想政治教育。落实党的知识分子政策,政治上充分信任,思想上主动引导,工作上创造条件,生活上关心照顾,使思想政治工作接地气、入人心。

4.弘扬高尚师德。健全师德建设长效机制,推动师德建设常态化长效化,创新师德教育,完善师德规范,引导广大教师以德立身、以德立学、以德施教、以德育德,坚持教书与育人相统一、言传与身教相统一、潜心问道与关注社会相统一、学术自由与学术规范相统一,争做"四有"好教师,全心全意做学生锤炼品格、学习知识、创新思维、奉献祖国的引路人。

实施师德师风建设工程。开展教师宣传国家重大题材作品立项,推出一批让人喜闻乐见、能够产生广泛影响、展现教师时代风貌的影视作品和文学作品,发掘师德典型、讲好师德故事,加强引领,注重感召,弘扬楷模,形成强大正能量。注重加强对教师思想政治素质、师德师风等的监察监督,强化师德考评,体现奖优罚劣,推行师德考核负面清单制度,建立教师个人信用记录,完善诚信承诺和失信惩戒机制,着力解决师德失范、学术不端等问题。

【资料来源】教育部网站.中共中央国务院关于全面深化新时代教师队伍建设改革的意见. http://www. moe. gov. cn/jyb_xwfb/moe_1946/fj_2018/201801/t20180131_326148. Html

(二)促进教师业务精湛

国家通过颁布教师专业标准,严格教师资格和准入制度,推进教师聘用制度,加强教师培训等方式,促进教师专业能力提升。在很多国家,教师年龄老化、收入低下和高水平教师短缺已经成为愈演愈烈的事实,进一步影响合格教师的供给。要制定激励政策吸引有能力的潜在教师和离职教师,而避免缺少教学能力的人进入教师行列,留住当前在职的优秀教师,淘汰不合格不尽职的教师,为此,教育管理部门需要出台一系列增强教师吸引力的政策,需要吸引年轻教师和高素质教师,加强教师培训和认证,通过高质量的培训激励有抱负的教师长期从教,通过教师从业标准,进行更为严格的课程内容、基本能力和相关科目的水平考试,提高教师的公众形象,赋予教师更多的教学自主权。政策制定者越来越强调分权,在用人制度、工资水平、薪酬结构、评估体系、教育投资等方面赋予教师更多的自主权。把教学质量与工资收入挂钩,提高教师的工作积极性,只把补贴与教学质量挂钩的做法意义不大。

(三)保持教师队伍结构合理

各级各类教育行政机构通过教师编制管理,确定师生比例、班师比例,合理配置教师资源,保持教师在区域、学段、学科等方面的供求关系总体平衡。

教师供需管理涉及五个要素:教师需求量、潜在的教师供应量、教师市场结构、教学力量(教师质量)、教学质量(教学技术和学校环境)。同时,还要考虑教育系统外的工作条件、发展机遇和比较优势,以及教师工会的作用,动态调整教师的地位和待遇,保持教师职业的吸引力。

(四)激发教师工作活力

国家通过提高教师待遇,实行绩效评价、提供培训机会和升级晋职等方式,保持教师工作的激情和活力。

在我国,建立了统一的中小学教师职务体系,并将最高职务等级提高到正高级教授水平,提出了教育家发展目标。这是通过升级晋升的方式激发教师工作活力的主要表现。

2008年年底,国务院常务会议通过《关于义务教育学校实施绩效工资的指导意见》,规定从2009年1月1日起在全国义务教育学校实施绩效工资,确保义务教育学校教师工资平均水平不低于当地公务员平均工资水平,新的工资体系由基本工资和绩效工资两部分构成,而绩效工资又分为基础性绩效工资和奖励性绩效工资。基础性绩效工资突出体现工资的"保健"作用,奖励性绩效工资则重点发挥绩效的"激励"功能。[1] 由此可见,绩效工资的实施虽然备受争议,但其初衷仍然是通过实行绩效评价激发教师工作动力。

三、教师工作与教师管理的特点

教师管理的核心是对教师工作的管理。教师工作具有连续性、复杂性、创造性及个体自主性等特点。[2] 遵循教师工作特点和规律而实施的教师管理能够为教师提供一种理解、尊重,使其感到精神舒展的学校氛围,促进其将良好的精神状态带入教学工作中,进而创造优良的工作业绩。反之,忽视对教师工作自身特点的关注而进行盲目的管理,则会挫伤教师的工作积极性,削弱工作的质量和效果。[3]

(一)工作性质的专业性

教师职业是一种专门的职业,需要经过专门的培养和经常性的培训才能胜任,因此,教师职业具有不可替代性[4]。伴随教师专业化趋势的发展,教师工作的专业性特征越来越得到人们的认同。与之相伴,教师作为专业人员的工作身份也逐步得到确立。教学工作的专业性意味着"在专业范围内有自主决断权;以一套标准来对提供的专业判断和专业行为等专业服务项目负责任;行政管理人员要为专业人员的工作与自由发展提供方便"。[5] 也就是说,教师工作的专业性最重要的内涵就是教师在自身工作中专业自主的确立。因为"教师是否拥有相当程度的自主决策权力,是学术自由和教师专业的一部分,也是衡量教师专业化水平的一项重要指标"。[6]

教师的职业实践是教育教学活动,教师专业自主的突出表现是在课堂教学中。由于人是教育的对象,教育要尊重人性、尊重人的情感和内心世界,教育教学活动和人性是相

① 褚宏启,张新平.教育管理学教程[M].北京:北京师范大学出版社,2013:471-472.
② 李立国.建立符合高校教师工作特点的学术评价体系[J].清华大学教育研究,2019,40(1):10-12.
③ 张冬娇,程凤春.学校管理学[M].北京:北京师范大学出版社,2014:133.
④ 劳凯声.教师职业的专业性和教师的专业权力[J].教育研究,2008(2):7-14.
⑤ 刘捷.专业化:挑战21世纪的教师[M].北京:教育科学出版社,2002:59.
⑥ 刘捷.专业化:挑战21世纪的教师[M].北京:教育科学出版社,2002:73.

吻合的,是一种人性化的活动。这一过程中,学生在教师引导下学习教学内容,积极建构自己的能力体系和精神世界,在知识、技能、情绪情感、意志和个性等方面获得全面发展。教育教学活动面向的是人的精神世界,是以人精神境界的提升为最终目的,因而,它在本质上是人文性活动,而不是纯粹的物质操作性活动。[①] 教师在课程设计、教学过程、学生管理和评价等方面享有"法理"的权威,无论同事还是行政管理人员都不能妨碍这种权威。因此,教师专业自主的实现一方面与外在管理提供的环境相关;另一方面也与教师自身的专业素养有关,专业素养越高,专业自主实现的可能性越大。[②]

(二)工作方式的个体性

教师的工作基本上是通过个体形态来完成的,虽然教师们可能面对着同样的教材、同样的教学目标、同一年龄阶段的学生,但是每个教师却以自己个性化的方式现实地实施着教育过程。正如人们所形容的,"在关起了门的教室里,教师乃无冕之王"。教室是教师的舞台,教学过程是教师以自己对教育的理解而展开的、独特的对学生产生影响的过程。因此,不管外界有多少制度性规范和管理,教师自身的主体性以及其工作对象的主体性都决定了教师工作的个体性,永远打上了自身个性化的、不可复制的特征。因此,对教师的管理应当以对这种个体性的尊重为前提。因为管理上如果在空间、时间上以集体的形式将教师活动统死,将不利于提高教师劳动的质量和效率。管理上越尊重这种个体形式,就越有可能取得实质上的集体协同的效果。

与教师工作的个体性相对应的就是教师工作的主体内在性,教育教学工作的完成需要教师调动自身独特的内在精神力量来完成,用美国学者帕克·帕尔默(Parker J. Palmer)的话来说,就是需要"教师个体自我心灵的力量"——"当与学生面对面交流时,唯一能供我立即利用的资源是:我的自身认同,我的自我的个性,还有身为人师的我的意识——如果我没有这种意识,我就意识不到学习者你的地位"。[③] 然而,帕尔默同时也指出了一种令人深思的现实状况:"在匆忙的教育改革中,我们忘记了一个简单的事实:如果我们继续让称职的教师所如此依赖的意义和心灵缺失,仅仅依靠增加拨款额、重组学校结构、重新编制课程以及修改教科书,改革永远不能够成功。教师确实应该得到更多的补偿,从官僚制度的困扰中解脱出来;我们应赋予其学术管理方面的职责,为他们提供尽可能好的方法与材料。但是,如果我们不能珍惜以及激励作为优秀教学之源泉的人的心灵,提供上述所有这一切都不能改变教育。"[④]帕尔默提示人们对教师工作内在自由的珍视和保护,而不要只关注外在的显性条件的改变。因为"优秀的教学不能被降格为技术,优秀教学源自于教师的自我认同和自身完善"。这就需要学校管理者和教师个体共同努力,优秀教学的实现创造必要的客观和主观条件,实现教育应有的心灵自由和精神完整的状态。

(三)工作成果的集体性

教师工作的成果是学生的全面发展,而一个学生素质的全面发展并非某一个教师个

---

① 朱新卓,陈晓云.教师职业的特殊性与专业性[J].高等教育研究,2012,33(8):44-52.
② 张冬娇,程凤春.学校管理学[M].北京:北京师范大学出版社,2014:133.
③ 帕克·帕尔默:教学勇气——漫步教师心灵[M].上海:华东师范大学出版社,2005:10.
④ 帕克·帕尔默:教学勇气——漫步教师心灵[M].上海:华东师范大学出版社,2005:4.

体所能完成的,而是所有教育这个学生的教师集体劳动的结晶。因此,教师劳动的成果是无法进行绝对意义上的个体性分割的。在学生发展的横向结构上学生各科知识的掌握以及学生在德智体等各个方面的发展是由担任各门学科的老师共同教育形成的。此外,在纵向上,学生的成长和发展是由其各个教学阶段的老师的教育和培养而累积形成的,例如小学启蒙老师的影响会为后来中学乃至大学的发展奠定基础。

教师工作成果的集体性意味着教师往往无法清晰地界定自己的劳动效果,这就在一定意义上要求教师保持一种内在的评价标准,以自己认为正确有效的方式教育学生,依照良心的呼唤去实施教育,而不是因为教育成果无法对应到自己身上而抱着"吃大锅饭"的心理懈怠了自身的教育职责。

教师工作成果的集体性意味着在学校管理中应当通过适当的机制和文化促成教师合作文化的形成和教师团队的建立。引导和提倡各任课教师之间,任课教师与班主任之间,教师和教师之间形成相互配合、共同协作的文化氛围。尤其需要通过评价机制的改变,注重对团队集体成果的评价,而不是过分强调个人之间的竞争性。此外,学生教育的阶段性之间的衔接也要求学校管理者引导教师以更负责任的方式实施本阶段的教育,完成本阶段的培养目标,为学生顺利地成长尽到应尽的教育职责。例如目前出现了小学阶段基础没有打好,中学教师还要从头补课,中学阶段的知识学习不完整,高中阶段的教学困难重重的问题。如果每个阶段的教师都能有对学生长远发展负责的眼光和态度,着眼于学生未来的发展为学生构建完善扎实的知识和能力结构,那么,教育就会形成一个可持续的发展系统。这些都需要管理者的观念引导和制度规约,从主客观等多个维度促成教师集体成果的教育实现。

(四)工作时空的无边界性

教师工作时空的无边界性是指教师的工作在时间和空间上都具有很大的弹性和延伸性,无法通过外在的规定做出明确而精细的规定。人们常用"教师的工作是一个无底洞"来形容教师工作的无边界性。因为,教育的魅力就是教育能够将无限的可能性转化为现实性,而这种改变是依靠教师在时间和精力上的投入实现的。教师投入越多,学生改变和成长得越多,教师内在的潜力被激发出来的越多,而且没有最好,只有更好。因此,如果一个教师对教育抱有深厚而坚定的信念,怀有持久而热烈的激情,他就会调动自己全部的时间投入到教育当中,他工作的空间就不只限于教室和办公室,他会走进学生的家庭、学生的宿舍以及带领学生走向更宽阔的社会空间之中获得锻炼和发展。

教师工作时空的无边界性意味着对于教师的管理不同于对流水线上的工人的管理,依靠外在的控制来实现工作的效率,而是在外在时空上给教师更多的自由弹性,最重要的是调动教师内在的工作激情和动力。要求教师八小时甚至十小时坐班的外在规定究竟能够产生多大的管理效果取决于教师在这段时间里以什么样的状态和内容在工作。很多学校在要求教师坐班之后教师们往往聚在办公室里聊天甚至玩手机。这种外在的规约除非加之内在的激励和调动,否则徒有形式而失去了管理的初衷。

(五)工作管理的特殊性

在学校管理中,对教师工作专业性的认识和尊重意味着在管理中,要处理好行政事务管理与教学管理的关系。这是因为专业人员总希望通过自己训练有素的知识和判断力,在自己职责范围内有较大的自主权,能独立开展工作,不受外界或行政的干预。

1. 教师不同于管理人员,应对教师施行柔性管理

组织中的很多要素之间并不是像科层设计那样紧密联系,很多组织内部要素实际上是松散地联系在一起,每一要素都保持自身的独特性,也存在某些物质或逻辑上的分离,教育组织是松散耦合组织最好的例证。[①] 松散耦合即组织的规范结构与行为结构之间的联系是松散的,规则并不总是能够制约行动,某些规则的改变可能并不影响行动,反之亦然。霍伊等指出,学校中可能至少有两类组织。一类是负有制度与管理职能的科层组织,具有较为紧密的层级关系。另一类是专业组织,负责实际的教与学的技术过程,具有松散耦合的特点。[②] 在教师专业领域,柔性管理可以激发教师的自主性和创造性,从而实现自身价值,过多的科层控制会束缚教师的创新精神,因而在专业领域,需要更多地给教师赋权。但在行政事务方面采取更多的制度化管理是必要的,学校脱离规章制度和科层约束是难以想象的。应真正把教师当成"人"而不是"物"来管理。如行政人员把教师当成实现个人政绩的工具,这事实上也是把教师当物看。因此,教师只是受聘于教育教学工作,而不是他人的财富,学校行政必须根据相关法律条文以及教师聘任合同等要求教师从事其应该做的工作,而不是要求教师"规训化"地服从。

2. 正确处理行政人员的权力与教师的权利之间的关系

韦伯根据权力的性质把权力划分为三种类型:传统的权力、感召(Charismatic)的权力和合法的权力。传统的权力是世袭的,如封建社会中的世袭王权;感召的权力来自个人的魅力,如受某人的人格、气质、涵养以及学识等吸引而心悦诚服地甘愿表示服从;合法的权力主要来自科层制中法定的权力,如职权。

学校行政人员作为学校的管理者,自然也具备以上几方面的权力,如教育教学管理权、校务工作综合管理权、人事管理权和校产管理权。以上这些权力可以看作是校长法定的权力,但一个优秀的行政管理人员一定是善于合理运用几种权力的人。现实中很多行政管理人员只重视手中法定的权力,忽视了其他权力,导致工作开展困难。例如,在科层取向的学校中,管理者较多使用法定的权力解决问题,教师和管理者的冲突就非常多。

教师的权利分为两类,一类是法律规定的教师应有的权利,一类是教师作为一个人,作为一个社会公民所应具有的基本权利。按照康德的理解,一个人的权利包括天赋的权利和获得的权利,天赋的权利是每个人根据自然而享有的权利,它不依赖于经验中的一切法律条例,获得的权利是以经验中的法律条例为根据的权利。[③] 就此来看,行政权力不是无限的和无边界的,学校行政在行使行政权力的时候,应当尊重教师的权利,尊重教师法定的权利和教师作为一个公民所应具有的权利。

行政权力要着重维护好教师如下两个方面的权利。教师的专业自主权。教师劳动和

① Weick K E. Educational Organizations as Loosely Coupled Systems[J]. Administrative Science Quarterly. 1976, 21(1): 1-19.

② 韦恩·K. 霍伊,塞西尔·G. 米斯克尔. 教育管理学:理论·研究·实践[M]. 7版. 北京:教育科学出版社,2007:113.

③ 康德. 法的形而上学原理——权利的科学[M]. 北京:商务印书馆,2005:49-50.

一般工业生产是完全不同的,这需要教师有自己的专业自主权。进行教育教学活动,开展教育教学改革和实验,从事科学研究、学术交流,参加专业的学术团体,在学术活动中充分发表意见等都是教师应有的权利,也是教师的专业自主权,行政管理人员需要充分尊重教师的专业自主权,不随意干涉教师的教育教学自主。当然,这不是说学校不能对教师的教育教学进行监督和评价,相反,监督和评价是必要的,但是其实施需要建立在尊重教师专业自主权的基础之上。行政权力要维护教师参与学校管理的权利。教师参与学校管理可以通过教代会、工会、支部委员会、教研组等途径,也可以以教师代表的身份直接参与学校管理。参与管理的内容应当是和教师利益密切相关的事项以及有利于发挥教师专业职能的事项,如职称评审、绩效工资改革、学校领导评价、课程设置等。教师参与管理是有限度的,不是每个教师都有很高的积极性参与学校管理,也不是每个教师都善于学校管理,学校行政更不能完全放权于教师。因此,如何把握好教师参与的"度"是学校行政管理人员领导水平的体现。[①]

专栏 11-2

协调行政权力与学术权力关系的建议

《国家中长期教育改革和发展规划纲要(2010—2020)》提出了高校"去行政化"的改革与发展方向,大学的学术权力与行政权力的关系问题近来成为大家热议的话题。如何在协调学术与行政权力中、如何在两者的钟摆之间找到平衡点至关重要。权力是客观存在的,行政权力与学术权力有明显区别,但两者不是一对对称的概念。在我国高校,学术权力和行政权力不是截然分开的,而是常常交织混杂在一起的,这就使高校学术管理产生矛盾与冲突。现阶段在大学内部管理制度的设计上,行政权力与学术权力的关系不应该是冲突和博弈,而应该是相对分离、适度融合和较好地衔接。

第一,明确界定学术权力与行政权力所作用的领域,是协调二者关系的前提。一方面,学术权力与行政权力要权责分明,学术评价标准、学术方向的制定、学术成果的评价等都属于学术权力范畴;另一方面,这两种权力又应该是目标一致、密切联系的。学术权力的实现,大多数情况下还要通过行政系统的行政职能部门来执行。大学的学术事务应该由学术同行通过充分论证做出决定,作为具体办事、服务的行政部门应坚持服务理念,落实好各学术决议,防止出现以行政部门的决定来替代学术同行的学术决议的现象。两者只有合理配置、协调合作,才能形成最大的合力。

第二,大学体制改革的核心是实行基层民主和学术民主,建立学术本位的管理体制。因此,要大力提倡"学术本位",逐步消除"行政(官)本位"思想。

第三,加强分权与制衡。构建决策、行政、学术相互制衡的现代大学分权制

---

① 曾天山,褚宏启. 现代教育管理学[M]. 北京:教育科学出版社,2014:275

度,通过制衡机制削弱行政力量对学术权力的过度干预,这一点牛津大学的内部机关的设置及其建立的分权与制衡机制值得借鉴。另外,加快建立集中与分散相结合的学校内部管理体制和运行机制,在校、院、系各级管理体制中均要协调好行政权力与学术权力的关系。

第四,建立和完善有效的管理体制和机制,增强各级管理人员的"为师生服务、为教学科研服务"的意识,提高管理人员的整体素质。结合高校内部人事管理体制改革和教育职员制的探索实际,建立一支高效的职业化行政管理队伍。调整职能部门的职责,变直接管理为间接管理,变过程管理为目标管理,强化职能部门的参谋和服务功能,实现管理重心下移。

第五,强化学术民主制度建设、健全管理运行机制,是协调行政权力与学术权力关系的保障。在建立现代大学制度的进程中,学术权力和行政权力并不是此消彼长的关系,而应该是通过制度的建立来增强学术权力的执行力度,提升行政权力的服务职能的关系。两种权力相得益彰,构成了成功的现代大学管理制度。

第六,不断下放学术权力,增强基层单位的学术决策、学术资源配置的权力,加大有针对性的学术同行评价力度。

【资料来源】邹晓东.对构建现代大学制度的内在因素的思考[J].河南大学学报(社会科学版).2012(1):127-136.

第二节 教师专业发展与教师培训

2018年,《全面深化新时代教师队伍建设改革的意见》针对"重硬件轻软件、重外延轻内涵"的现象,明确了"促进教师终身学习和专业发展"要求。这就要求立足造就党和人民满意的高素质专业化创新型教师队伍的战略目标,教师专业发展与新时代教师队伍建设改革、教师专业发展的时间与空间、教师专业发展自身系统的相互协调、动态平衡和协同共进,发挥教师专业发展的文化传承、思想传播和价值塑造功能,促进学生健康成长。[①]

一、教师专业发展

"教师专业发展"是当代教师教育研究领域的一个国际最流行的概念,既涉及政府的教师管理,也涉及学校的教师队伍建设;既有群体动力学的因素,也有个体自主选择的意愿;既是学术界研究的热点领域,又是实践中的现实对象,没有一个领域像教师专业发展这样全方位地触及学术、实践和政策领域。[②]

[①] 于维涛,杨乐英.新时代教师专业发展面临的问题与战略选择[J].教师教育研究,2018,30(5):29-33.
[②] 朱旭东.论教师专业发展的理论模型建构[J].教育研究,2014,35(6):81-90.

（一）教师专业发展的内涵及其必要性

1．教师专业化和教师专业发展

教师专业化和教师专业发展在国内教师教育研究领域并存使用，并没有做太多区分。按照叶澜教授的观点，"两个概念是相通的，均用以指加强教师专业性的过程；当将它们对照使用时，主要可以从个体、群体与内在、外在两个维度上加以区分，教师专业化主要强调教师群体的、外在的专业性提升，而教师专业发展则是教师个体的、内在的专业性提高"。[①]

教师专业发展是从教师个体发展的视角来看，主要指"通过系统的努力来改变教师的专业实践、信念以及对学校和学生的理解"[②]。它强调教师个体知识、技能的获得以及教师生命质量的成长。教师专业化是从教师职业的角度来审视的，教师专业化意味着教师职业的特殊性和重要性，从事教师职业的教师须经培训和专业化学习，国家对教师任职既有规定的学历标准，也有必要的教育知识、教育能力和职业道德的要求；教育专业具有对社会的特殊重要性，是任何其他专业无法取代的；国家有对教师资格和教师教育机构的认定制度和管理制度；国家有教师教育的专门机构、专门教育内容和措施。

2．教师专业发展的必要性

（1）时代的要求。21世纪的知识和科技革命继续向纵深发展，影响范围波及全球。这种影响主要表现为知识大量增加，知识更新速度大大加快，知识更新周期也大大缩短。同时，知识不断转化为技术，极大地促进了生产力的发展，反过来又影响知识的传播方式、传播途径和手段。而20世纪60年代以来的信息革命，更是使人们体会到了知识和科技给人们带来的方便，使人们的生活方式有了很大的改变。所以，现代教师不仅要有精深的学科专业知识，还要具有广博的综合知识，以应对时代变革的要求。

（2）转变教师教育观念的要求。长期以来很多教师看重的是能够提高学生成绩，升学人数多被很多教师看作是工作的目的，也是荣誉最重要的源泉，是自身价值的体现。这直接导致了教师知识面窄，肯花时间却对教学艺术不感兴趣，也不太愿意投身教育研究。而教师专业发展倡导教师具有复合的多维度的知识结构，懂得教育教学技能和艺术，具有和学生融洽相处的能力，把师生关系建立在民主、平等和相互信赖的基础上。所有这些都说明，教师专业发展给教师带来的不仅是知识结构的改变，而且对教师教育教学艺术水平的提高和观念的转变都起着重要作用。不仅如此，教师专业发展让教师不再局限于"教师"的角色，而是一个"完全的人"。

（二）教师专业发展取向

教师专业发展的研究已形成了不同的理论取向。其一是根据教师专业发展的目的可分为"补短"取向、成长取向、变革取向、解决问题取向的教师专业发展；其二是根据教师专业发展的内容划分为理智取向、实践—反思取向和生态取向的教师专业化发展；其三是从教师专业发展的阶段来分析，产生了关注阶段论、职业生命周期阶段论、心理发展阶段论、教师社会化发展阶段论、职业生命周期阶段论。这是国内学者对国外学者相关研究的归

---

① 叶澜．教师角色与教师发展新探［M］．北京：教育科学出版社，2001：208.
② 朱旭东，周钧．教师专业发展研究述评［J］．中国教育学刊，2007（1）：68-73.

纳或者直接吸收,应该是较为全面地反映了国际上教师专业发展理论研究的状况;其四是从教师在专业发展中的作用出发,提出自我更新取向的教师专业发展理论。① 下面将对理智取向(intellectual approach)、实践—反思取向(practical-reflective approach)和生态取向(ecological approach)的观点进行简要介绍。

1."理智取向"的教师专业发展

提高教师专业水准的重点在于帮助教师获得坚实的"学科知识"和"教育知识"。除通过教师自身实践进行经验的积累外,这类知识框架主要是由学科专家和教育研究专家确定的,教师本人发挥的作用非常有限。理智取向主张,教师要具有学科知识和教育知识,就得向专家(如大学学者)学习某一领域的学科知识和教育知识。所以,正规培训被视作专业成长的基本策略。

2."实践—反思取向"的教师专业发展

哲学、心理学和知识论的发展无一不在揭示人类正逐渐认识到实践的复杂性和对个体在实践中的价值的肯定这一历史趋势,因此个体反思的价值也逐渐显现,而教育作为人类的一种实践活动也遵循此发展规律。② 教师对教学的反思内容和反思层次在很大程度上依赖于个体的悟性,植根于日常实践的那些真正指导教师专业行为的知识是关键性的。这就需要教师通过各种形式的"反思",将自身的体验建构为有意义的事件,从而实现自我的提升和专业上的发展。所以,反思性教学、写日志、写自传、写博客、制定专业发展自我规划等被视作教师专业成长的基本策略。

3."生态取向"的教师专业发展

生命系统越是变得复杂,越是有自主性,它就越是依附于生态系统。因此,在教师的培养培训的过程中,必须回归到教师专业发展的应然生态环境中,才有利于促进教师专业更快发展与成熟。③ 专业知识是"社会建构的",即在专业社群长期互动中形成的,这些知识带有重要的评价作用。专业发展主要通过生成一种相互开放、相互信赖和支援性的合作文化来实现。所以,同侪指导、团队教学、集体备课以及校本教研被视作教师专业成长的基本策略。

上述三种取向不存在孰是孰非的问题,它们从不同侧面揭示了教师专业发展的内涵和途径,教师可根据主客观情况有选择地侧重某一取向。例如,骨干教师、卓越教师、教育家型教师的培养对新时代教师教育的改革与创新提出更高的专业要求,未来教师需要具备良好的专业学习品质,不仅要有扎实的、丰富的专业知识、经验与技能,而且要能够有效地、创造性地运用自身的专业知识、经验与技能来解决专业实践中面临的各种现实问题、复杂问题或难点问题。这就需要我们在教师职前培养阶段打破单纯知识学习、经验累积与技能训练的界限,超越理智取向、实践取向和生态取向的专业学习路径,将知识、经验与

---

① 朱旭东,周钧.教师专业发展研究述评[J].中国教育学刊,2007(1):68-73.

② 石君齐,叶菊艳.论"实践—引导—反思"取向的高校教师专业发展路径[J].教师教育研究,2017,29(6):81-87.

③ 殷世东.生态取向教师专业发展的阻隔与运作[J].教师教育研究,2014,26(5):36-41.

技能的专业基点融入问题驱动的专业学习之中,从而提升教师职前培养的质量。[①]

（三）教师专业发展的环境

教师专业发展在一定程度上是环境的产物,这种判断也符合人在一定条件下是环境的产物的历史唯物主义的原理。但教师专业发展既与其他专业有共性又有个性,共性是都处在国家制度的环境下实现的,而个性是教师在学校文化、学习社群和班级互动等环境下实现的。教师专业发展因为环境的差异而呈现出层次所能达到的高度和水平,在相同环境下,教师专业发展也会因教师个体的不同而表现出差异性。对于以公立学校为主的教师,是在国家制度、学校文化、学习社群、班级互动等环境中开始其社会化,进入专业发展的个人轨迹中。[②]

1. 国家制度

国家制度是保障和促进教师专业发展的法律、法规、规则、规定、政策等,是教师专业发展的重要制度环境。教师专业发展是在一定的环境下实现的,教师在不同的国家因历史传统、政治制度等不同而体现出身份、地位的差异,可以分为公务员、教育公务员、政府雇员、学校雇员等不同身份类型,但无论哪种身份,都与国家、政府紧密联系在一起。对于我国教师,虽然没有明确表明确切的身份,但《教师法》中明确规定,教师是从事教育教学的专业人员,获得专业发展需要这些制度,包括教师培养制度、资格制度、技术职称制度、任用制度、职务制度、教研制度、荣誉制度等。在一定意义上,它们形成了教师专业发展的制度依赖或制度路径。培养制度决定了教师专业发展的社会化基础,资格制度是教师专业发展的合法性基础,技术职称制度是教师专业发展的生存性基础,教研制度是教师专业发展的推动力基础,荣誉制度是教师专业发展的激励性基础,职务制度提供了教师专业发展的科层制基础。

2. 学校文化

学校文化是教师专业发展的重要文化环境,也是教师专业发展的文化建构。学校文化直接决定了教师专业发展的文化路径。文化社会学、文化人类学都声称,人在一定程度上是文化塑造的,这是人区别于动物的一个根本标志,但人在社会化过程中由于发展的环境、学习的路径、专业选择的路径等的不同,其受影响的文化环境也不同,形成了人的发展的文化路径,教师的专业发展显然自从选择了专业路径后就受到学校文化的塑造,尽管因为流动的因素可能会受到不同学校文化的塑造,但学校文化的同质性和异质性构成了教师专业发展的学校文化环境。通常学校文化表现在物质文化、精神文化、制度文化和行为文化,物质文化是教师专业发展的物质环境,精神文化是教师专业发展的价值环境,制度文化是教师专业发展的制度环境,而行为文化是教师专业发展的行为环境。这四种环境共同构成教师专业发展的文化环境。

3. 学习社群

学习社群是在具有共同愿景和价值共享的组织中为了完成某种使命以学习方式而形

---

①　孙二军.基于"问题解决"的教师职前专业学习路径及培养策略[J].国家教育行政学院学报.2019(2):62-66.

②　朱旭东.论教师专业发展的理论模型建构[J].教育研究,2014,35(6):81-90.

成的共同体。教师专业发展是在学习社群中完成的，没有一个教师会离开学习社群而获得发展。当然，教师的学习社群是在多个层面上构建。一是在学生层面上。因为教师的专业学习是与学生相关的，也就是专业学习要应对和适应教师在了解学生、满足学生需要、激发学生参与等方面遇到的挑战，以及利用"教学相长"的客观环境。实际上，教师和学生也构成学习社群，如果没有学生发展中出现的障碍的捕捉，教师如何能够获得为学生解决障碍从而使自己获得发展呢？二是在同伴、专业领导层面上。专业学习应是教师和校内外的同伴、专业领导者一起进行的为解决教师面临的挑战问题而进行的共同学习。中国教师专业发展在长期的实践过程形成了独具特色的五种学习社群，即教研组、备课组、年级组、科研组、党支部。这是学校文化环境中的教师专业学习社群。同时，教师专业学习社群还体现在组织化的、科层制化的结构中，教研学习社群表现在省（市）、区（县）、学区和学校四级自上而下的组织化、科层制化的结构，科研学习社群体现在国家、省（市）、区（县）、学区和学校五级组织化、科层制化的结构，教师无一例外地在教师专业学习社群中获得发展。三是校外专家层面上。教师的专业学习在高校、非政府组织、学区、学校等的合作伙伴关系中得到校外专家支持，这已经成为教师专业发展的有效学习社群。

在专业学习社群中，要充分考虑到教师"变量"群，如背景变量群中的时间变量，即初任教师、转岗教师、新调入教师，按照情境学习理论，在某种现实情境下，人们通过实践活动不仅获得了知识和技能，而且还建构了某一共同体成员的身份这种现实情境被称为实践共同体，意指一群追求共同事业，一起从事通过协商的实践活动分享共同信念和共同理解的个体集合。这表明，学习的实质是文化适应与获得特定实践共同体成员身份的过程，这个概念使学习过程的核心从"居于权威地位的专家"转向"共同体中学习资源的复杂结构"。学习者依赖情境需要获得合法的"边缘参与"，必须成为共同体中的合法参与者，而不只是被动的观察者。"边缘参与"是指初来乍到的学习者（初任教师）不可能完全参与共同体中的某些活动，其中"参与"意味着新手处于生产知识的真实情境中，他们需要在与专家和同伴的互动过程中学习建构知识的方法。根据情境学习理论，依据教师的时间变量，需要提供教师专业发展不同层次的学习社群。

4. 班级互动

班级互动是班级组织中各成员之间关系的构建及其运行方式。教师专业发展最直接的环境或背景在班级，班级是一个教师专业发展的最基本的"组织"。在这个组织中，教师的"专业"起到构筑组织的网络关系的作用，学生作为这个网络组织的中心通过教师"专业"获得发展。在这个网络组织中，家庭、社区和学校构成了互动关系，家长、社区成员和教师构成了互动关系，这些关系主要是在班级组织中形成互动的。教师恰好是这些关系中的组织者、引导者、沟通者，在组织、引导和沟通中促进了学生的发展。当教师在班级中进行课堂教学时，他是一个学生的学习引导者，与学生互动中获得了其"专业"发展。"教学相长"是师生关系在班级互动中的写照，教师在班级互动中与家长获得了沟通，通过沟通教师获得了其"专业"发展的理解基础，因为学生发展的个体性差异在很大程度上是由于家庭背景以及家长的作用下形成的，而教师的专业发展需要获得这个"信息"。

二、教师培训

教师培训是促进教师专业发展的一种有效途径,是教师教育的一个重要内容,它与教师职前培养、入职教育共同构成一个完整的教师教育内容,当然教师培训也是教师终身学习的需要,为此,国家政府十分重视教师培训工作。由于我国教师培训的费用主要由政府来承担,因此它又属于政府公共服务的范畴。[①]

改革开放 40 年来,我国的教师教育培养了大批合格教师,专业化程度不断提升,教师教育体系由封闭、培养培训分离走向开放、一体化,教师教育模式逐渐多元化,教师教育管理体制从以计划为导向转变为以标准为导向。[②] 自 1999 年教育部颁发《中小学教师继续教育规定》以来,我国中小学教师培训的发展十分迅速,尤其是在国家级培训与省级培训活动的带领与示范下,各级各类中小学教师培训活动全面展开。以下将结合已有研究成果[③]对教师在职培训的原则和策略进行分析。

（一）教师培训的原则

1. 强化教师为本的发展导向

教师培训是教师职业不断发展的需求,是教师职业先进性的重要保障。要将教师培训和校长培训看成是教师专业发展与学校变革的需要,把教师培训视为满足教师职业发展愿望的服务,而不是行政施加的、一种外在的、额外的工作或者任务,要使教师和校长成为培训活动中的积极参与者和重要贡献者。

中小学教师培训必须面对教师工作实践的真实场景,重视教师职业发展的实际需求,切忌说教式的培训;要将提升教师道德、教育教学水平与教师获得职业满意度、成就感和幸福感结合起来;在传承和发挥以往教师继续教育实践经验的基础上,借鉴国内外最新的教师培训的理论与实践,使参与培训的中小学教师成为培训活动的主体。为此,要以创新驱动、转型发展为导向,在总结以往教师培训实践的基础上,提出教师为本的培训新思路和新举措。

2. 探索培训制度创新的发展模式

长期以来,鉴于教育行政管理体制的特点,全国各地的中小学教师培训在制度、政策与方式上,基本上都是一样的;区域间社会经济发展以及教育发展对中小学教师及其培训的需求差异,都没有在各地方中小学教师培训实践中体现出来。尤其是一些发达地区先行探索的中小学教师培训政策与实践,往往被简单地移植到其他地区实施。这种培训的"复制",与实践中真正需求的教师培训并非吻合。改变这种生搬硬套的培训实践,就需要国家政策与地方政策的创新,建设与本地区教育发展、教师发展相适应的教师制度与体系。

全面深化改革的思想,必须体现在中小学教师培训工作实践之中。需要按照中央提出的"加强顶层设计和摸着石头过河相结合"的改革精神,各地区结合必须当地教育与教

① 朱旭东,宋萑.论教师培训的核心要素[J].教师教育研究,2013,25(3):1-8.
② 曲铁华,于萍.改革开放 40 年教师教育改革与未来展望[J].教育研究,2018,39(9):36-44.
③ 朱益明.改革中小学教师培训的原则与策略[J].教师教育研究,2017,29(2):55-60.

师发展实践,以基层探索的创新举措,更新中小学教师培训制度体系。这种创新要借鉴国内外教师继续教育的实践与经验,立足现有中小学教师继续教育的现状,建设一个开放、可持续发展的教师培训制度,将校本教师培训、集中强化培训、个体自觉学习与教育教学工作实践有机结合在一起,使培训真正成为教师发展的一种重要保障。

3. 重视教师培训机构的能力建设

自 21 世纪以来,在教师教育一体化思想的影响下,过去从事教师培训的机构—教师进修学校和教育学院,已经发生了很多变化;同时随着信息技术的发展,基于网络的教师机构也不断增多;此外,在教师培训的日益开放的进程中,教师教育机构外的教师培训活动也不断增多。但是,从事中小学教师培训工作的机构都面临着能力提升的要求,其中包括教师培训机构的培训认识、培训课程设置、培训者能力与培训方式转变,等等。

教师培训课程是制约教师培训质量的核心要素,就如同中小学课程在育人中的核心地位一样,它是人的素质的重要外部来源。新时代,我们要完善教师教育的体系,特别是教师教育的标准体系,无疑要加强教师培训课程体系的建设,特别是教师培训课程标准建设。基于师德为先、能力为重、学生为本、实践取向、分层培训五个理念,已有研究对教师培训课程标准进行了研制,并提出实施的关键是解决好组织问题、方式问题和评价问题,保证实施的效果[①]。

(二)教师培训的策略

1. 培训内容聚焦于实践

教师培训必须以提升教师素养和有效应对教育实践挑战为目标,培训内容需要超越以往补偿学科知识、学习理论知识、训练技能技巧的层面,必须以提高教师的认识和改进教师的思维为前提,观察实践现象、思考实践问题、促进实践发展,理应成为教师培训的主要内容。所以,教师培训内容聚焦实践主要包括以下方面:

(1)国家社会发展与经济转型的变革时代

当前,我国正处于社会转型过程之中,外部社会对教育与教师缺乏正确而全面的认知;同样,教育与教师对社会的认识和理解也不完全合理。将认识教育教学工作中面向的新形势、新情况、新任务和新问题作为开展培训工作的首要任务。引导和指导教师合理地认识与应对当前社会发展过程中教育和教师工作所面临的各种新挑战,强化教师在教育工作中自觉履行立德树人和培育社会主义核心价值观的责任,真正实现教书育人的使命。

教师培训的内容必须超越于教育学的知识范围,必须将社会发展的分析与判断纳入到教师培训之中,包括哲学观与伦理观等;教师们对促使社会转型与发展的影响因素、社会发展的方向以及教育教学的使命有更多的认识和接受。

(2)国家教育改革与发展的学校实践

当前,教育改革与学校发展迅速,教育改革对学校发展也提出了诸多新的要求。因此,教师培训必须有助于教育的深化改革与学校的全面发展。中小学教师培训需要强化面向教育大变化过程中的学校发展与课堂教学改进的实践行动及其研究;将教育培训的

---

① 钟祖荣.中小学教师培训课程指导标准研制思想方法[J].教育研究,2021,42(1):138-146.

成效转化为改进学校工作的生产力,以及学校教育教学工作改进的行动与实践,深化理论学习与行为改进的融合,促进培训质量的提高。

(3)教师职业成长与发展的实践

教师职业工作是教师发展的核心内容,如何做好教育教学实践工作,始终是教师培训必须关注的。鉴于教师职业工作的复杂性、多样性和情境性等各种实践状况,教师培训难以用统一的要求、内容、方式等,更难以用统一的评价体系。当前教师队伍中出现职业倦怠的现象,在很大程度上是教师职业发展困惑的表现,这种困惑既来自工作也来自思想。

教师培训要面对教师发展中所面临的教育教学实践问题,以促进教师专业成长和教师职业获得工作幸福感、获得感为导向。将教师培训由外在任务驱动转化为内在动力需求,切实关注教师个人在工作与生活中的现状及其需要,在培训体系中体现个别化、个性化,强化教师在岗的校(园)本研训体系建设,提升培训的针对性和实践效果。

2. 建立教师培训的服务体系

中小学教师培训是教师职业发展的权利,实施教师培训是政府加强教师队伍建设的管理手段。但是,这种管理需要转变思维,需要有全方位的教师培训服务体系。

(1)确立教师培训的服务思想

无论是教育干部培训还是教师培训,都已经不是传统意义上的"补课",而是教师成长与发展的需要,是为他们职业工作提供服务。这种服务要体现在培训工作之中,也要迁移到为教师日常工作与生活提供帮助和支持。培训不能作为被迫接受的"任务",而需要努力成为一线教师希望得到的"关爱",要成为教师所需要的"福利",而不是行政性管理他们的"工具"。所以,要"重视人,而不只是重视生产效率",实现从管理到服务转变。

(2)发展个性化教师培训服务方式

在开展统一的教师培训活动基础上,当前需要全面探索建立教师个性化培训服务的途径和模式。这种个性化培训活动中,应该体现出培训机构、学校或者培训专家对她们提供的指导、支持、监督和帮助等,体现在每个教师得到因人而异的个性化服务,如学习支持和发展指导等。

(3)探索"互联网+"时代的教师培训模式

"互联网+"时代的教师培训就是将互联网技术应用于教师培训,它是以融合和共享为关键特征的教师培训模式的整体性更新,其核心要义在于满足每位参训教师的个性化学习需求。"互联网+"时代的教师培训意味着互联网信息技术在教师培训中的深度融合,其价值既体现为教师专业发展的理论价值,又体现为彰显培训发展生态的实践价值。"互联网+"为教师培训的创新和变革提供了新的思路,其行动路径主要有:树立以学习者为中心的培训资源供给观,建构以自发式为主导的社群学习共同体,推进以泛在学习为根本的教学范式,建构以伴随式为主体的过程性评价机制。①

(4)形成广泛的合作伙伴关系

服务的特征是平等、合作与伙伴关系。这种伙伴式平等关系体现在培训者与学习者

---

① 李江,夏泽胜."互联网+"时代的教师培训:模式更新、价值证成与行动路径[J].教师教育研究,2020,32(4):38-44.

之间、学习者之中。所以,教师培训学习新平台的建设,必须注重培训的开放、合作与共享,充分利用网络平台以及区内外的(高等)学校、教育科研和培训机构等资源,拓展教育管理者与全体教师参与培训的时空。注重学校、本地培训机构、外部培训机构等单位之间的联系和合作,合理配置各自培训的目标任务,使培训工作产生整体的系统连贯效应。

3. 创新教师培训的管理方式

培训制度建设是保障培训工作有效开展的重要条件。建立培训服务体系是必需的,同样,改进教师培训管理方式也是重要的。实现中小学教师培训管理能力的提升,是当前中小学教师培训发展的关键之一。

(1)以管理体现服务

有序实施中小学教师培训是保障教师培训质量的需要,强调教师培训的服务思想,并不排斥教师培训的管理要求。管理与服务之间本身就是一体化的,所以,作为管理,需要服务于教师培训发展的实践和新需求,不能将培训管理停留在约束或者规范教师的传统型管理思路上。

当前有必要审视现有中小学教师培训的管理理念和制度内容,需要超越简单的点名、考试与学分等管理方式,要将旨在促进教师的自觉学习与主动学习的思想体现到管理制度之中;借助管理方式的变化,改变教师培训中教师"被迫"与"受训"的现象。在教师培训管理中,渗透结果为导向的管理与评价思想,使教师培训管理朝着有利于教师学习与发展的自主选择、诸多参与和不断提高而发展,朝着有利于学校的发展与改革而提升。

(2)教师培训的管理权限赋予学校

权利下放是整个管理变革的一大方向,将教师培训的管理权部分地"授权于"学校,将有助于教师培训与学校发展的结合。学校是教师成长与发展的阵地,教师培训与教师发展是学校发展的重要内容之一。遵循现代学校制度建设的要求,学校有责任承担促进教师发展的任务;赋予学校更多的教师培训管理权,将有助于学校实施校本教师培训,有助于使教师培训成为教师成长与学校发展的手段。

在赋权的背景下,学校可以基于每个教师在教育教学工作中的实际表现与教师个人特点和潜质,为教师制定个别化的培训与学习计划,并将此与教师自我职业发展的规划相联系,与教师教育教学工作表现及其教师工作考核与晋升等联系起来,由此形成校本教师培训的管理体系及其特色。

(3)实现教师培训与校长培训的融通

我国教育领域有干训与师训分离的双轨制。教育中的干训体系包括校长培训,都承袭着传统的政治干部教育与培训的方式,这与国际教师教育发展并不一致。按照国际上最新的教师领导理论,在校长是教师领导者之外,学校需要促进每个教师发挥领导的潜能。

当代教师领导理论[①]为改变传统的干训与师训分离的局面提供了支持。例如,课程

---

① 教师领导力已然成为促使学校课程变革的关键因素,因为只有教师行动起来,教育变革才有了实践行动的力。参见:汪敏,朱永新.教师领导力研究的进展与前瞻[J].中国教育科学(中英文).2020,3(4):130-143.

领导力是以校长为核心、教师为基础的课程领导共同体[①],校长或者中层干部以及每个教师同样需要有课程领导力。随着教师人事制度的改革,包括职称制度的改革,学校的干部与教师之间的关系将可能显得更为融合。所以,传统的干训内容需要迁移到师训之中。同样,以往只接受干部而不接受师训的人员,有必要参与到师训之中。

(4)教育培训机构需要专业化

教师进修学校与教育学院以及师范院校,一直是我国中小学教师培训的主要力量;但是,在新时期下,这些机构必须朝着教师培训专业化的方向发展。

县级教师培训机构必须在提升实施培训能力方面努力,省级教育学院或者培训中心必须使培训回归实践领域,师范大学则必须将培训与培养相区别,同时又要注重职前培养与在职培训的真正一体化。至于新建的各种社会性培训机构从事教师培训工作,更需要有必需的专业化能力,而不单纯是中介。只有专业化的教师培训机构,才能有有效的教师培训活动,才能发挥指导、引导、支持和评估基层学校开展校本培训的功能。

当前,加强教育培训机构的能力建设非常迫切。这些机构要统筹管理本地区教研、科研、电教与培训等一体化工作,注重提高机构人员从事教师培训的理论水平和实际能力,提升教师培训的设计、组织、管理与评价能力。尤其是,这些机构的从业者,必须加强对教师培训的理论研究和实践研究,努力成为教师学习与发展的示范者、服务者和指导者。

专栏 11-3

努力培养新时代"四有"好老师

2014年9月,习近平总书记视察北京师范大学,发表了"四有"好老师重要讲话,专门强调,今天的学生就是未来实现中华民族伟大复兴中国梦的主力军,广大教师就是打造这支中华民族"梦之队"的筑梦人。打造一支有理想信念、有道德情操、有扎实学识、有仁爱之心的"四有"好老师队伍,是学校办学的重要任务。要切实加强教师思想政治工作,引导广大教师自觉做先进思想文化的传播者、党执政的坚定支持者,更好担起学生健康成长指导者和引路人的责任。要加强师德师风建设,坚持教书和育人相统一,坚持言传和身教相统一,坚持潜心问道和关注社会相统一,坚持学术自由和学术规范相统一,引导广大教师以德立身、以德立学、以德施教。要立足培养中国特色社会主义事业建设者和接班人的需要,立足国际视野、家国情怀、集体精神和创新思维的新时代人才基本需求,不断提升自己的学识能力,引导广大教师既做好"大先生"又做好"教书匠"。

【资料来源】程建平.培养新时代"四有"好老师[EB/OL].人民网—中国共产党新闻网 http://theory.people.com.cn/n1/2017/1123/c40531-29662884.html

---

① 金京泽.学校课程领导力提升的"上海经验"[J].全球教育展望.2020,49(9):92-102.

第三节 激励理论与教师管理

组织行为和发生在其他情境中的行为是一个连续体,人们会注意到那些允许他们去做、他们想去做或者他们需要做的事情的刺激[①]。"激励"机制的设计是克服"道德风险"和提升工作绩效的重要手段[②],一个人在能力不变的情况下,工作成绩的取得主要取决于激励的程度[③]。

激励是组织诱发个体产生满足某种需要的动机进而促使个体行为与组织目标趋同的管理过程。因此,激励应从调动人的积极性的角度出发,系统解决"激励什么"和"如何激励"两个关键问题。[④] 教师激励是教师人才资源管理的核心内容,也是学校组织发展的动力系统。学校管理者应根据教师职业特点,通过分析教师需要,采取各种策略,激发教师工作积极性,从而实现学校组织目标。由于教师职业及文化的特殊性,教师激励是一项颇为棘手的管理事务。[⑤]

激励理论讨论如何在掌握人的行为规律的基础上影响和引导人的行为选择。研究和应用激励理论,对于促进教师专业发展,提高人才培养质量,落实人才强国战略,都有重大的现实意义。按照研究侧重不同,激励理论通常可分为行为基础理论、过程激励理论和行为强化理论。行为基础理论着重研究人的需要,回答了"以什么为基础(或根据),什么才能激发人的积极性"的问题,主要包括需要层次理论、双因素理论和成就需要理论。过程激励理论着重研究行为的发生机制,回答了"如何由需要引起动机,由动机推动行为,并由行为导向目标"的问题,主要包括公平理论、期望理论和目标设置理论。行为强化理论着重研究对行为的修正和固化,回答了"怎样使积极行为得到巩固,使消极行为得以转化"的问题,代表理论为强化理论。[⑥]

一、行为基础理论与教师管理

(一)需求层次理论

需求理论认为,人的行为动机是由需求引起的,从人的需求出发去解释"行为",可以理解为"追求需求的满足"。概括地说,需求至少可以从以下两个方面来说明人的行为。第一,需求是个人或个体行为的动力或源泉,也就是说,需求对人的个体行为发挥了激发动机的功能。第二,需求是人的行为个性或特性的依据。换言之,需求是用来说明个体或个人之间行为差别的概念。

---

① 卡尔·维克.组织社会心理学:如何理解和鉴赏组织[M].北京:中国人民大学出版社,2009:26.
② 姜晓晖,汪卫平.高校教师学术声誉研究:一种探索性激励机制设计[J].中国高教研究.2021(4):42-47.
③ 刘宇文,夏婧.关注需要的多样性:高校教师激励的基点[J].国家教育行政学院学报.2015(9):27-32.
④ 《管理学》编写组.管理学[M].北京:高等教育出版社,2018:219.
⑤ 杨跃,夏雪.20世纪80年代以来国内教师激励研究的回顾与展望——基于CNKI文献的内容分析[J].现代教育管理,2015(8):64-69.
⑥ 《管理学》编写组.管理学[M].北京:高等教育出版社,2018:224.

1943年,美国心理学家马斯洛在《人的动机理论》一书中提出了需求层次理论。马斯洛认为,人类价值体系中存在着两类不同的需求,一类是沿生物谱系上升方向逐渐变弱的本能或冲动,称为低级需求和生理需求;另一类是随生物进化而逐渐显现的潜能或需求,称为高级需求。人的基本需求可以归纳为五类:(1)生理需求——这是人类最原始的最基本的需求,包括满足人的生存所必需的衣食住行等;(2)安全需求——这是要求劳动安全、职业安全、生活稳定的需求,希望免于灾难,希望未来有保障,要求有劳动防护、社会保险、退休金等保障;(3)社交需求——又称为归属与相爱的需求,当前两项需求基本满足之后,社交需求就成为强烈的动机,人们希望和周围的人保持友谊,希望得到信任和友爱,人们渴望有所归属,成为群体的一员;(4)尊重的需求——社会中的人有自我尊重和被别人尊重的愿望和需求;(5)自我实现的需求——这是指人们希望完成与自己的能力相称的工作,使自己的潜在能力得到充分发挥,成为所期望的人物。

马斯洛认为需求各层次间的相互关系表现为:第一,这五种需求像阶梯一样从低到高,但这种次序不是完全固定的,是可以变化的,也有着例外情况。第二,一个层次的需求相对地满足了,就会向高一层次的需求发展。这五种需求不可能完全满足,越到上层,满足的百分比越低。第三,同一时期内,可能同时存在几种需求,因为人的行为是受多种需求支配的,但是,每一时期内总有一种需求是占支配地位的。任何一种需求并不因为下一个高层次需求的发展而消失,各层次的需求相互依赖与重叠,高层次的需求发展后,低层次的需求仍然存在,只是对行为影响的比重降低而已。第四,需求满足了就不再是一股激励力量。该理论在一定程度上反映了人类行为和心理活动的共同规律,从人的需求出发研究人的行为,抓住了问题的关键,为教育管理指明了调动教师积极性的工作方向和内容。例如,有关教师轮岗激励的研究提出,教育行政部门和学校应建立激励机制:在生活保障与经济补偿上满足轮岗教师的生理需要,在程序规范与操作透明上满足其安全需要,在人事关系与归属认同上满足其社会或情感需要,在双向沟通与选择自由上满足其尊重需要,在专业发展与个人成长上满足其自我实现需要。[①]

(二)双因素理论

双因素理论是由美国心理学家弗雷德里克·赫茨伯格(Frederick Herzberg)提出的。他在《工作的激励因素》(1959)、《工作与人性》(1968)等著作中阐述了双因素理论的基本观点。他认为,影响人的行为的因素可划分为两类:一类称作保健因素或维持因素;另一类称作激励因素或满意因素。这两类因素对人的行为起着不同的作用。

(1)保健因素。它是指工作的环境因素,即属于工作自身因素之外的工作环境条件,包括工作条件、工资水平、社会地位、同事关系、监督方式、组织的政策和管理等。这些条件必须维持在一个可以接受的水平上,否则,就会引起成员的不满。但这些因素不会对成员起激励作用,不会激起职工的工作主动性和创造性,而只能防止因职工不满而出现的怠工现象。因此,这类因素的作用如同对人体的保健一样,将其命名为"保健因素"。

(2)激励因素。它是指与工作本身性质有关的因素。例如此项工作有无发展个人的兴趣和特长的可能性,是否是一项具有挑战性的工作,能否得到他人的承认和赞赏,能否

---

① 黄炜添.基于需要层次理论的教师轮岗激励分析[J].教育科学研究.2014(12):62-66.

取得成就等。这类因素若得到满足,对职工会起到强烈的激励作用,从而促进生产率的提高。为此,赫茨伯格提出了"工作扩大化""工作丰富化"的设想,主张工作内容更加广阔、更加丰富多样、更富于挑战性,即加重工作的责任,提高其难度,以满足职工的成就感、荣誉感等高层次的需要,从而激励职工的积极性。上述两类因素中,保健因素是基础,激励因素是发展和提高。两类因素只有结合起来,才能更好地激发职工的积极性、主动性和创造性。

双因素理论自提出以后,在管理实践中反响很大,它促使管理人员和学者注意到工作重新设计(如工作丰富化、工作扩大化)的重要性。例如,已有研究发现:我国高校理科教师专业发展的基础环境不理想;在保障性环境上,理科教师对其工作条件的满意度不高,对其工作待遇的满意度一般,对其组织政策与管理满意度较低,仅在人际环境上表现出较高的满意度;在激励性环境上,我国高校理科教师的职业期望普遍不高,理科教师的责任感一般,对工作激励的满意程度较低。研究人员并基于此提出了相关的改进建议,例如,在保障性环境上,改善教师的工作环境和工作待遇,提高其满意度;营造良好的学术文化氛围,促进教师间沟通和交流;以服务为导向,转变组织管理方式;建立良好的教师专业发展制度,为专业发展提供制度性保障。在激励性环境因素上,提高组织对教师发展的激励力度,调动教师主动发展的积极性;提高教师对自身教育行为价值选择和责任担当的自觉,营造和谐有序的教育秩序和环境;提升教师入职教育质量,塑造教师职业信心;教师个体在日常工作中,需学会良性地自我暗示,注重心理保健,以积极的方式应对职业压力,从而提高职业满意度。[①]

(三)成就需求理论

成就需求理论是美国哈佛大学心理学家麦克利兰于 20 世纪 50 年代在一系列文章中提出的。他在《取得成就的社会》(1961)和《渴求成就》等著作中,系统阐述了成就需求理论。他认为,人有三种高层次需求:权力需求、成就需求和情谊需求。权力又可分为个人权力和社会权力。具有较高权力欲望的人,往往对给他人施加影响和控制表现出极大的兴趣;具有成就需求的人,把取得挑战性的成就视为人生最大乐趣;具有情谊需求的人,喜欢融洽的人际关系,往往把友谊看得比权力更重要。其中成就需求是该理论的核心概念。所谓成就需求,是指一个人完成自己所设置的目标的需求,是指根据适当的标准争取成功的一种内驱力。具有成就需求的人要求从事业的成功直接得到内在的报偿——成就感,而且这种需求是后天获得的,完全可以通过训练和教育来加以培养。正是这一点为教育管理激励发挥作用提供了可能。教育管理者应该不断地培养和激发教职工的成就动机,而不仅仅是向他们传授知识和方法。

麦克利兰对许多企业家进行抽样调查后所得出的结果证明,成就需求与权力需求、情谊需求密切相关。他指出,兼备权力需求和情谊需求的人更有可能取得事业的成功。他认为具有强烈成就需求的人,把个人的成就看得比金钱更重要。工作上取得成功或者攻克了难关、解决了难题,从中所得到的乐趣和激励,超过了物质鼓励的效果,因此,外在激

---

① 李硕豪,杨海燕.基于双因素理论的高校教师专业发展基础环境研究——以我国高校理科教师为例[J].中国大学教学.2015(9):71-76.

励对其作用相对来说较小。同样,对教育组织中成就需求强烈的成员,也要多采用工作激励的方法。例如,职业院校教师到企业实践的积极性以及工作状态都与政策期望存在差距,这就直接影响到企业实践的实效性。已有研究从麦克利兰的成就需要理论视角出发,分析高成就需要的职业院校教师的需求,为满足职业院校教师的成就需要、权力需要、亲和需要,从设立有挑战性的目标、物质激励与精神激励并重,建立企业实践团队,吸纳教师参与管理,保障其话语权,营造和谐宽松的工作环境三方面入手,找出职业院校教师到企业实践的有效的激励策略,以提高企业实践的实效性。①

二、过程激励理论与教师管理

(一)公平理论

公平理论又称社会比较理论,是由美国心理学家约翰·亚当斯于 1965 年在《社会交换中的不公平》一文中提出的一种激励理论。该理论主要研究报酬分配的合理性、公平性对人们工作积极性的影响。公平理论是指:人们总是要将自己所作的贡献和所得的报酬,与一个和自己条件相当的人的贡献与报酬进行比较,如果这两者之间的比值相等,双方就都有公平感。据此,公平理论认为:(1)职工对报酬的满足程度是一个社会比较过程;(2)一个人对自己的工作报酬是否满意,不仅受到报酬的绝对值的影响,而且也受到报酬的相对值的影响(个人与别人的横向比较,以及与个人的历史收入作纵向比较);(3)人需要保持分配上的公平感,只有产生公平感时才会心情舒畅,努力工作;而在产生不公平感时,就会满腔怨气,大发牢骚,甚至放弃工作,干扰和破坏生产。公平是激励得以存在的条件,没有公平激励将毫无意义。当一个人发觉自己的分配受到了不公正的待遇时,为了消除由此而产生的心理上的不平衡,他可能会以下几种方式来消除不公平感:(1)谋求增加自己的报酬;(2)谋求降低他人的报酬;(3)设法降低自己的贡献;(4)设法增加他人的贡献;(5)另换一个报酬与贡献比值较低者作为比较对象。前四种谋求公平的行为方式实际上是在向有关方面施加压力,而最后一种方式具有心理上的自我安慰性质。

公平理论提出了相对报酬的概念,对组织管理有较大的启示意义。该理论使管理者认识到社会比较是人们普遍存在的心理现象,利用公平感来调动员工的积极性是一种重要的激励手段;该理论强调了管理者的管理行为必须遵循公正原则,以积极引导员工形成正确的公平感。例如,已有学者在绩效工资改革背景下,从公平理论的视角,对某市教师期望工资薪酬差距、工资薪酬比较与其薪酬满意度之间的关系进行了实证分析,验证了教师工资水平、比较薪酬对薪酬满意度的影响效应;并提出了相关实践启示,如切实保障中小学教师工资合理增长、适度扩大中小学教师基本工资级别间差距、推进绩效评估和工资管理的民主。②

(二)期望理论

期望理论又称"效价—手段—期望理论",是由美国心理学家维克托·弗鲁姆于 1964

① 秦晓娜.职业院校教师到企业实践的激励策略研究——基于成就需要理论视角[J].中国成人教育.2016(12):144-146.

② 杜屏,谢瑶.中小学教师薪酬满意度影响因素实证研究——基于公平理论的视角[J].华中师范大学学报(人文社会科学版).2018,57(2):168-177.

年在《工作与激励》中提出来的一种激励理论。该理论主要研究人们需要或动机的强弱和人们对实现需要/动机的信心强弱对行为选择的影响。所谓"期望",是指一个人根据以往的经验在一定时间里希望达到目标或满足需要的一种心理活动。其理论公式是:激励力量＝效价×期望(M＝V×E)。其中 M 为英文 motivation(激励力量)的第一个字母,V 为英文 valence(效价)的第一个字母,E 为英文 expectancy(期望)的第一个字母。效价是指个人对他所从事的工作或所要达到的目标的估价。这也可理解为,被激励对象对目标的价值看得有多大。在现实生活中,对同一个目标,由于各人的需要不同,所处的环境不同,他们对该目标的效价也往往不同。期望值是指个人对某种目标能够实现的概率的估计,也可理解为被激励对象对目标能够实现的可能性大小的估计。期望值也叫期望概率。在日常生活中,个人往往根据过去的经验来判断一定行为能够导致某种结果或满足某种需要的概率。期望值和效价的不同组合会出现以下四种情况:

第一,效价低,期望值也低,则激励力量最低。

第二,效价低,期望值高,则激励力量低。

第三,效价高,期望值低,则激励力量低。

第四,效价高,期望值也高,则激励力量高。

从上述四种情况可以看出,效价值和期望值必须都高时,激励力量才会大,才能充分调动人的积极性。根据期望理论的观点,以某种方式行动的可能性的大小,取决于该行动达到某种结果的期望值的大小和这种结果的价值或吸引力的大小。简单地说,如果某教师期望通过努力,就可以干好某项工作,以获得一种重要的奖赏,那他就会受到激励,做出与结果相适应的努力,去完成那项任务。

期望理论在理论界被认为是激励理论的重要发展。期望理论通过对各种权变因素的分析,论证了人们会在多种可能性中做出自身效用最大的选择,即人们的现实行为往往是其认为激励力量最大的行为选择。例如,已有基于期望理论视角对高校教师自我经济地位认同、职业认同与个人价值认同三个维度分析发现,当前高校教师自我身份认同的困境主要包括高校教师经济地位认同度低、职业认同定位出现危机和个人价值认同缺乏;并由此提出需要采取优化高校管理机制、加强高校精神文化建设、提升高校教师自我价值等有效策略,以增进高校教师自我身份认同,并激发他们积极投身于教学改革,获得职业幸福感。[①]

(三)目标设置理论

目标设置理论是由美国心理学家爱德温·洛克于1968年提出的。该理论主要研究目标本身的特性对人们行为的激励效用。该理论认为,目标是指在一定的时间内所要达到的具有一定规模的期望标准,在某种意义上它就是人所期望达到的成就和结果。目标是一种刺激,合适的目标能诱发人的动机,规定行为方向。管理心理学把目标称为诱因。由诱因引发动机,再由动机到达目标的过程就是激励过程,即调动人的积极性的过程。特别是那种组织所提供的"诱因"将带来"组织的平衡"。洛克构建的目标激励模式指出目标

① 龚孟伟,南海.高校教师自我身份认同及其提升策略探析——基于弗洛姆期望理论的考察[J].教育理论与实践,2019,39(18):31-33.

的绩效是由目标的难度和目标的明确性组成。目标难度即目标要具有挑战性,必须经过努力才能实现。目标的明确性即指目标导向必须是具体的,是可以测定的,如用数字来表明目标等。这种绩效是在目标导向行为和目标完成行为循环交替的运行中取得的。目标激励是一种过程型的激励理论,其功能就是通过目标的设置来激励人们的动机、指导人的行为,使个人的需要、期望与组织的目标挂钩,以调动人的积极性。

目标设置理论强调从目标设定的视角来研究激励是有效的,目标管理法在管理实践中也极具应用价值。例如,已有研究以某职业学院的科研管理为例进行分析后提出,加强高职院校的科研管理应注重个人目标、学院总体目标与社会需求的密切结合,并适当设定目标的难度,做好绩效考核,通过有效激励约束,引导科研目标的实现。[①]

三、行为强化理论与教师管理

美国心理学家斯金纳在其《有机体的行为》和《科学和人的行为》等书中,提出了操作性条件反射学说。这一学说认为,人类的许多行为都是具有操作性和工具性的。人由于某种需要而引起探索或"自发的"活动,在探索的过程中,若一种偶发反应成为达到目的的一种工具,人就学习利用这种反应去操纵环境,从而达到目的和满足需要。这是一种反应型条件反射,个体只有在强化的条件下才会形成这种反射。在操作性条件反射中,强化取决于反应,不取决于对刺激的感知,所得的反应会因强化的增加而增加,也会因强化的减退而消退。将操作性条件反射学说与强化理论应用于管理中,就产生了激励。管理者对被管理者的某种行为给予肯定和奖赏,并使这个行为得到巩固、保持、加强,这叫作正强化;对某种行为给予否定和惩罚,使之减弱、消退,就叫作负强化。正、负强化都是强化的方式和手段。实践证明,在科学管理过程中,把二者结合起来应用得当,就可以对被管理者的行为进行定向控制和改造,最后引导到预期的最佳状态。

强化理论揭示了行为塑造与修正的客观规律,当前被广泛应用于组织对员工工作行为的修正和改造。例如,当教师努力工作并及时被评为优秀教师后就增加了其积极行为重复发生的可能性;当教师课题申报成功后就会更积极地进行申报等。教师在做出某种行为后,即使是领导者表示"已注意到这种行为",这样简单的反馈也能起到积极强化的作用;而如果领导者不注意,这种行为重复发生的可能性就会减小甚至消失。[②]

上述关于激励的各种理论突出了激励各环节的侧重。在管理实践中,孤立地看待和应用它们都是错误的做法。因此,组织管理者在依据激励理论处理激励实务时,应该结合组织的特点和员工的需求,灵活地运用上述各种激励理论。[③] 例如,双因素理论告诉我们在实施教师管理激励时,要区分教师的保健因素和激励因素。前者不可忽视,比如教师办公环境太差会影响其工作热情,但也没必要过分改善,因为这只能消除教师的不满情绪,不能从根本上提高其积极性;而后者必须要特别注意,对教师多给予肯定和认可、多提供发展和提升的机会、多安排有挑战性有意义的工作,这些能起到更大的激励作用并维持更

① 王秀清.基于目标设置理论的高职院校科研管理创新实证研究[J].中国职业技术教育.2012(26):81-83.
② 张丰.基于斯金纳强化理论的高校教师激励机制研究[J].教育与职业.2009(21):41-42.
③ 《管理学》编写组.管理学[M].北京:高等教育出版社,2018:234.

长时间。目标设置理论可启发教师管理激励的主体要注意制定合理的目标,并善于运用目标管理的技术,共同设计工作目标,逐层分解目标,及时评判结果并给予相应的激励。期望理论则提醒教师管理者要注意把握大多数教职工认为效价最大的激励措施,而不是泛泛地使用一般的激励手段;二是要将期望值控制在合理范围内,期望概率比实际概率高出太多可能遭遇挫折,低出太多又减少了激发的力量,而且这个期望值不能是空想出来的,二是要建立在以往相关经验和被激励者能力的基础上进行评估。公平理论启发我们在教师管理激励中,不仅要注意到某个人,还要考虑与其基本情况大致相同的参考对象,也要求在教师管理中遵循平等公正的原则。在待人接物、工作任务分配、职位提升机会和工资待遇调整等方面都要公正合理,制度和程序上尽可能公开公平。行为强化理论告诉教师管理者要及时、适度地做出反应,尤其面对从事教育事业的教师,要尽量使用正强化,慎重运用负强化,使认可和奖励成为一种经常性的激励方式。①

案例分析

对语文组组长的惩罚

某校语文教师刘老师,35 岁左右,教学能力非常强,校长非常欣赏她,提拔她为学校语文组组长。在新一轮的课程改革中,刘老师所带的班级为市实验样本班。由于自己是学校语文组组长,再加上所带班是样本班,所以刘老师工作非常努力,教学成绩非常突出。但在一次期中抽测中,她所带的班级没有取得理想成绩,这使她非常着急。于是,她私下把本班的语文成绩作了修改。在作试卷分析时,同组的老师把刘老师私自修改考试成绩的事告发了。校长私下里和刘老师交换了意见,也表示了对刘老师的理解。针对此事,学校做出决定,在学期末扣发刘老师的一部分奖金作为惩罚,但没有对她进行公开批评。

在新的一学期里,刘老师更加小心翼翼,对待教学更加一丝不苟。然而由于她的心情过于急切,以致她在处理本班学生的问题时,与家长发生了争执。这件事在学校闹得沸沸扬扬,刘老师的心情沮丧到了极点。学期考评时,刘老师为了让自己班级的成绩位列年级第一,再次私自修改了个别学生的分数……学校仍没有公开批评,只是在学期末给刘老师降了一级岗位工资。经过这两次事情,刘老师作为学校语文组组长的威信降到了最低,语文组的工作很难继续开展。

新的学年即将到来,学校领导班子的其他成员一直建议校长找刘老师好好谈谈。校长采纳了建议,决定找刘老师谈话。但校长工作繁忙,在开学前没有找刘老师谈话,只是在开学初的全体教职工大会上宣布聘请同组的王老师为学校语文组组长。会后一周,校长找到刘老师,在全体行政班子会上对其进行批评教育,并要求刘老师协助王老师把学校语文教研组工作做好。

【资料来源】程凤春.学校管理的 50 个案例[M].2 版.上海:华东师范大学出版社,2018:85.

---

① 黄崴.教育管理学[M].北京:中国人民大学出版社,2008:362-363.

思考题

1. 为什么校长对刘老师的处罚没有起到应有的作用?

2. 如果你是该校校长,你将如何就刘老师修改成绩一事对其作出处理?

3. 请运用教师管理的相关理论,分析校长在教师管理方法方面应注意什么。

第十二章　学生管理

　　学生是学校管理工作的主要对象,学生管理是学校管理活动的有机组成部分,各级各类学校都配备了专门人员从事学生管理工作,对学生管理是否科学、是否符合学生身心发展特点,将直接影响到教育教学质量,影响人才培养质量①。

　　在新的社会背景下,社会环境对学生的发展有较大影响。为了满足当前经济发展对人才培养的需要,我国教育管理体制也要进行深刻的变革。新形势下,学生管理工作也面临着新的挑战,存在着新的问题。在开展学生管理工作时,不仅要注重新形势对学校教育改革的要求,创新人才培养方案,也要充分关注我国学生管理工作实际情况,及时更新学生管理基本理论,推进学生管理工作顺利开展,能够满足时代发展的要求。

第一节　学生管理与思想政治教育

一、学生管理的概念

　　学生管理是学校管理乃至教育管理中的重要部分。但目前有关学生管理的概念,在很多文献中还没有形成共识。我国比较传统和权威的看法是:学生管理是学校对学生在校内外的学习和活动进行计划、组织、协调、控制的总称。它是学校管理者组织和指导学生按照教育方针所规定的教育标准,有目的、有计划、有组织地使学生在德、智、体等各方面都得到发展,成长为社会主义事业接班人的过程。近年来很多学者对这种概念的界定提出疑问,如学校是否成为学生管理的唯一主体,学生管理的时空范围尚待进一步明确等。② 为了进一步理解学生管理这一概念,这里参考褚宏启和张新平对此定义所做的解释③:

　　1. 学生管理是学校管理的一个重要组成部分,它需要有相对稳定的组织系统、明确的指导思想和组织目标、一定数量的专职人员和一定的物质条件和资源保证。由于学生管理所涉及的部门和人员很多,既包括上级教育行政部门和学校、教师,也包括家长和社区以及学生自身等,因此,要想实现预期的学生管理目标,必须协调好校内外学生管理系统横向和纵向、上下各方的关系。

　　2. 学生管理的主体是学校,这里包括专门机构、专职人员和特定条件下由管理者授

---

① 褚宏启,张新平.教育管理学教程[M].北京:北京师范大学出版社,2013:406.
② 萧宗六,余白,张振家.学校管理学[M].5版.北京:人民教育出版社,2018:250.
③ 褚宏启,张新平.教育管理学教程[M].北京:北京师范大学出版社,2013:407-408.

权或聘任的参与学校管理的学生或其他人员(如心理咨询指导者)。学生管理的客体既指人也指事,它既指学生又指与学生有关的活动和事务。

3. 学生管理对学生成长成才具有保障和支持作用,是学校实现教育目的的重要途径。当然这种作用和目的是通过规范学生、指导学生和服务学生得以实现的。与教学和课程等学术影响有别,学生管理侧重于为学生的成长和成才创设良好的氛围,促进学生在社会、职业、情感、道德、精神等方面的发展,从而直接服务于学校培养人才的使命。其四,学生管理是学校实施德育的一个重要途径,但是它不只单纯服务于学校德育工作,它同时对智育、体育等诸方面都有相应的影响。因此,学生管理与德育工作既有联系又有区别,二者不能完全等同。

专栏 12-1

行政、管理、服务视角下的高校学生管理理念

行政、管理和服务是三种不同性质的组织行为,不同的行为属性也自然决定了不同性质的高校与学生之间的关系。2017 年版《普通高等学校学生管理规定》(以下简称"新《规定》")将行政、管理和服务三种学校行为统一起来,体现了不同的行政、管理和服务理念。

1. 高校学生管理中的"行政控权"理念

行政权力行使过程中可能造成对行政相对人的权利侵犯,而行政程序则是现代法治的控权机制。有学者认为,新《规定》反映出一种从管理法向控权法转变的理念,因为新《规定》在旧版的维护高校正常的教育教学与生活秩序之前,加上了"规范普通高等学校学生管理行为",是一种对行政法控权意蕴的强调。"程序"历来被视为民主政治的核心,注重程序公正日益成为现代法治国家共同的价值取向。在 2005 年版的《规定》中就已经关注到学生的正当程序权利,并初步确立了正当程序原则,新《规定》进一步对学籍管理、学生处分、学生申诉等有可能侵犯学生权利的事宜做了更为细致的程序性限定,有利于依法治校,较好地体现了行政控权理念的落实。

2. 高校学生管理中的"学生权益"理念

"行政控权"理念的另一面则是"学生权益"理念,以人为本,保障学生权益是新《规定》的一大重要体现。新《规定》在总则中新增了要注重学生合法权益保障的内容,将保障学生合法权益列为高校管理学生的根本目标之一和实施学生管理工作的基本原则,并通过完善相关奖惩制度,建立健全相应的救济机制等切实有效地维护学生的权益。有研究者认为,对学生权益的保护成为修订过程的亮点与核心,是对过去十余年间高等教育行政管理领域出现的各类漏洞的较好回应。这些程序的规定在渐趋精细化的同时,也具有可操作性。

3. 高校学生管理中的"学生主体"理念

学生是高校发展的重要主体之一,培养人才需要尊重学生在学校中的主体

地位,新《规定》中的相关内容也彰显出这一理念。新《规定》专门增加了学生有权组织和参加学生团体,以适当方式参与学校管理,对学校与学生权益相关事务享有各项权利的内容,让学生有机会依法参与到学校改革发展和教育教学活动中去。此外,新《规定》还提出学校应该建立和完善学生参与管理的组织形式,让学生发挥主体作用,一定程度上有利于激发学生主动性,并形成校园民主参与的良好氛围。

4. 高校学生服务中的"以人为本"理念

新《规定》第三条中将旧版提出的提高管理水平,修改为既需要提高管理也需要提高服务水平,这就是一种对服务理念重视的体现。此外,新《规定》还在高校提供教育教学资源和创业指导服务方面提出了新的要求,但是在构建高校完整的学生公共服务体系方面仍然缺少顶层的制度设计。

【资料来源】赵昕,张端鸿,赵蓉.高校学生管理:行政、管理与服务的路径——对2017年版《普通高等学校学生管理规定》的解读[J].思想理论教育. 2017(9):102-106.

二、学生管理的特点

学生管理是学校管理活动的有机组成部分,也是衡量一所学校办学质量的重要指标之一。在实践中,各级各类学校学生管理活动之间不仅具有一定的相似性,同时,由于学生所处的年龄阶段和身心特点的不同,各级各类学校的学生管理往往也表现出不同的特点,具有不同的侧重点和要求。一般而言,学生管理具有以下几方面的共同特点:

1. 教育性与管理性兼具

学生管理的教育属性主要体现在一系列的管理过程中。在从事指导性和管理性的学生事务时,学生管理实际上是帮助学生探索和澄清价值理念,正确处理好个人与集体的关系,约束自己的行为,明确未来发展目标等。即使是处罚违纪的学生,也往往以教育学生为出发点。而大量服务性事务管理则是根据学生需要和不同成长阶段要求,为学生提供专业的服务及设施,以帮助学生成长。因此,在学生管理的过程中,不仅传承、发展了学校文化,从而对学生起到了潜移默化的教育作用,同时也实现了教育属性与管理属性的融合。

2. 科学性与艺术性兼顾

学生管理的科学性主要体现为在合乎各级各类教育目标的前提下,利用学生管理的规律,把握学生的特点,明确科学的指导思想,在具体的组织活动过程中制订科学的管理制度和工作计划,对学生实施正确、有效的教育、管理和服务,促进全体学生的全面发展。这是因为,学生管理的客体是学生,要通过学生的发展体现管理活动的价值。科学性通常强调在学生管理中行为的严谨性、系统性和完整性。然而,不容忽视的一个现实是,每个学生都是富有个性特征的个体,因此,不可能存在着适用于每一位学生的绝对科学的管理模式和行为方式,因此,在学生管理活动中必须结合管理的艺术性。学生管理的艺术性主要指将人的情感、态度、友谊等非理性需要纳入到学生管理中,并具有处理非常规、突发事件的随机应变的能力和面对不同特质学生的灵活发挥的技巧。艺术性强调的是学生管理自身所具有的变化、创新的特质,强调学生管理一定是一种富有个性化的管理。

3. 全面性与全员性并重

学生管理的全员性是指所有与学生管理活动密切相关的利益者共同参与的学生管理活动,不仅需要学校校长、教师(尤其是班主任)、学生的全力参与和配合,更需要家长和社区等社会力量的介入,只有上述各方的通力合作才能为学生的全面健康成长保驾护航。同时,学生管理也不能仅仅关注部分学生的发展抑或是学生发展的某一方面,而应该关注全体学生的全面发展,力争通过学生管理活动实现全体学生在德、智、体等方面的整体发展和全面提高。

专栏 12-2

新版《普通高等学校学生管理规定》五大特点

2017 年教育部颁布了新修订的《普通高等学校学生管理规定》(教育部令第41号,以下简称《规定》)。《规定》是指导和规范高校实施学生管理的重要规章,涉及学生的权利与义务、学籍管理、校园秩序与课外活动、奖励与处分、学生申诉等诸多方面。重新修订《规定》,主要基于三方面考虑:一是贯彻落实党的十八大以来,以习近平同志为核心的党中央关于高等教育工作的新理念新思想新战略,突出立德树人根本任务。二是适应经济社会发展、高等教育改革的需要,体现促进创新创业、依法治校、提高质量等新要求。三是针对高校教育与管理的新变化,在总结实践经验、现实问题以及司法判例的基础上,修改、补充和完善相关制度,更有利于高校学生的管理和服务。

修订后的《规定》共分 7 章 68 条,围绕一切为了学生发展的理念,凸显了五个方面的特点。

一是突出高校立德树人根本要求。贯彻习近平总书记系列重要讲话,特别是在全国高校思想政治工作会议上的讲话精神,要求高校坚持社会主义办学方向,全面贯彻党的教育方针,坚持立德树人,加强理想信念教育,培育和践行社会主义核心价值观,培养学生的社会责任感、创新精神、实践能力。加强对学生思想品德考核,强调恪守学术道德,开展诚信教育,建立对失信行为的约束和惩戒机制。

二是为学生创新创业提供制度支持。健全休学创业的弹性学制,新生可以申请保留入学资格开展创新创业实践,入学后也可以申请休学开展创业;对休学创业的学生,可单独规定最长学习年限,并简化了休学批准程序。建立更加灵活的学习制度,规定学生可以多种方式学习,包括申请跨校辅修专业或修读课程,对参加学校认可的开放式网络课程学习明确了学生学分积累和认可制度;规定参加创新创业等活动,可以折算为学分,计入学业成绩,鼓励学校建立创新创业档案、设置创新创业学分。

三是更加注重保护学生权益。完善公平的奖励制度,规定学校对学生予以表彰和奖励,以及确定推荐免试研究生、国家奖学金、公派出国留学人选等赋予学生利益的行为,应当建立公开、公平、公正的程序和规定。规范对学生的处分程序,专门新增"学生申诉"一章,完善申诉制度和程序,强化了学生申诉委员会的职责,增加了教育部门对学校行为的监管措施。

四是促进学生自我管理。鼓励和支持学生实行自我管理、自我服务、自我教育、自我监督。充实有关学生权利义务的规定,强化学生自我管理机制和行为规范,规定学校应建立健全学生代表大会制度,为学生会、研究生会等开展活动提供必要条件。

五是推进高校依法治校。进一步健全学籍管理的制度规范,增加了学校在报到时对新生入学资格进行初步审查的要求,明确了入学复查的内容,防止冒名顶替、弄虚作假获得入学资格的现象。健全了转专业的条件和程序要求,补充了关于转学的禁止性情形和程序规定。

【资料来源】教育部网站. 突出立德树人,体现学生为本教育部颁布新版《普通高等学校学生管理规定》http://www. moe. gov. cn/jyb_xwfb/gzdt_gzdt/s5987/201702/t20170216_296400. html

三、学生管理中的思想政治教育

由于高校学生这一群体的特殊性,下面将基于已有研究成果,重点介绍高校学生思想政治教育与相关学生管理工作。

(一)思想政治教育融入学生管理工作的必要性

思想政治教育应用于高校学生管理是当前思想政治教育面向现代化、面向未来、面向大众实现创新发展的重要选择,它以应用为着力点,通过管理、服务等技术手段,融入学生日常生活中,实现知识与思想、价值与理想的有效传递,进而在学生事务管理中达成思想政治教育的目的。[①]

1. 新时期思想政治教育工作的任务与使命

随着我国改革开放的不断扩大、社会主义市场经济的深入发展,大学生的思想活动日渐活跃,日益呈现独立性、多变性和差异性等特征。同时,在我国高等教育大众化进程中,管理方式、学费制度、就业方式等方面的改革带来了大学生经济压力、就业压力、心理压力等方面的问题,部分大学生存在不同程度的政治信仰迷茫、理想信念模糊、价值取向扭曲、诚信意识淡薄、社会责任感缺乏、艰苦奋斗精神淡化、团结协作观念较差、心理素质欠佳等问题。同时,随着国际国内形势的不断变化,大量西方思潮不断冲击我国大学生,扰乱他们的思想意识。在此背景下,党和国家更加高度重视大学生思想政治工作。《中共中央国务院关于进一步加强和改进大学生思想政治教育的意见》(中发[2004]16号,以下简称"中央16号文件")明确提出:"在继承党的思想政治工作优良传统的基础上,积极探索新

---

① 金昕. 关于思想政治教育融入高校学生事务管理的思考[J]. 思想理论教育,2016(12):104-108.

形势下大学生思想政治教育的新途径、新办法。""坚持教育与管理相结合。把思想政治教育融于学校管理之中,建立长效工作机制,使自律与他律,激励与约束有机地结合起来,有效地引导大学生的思想和行为。"

中国共产党的思想政治工作在 90 余年的革命运动、建设活动和改革实践中经历了曲折发展,并积累了宝贵经验。思想政治教育与日常工作、日常生活相融合是早已存在的教育方式。在红军初创时期,队伍内面临纪律问题,毛泽东从部队的管理层面提出了要求。这些纪律后来发展成为党领导的人民军队的"三大纪律、八项注意"。党通过这种日常管理的方式不仅解决了红军队伍的纪律问题,还帮助红军战士树立了正确的价值观,懂得人与人之间的尊重、平等、互助。"三大纪律、八项注意"是党领导的人民军队区别于反动军队的集中体现和现实要求,成为红军及后来八路军、新四军、人民解放军政治工作的重要内容。此外,榜样教育也是党开展教育与管理的重要方式之一。在土地革命时期,"朱德的扁担"身教重于言教的榜样教育取得了巨大的成功。革命时期通过组织舞台剧目和电影,不仅实现了对红军战士和人民群众的爱国主义教育,更加帮助他们树立了正确的世界观、人生观和价值观,且影响深远。中国共产党思想政治工作的优良传统和方法,在新时期大学生思想政治工作中同样值得学习和借鉴,这是实现思想政治教育可持续发展的重要保障。

2. 思想政治教育融入学生管理工作的应用现实

随着高校招生规模的不断扩大,大学生数量进入规模扩张的发展期。大学生数量的增加,使大学生来源日趋复杂化、需求多样化,同时,随着改革开放的进一步深化,社会环境和学生思想空前活跃,传统的思想政治教育形式和内容已经无法适应现实需求。为此,需要有一套科学、规范的制度统一规范规模庞大、思想活跃、需求多样的大学生群体,并需要建立一支职能明确的管理队伍。从 1982 年 3 月开始,教育部、国家教委等相继颁发《全日制普通高等学校学生学籍管理办法》《高等学校学生行为准则(试行)》《普通高等学校学生管理规定》等政策文件,学生事务管理逐步朝着专业化方向发展,更加具有专门性。这种专业化的模式有着它固有的优势,在具体事务的操作方面更加具体和全面,比如,将学生心理健康教育、学生资助管理、大学生就业指导、大学生校园文化指导、学生学业管理等从原有的大学生思想政治工作机构体系中作为独立的部处分离出来,从工作本身的层面来看,进行专门的学生事务管理,每个部门的内容清晰、职责明确,有利于具体工作事务的处理。但是,这种学生事务管理由于职责的过于明确,原有的融入这些工作内容的对大学生进行思想引领和情感融入等方面的作用却在"职能分立的缝隙"中流失,思想政治教育功能随着学生日常事务管理的细化而逐渐虚弱,甚至缺失。这间接造成了大学生道德水平下降、理想信念缺失、感恩之心匮乏、诚信意识不足等情况。因此,思想政治教育要积极改变"重视不够、方法不多"的局面。而借鉴党在历史上进行思想政治教育的方法和路径,注重将思想政治教育融入学生事务管理之中,是开展思想政治教育的最优路径,是思想政治教育总结历史经验、顺应时代发展进行改革和创新的必然选择。

(二)学生管理工作中开展思想政治教育的策略

在学生管理工作中开展思想政治教育是提升学校思想政治教育效果的一种有效方式。在学生管理工作中开展思想政治教育目前还存在着一些问题,学校应当通过增强学生管理人员对思想政治教育工作的重视程度、保证思想政治教育的时效性以及创新学生管理工作等方式来提升思想政治教育的有效性,以此来促进学生思想政治水平的提升,为社会培养出德才兼备的优秀人才。[①]

1. 增强学生管理人员对思想政治教育工作的重视程度

学校应当设法增强学生管理人员对思想政治教育工作的重视程度,这样才能保证在学生管理工作中科学合理地开展思想政治教育工作,并借此来提升学生管理工作的效率。另外,学生管理工作人员应当对其思想政治教育的开展方式进行改革,不能只是依靠批评、说教的方式来进行思想政治教育。在传统的学生管理工作中,学校设置的管理目标都是针对学生的学习和生活情况设置的,缺乏与思想政治教育相关的管理目标。在学生管理工作的过程中,管理人员与学生通常会有很多直接接触的机会,而这正是开展学生思想政治教育的好时机。随着社会对人才要求的不断提升,学校必须通过加强思想政治教育的方式来让学生树立正确的生活学习目标以及思想道德观念,这样才能起到提升其综合素质的效果,因此学生管理人员在工作过程中必须重视思想政治教育工作的作用。另外,思想政治教育工作的开展是一项需要持续进行的工作,学校应当将其融入学生生活、学习等各个方面,而在学生管理的过程中开展思想政治教育也是当前思想政治教育工作的一个必然趋势,学生管理人员必须加以重视。

2. 保证思想政治教育的时效性

在学生管理的过程中开展思想政治教育,必须保证思想政治教育工作的时效性,即应当在合适的时机对学生进行思想政治教育,这样才能起到及时引导学生树立正确的思想政治观念的目的,从而使思想政治教育工作体现出其应有的价值。而为了能够确保思想政治教育的时效性,学校应当完善自己的学生管理体系,合理安排每个学生管理工作人员的工作任务,并且明晰其责任范围,保证学生管理工作中的各项内容都有专人负责。另外,学校应当安排具有思想政治教育经验的人员负责学生管理过程中的思想政治教育工作,这样才能有效保证在学生管理工作中开展思想政治教育的时效性。除此之外,学校应当监督学生管理工作过程中各项工作责任的落实情况,同时还应当要求辅导员、心理学教师等相关人员与学生管理人员互相配合,共同保证思想政治教育的时效性。

3. 创新学生管理工作

在学生管理工作中开展思想政治教育,需要学校进行学生管理工作方面的创新,包括管理观念以及管理模式等,这样才能获得良好的工作效果。首先,进行学生管理工作观念的创新。每个学生都是具有独立思想的个体,他们的思想观念在形成的过程中会受到各种不同因素的干扰,一旦受到一些负面因素的干扰,就会导致其思想道德观念出现问题,潜移默化之下对其行为造成影响,使其做出一些不当行为,影响其个人成长以及学校工作的顺利开展。由于导致这些问题的原因不同,因此解决问题的方式也有所不同,学生管理工作人员应当创新工作观念,针对问题出现的原因选择家长、辅导员等相关人员来配合自己进行思想政治教育,这样才能取得良好的效果。

---

① 岑洪.学生管理工作中开展思想政治教育的策略探讨[J].中国教育学刊,2019(S1):249-251.

其次,学校应当创新学生管理工作中思想政治教育的管理模式。在当前信息化的时代背景下,学校应当运用各种信息化手段辅助此项工作的开展,信息化的工具或平台都具有强大的互动功能,可以增强学生和教师之间的沟通交流,而且不会受到时间、空间的限制,能够有效提升学生管理工作的效率。另外,在实际工作的过程中,学校还可以根据自身情况,借鉴其他学校的工作开展方式,创造出更多的工作模式,全面提升学生管理工作中思想政治教育的效率和质量。除此之外,学校还应当注重提升学生管理工作队伍的思想政治教育水平,学校可以通过培训的方式提升学生管理人员的思想政治教育水平,还可以专门调拨一些思想政治教育专业人员加入学生管理工作队伍,负责学生管理过程中的思想政治教育工作。

第二节　作为一种社会组织的班级

学校是由相互间分工合作的群体构成的一种社会组织。在分工合作中,学校组织中的工作会分成不同的方面和层次。班级是学校中最基本的教育活动——学习的发生地,是学校教育中最主要的工作层面。如果说人们对于学校的组织属性存在一定的共识,那么对于班级的社会属性则存在较大的争议。分析班级的社会属性对于我们深入全面地认识班级这一社会属性,积极有效地建设和培养班集体,具有十分重要的意义和价值①。

一、班级社会组织论

该理论以苏联学者克鲁普斯卡亚、马卡连柯、国内学者吴康宁为代表。苏联教育家将班级作为一种集体来看待,认为班集体是群体的高级形式,它是一种有"共同价值、共同的活动目的与任务且具有凝聚力的高度组织起来的群体"②。马卡·连柯也认为班级是一个集体,而集体是指"那些组织起来的,拥有集体机构,以责任关系彼此联结在一起的个人有目的的综合体"③。吴康宁认为:"班级首先是并始终是一种社会组织。""班级不仅是以社会化学习为中心的社会关系体系,而且是一种为社会需要培养未来人才的社会组织"④。班级作为"一种社会组织具有各类社会组织所共同的特点",具有社会组织通常拥有的三个基本要素:目标、机构和规范。

班级社会组织理论认为,班级这一社会组织区别于其他社会组织的两个重要特性是自功能性和半自治性⑤。

1. 自功能性

与其他社会组织一样,班级具有一定的功能。但前人关于班级功能的观点,如美国社

---

① 徐瑞,刘慧珍. 教育社会学(第二版). 北京:北京师范大学出版社,2017:250.
② 鲁洁. 教育社会学[M]北京:人民教育出版社,1990:387.
③ 鲁洁. 教育社会学[M]北京:人民教育出版社,1990:388.
④ 论作为特殊社会组织的班级[J]. 教育理论与实践,1994(2):10-13.
⑤ 吴康宁. 教育社会学[M]. 北京:人民教育出版社,1998:276-281.

会学家帕森斯的社会化功能与选择功能、我国台湾学者陈奎憙的照顾或保护功能、卫道治的人格化或个性化功能，都有可商榷之处。班级区别于其他社会组织的首要特征是自功能性。一般来说，其他社会组织的"生存目标"都是指向组织外部的。这些社会组织可称为"他功能性组织"。在现代教育中，班级组织的生存目标具有"内指向性"，班级组织所生产的首先是与其成员的自身发展密切相关的功能。舍此功能，班级组织便失去其存在意义，其对于外部社会的各种功能（如提高教学效率，便于学校管理等）也就失去了评价的参照标准。在这个意义上，班级首先是一种"自功能性组织"。这是班级组织在功能对象方面的主要特征。

2. 半自治性

半自治性是指作为非成人组织的班级，并非靠自身的力量来管理自身，而是在相当程度上借助于外部力量。这是班级组织在运行机制方面的主要特征。这一特性源于学生的三种非成人属性：①从学生的自主意识水平来看，班级组织的运行趋于半自治；②从学生的组织调控技能来看，班级组织的运行滞限于半自治；③从学生的相对地位来看，班级组织的运行被控于半自治。

二、班级特殊初级群体论

该理论以日本学者片冈德雄、国内学者谢维和为代表。片冈德雄认为班级是在课堂里进行学习的人的群体。[①] 这种群体具有"角色分化是不断变化的，相互之间关系带有很浓的相协助的色彩，集体的目标常具有复数的流动性，在达到目标的形式上，不大讲究速度，比较重视是否丰富多彩，是否有独创性"的特点。他们从班级人际情感、直接交往程度、成员的主体性凸显程度、角色多重性等方面出发，把班级视为社会初级群体。

将班级归属于一种社会初级群体的依据在于：①师生之间通常都是一种直接的、面对面的互动，并不存在某种交往的中介。这既是教育教学活动的特性要求，也与学生之间在文化上的同质性，以及他们意识中人际关系的分化程度较低有关。②情感在班级的教育教学活动中，以及在班级的互动过程中具有十分重要的作用。一方面情感是中小学生认识事物的一种非常重要的形式，另一方面教师在教育教学活动中，为了促进学生的发展，也必须充分利用情感的力量。③教师与学生以及学生之间的交往常常是比较全面和多方面的。④教师与学生以及学生之间的互动，不仅通过正式的规章制度维持，而且也要通过各种非正式的方式和手段来维护。教师更多地需要以自己人格的力量，以一种道德的感召力以及情感的联系等开展班级的各项活动。

我国学者谢维和也认为班级是一种特殊的初级群体。[②] 他认为将班级看作初级群体的理由主要在于以下几点。

第一，班级成员间的人际关系、角色是在成员互动过程中逐步形成的，个体在班级中的地位往往取决于个体的个性特征。班级中的成员（这里指学生群体）是依据长期的互动

---

① 片冈德雄.班级社会学[M].北京:北京教育出版社,1993:6-7.
② 谢维和.教育活动的社会学分析——一种教育社会学的研究(修订版)[M].北京:教育科学出版社,2007:396-400.

而沉淀下来的、对学生个体个性特征的认识而推荐或被推荐承担一定的角色,如班长、组长、各学科课代表等。这样的学生职责不是固定不变的,它随着同学之间互动关系的变化,随着学生个性特征的改变而更换。

第二,班级成员之间在趣味、志向、价值观等方面具有很大的相似性。现代学校制度使学生的学校入学年龄和升学年龄限制在一定范围内,这样,同一班级中的学生年龄大致相同,处于相同的认知发展阶段,有几近相同的思维特征,加之现代就近地区招生制度的限制,使得同一年级的学生,尤其是义务教育阶段的中小学生更显著地受同一社区文化的影响。以上两方面的原因,使得班级成员间的同质性增强,在兴趣、爱好、行为特征方面表现出一定程度的共同倾向。

第三,班级应该成为学生的乐园,学生在这里应该体味到自由与尊重,有一种自愿的归属感,并在这里快乐地成长。应该重新审视以下几种观点和做法:将班级视为一种制度化极强的组织,进而盲目强调教师的职业权威,忽视教师的职业训练;以教师为中心、重心,尤其是在义务教育阶段,不尊重儿童的个性、心理特征、想象力和创造力的教育习俗;以课本为主的知识传递,忽视学生互动中的教育价值的教育模式等。与之相反,该观点主张:①班级是学生愉快学习、生活、生长的场所;②班级成员间要相互尊重,学生尊重教师,教师也应该尊重学生,尊重未成年人学生的认识水平、思维特点,尊重他们的潜在能力与独立人格;③学校教师要不断地提高自身修养,须知教师真正的尊严与权威不是外界赋予的,而是自身赢得的。

班级是一种比较特殊的初级群体。首先,班级这种社会初级群体在互动方式上具有一种情感和理性的双重性;其次,班级具有较统一的目标和行为上较大的整合性;最后,班级具有在形式上比较正式的群体结构。

将班级作为一种特殊的社会初级群体,对于克服学校教育中的管理主义倾向,更好地进行班级建设,促进学生的全面发展,具有十分重要的意义。首先,初级群体既可以满足学生学习的需要,也可以满足学生交往的需要,有助于学生的全面发展和健康发展;其次,直接的、面对面的互动方式可以更好地发挥学生的主体作用;再次,初级群体强调个别性调整,有助于学生的个性发展,促进教育教学目标的实现;最后,可以使班级中的各种非正式群体获得比较合理的对待,从而更好地发挥不同学生的特色和优势,提高班级的凝聚力,加强学生对班级的认同和归属感。

三、班级社会体系论

将班级看作一种社会体系的理论以美国教育社会学家帕森斯为代表。在《作为一种社会体系的班级:它在美国社会中的某些功能》一文中,从班级具有"在一定的社会情景中以既定的目标导向为基础的交互作用"的特点出发,认为班级具有社会体系的三个特征:"①具有生产交互行为的角色组合;②行为者处于同一社会情景;③彼此有认识与规范上的协调一致性。而且作为社会体现的班级具有社会化和筛选两大功能。"[①]

---

① 塔尔科特·帕森斯:作为一种社会体系的班级:它在美国社会中的某些功能[A].张人杰,国外教育社会学基本文选[C].上海:华东师范大学出版社,1989:506-530.

（一）帕森斯的班级社会体系理论

1. 班级是一种社会体系

帕森斯是教育社会学研究中最早关注班级的学者。他于1959年发表了《作为一种社会体系的班级》一文，提出了班级社会体系的概念、班级中互动的条件以及班级活动过程的意义和作用，认为班级首先是一种社会体系。

（1）社会体系与组织分析人际关系的区别

组织内的关系是一种功能性关系，它直接指向组织活动的目标，和技术性要求相关联，并直接和这个组织中的劳动分工以及劳动分工所构成的上下级互动关系相关联。相对而言，社会体系则指一种比较松散的关系，这种关系并不严格地诉诸功能性、技术性的基础。这种社会群体不排斥情感，甚至在某种情况下是依赖于情感的。

（2）社会体系的概念

帕森斯认为，社会体系是社会行动的单位，即在特定情境中两个以上的个体之间存在的具有稳定的相互作用关系的社会行动单位。它包括三个条件：①特定情境的描述；②参与活动的人数；③它是一个有边界的相对稳定的，可以作为一个整体看待的社会行动单位。在这一概念的基础上，帕森斯认为，班级是一个相对稳定的人际互动的关系体系。

（3）班级互动产生的必要条件

接受他人的信息，了解他人的意愿是班级互动关系形成的必要条件。老师和学生之间以及学生和学生之间互相学习、互相了解就形成了多层面多角度的互动关系。

2. 班级社会体系的作用

帕森斯认为班级社会体系的作用主要有两方面，一是社会化影响作用，二是学校的社会选择作用。事实上，班级还存在一些其他方面的作用，包括对于学生体质的发展作用等，如学生近视与班级规模过大有一定联系。

帕森斯之所以认为社会化和社会选择是班级的两大功能，是与其功能主义理论的基础相关的。在这种理论基础下，帕森斯非常关注学校教育和班级活动对整体社会的意义，尤其是对整体社会的稳定、持续发展以及社会秩序等方面的正面作用。其中，最主要的就是使受教育者接受社会传统、观念、行为方式，顺利地融入社会中来，遵守社会的秩序。此外，由于社会存在着因劳动分工而带来的群体社会地位和社会分化的问题，因此，学校教育也要遵循这样一个秩序，按照社会分工的不同，对学生进行筛选。根据学生的能力、所学专业，最终对学生的职业、社会地位进行定位。

3. 班级社会体系理论的意义

班级社会体系理论给我们提出了一个认识班级的新的角度和分析框架。班级不再仅仅是一个学习场所，或是一种文化传递的过程，不再是一个主要由教师控制的单向活动。相反，它是一种社会体系，强调所有成员的相互影响和依赖。这使我们得以关注到一些常被忽略的问题，如师生关系状态以及对学生的影响，怎样设计和调控班级人际关系，使其成为一种对学生发展有积极作用的潜课程等。

班级社会体系理论还强调教学中的师生平等关系、学生之间的互助对学生的影响等问题。而且，这一理论对于情境的关注引导我们认识到，班级集体的形成是需要一定的情境影响的,如班级气氛会影响教学的过程和结果。

(二)谢则尔和盖伦等对班级社会体系理论的发展

对师生关系及其对学生的影响的详细研究是谢则尔和盖伦对班级社会体系理论发展做出的突出贡献。他们认为在班级中存在的关系类型主要有学生与学生之间的关系与教师与学生之间的关系两种。其中,师生关系对学生的发展影响更大。

1. 影响师生关系的因素

班级活动中存在着不同的影响因素,人们对其所采取的态度也不同。因素和态度之间的关联会在班级中形成不同的师生关系类型。这些因素既包括教师和学生两个行为主体,还包括社会文化及人们对其的看法、学校制度要求及教师对其的看法、学生个人的发展需求和特点及教师对其的态度等。概括起来分为两类,一是学生个性方面的因素;二是学校、社会制度方面的因素,即代表社会主流文化的发展要求的因素。

2. 师生关系的类型及其表现和特点

师生关系可分为民主型、专制型、放任型三类。

当教师比较关注学生的个性化的因素,关注如何把学生原有的能力、个人的需求以及个人发展与社会对学生提出的要求相结合时,就会形成一种侧重于学生发展的民主型的师生关系。

当教师比较看重学校教育对个人的影响时,会重视作为社会机构的学校肩负的对青少年进行社会化、为社会筛选人才的使命,就容易忽视学生个性发展,倾向于强调如何使学生适应社会,具有社会要求的基本能力和基本素质。由于教师代表主流文化和成人社会,代表学校教育制度对学生施加直接的控制和影响,其结果必然是在教师和学生之间形成了一种以教师为主要控制来源的教师专制型的师生关系。

如果把学生的发展和需求放在第一位,让学生自己来控制自己的发展,在教学过程中过分地依赖于学生的自主、自我的选择和个人兴趣,那么教师就可能放弃对学生的全面了解和约束,只起到一种传达式的作用,即把学校要求、大纲规定以及教育目标传达给学生。至于学生如何理解和接受这些内容,进行学习和自我的发展,教师则不给予太多的关注和干预。在这种情况下,师生之间就会形成一种比较放任的师生关系。

在教育、教学的过程中,师生关系没有固定模式。它主要是由主观上如何理解学生需要以及学校对学生发展的影响这二者的关系而决定的。不同态度产生不同的关系。当然,上述三种类型的关系也只是以某种特点为主导的,不排除含有其他类型特点的可能。

3. 不同师生关系对学生发展的影响

以教师为主的师生关系对学生存在着消极的影响。在这种师生关系中,更看重自己对于问题的理解,认为学生是不成熟的,倾向于代替学生做决定,而不太考虑学生的看法。教师会通过利用控制、命令甚至是惩罚等手段对学生施加影响。其结果就是学生的发展比较被动,容易形成依赖性、被动性、缺乏责任感等消极的特点。

民主型师生关系有助于学生的发展。在这种关系中,教师既要关注学生的发展,也要实施社会对学生要求的影响。教师会以一个支持者、建议者以及协作者的身份来帮助学生创造情境,提出建议,说服和引导学生认同教师提出的代表社会要求的建议。在这种情况下,学生不再是完全被动的,容易形成独立、自信的特点,能够处理各种各样的复杂问题。

需要指明的是,这样一种关系类型并不是绝对的,对于不同的学生我们可能要给予不同的对待。比如对于整体的班级而言,倾向于教师和整体学生建立一种平等的互动的民主型师生关系,但对于那些原本发展比较差,主动性比较差的学生则在一定程度上要对他们实施一定的控制和影响,慢慢地去培养他们的自主学习的能力。

第三节　班集体的组织与建设

班级是学校进行教育教学及管理活动的基本单位,它是学校根据一定的编班原则正式组建的师生群体。自从班级授课制诞生以来,学生在校的大部分时间是在班级里度过的,学校对学生的管理也主要是通过班级来实施的。因此,班级对学生影响至深,班级的组织的建设对学生成长具有至关重要的作用。

一、班级建设的理念

班集体的建设需要我们树立正确的班级观念。班级是学习活动的场域,有利于每个学生的平等发展是建构班级人际关系的基本原则。固定的结构和秩序不是我们追求的重点,我们更关注的是如何建立彼此支持而非互相防备的群体关系,从而使所有学生都得到好的发展。这就需要我们建设班级的时候,要考虑到整体的发展要求,并给每个人以表现和为集体做贡献的机会。

1. 集体成员充分信赖他人

在班级中,不能人为地把学生分成固定的角色,相反要让每个人都成为积极参与集体建设的一员,都有平等的地位。只有这样,学生之间才能互相尊重、信任与依赖。比如,在对待班干部问题上,要给每个学生以机会,让他们表现自己的能力,展示自己的价值,贡献自己的力量,积极地帮助他人,并视之为一种责任,从而形成彼此平等、互相尊重的心态。

2. 宽容与助人是群体的价值认同

在班级的活动中,学生能充分地理解每个人都有自己的特点和自己的发展要求;能够理解别人,接受别人与自己不同的想法与做法,并给他人帮助。这样,学生就会对集体产生认同和亲切感,形成宽以待人的心态,班级也容易形成互助的氛围。这要求我们在教育过程中,不要过多地强调竞争,而要给学生更多的机会去互助,比如建立学习小组等。事实上,班级在日常学习活动中的交往本身就是一种学习,学生不仅从课本中去学习,更多的是要从现实生活中学习。比如,培养助人为乐的品质绝不是仅靠课本中的说教就能实现的,更应让学生在班级生活中切身感受到这种氛围。

在现实中,由于在班级学习的过程中过于强调组织目标的实现,过于强调学习成绩,使得学生之间互相竞争、互相防范,学生间关系紧张,彼此不互助甚至互相拆台的现象时有发生。为此,我们应更多地强调和支持学生中的互相学习,给予学生更多的机会去感受被别人学习、为别人做事情所带来的快乐,从而在班级生活中体验到幸福感和成功感。

3. 学生能够形成比较独立、自信的态度,具有创新精神

班级中群体关系的状况与学生能否形成创新精神是直接关联的,如果在班级中,大家都是互相排斥的,那么就很少有人敢提出不同的意见,而缺乏提出不同意见的信心和勇气的学生也就不可能具有创新精神。

4. 较注重学生间的合作与互助

研究表明,鼓励互助与支持要比鼓励竞争更能产生良好的学习效果。培养合作与互助的最好方法就是让学生进行小组性的学习与工作。

此外,也有一些学者提出用不同的方式建设班集体,如在班集体中有目的地开展一些集体活动,有利于形成一种良好的班风。提倡互相关心,也容易形成班集体中互相支持的气氛。坚持适当的选择班干部的原则,而不是依据其维持秩序能力的高低,而是关注其是否愿意给大家提供更多的服务、能否热心地帮助同学,也容易形成良好的互相支持的班级风气。

专栏 12-3

新时代高校班集体的建构方向

习近平在全国教育大会上提出,"要努力构建德智体美劳全面培养的教育体系,形成更高水平的人才培养体系"。这一重要论断也为新时代高校班集体的建构指明了方向,高校班集体建设的功能定位和质量评价应紧紧围绕并服务于人才培养,应该在构建德智体美劳教育体系和形成高水平人才培养体系中来完善加强,并占有重要的一席之地。

(一)理念先行:落实育人基本要求

《国家中长期教育改革和发展规划纲要(2010—2020 年)》提出,"把育人为本作为教育工作的根本要求,把促进学生健康成长作为学校一切工作的出发点和落脚点。"这就要求高校班集体建设做到全员、全过程、全方位的覆盖。全员是指班主任、班委、党支部、团支部、兴趣社团等班集体建设的核心队伍既要分工明确、各司其职,又要相互支持、协调配合,实现活动效果的最优化,增强班级凝聚力。全过程强调将班级意识贯穿于高校班集体建设的全过程,融入高校课堂教学、班级活动、党团建设、社团组织等各个部分,贯穿学生从入学到毕业的全部阶段,个性化定制班集体建设的内容,形成长效建设机制。全方位要求将班集体建设的内容从课堂到课外、班级到社团、线上到线下等多领域融入学生学习与生活的各方面,潜移默化地增强学生对班级的认同感,构筑多方融通的班集体建设格局。时代的发展要求高校班集体建设不断创新,高校班集体建设要及时关注新的班级形态并予以回应,引领高校班集体建设的正确方向。

(二)制度保障:完善班集体建设机制

切实可行的机制设计是班集体建设实现科学化、制度化的必要前提,完善机制设计成为加强班集体建设的重要内容。首先,完善班集体建设评价机制。班集体建设实现科学发展离不开合理的考评标准和完备的班集体建设制度,这既

为班级建设者指明了努力的方向,也提供了衡量的指标,具有激励和警醒作用。应围绕前期准备情况、学生参与程度、活动实际效果等方面细化评价标准,实现评价的可操作、可量化,为改善工作提供对应指导。其次,完善班集体建设运行机制。班集体作为基本的教学组织和管理单位,主要接受党团、教学、行政共同管理。高校党委、团委要做好组织领导,落实高校党团建设要求,确保班级支部工作的正常开展。教务部门要做好教学安排工作,保证班级教学活动的有序进行。学生工作部门要做好学生管理和服务工作,为班级各项具体事务提供指导。最后,完善班集体建设动力机制。班级管理人员和全体成员的积极性是班级建设的内生动力,要在提高班级管理人员素质能力上下工夫,增强辅导员、班主任指导班级建设的专业能力,选好配强班干部队伍,切实发挥组织示范作用。

(三)文化引领:塑造班集体共同价值观

班级文化是班级内部所有成员或大多数成员在长期的教育实践中所共同具有的思想意识、价值观念和行为方式的总和。班级文化是班级的灵魂所在,是一种无形的教育力量,好的班级文化可以在班集体建设中发挥导向、凝聚、激励作用。新时代班级文化的引领作用需要予以重视:一方面,要塑造学生独立的文化人格,根据学生的兴趣爱好筹办活动,积极搭建班级文化平台,增强其参与活动的主动性,引导班级文化的健康发展;另一方面,应强化学生在班集体建设中的主人翁作用,尊重学生意愿和诉求,激发学生自我教育、自我管理、自我服务的积极性主动性和创新创造活力,让每位学生都有机会展现自我、施展才华,使学生既是班级管理者,又是参与者,充分实现班集体自我教育、自我管理、自我服务的职能。两方合力,逐步形塑班级共同价值观,在"润物细无声"中增强学生对班级的认同感与归属感,增强班级凝聚力。

(四)拓展路径:激发班集体创新创造活力

"创新发展不是推倒重来,而是抓住重点,持续发力,久久为功,形成突破"。秉持创新精神,不断拓展班集体建设的有效路径,既能为传统班级建设增添活力,也能为解决现实问题提供思路。一方面,推动班集体建设与新制度相融合。随着中外教育领域交流的不断深入,西方学分制、住宿学院制等制度的传入引发了教育领域的改革与探索。这些新制度在突破班级建设旧困境的同时也带来了一些新问题。因此,在借鉴新制度时要深刻分析制度的生成背景和运用条件,结合我国的具体国情和班集体的发展现状,预估可能产生的问题,并在制度设计中加以完善。另一方面,推动班集体建设与新技术相结合。新技术为班集体建设提供了新载体和新平台,也带来了新思路和新方法。互联网技术将班集体的建设领域拓展至网络,网络宣传阵地、网络活动阵地、网络交流阵地等应运而生。未来的班集体建设可以拓展"传统课堂十寝室组织十网络班级"融合的模式,通过班集体建设与新技术的结合,发挥协同作用,创新班级活动形式、工作方法和教育手段。

【资料来源】冯刚.新时代高校班集体的发展状况与建构方向[J].思想教育研究,2019(3):106-109.

二、班级建设和培养

班集体不会自发生成,必须通过全班师生的共同努力去创建形成。例如,大学班级组织在高校扩招、教育改革发展、教育理念变革的影响下,班级组织形式、范围、制度、内容不断受到外部发展的挑战,班级功能弱化,管理效率降低[①]。班集体的建设应当着力抓好以下几方面的工作:

(一)选派合适的班主任

班主任是受国家和学校委托,全面负责一个班级学生工作的教师。班集体建设的成效与班主任的领导行为[②]与职业素养有极其密切的关系。我国的研究人员对班主任的核心素养进行了调查,其结果见表12.1[③]。教育行政部门应综合考虑国家的要求、班主任工作的性质和学生的期望,制定班主任的任职条件、岗位职责、素质要求等方面的详细规定。学校在安排班主任时,要严格把好选派关,将最合适的人员配置到班主任工作岗位上去,提高班主任育人工作的时代性和创新性[④]。

表 12.1 班主任的核心素养框架

专业结构	主要内容	基本要求
专业理解	理念与原则	以人为本,尊重学生;遵循教育科学规律,艺术育人;协调整合各方资源,促进师生共同成长
	角色与职责	全面关怀学生身心成长;有效组织各种利于学生身心发展的活动;成为学生生活和学习的有效指导者,善于与各科教师、家长、社会协调沟通
专业知识	学生权益保障知识	准确了解国家的根本教育政策法规等,确保教育公平;熟悉各级各部门制订的法规,确保学生权益;掌握与教育相关的法律知识,明确学生享有的权利和义务
	学生身心发展知识	具备教育社会学、教育心理学等知识,努力构建和谐师生关系;掌握相关的家庭教育、伦理学等理论知识,促进学生全面和谐发展
	社会生活知识	具有安全意识,能保障学生人身安全;关注学生社会生活、人际交往等知识,引导学生适应社会发展
	人文与科学知识	具有精深的班级管理专业知识,提高班级建设的效益;关注所教学科的同时,广泛涉猎相关学科知识,促进班级工作有效开展

① 夏敏.大学班级组织发展面临的问题及对策[J].教育研究,2012,33(10):89-92.
② 石雷山,高峰强.领导行为对集体效能的影响:基于初中班级组织的研究[J].应用心理学.2019,25(3):253-261.
③ 魏强.班主任专业标准的核心内容与基本框架——班主任专业标准研究综述[J].教育科学研究.2018(12):73-77.
④ 胡术恒,李有增.以课程思政拓展高校班主任的育人空间[J].中国高等教育.2020(11):29-30.

续表

专业结构	主要内容	基本要求
核心能力	统筹协调	和蔼可亲,善于倾听学生心声,能与之有效沟通;注重与同事合作交流,分享经验和资源,共同发展;善于与家长沟通交流,引导他们为促进学生发展群策群力;依托社区力量,优势互补,提高教育实效
	设计组织	努力营造和谐良好的师生关系,尝试做学生的伙伴;能因材施教,采用灵活多样的方式教育学生;调动学生自我管理的积极性,培养学生的自我约束能力;沉着应对偶发事件,善于依据教育原则因势利导;关注学生的思想和行为,用科学的方法防止和矫正学生不良行为
	激励评价	与学生相处时细致入微,善于赏识并肯定学生成长中的点滴进步;灵活使用多元评价模式,给予学生恰当的评价和指导;能及时与各科教师、家长沟通,客观、全面评价学生;鼓励学生进行积极的自我评价,实践自主发展
专业品格	乐于奉献	忠于本职工作,乐于奉献,热衷于各项班级事务;舍得投入大量的精力与时间,与学生共同建设班集体;善于思考创新,富有智慧地管理、教育学生
	尊重关爱	平等对待学生,尊重学生的人格,呵护并理解学生的童心;细致入微地关心爱护学生,促进学生全面而有个性的发展
	秉持公正	在班级中以身作则,客观公正地对待学生和处理班级事务;遵循"公平、公正"的原则,表彰优秀、选拔班干部
	乐观宽容	重视自身修养,形成积极向上、乐观开朗的工作态度并影响学生;鼓励学生用积极心态学习生活,塑造具有健全人格的未来接班人

（二）建立和健全班级的组织机构和规范体系

班级组织机构是班级的社会结构和运行机制的统一体,它包括职权结构、角色构成、信息沟通网络等。建立和健全班级组织机构,首先要进行班级组织机构的设计,其核心是班委会,即由正副班长和学习、生活、文娱、体育等委员组成的班级领导集体;同时,为了便于管理与教育,还须对班级进行小组编排,按照性别、学业状况、兴趣特长、个性倾向等相当的原则,考虑其差异性、均衡性和互补性等因素,将全班学生分编成若干小组,使之成为班级教育活动的基本单位。其次,要培养、选拔班干部。一个好的班级群体,有赖于一批团结、得力的班干部,这些班干部是班级骨干,是班主任的得力助手。因此,必须在遵循一定标准的前提下,按照民主、平等、公正的原则,培养和选拔班干部。为了发挥班干部的作用,并锻炼学生的组织能力、交往能力、自我管理能力,班委会内部要进行适当分工,使班干部既能明确各自的职责,又能团结协作;在班级管理过程中,班主任还应当加强对班干部的工作指导,并经常和他们一起讨论、分析班级情况;为了提高班级管理与教育的有效性,并尽可能使每个学生都有机会得到相关锻炼,班主任还必须灵活把握班级组织的机构设置、人员配置、运作方式等问题,如通过"两制一会",即班干部轮换制、值日（周）班长制、周会来加以落实。再次,为了加强班级管理与教育,形成班级教育网络,班主任还可以社区为背景,建立家长委员会一类的机构,适当挖掘和利用家长群体中的教育资源,组织和调动家长独特的积极性。家长委员会可参与班级管理工作设想、计划的讨论或咨询,辅导学生的校外活动,共同做好学生的个别管理与指导工作,对班级管理工作提出意见或建议等。此外,还可以建立以班主任为纽带、由学校相关人员参与的教师指导协调机构,其工作内容包括召开讨论分析会、教师联席会,"教育会诊"等。

规范是集体成员共有的行为准则,对于集体及其成员具有限制和建构的双重作用。建立和健全班级组织的规范体系,是组织和培养班集体的重要一环。根据班级规范的内容范围和作用对象,可把班级规范大体上分为:(1)班级制度,如入学资格、考试、升留级、毕业标准、班级编制、学年划分、课程与教学计划等;(2)班级管理规章,如班干部选用、卫生值日(周)、考勤、突发事件应对,奖励与处罚等;(3)班级教学规则,如课堂教学常规(课堂用语、坐姿、提问与应答、教学时间的遵守等)、考试规则、评分标准等;(4)学习纪律,特别是围绕听课、自习、作业等所做的各种约定,以及课外活动中卫生、安全、设施维护等方面的注意事项;(5)生活规范与日常行为守则,包括起居作息、为人处世、日常交往等方面的习惯养成要求。上述班级规范,有的是由学校依据有关法规、政策制定的,如入学资格、毕业标准等;有的是由班级任课教师和班主任一起根据有关规定、规则共同协商而定的,如课堂规则、评分标准等;有的则是由班级群体成员在班主任指导下共同确定的,如课堂教学常规、学习纪律等。此外,班级舆论、班风一旦形成,也会成为班级规范体系的重要组成部分。班级规范能够能否发挥作用,关键在于能否对规范进行合理运用。在班集体培养中,班主任运用班级规范应当遵循的基本原则是:(1)尊重学生人格,维护学生尊严;(2)保持耐心和善意;(3)将规范与学生的现实表现相联系;(4)就事论事,不翻旧账;(5)对下次可能出现的同类行为具有指导作用;(6)给师生双方。提供选择机会,增强双方的规则意识和责任感。

然而,由于班级内部的离散、班级缺乏凝聚力、个体对班集体的逆反等原因,往往会发生个体偏离班级规范的现象,如课堂小动作、捣乱或恶作剧、不做作业、品行不良、侵犯或对抗等。因此,在班级教育中,班主任必须对学生进行规范教育,努力抓好班级常规管理,并与各科教师沟通、协调,及时采取有效的预防、应对策略,以免影响班集体的建设和学生个体的发展。

(三)确立班级群体的共同目标

班级目标包括班级教育目标和班级管理目标。班级群体的共同目标也要属于班级管理目标的范畴,是根据社会期望和班级本身的任务而制定的预期的活动结果,主要由班级成员参与制定并加以认可,以群体的意图、动机,预期结果表现出来,是班级群体发展的方向和动力。在班级教育中,恰当的班级共同目标能够产生巨大的激励作用和凝聚作用,当全体成员接受这个目标并内化为自己的行为动力时,共同目标就会使成员凝聚、团结在一起,构成一种整体力量;班级目标具有导向作用,是班级群体活动的出发点,是制定班级计划的重要依据,能够为班级活动指明努力的方向;班级目标具有调控作用,可以及时调节班级和个人活动,以及群体或个体的行为偏差;班级目标还具有教育作用,能够引导学生朝着自己认可的共同目标去努力,在实现群体目标过程中促进自身的发展。

确立班级群体的共同目标,要融合近期目标与中长期目标、外在目标与内在目标、个体目标与群体目标,要使各种目标构成为一个班级目标体系。其中,特别要注意班级共同目标与个体目标的协调。同时,要使确定的班级共同目标具有可行性。为此,班主任必须全面、及时地了解和把握班级个体的需要和愿望,根据班级的实际情况,激发班级成员的自主、参与意识,在共同讨论、协商之中加以确定,所确定的目标既要有一定的价值,又要有实现的可能性和较强的可操作性,能够激励每一位群体成员,成为他们参与班级活动、调控个人行为的一种直接推动力。要做到这些,所确定的班级群体目标就应当包含:具体的努力方向,实现的标准与要求,规定完成的时间和具体的实施方案及步骤,督促、检查和评价的方式方法,等等。

(四)组织丰富多彩的班级活动

班级活动是实现班级目标的根本保证,是进行集体教育的重要途径和手段。班级成员参加的群体活动,具有广义和狭义之分:广义的班级活动是指在教育者的组织和指导下,为了实现教育目标、完成学校的教育计划,班级全员参与的一切教育活动;狭义的班级活动是指在班主任指导下由学生自己组织、自主参与的各种教育活动。

班级教育目标的全面性、教育内容的丰富性和教育影响的隐蔽性、长期性、迟效性,决定了班级活动的形式必须多样化、多元化。按照活动目的分,有知识性、娱乐性、实践性、体验性活动等。按照时间周期分,有季节性、常规性活动。春(秋)游、夏(冬)令营等属于季节性活动,入学教育、纪念性集会、周会等属于常规性活动。按照内容范畴分,有主题性教育活动、专题性教育活动、全面性教育活动。按照组织主体分,有校外教育活动、学校教育活动、班级自主活动等。任何类型的班级活动都应服务于班级教育目标,有助于完成某种具体的教育任务或者有效解决班级教育中存在的某些问题。班级活动的组织要有较强的目的性、计划性、针对性,活动本身要有思想性、知识性、趣味性、多样性、群众性、参与性。

在我国中小学教育中,最常见的班级自主活动就是主题班会,它是班主任教育学生、培养班集体的重要教育形式。主题班会的展开一般包括:(1)确定主题。主题班会首先要有明确主题,这些主题可以源于各种教育目标、内容,往往侧重于国内外时事、社会热点问题、班级中的某种现象或热门话题等。(2)选择活动方式。主题明确之后,要认真讨论、协商具体活动方式的选择,这些方式通常有主题报告会、文艺表演、知识竞赛、辩论会、游园、展览等。活动方式的选择,既要考虑与主题的切合程度和全员参与的可能性,又要考虑活动的条件,如经费、场所、时间等。(3)拟定实施方案。包括活动的具体时间、地点、人员分工、活动准备等。(4)活动小结。活动结束后应及时小结,以积累经验,总结教训,为今后类似的活动提供借鉴。活动小结可以是集体小结也可以是个人小结,可以是口头小结也可以是书面小结。

(五)引导学生进行自我教育

重视学生的自我教育和自我教育能力的培养,是班主任进行班集体建设的重要工作内容。自我教育包括自我认识(包括自我剖析、自我反思、自我评价、自我批判等)、自我体验、自我管理、自我调节、自我矫正、自我激励等方面,可分为个体的自我教育和群体的自我教育。

班主任引导学生进行自我教育,首先要指导学生个体进行自我教育,包括:指导他们实事求是地认识自我,恰如其分地评价自己的优长与短缺;学会对自己的思想和行为进行控制和反思,提高自己的分辨力、内省力和自制力;确定自己的努力目标,自觉调节自己的日常行为;经常与教师、家长、同学保持联系和沟通,倾听他人意见;乐于、善于向别人学习,悦纳他人,学会与人相处、与人合作。其次,班主任要逐步地引导班级群体进行自我教育,尤其是发挥班委会和班级骨干的模范带头作用,并挖掘和调动每一个学生的潜能与长处,鼓励、锻炼和指导学生群体自主管理班级日常事务、规划班级工作。同时利用各种激励制度和奖惩手段,能放手时则放手,弱化学生的依赖性,尽可能让班级群体在自主活动和自主管理中养成和强化主人翁意识。

案例分析

P大学学生网格化管理实践

P大学结合当前大学生的行为特征和心理特征,依托学校实施的数字化校园建设,进一步推进大学生网格化管理的研究与探索。P大学现在共有15个教学学院,全日制在校学生33198人,其中普通本科生28211人,硕士研究生4049人,博士研究生792人,外国留学生138人。P大学通过学习和借鉴城市、政府、社区网格化管理的成熟经验,全面推进学校学生网格化管理工作,具体应用实践思路如下。

P大学通过资源整合、规划分级、责任细化编织出一套具有科学性、系统化的管理网格,以学校办公室、学生工作部、组织部、团委、图书馆、保卫处、财务处、校医院、网络与信息化中心、后勤服务总公司为一级网格化管理中心,以各二级学院、学生事务办理大厅、各楼栋党员公寓服务站为二级网格化管理监督中心,办理中心和服务中心,以辅导员、学生党员干部、寝室长为三级网格化管理执行中心,将管理对象划分成若干个网格,配备网格员融入其中,架起与学生沟通联系的桥梁。

1. 合理划分网格,实现全员覆盖

P大学围绕"精准化管理、人本化服务"的网格理念,依照"楼栋定界、规模合理、全面覆盖、协同合作"的原则,将学校15个教学学院、22个楼宇划分成2200个网格,运用现代网络化、数字化技术对楼宇进行管理。辅导员作为一级网格员,学生党员干部作为二级网格员,寝室长作为三级网格员,形成网格化管理三级执行监督机制。学生网格化管理实施全面掌握、实时反馈、层层监督的管理机制,实现管理对象的全覆盖,更好地为学生服务。

2. 组建管理团队,明确工作职责

P大学建立学校网格化管理领导小组,由P大学党委副书记、副校长担任组长,各职能部门部长(处长)和各学院党委书记担任副组长,各学院辅导员(一级网格员)、学生党员干部(二级网格员)、寝室长(三级网格员)担任网格化管理小组成员。网格化管理领导小组组长负责统筹协调各职能部门之间的沟通,网格化管理领导小组副组长负责提供学生的基本信息数据和数字技术、网络技术支持,网格化管理小组成员及时更新学生的日常行为动态和日常行为表现的记录。学校通过划分网格单元,加强学生管理的精细化和全面性,切实了解和掌握学生的基本情况,保证一个网格一个服务点、一个服务点一个责任人,全面提升学生管理的高效性。

3. 创新管理模式，形成监督机制

P 大学实施了"1234＋X"管理的新模式，即由 1 名网格长、2 名网格指导员、"3 大员"（管理员、监督员、信息员）、4 名联络员以及学生干部、学生党员、入党积极分子、寝室长等组成管理团队。同时，P 大学依托学校网格化管理系统平台，搜集和掌握学生的基本信息，建立学生学业帮扶预警、心理健康预警等机制，及时发现学生在教育管理中存在的问题，有效整合和调动学校网格内的各方资源，有针对性地开展大学生教育管理工作，有效提升高校管理的能力和水平，促进学生全面发展和健康成长。

【资料来源】包治国，孙一平. 网格化管理：高校学生管理新模式——以 P 大学为例[J]. 管理学刊. 2018,31(5):57-62.

思考题

1. "社区网格化管理"应用于学生管理过程中应注意哪些问题？

2. 基于"一切为了学生发展的理念"，分析 P 大学学生管理工作有待改进的方面。

第十三章　教育评价

《深化新时代教育评价改革总体方案》指出,教育评价事关教育发展方向,有什么样的评价指挥棒,就有什么样的办学导向。

教育评价实质是教育管理中的一个环节,评价结果在决策过程中发挥着重要作用。[①]当前,我国教育评价体系仍存在诸多问题:法律依据薄弱,管理体系有待完善,对教育多样性重视不够,评价数量繁多,实质性评价不足,评价结果使用功利化突出,伦理问题需要得到重视。产生这些问题的原因非常复杂,主要是对不科学教育评价体系的危害认识不足,对人的本质、教育的本质和教育发展规律的认识不足,我国现代教育治理体系本身尚不完善,新自由主义、新管理主义及绩效主义的影响,我国教育评价理论与技术尚显贫困,传统文化中消极因素的影响。[②]

第一节　教育评价概述

教育评价是教育活动中非常重要的环节,也是一个非常复杂的环节。重要,是因为它在教育活动中具有一种“牛鼻子”的引领功能;复杂,是因为它所涉及的变量和边界条件比较多,而且,这些变量之间的相关性也是模糊的。更重要的是,教育评价又是一种价值判断的活动,具有很强的主观性。[③]

一、教育评价的概念

(一)评价

“评价”一词早在900多年前我国的北宋时期就已出现。《宋史·戚同文传》中就有“市物不评价,市人知而不欺”的记载。这里的“评价”是讨价还价、评论货物的价格的意思。《辞海》对“评价”一词的解释是:“评价,评论货物的价格……今亦泛指衡量人物或事物的价值。”评价是指根据某种价值观对事物及其属性进行判断、衡量,亦即对人或物做出好与坏、真与假、善与恶、美与丑、优与劣等的判断。评价意味着对某一事物的价值给予一般的衡量。

价值观在评价中起着十分重要的作用。人的价值观不同,对同一事物会有不同的评

---

① 易凌云.“五唯”问题:实质与出路[J].教育研究,2021,42(1):4-14.
② 石中英.回归教育本体——当前我国教育评价体系改革刍议[J].教育研究,2020,41(9):4-15
③ 谢维和.教育评价的双重约束——兼以高考改革为案例[J].教育研究,2019,40(9):4-13.

286

价。在哲学史上有几种不同的价值观:第一种是客观主义的价值观,认为价值是客观对象固有的本性,是纯客观的东西;第二种是主观主义的价值观,认为价值是用来表达个人对事物的好恶情感的,是纯主观的东西;第三种是辩证唯物主义的价值观,认为价值是客体对主体的特殊效用性,是主观性与客观性的统一,客观事物的效用性与主观的需要和愿望相结合,就具有了一定的价值,符合的程度越大,价值就越大。学术界大多认为第三种观点是正确的。[①]

(二)教育评价

教育评价理论领域的新进展首先体现在其概念的历史演进中。对于教育评价的概念界定,当前学术界存在着多种观点。美国学者泰勒在其著名的"八年研究"(1933—1940)报告中,首次提出并正式使用"教育评价"这一概念。他早期的观点认为,"教育评价过程在本质上是确定课程和教学大纲实现教育目标的程度的过程。"1986年,在《教育评价概念的变化》中,他对该陈述做了修订,认为教育评价是"检验教育思想和计划的过程"。1963年,克龙巴赫在其题为《通过评价改进课程》的论文中,把教育评价的内涵阐述为:"一个搜集和报告对课程研制有指导意义的信息的过程"。1966年,斯塔弗尔比姆对泰勒评价理论提出异议,他主张"教育评价不应局限于评判决策者所确定的教育目标所达到预期效果的程度,而应该是收集有关教育方案实施全过程及其成果的资料,为决策提供信息的过程"。1975年,比贝把评价定义为"系统地收集信息和解释证据的过程,并在此基础上做出价值判断,目的在于行动"。1981年,美国教育评价标准联合委员会对教育评价进行了综合性的界定,他们认为"教育评价是对教育目标和它的优缺点与价值判断的系统调查,为教育决策提供依据的过程"。[②]

关于教育评价的含义,有学者梳理归纳为三种主要观点,即教育评价是对教育活动进行价值判断的过程,是提供评价信息的过程,是一种共同建构的过程[③]。因此,教育评价可定义为:根据一定的教育价值观或教育目标,运用可行的科学手段,通过系统地搜集信息、分析解释,对教育现象进行价值判断,从而为不断优化教育和教育决策提供依据的过程。要理解这一概念,必须明确以下几点:[④]

1. 教育评价的对象、范围和地位

随着时间的推移,教育评价从早期以学生学习结果为对象,逐渐扩大了应用的范围。现代教育评价以教育的全领域为对象,已成为整个教育系统不可分割的有机组成部分。从宏观到中观、微观,各种教育现象都可以作为评价对象,而且不仅是教育结果,教育计划、教育活动和教育过程也可以作为教育评价的对象,这就意味着现代教育评价已经成为现代教育不可缺少的一部分。因此,必须正确认识评价在整个教育系统中的重要地位,必须明确每项评价的具体对象。

2. 教育评价的目的和作用

这涉及评价的指导思想和教育观等基本理论问题。教育评价是为了鉴定、考核,还是

① 胡中锋.教育评价学.北京:中国人民大学出版社,2015:3-4.
② 辛涛,李雪燕.教育评价理论与实践的新进展[J].清华大学教育研究,2005(6):38-43.
③ 刘志军,徐彬.教育评价:应然性与实然性的博弈及超越[J].教育研究,2019,40(5):10-17.
④ 胡中锋.教育评价学.北京:中国人民大学出版社,2015:3-6.

为了推动、改进;是为了选拔、淘汰,还是为了教育、发展?这是两种不同的教育观和评价观。过去传统的教育评价偏重于鉴定、筛选的功能,其目的是"选拔适合教育的儿童",它是为"应试教育"服务的,而现代教育评价则强调评价的反馈、矫正功能,即调控功能,其目的是"创造适合儿童的教育",即评价是为了诊断评价对象的现状,以便发现问题,使教育、教学工作不断改进、不断完善、不断适合教育对象的需要,为促进儿童个性全面发展和提高教育质量服务。

由此可见,教育评价的目的在于:为教育决策提供信息和依据,为改进教育服务的过程、为不断完善和改进教育过程、为提高教育质量服务。

3. 教育评价的依据

价值判断是教育评价的本质特征,是教育评价的核心。根据什么进行价值判断?如何进行判断?这就是价值判断的实质和关键。必须有一个衡量和判断的客观依据和标准,也就是教育的价值目标和标准问题。它涉及什么是价值、教育价值、教育价值观的问题。我们应当根据马克思主义价值观和社会主义现代化建设的需要,根据人才成长发展的规律,确立我们的教育价值观和价值取向,确定教育评价的价值目标和标准。从这个意义上说,教育方针、政策和教育目标就是我们的教育价值观的集中体现,我们应当以教育方针和教育目标为依据确定评价的目标和标准。根据评价目标、指导思想,价值判断的内涵应包含获取多方面信息、分析解释和综合判断三个方面,从而得到判断结果。

4. 教育评价的手段

教育评价是运用科学的方法和手段,对教育现象及其效果进行测定的价值判断活动。教育评价的科学性在很大程度上取决于方法和手段的科学性。离开了科学的评价方法和手段,就不能称之为现代教育评价。

专栏 13-1

《深化新时代教育评价改革总体方案》的指导思想和主要原则

1. 指导思想。以习近平新时代中国特色社会主义思想为指导,全面贯彻党的十九大和十九届二中、三中、四中全会精神,全面贯彻党的教育方针,坚持社会主义办学方向,落实立德树人根本任务,遵循教育规律,系统推进教育评价改革,发展素质教育,引导全党全社会树立科学的教育发展观、人才成长观、选人用人观,推动构建服务全民终身学习的教育体系,努力培养担当民族复兴大任的时代新人,培养德智体美劳全面发展的社会主义建设者和接班人。

2. 主要原则。坚持立德树人,牢记为党育人、为国育才使命,充分发挥教育评价的指挥棒作用,引导确立科学的育人目标,确保教育正确发展方向。坚持问题导向,从党中央关心、群众关切、社会关注的问题入手,破立并举,推进教育评价关键领域改革取得实质性突破。坚持科学有效,改进结果评价,强化过程评价,探索增值评价,健全综合评价,充分利用信息技术,提高教育评价的科学性、专业性、客观性。坚持统筹兼顾,针对不同主体和不同学段、不同类型教育特点,分类设计、稳步推进,增强改革的系统性、整体性、协同性。坚持中国特色,扎根中国、融通中外,立足时代、面向未来,坚定不移走中国特色社会主义教育发展道路。

【资料来源】中共中央国务院印发《深化新时代教育评价改革总体方案》ht-tp://www.gov.cn/zhengce/ 2020-10/13/content_5551032.htm

(三)教育评价与教育测量

教育测量是借助一定的工具,给教育现象赋值,来获取评价对象数量的方法。

从对教育评价的概念界定中可以看出,教育评价主要包含两个要素,即事实判断和价值判断。美国学者格朗兰德曾经指出,教育评价＝量的记述＋价值判断或质的记述＋价值判断。其中量的记述是指来自测量的结果,而质的记述则指通过非测量的手段所获得的事实,他们共同构成了事实判断部分。此外,我们还可以从教育评价的概念中,发现其内在的两种评价手段,即定性方法(质的记述)和定量方法(量的记述)的结合。教育测量(educational measurement)则是指依据一定的法则(标准)用数值来描述教育领域内事物的属性,是事实判断的过程。因此,教育测量是教育评价的基础,是获得事实的有效途径。通过教育测量和各种非测量的手段,我们才能获得价值判断的事实材料和依据,才能更为有效地服务于价值判断这个核心。[1]

二、教育评价的发展

已有研究梳理古今教育评价重心变迁历史发现,大约有以官员选拔为重心的科举制度、以教育量化为重心的教育测量、以教育目标为重心的泰勒模式、以教育价值为重心的后泰勒模式。一直到了 20 世纪 80 年代之后,人们才对教育评价与教育质量的关系有所反思,开启了以教育质量为重心的增值评价探索。[2]

(一)中国的教育评价发展

1. 中国古代选士制度

中国古代教育评价活动与选士制度密切相关,形成了一整套包括教育、考试、选才在内的严密完整的评价制度,是中国传统教育的一大特色,并成为中国现代教育评价活动的源头。其中:(1)西周的选士制度主要由乡里选士、诸侯贡士和学校选士组成,是世界上最早的人才选拔制度。(2)汉代的察举制通过"举孝廉""贤良方正"等方式选拔人才,是春秋战国时期养士制度的发展,也是后世科举制度的前身。(3)魏晋南北朝的九品中正制依据家世、才能和德行等进行等第评定,最终演变为世族官僚扩充势力、操纵政权的工具。(4)科举制度产生于隋朝,经唐朝的发展和宋、元、明、清的演变,逐渐成为一种完备化、定型化的选士考试制度,它既不同于以德取人的两汉察举制,又不同于以门第取人的魏晋南北朝九品中正制。前两者都是以举荐为主,考试为辅;而隋唐以后的科举制则是以考试为主,

① 辛涛,李雪燕.教育评价理论与实践的新进展[J].清华大学教育研究,2005(6):38-43.
② 刘尧.教育评价是教育质量的守护神吗?——一个古今教育评价重心变迁的解析视角[J].中国地质大学学报(社会科学版).2016,16(6):145-151.

举荐为辅。

2. 中国古代学校教育评价活动

与选士制度相适应,我国古代历朝历代形成了各具特色的学校教育评价制度,最具代表性的包括:(1)《礼记·学记》中记载西周的视学考试制度是我国有记载的最早的系统的学校教育评价制度,同时,西周时期在各级乡学和国学之间,建立了逐级递升制度,实现学校的考查和国家的选士有机统一,为中国古代教评合一的学校评价与选士制度的发展奠定了基础。(2)汉代太学很重视考试,考试具有选拔贤才和督促学生学习的双重作用。(3)隋唐至清末,与科举考试的产生与发展相适应,学校评价制度获得较大发展。(4)宋代学校考试制度以王安石改革太学时创立的"三舍法"为典型代表。(5)元朝学校考试制度的典型代表是国子学实行的"升斋积分法"和"贡生制",是西周以来学校考试与选士制度相结合的传统的延续。(6)明朝学校考试制度以"六堂教学法"为代表。

3. 中国现代教育评价的发展

古代中国所萌发的教育评价思想的嫩芽,因种种原因未能顺利成长发展起来,直到1905年,中国废止科举制度,开始参照西方现代学校制度兴办新式学校,现代意义上的教育评价才在西方教育测量和教育评价理论的影响下,开始发展起来,并经过一个多世纪的曲折历程,逐渐形成了中国现代教育评价体系。

(1)间续发展(1905—1977年)。这一时期,中国教育评价在西方教育测量和教育评价思想以及苏联教育评价实践的影响下,在曲折艰难探索中获得了断断续续的发展。20世纪初,废除科举制度,初步建立了现代教育测评制度,民国时期,开展了心理与教育测量的初步探索,奠定了我国现代教育测量最初的理论与实践基础。20世纪50年代,引进苏联评价模式,推行五级分制为核心的苏式成绩考评法。20世纪60年代至70年代中期,高考中断,高校招生由取消到恢复。

(2)理论积累(1977—1985年)。随着"文化大革命"的结束,学校教育教学逐步回到正轨,我国教育评价理论与实践的持续性研究得到有效累积。1977年恢复高校统一招生制度,极大地刺激了我国教育评价研究的发展,从20世纪80年代开始,国内学界陆续译介了许多国外及我国台湾地区有关教育评价的研究成果,开展了大量教育测验与教育评价的理论与实践研究。

(3)持续发展(1985—2001年)。20世纪80年代中期以后,随着《中共中央关于教育体制改革的决定》等重要文件的颁布,教育评价的研究与实践在我国大规模开展起来,先后成立了专门的教育评价研究机构,举行了一系列全国性教育评价学术会议,完成了一批教育评价理论研究成果,初步构建了我国教育评价理论体系,出台了一系列教育评价改革政策,教育评价工作得到制度化保障。同时,教育评价中介化趋势初显,出现了若干教育评价中介机构,开展了第三方教育评价试点。此外,随着高考改革的推进,高考内容与方式不断调整,尝试探索适应教育改革需要的高校招生考试制度。

(4)全面改革(2001—2020年)。21世纪以来,随着新一轮基础教育课程改革的不断推进,人们开始对教育评价体系进行全面反思与批判,展开了全方位的评价改革。首先,转变评价观念,全面推进发展性课程评价;其次,进一步深化高考改革,完善高校招生考试制度;最后,促进政府职能转变,推进教育管、办、评分离。同时,形成了一系列丰富的教育评价研究成果,教育评价理论研究逐步走向深化。

(5)深化改革(2020年以后)。2020年10月,中共中央、国务院印发了《深化新时代教育评价改革总体方案》,这是指导深化新时代教育评价改革的纲领性文件,也是新中国第一个关于教育评价系统性改革的文件。《总体方案》的出台实施,对于全面贯彻党的教育方针,完善立德树人体制机制,破除"五唯"顽瘴痼疾,引导全党全社会树立科学的教育发展观、人才成长观、选人用人观具有重大意义,必将有利于推动构建服务全民终身学习的教育体系,培养担当民族复兴大任的时代新人,培养德智体美劳全面发展的社会主义建设者和接班人,加快推进教育现代化、建设教育强国、办好人民满意的教育。

专栏 13-2

《深化新时代教育评价改革总体方案》的基本定位和重点任务

1. 深化新时代教育评价改革的基本定位

教育评价改革是一项世界性、历史性、实践性难题,涉及历史文化传统、经济社会发展水平、思想观念等多重因素,涉及不同主体,牵一发而动全身,必须以攻坚克难的勇气、久久为功的韧劲,进行系统设计、辨证施治、重点突破。

《总体方案》的基本定位和考虑是:坚持以立德树人为主线,以破"五唯"为导向,以五类主体为抓手,着力做到政策系统集成、举措破立结合、改革协同推进。

以立德树人为主线,就是着眼于全面贯彻党的教育方针,牢记为党育人、为国育才使命,把落实立德树人根本任务,培养德智体美劳全面发展的社会主义建设者和接班人作为主线,贯穿于教育评价改革各项任务始终,引导确立科学的育人目标,确保教育正确发展方向,坚定不移走中国特色社会主义教育发展道路。

以破"五唯"为导向,就是从党中央关心、群众关切、社会关注的问题入手,紧扣破除"唯分数、唯升学、唯文凭、唯论文、唯帽子"的顽瘴痼疾,立足基本国情,坚持积极、稳慎、务实,改进结果评价,强化过程评价,探索增值评价,健全综合评价,既大力破除不科学、不合理的教育评价做法和导向,又着力建立科学的、符合时代要求的教育评价制度和机制。

以五类主体为抓手,就是立足全局,坚持整体谋划、系统推进,针对党委和政府、学校、教师、学生、社会不同主体,充分考虑基础教育、职业教育、高等教育不同教育领域和大中小幼不同学段特点,分类分层研究教育评价改革思路、提出改革措施、明确实施路径,增强改革的系统性、整体性、协同性。

2. 深化新时代教育评价改革的重点任务

《总体方案》围绕党委和政府、学校、教师、学生、社会五类主体,坚持破立结合,重点设计了五个方面22项改革任务。一是改革党委和政府教育工作评价。"破"的是短视行为和功利化倾向,"立"的是科学履行职责的体制机制,相应提出完善党对教育工作全面领导的体制机制、完善政府履行教育职责评价、坚决纠正片面追求升学率倾向3项任务。二是改革学校评价。"破"的是重分数轻素质等片面办学行为，"立"的是立德树人落实机制，相应提出坚持把立德树人成效作为根本标准、完善幼儿园评价、改进中小学校评价、健全职业学校评价、改进高等学校评价5项任务。三是改革教师评价。"破"的是重科研轻教学、重教书轻育人等行为，"立"的是潜心教学、全心育人的制度要求，相应提出坚持把师德师风作为第一标准、突出教育教学实绩、强化一线学生工作、改进高校教师科研评价、推进人才称号回归学术性荣誉性5项任务。四是改革学生评价。"破"的是以分数给学生贴标签的不科学做法，"立"的是德智体美劳全面发展的育人要求，相应提出树立科学成才观念、完善德育评价、强化体育评价、改进美育评价、加强劳动教育评价、严格学业标准、深化考试招生制度改革7项任务。五是改革用人评价。"破"的是文凭学历至上等不合理用人观，"立"的是以品德和能力为导向的人才使用机制，相应提出树立正确用人导向、促进人岗相适2项任务。

【资料来源】构建符合中国实际、具有世界水平的教育评价体系——教育部负责人就《深化新时代教育评价改革总体方案》答记者问 http://www.moe.gov.cn/jyb_xwfb/s271/202010/t20201013_494379.html】

（二）西方的教育评价发展

1. 前教育评价时期（学校出现后至20世纪30年代）

学校出现以后至20世纪30年代，这个时期，教育评价已经以萌芽和片断的形式在西方学校教育中存在和发展了很长时期，此时，真正意义上的"现代教育评价"还没有出现，还没有形成专门的教育评价理论，但教育评价的实践却非常丰富，通常与教育活动或人才选拔活动相融合而大量存在。[1]

（1）以考试为主。西方早期的教育评价活动主要是考试，有口试和笔试两种形式，由于口试具有随意性和主观性较大、缺乏统一标准和客观性等不足，19世纪后半期，笔试最终取代口试成为西方学校考试的主要形式。

（2）以教育测验为主。19世纪末开始，受实证主义追求客观、科学的思想的影响，为矫正笔试（以论文式试题为主）方式的弊端，一些学者提出了以教育测验取代考查考试的主张。教育测验的产生不仅在理论上受实证主义哲学的影响，而且在技术上以三个条件为前提：一是现代实验心理学周密的实验计划和测量方法的启示；二是统计测量技术的相继问世；三是心理测验的直接推动。正是在以上这些前期研究的推动下，引发了一场教育测验运动。教育测验运动的中心人物是美国著名心理学家桑代克。1904年，桑代克发表《精神与社会测验学导论》，这是一本测验学史上划时代的巨著，标志着教育测验运动的开始。此后，桑代克于1909年编写了若干教育测验史上最早的学力标准量表。比纳与西蒙于1905年提出了第一个智力测验量表，华纳德等人在20世纪20年代研究了人格测量工具。在长达20多年的教育测验运动中，西方测验研究取得了很大成绩，

2. 教育评价的产生与发展时期（1930年至20世纪70年代）

这一时期从泰勒主持的"八年研究"开始，至20世纪70年代中期，是现代课程评价从

---

① 刘志军.教育评价.北京:北京师范大学出版社,2018:10-16.

产生到繁荣发展的一段时间。

(1)泰勒模式阶段(1930—1945年)。1933—1941年,为对课程改革实验进行跟踪研究与评价,进步教育协会邀请美国俄亥俄州立大学R. W. 泰勒教授对教育改革的成效进行了卓有成效的评估,并于1942年发表了八年研究报告,即《史密斯—泰勒报告》,在报告中,泰勒首次提出了"教育评价"的概念,并创立了"目标评价模式"(又称"泰勒模式"),由于泰勒在教育评价上的开创性成就,泰勒被称为"教育评价之父"。

(2)稳定发展阶段(1946—1957年)。这一阶段,教育评价在方法和技术上取得了两大重要进展:一是标准测验的迅速发展,出现了许多新的全国性标准化测验;二是评价技术得到进一步发展,出现了教育目标分类学,使教育评价在泰勒评价理论的基础上向科学化、可操作化的道路上迈进了一大步。

(3)反思与改造阶段(1958年—20世纪70年代中期)。受美国联邦政府《国防教育法》影响,美国投入巨额资金用于发展新教育计划,人们在遵循泰勒模式对政府的投资效益进行评价的过程中发现了问题,一些学者开始对泰勒模式的适用性、目的与功能等问题进行批判和改造,提出了新的评价思想和评价模式,如CIPP评价模式等。从此以后,对泰勒评价模式的批判几乎成了教育评价发展的主旋律,泰勒模式独霸天下的状况被打破,多种评价思想和评价模式并存的局面逐渐形成。

3. 教育评价的批判与重建时期

从20世纪70年代开始,随着各国经济的迅速增长和对受教育者素质要求的提高,教育改革得以全面推行。与之相适应,对泰勒评价模式的批判也进入了新阶段,由原来的局部的改造发展为全面批判和重建,教育评价出现了各抒己见、百家争鸣的局面,进入了一个全面兴盛时期。其中,最具代表性的是目的游离模式、应答评价模式和自然主义评价模式等。这种批判与重建的努力一直持续到现在,体现了近几十年来以多元化为主要特征的政治、社会和哲学思潮对教育评价的影响,代表了教育评价模式未来的发展方向。[1]

第二节　教育评价模式与程序

一、教育评价模式

"模式"作为一种科学抽象方法,经历了从实物模型到思维模型或数学模型、再到行为模式的历史演变。教育评价模式是既具有理论性又具有可操作性的行为范式,是联系教育评价理论和实践的纽带,具有构造、解释、启发、预测等多种功能[2]。简言之,教育评价模式是教育评价基本理论与方法的总体概括,是某种教育评价类型的总构思。它包括评价的大体范围、基本程序、主要内容和一般方法。[3]

[1]　刘志军.教育评价.北京:北京师范大学出版社,2018:3-16.
[2]　蔡晓良,庄穆.国外教育评价模式演进及启示[J].高教发展与评估,2013,29(2):37-44.
[3]　金娣,王刚.教育评价与测量[M].北京:教育科学出版社,2002:22.

从 20 世纪三四十年代泰勒的第一个教育评价模式诞生以来,已经出现了众多的教育评价模式,本节介绍其中比较主要的几种评价模式。[①]

1. 行为目标评价模式

泰勒是现代教育评价的创始人,他于 20 世纪 40 年代提出的目标达成模式是教育评价理论历史发展中第一个较为完整的教育评价模式,也是影响最大的模式,至今仍是最为主要的教育评价模式。

杜威对于"测量运动"的批判为泰勒的"评价"方法奠定了基础。[②] 在行为目标评价模式中,教育目标是评价的出发点,也是合理的评价标准。因此,编制教育教学目标是这一模式的关键。20 世纪 50 年代以来,泰勒的学生布卢姆及其同事提出了教育目标分类理论,这一理论把教育目标分为认知、情感和动作技能三个领域,并具体研究了这三个领域的教育目标。在每一个领域中,根据能力的复杂程度和品质内化的程度,找出具有递进关系的层次,形成目标的阶层。例如,情感领域的教育目标划分为高低不同且存在着有机联系的五个层次,即接受、反映、价值内化、价值组织化和价值个性化。这些层次进一步划分为不同的亚类。而对每一个阶层的教育目标,都指出适宜的行为动词,以使目标落实到学生的行为方式上。这样,目标被表述得相当具体,具有可操作性,便于教师改进教学,便于教师进行评价。

由于这一模式要求先制定评价目标,再根据评价目标选择和组织学习经验,然后评价目标的达到程度,结果只与预定的目标相比较,而目标以外的结果被忽略了。有些教育目标无法用行为语言恰当地表达出来,比如生长性目标、表现性目标等就难以量化、难以操作化,把这些教育目标排除在外,将导致价值判断的表浅化。[③]

2. CIPP 模式

CIPP 模式在泰勒模式的基础上直接衍生出来,是 1966 年美国的斯塔弗尔比姆创立,由背景评价(context evaluation)、投入评价(input evaluation)、过程评价(process evaluation)和成果评价(product evaluation)四种评价的头一个英文字母而命名。CIPP 评价模式亦称决策导向或改良导向评价模式,它认为评价就是为管理者做决策提供信息服务的过程,评价者通过为决策者、政策制定者、学校董事会、教师和其他需要评价信息的人服务,从而更好地为教育服务。[④] 首先它将评价目标本身纳入评价活动之中,目标本身的合理性受到评价,使目标更加全面、科学,体系更加完整。其次,CIPP 模式对形成性评价比较重视,注重为决策提供信息。最后,CIPP 模式把评价看成是教育活动的一部分,使评价成为改进工作、提高教育质量的工具。

CIPP 模式过分注重评价的决策功能,导致其缺乏完全意义上的价值判断。同时,由于其要求各类信息源的配合、充裕的经费以及可靠的分析技术,使用中受到了很大的限制。

---

① 胡中锋.教育评价学.北京:中国人民大学出版社,2015.11-15.

② 温雪梅,孙俊三.论教育评价范式的历史演变及趋势[J].现代大学教育,2012(1):51-55.

③ 蔡晓良,庄穆.国外教育评价模式演进及启示[J].高教发展与评估.2013,29(2):37-44.

④ 肖远军.CIPP教育评价模式探析[J].教育科学.2003(3):42-45.

3. 应答模式

应答模式是由美国的斯塔克(R. E. Stake)于 1973 年提出的。斯塔克的应答模式上承行为目标模式、CIPP 模式，下启共同建构模式。该模式主张与教育活动有关的各种人员的接触，如学生、教师、家长和决策者等，了解他们的需要和要求，从中发现并选择出他们所关注的有价值的问题，然后把它同实际活动相比较，对教育方案做出修改，对大多数人的愿望进行回应，以便满足各种人员的需要。强调以关心教育方案的所有人所关注的现实的和潜在的问题为出发点，不主张以预定的目标或假设为出发点。在选择人们所关注的有价值的问题时，强调价值观的多元性和发散性。在选择评价方法时，强调质性评价方法，轻视量化评价方法。斯塔克用评价时钟图来表示应答模式的具体操作结构，这一"评价时钟"显示了评价问题、评价工具、评价结果和平等协商等十二个评价环节。

但是应答模式的操作程序的不确定性太强，可能使人无所适从；适用范围有限，"当了解目标是否达到，承诺是否履行，假设是否证实成为主要任务时，预定式评价比应答式评价更为合适。"应答模式强调在自然环境中的观察、访谈和描述等方法，忽视调查、统计等量化方法，所以其评价缺乏深度，难以发现教育价值运动的本质和规律。①

4. 共同建构模式

由枯巴和林肯于 20 世纪 80 年代提出的第四代评价理论认为，前三代评价存在三大严重缺陷和问题，即"管理主义倾向""忽视价值的多元性"和"过分依赖科学范式"。因此，第四代评价的出发点应该是"回应性聚焦方式"，即回应推动者、受益者和受害者三类人士的要求，回应他们各自的主张、担心和问题三类要求。第四代评价认为评价的本质是共同建构评价共识，协商是从出发点通向本质的途径，故评价的方法论应该是"建构性探究方法"，即是一个由进入条件、探究过程和探究结果三阶段构成的建构框架。

在评价策略上，共同建构模式提出了"回应—协商—共识"的思路，这一方法的操作程度和成效有待于实践的检验，但是这一方法具有开创性，且倡导了一种民主协商精神。在评价者和被评价者的关系上，共同建构模式实现了重大突破，从传统的"权威—服从"关系根本转变为平等合作的主体间关系，从传统的"主体—客体"关系发展为"主体—客体—主体"的关系。此外，这一模式还提倡全面参与，让所有参与评价的人充分表达自己的意见；尊重人的尊严、人格和隐私，对评价提出了道德要求；认为在评价中人们的价值需求是多元的，因而评价要追求多元化目标。

在哲学基础上，共同建构模式肯定多元化的价值观念处于重要地位，认为评价不过是一个心理建构过程，"评价过程是由评价者和参与者共同建构统一价值观的过程，评价结论是一种主观性认识，是心理建构物。"这有陷入主观主义价值论的危险，因为评价虽然受价值观的影响，具有主体性，但是评价归根结底依赖于客观的价值关系，具有客观性。在操作流程上，建构性探究方法实施起来比较艰难，特别是鉴定利益相关者、对弱势群体授权和构建民主公正的协商制度在现实中都是很大的操作难题。②

---

① 蔡晓良，庄穆. 国外教育评价模式演进及启示[J]. 高教发展与评估. 2013,29(2):37-44.
② 蔡晓良，庄穆. 国外教育评价模式演进及启示[J]. 高教发展与评估. 2013,29(2):37-44.

5. 协同自评模式

协同自评模式是由上海市的研究人员在确立被评价者的主体地位和肯定其个性特征的基础上,以被评价者自我评价为主,在评价人员的协同下,共同完成从制定评价目标开始的一系列的评价模式。[①]

该模式认为,在任何评价活动中,只有当事人才能全过程地参与,才能全面、真实地收集资料,通常评价人员只能部分参与评价过程,所以,评价人员所做出的价值判断有时难免有失实之处。但完全由被评价者作自评,也未必符合评价的要求。如果能有评价人员的协同合作,则可弥补自评的不足。这就形成了以自我评价为主体、评价人员协同自评者进行评价活动的协同评价模式。在协同评价的过程中,协同是核心,自评者与协同者同心协力,经常协商,不断取得共识,一起完成从确立评价目标到制定评价方案、进行评价资料的收集、做出价值判断、撰写评价报告等一系列的评价活动。

协同自评模式的特点首先是自评,然后是自评与协同的有机结合。因此,在评价的过程中必须遵循两个基本原则:一是平等性原则,即评价过程中的所有人员都是平等的。二是共建性原则,即在评价的过程中要共同协商,取得共识,共同构建。

6. 发展性评价模式

发展性教育评价产生于我国新一轮基础教育课程改革的实践,它区别于选拔性评价和水平性评价,注重诊断、激励和发展。其目的在于更好地促进学生的成长,促进教师教育教学水平的提高,促进学校发展。其内容多元化,既关注学业成就、升学率,也重视被评价者多方面素质与潜能的发展。其方法多样化,除考试与测验外,还使用观察、访谈等多种科学有效、简便易行的评价方法。它不仅注重结果,还注重发展和变化过程,把终结性评价与形成性评价有机地结合起来。它重视学生、教师和学校在评价过程中的作用和主体地位。[②]

发展性目标评价模式强调在注重评价的发展和改进功能的同时,还要重视对教育目标的评价,而目标本身也是发展变化的。发展性目标评价模式的基本内容是:根据社会发展的需要和开展教育活动的现实条件确定和检验教育目标,使它作为设计评价方案的主要依据,再考虑评价对象和条件,与教育评价活动有关人员的愿望、需要和意图,以及现有的各种规章制度和科学理论等因素,设计出以评价标准为核心的评价方案;遵循评价方案,实施评价活动。在评价活动中,注重定量方法和定性方法的有机结合以及多种评价类型的结合,重视反对意见和非预期效果,有效运用计算机技术;完成和反馈评价报告;用评价制度控制和制约整个评价过程,以确保评价质量。发展性目标评价模式有效地吸取了中外主要教育评价模式的长处,如对教育目标进行评价、重视与评价活动有关人员的需要和意图以及注重多种评价类型的结合等。另外,这种模式结构紧凑、程序规范、可操作性强、适应面较宽。

7. 增值评价模式

1985 年,泰勒(Terry Taylor)等人首先提出了增值评价法,即通过对学生在整个就读

---

① 金娣,王刚编.教育评价与测量[M].北京:教育科学出版社,2002:29。
② 董奇,赵德成.发展性教育评价的理论与实践[J].中国教育学刊,2003(8):18-21。

期间或某个阶段的学习过程、学习结果的分析,来描述学生在学习上进步或发展的"增量"。这个"增量"可看作教学品质提升的结果,是学校教学改进的标志,也是教学质量评估所要抓的重点。[①] 换句话说,"增值评价"的理念是建立在学校可以增加"价值"到学生的学习成就这一假设之上的,而"增值"表示学校所加诸学生身上、使其学习成绩超过一般期望成绩的额外部分。增值评价的运用建立在大数据的基础上。在增值评价模型中会抽选与所有研究对象(学生)相关的连续若干年学业数据以及学生在某一段时间内一系列时间点的学习能力信息(例如起始点的学习成绩、若干次的月考成绩、学期末成绩),该模型会把任一时间段内起始点的学习能力信息作为统计分析上的比较"基线",并逐层筛选分析对学生学业有影响的各类因素,充分挖掘现有数据价值。

增值评价的优势在于:重视学生起点,关注过程,强调学生发展;综合考查学生发展,分清责任;高效利用统计数据,建构可操作模型。[②]

二、教育评价程序

完整教育评价体系还必须具备科学的实施程序,它是评价目的、指标体系、方法的立足点,如果评价程序缺乏科学性,即使以上几点几近完善,也难摆脱较低可信度的结论。[③]

程序是指事物发展或活动的先后次序。教育评价是一个有系统的连续的活动过程,就其过程而言,有着一定的运行程序。教育评价的程序就是将教育评价活动的各项内容,按照其相互联系、活动顺序,有机组合在一起,成为一个具有特定功能的整体,这个整体就是教育评价的程序。它不是某一个,或某几个要素的单独活动,而是所有活动内容的整体活动。教育评价程序主要分为以下五个阶段:建立评价组织机构,分析评价背景、设计评价方案、收集整理评价信息和处理评价结果。[④]

1. 建立评价组织机构

建立组织机构就是成立相关的评价组织,如建立教育评价领导小组或评价委员会。这是组织评价工作的权力机构,其主要任务是:聘请有关专家组成专家组、设计评价方案,解决评价实施过程中遇到的实际问题,公布评价结果,以及有效处理利用评价结果。评价领导小组应通过民主办法产生,成员既有学校领导班子成员,又有普通教职员工。在评价领导小组下,可根据需要设立一个精干的办事机构,负责日常事务工作的处理,如传达文件、收发问卷、统计数据等。

2. 分析评价背景

背景分析是评价工作的一项重要内容。它的主要任务是确定评价活动要解决的主要问题。明确教育评价需要解决的问题是加强评价活动的针对性,是评价能取得实效的关键。背景分析包括社会背景分析、教育发展阶段重要问题分析、评价委托人需要分析以及评价对象心理分析。

---

① 刘海燕.美国高等教育增值评价模式的兴起与应用[J].高等教育研究,2012,33(5):96-101.
② 冯虹,张莹.增值评价:基于大数据的发展性教育评价模式[J].当代教育科学,2016(9):29-31
③ 由长延,张聪,赵川平.完善程序是教育评价亟待解决的问题[J].中国高教研究.2002(2):53-54.
④ 褚宏启,张新平.教育管理学教程[M].北京:北京师范大学出版社,2013:522-525.

社会背景分析主要是确定近一段时间以来社会政治、文化、经济与科学的发展与变化对学校教育和管理提出了哪些重大要求。对于特定的学校管理评价,社会背景分析还应包括小区环境分析、学生家长基本需求分析等。教育教学与管理活动适应社会发展的要求是教育评价应重点把握的方向。

教育活动在其自身发展的过程中,每一阶段都会有社会期望的发展方向,也会出现社会不期望的问题倾向。倾向性问题是指同类学校普遍存在的问题,这些问题会在潜移默化中阻碍学校教育向社会期望的方向发展。分析当前教育发展阶段的重要问题有助于把握评价问题的共性与特性。

评价委托人,是指授意对教育管理活动进行评价并听取评价结果的组织、机构与个人。评价委托人需要了解什么情况、解决什么问题是确定评价内容与重点的依据,也是一切评价活动的出发点和立足点。

评价对象心理分析是决定选用何种评价策略的依据。评价对象心理分析包括评价对象对评价活动有无心理准备,如果有,是何种心理准备,评价对象对评价有何种期望和准备等。分析评价对象的心理对确定何时、以何种方式进行评价活动、选择何种方法有重要参考作用。

3. 设计评价方案

在整个评价过程中,最具有实践性的工作就是设计评价方案,它是教育评价工作的前提,直接关系到评价工作的成败和效果。在设计评价方案之前,首先要确定评价的目的和评价所依据的目标。只有把评价目的和评价所依据的目标搞清楚,才能制订出合理的评价方案。教育评价方案的内容主要包括:评价的对象和目的要求;评价的组织和领导;评价指标体系;评价方法、程序;评价的时间安排;评价的注意事项。这里着重论述评价指标体系的制订。

评价指标体系是指由各级各项评价指标及其相应的指标权重和评价标准所构成的集合体,是一个有机整体。

评价指标是评价目标的具体化,是构成目标的具体因素,没有指标的目标是无法细化分解的目标,是难以实现的目标。尽管评价指标与评价目标联系十分紧密,但两者之间还是有区别的。目标反映宏观全貌,指标将目标细化分解,指标比目标更具体、更具有可操作性。

在教育评价指标体系中,不同的评价指标,在判断评价对象达到预定目标的程度上,所起的作用是不相同的。为了使每项指标都能发挥其应有的作用,就必须赋予不同的评价指标以不同的权重。所谓指标权重,就是表示每项评价指标在指标体系中的比重,这个数值就叫作对应指标的权重。

评价标准是衡量评价对象是否达到评价指标要求的尺度。确定评价标准就是要分解教育评价指标体系中最低层次指标所包含的主要内容,以此确定标度,把达到的程度用等级或量化的分数表示出来。

4. 收集整理评价信息

收集评价信息是进行教育评价的基础性工作。评价信息是进行评价的客观依据,是做出科学评价结论的必要条件,对评价的相关信息占有的越多,评价结果就越准确合理,否则，教育评价就容易限于主观性、随意性，评价活动流于形式，收集信息要求做到评价信息的全面性、准确性和充分性。

整理评价信息，主要是指在全面、准确地收集到评价信息的基础上，认真对评价信息进行检查、分析和整理，以便用于处理得出评价结果。整理评价信息主要包括归类、审核和建档三个步骤。在整理分析评价信息的基础上，根据评价标准并充分听取、综合所有参与评价人员的分析与建议，对整理后的信息作出判断，形成最终结论。作出评价结论不是评价的唯一目的，评价是为了激励评价对象能更有效地开展工作，因而评价结论除综合判断之外，还应指出评价对象的优缺点以帮助其改进提高。

教育评价程序的最后一个阶段，就是对评价结果进行分析处理。这一阶段的工作质量，直接关系到教育评价作用的发挥，关系到教育评价的目的最终能否实现，也关系到教育评价工作能否不断深入发展和提高。处理评价结果主要包括五项工作：向评价对象回馈评价结论或建议；对评价活动本身的质量进行评价，为总结评价的经验教训、改进评价方案提供依据；撰写评价报告；向有关部门与人员回馈评价的结果；建立评价档案，将评价数据分类归档。在处理评价结果的过程中，最重要也是最容易被忽视的就是向评价对象回馈评价结论或建议。评价工作结束后，应第一时间将评价结果告知评价对象，并对其进行定期回访与跟踪调查，以将评价的最终目的落到实处。

由于人们思考问题的角度不同，对教育评价方法与技术的认识也不同。在实际的教育评价工作中，不同层次或同一层次的不同方法技术是交织在一起的。教育评价的基本方法包括：主管部门评价、同行评价、自我评价和社会评价。教育评价技术，就是在教育评价过程中确定评价指标权重和收集、整理、分析与解释评价资料的办法和手段。

第三节　教育评价方法

方法技术作为处理问题的手段有其自身的价值。一种方法技术解决特定评价问题上所能够起到的作用，就是其自身价值的反映。方法技术作为解决问题的手段，是为人的需要服务的，其运用从属于使用者对方法技术的认识和价值选择。使用者的认识水平和主观意图影响其对方法技术的理解、选择与使用，影响方法技术的效用。要使教育评价方法技术发挥预期的作用，需要处理好其工具价值和内在价值的关系，使其与评价目的相一致。[①]

一、教育评价方法分类

多年来，国内外关于定量评价和定性评价的持续争议，最根本的原因是孤立、排斥性地强调各自的方法优势，加上应用中的偏离、误读、误解、误用，引发定量评价过于被"客观"化，也成了"唯"的重要原因之一。而把种种错误导向归罪于评价本身，是一种简单化

---

① 沈玉顺.高等教育评价方法技术的误用、滥用及其矫正[J].复旦教育论坛,2010,8(5):10-13.

的认识。历史经验告诉我们,即使评价理念正确,价值导向正确,如果方法不当,评价结果不能反映事实,评价目标仍会落空。因此需要认真梳理当前教育评价的主要特征及面临的挑战,理性地分析定量评价和定性评价的本质特征,客观分析其优势和缺陷,在此基础上探索融合二者优势的新途径和新方法,破解评价难题,为扭转不科学的教育评价导向提供理论和应用支持。[①]

(一)量化评价

1. 量化评价的含义

量化评价遵循的是科学主义方法论。科学主义是近代自然科学自牛顿以来确立的一种方法论观点,这种观点认为社会现象与自然现象尽管在表现形式上有所不同,但在本质上都是客观的、因果性的和有规律的,因而是可以观察、实验和概括的,可以用数学形式对社会和自然现象进行分析和概括。量化评价是对一个对象内部几个因素或者几个对象之间的数量特征、数量关系与数量变化的分析,其特点在于:运用管理学、统计学、运筹学、系统工程等科学方法,在错综复杂的问题中理清脉络,提炼要素,并理清有关要素间的逻辑和数量关系;确定量化的原则;建立相应的数学模型;运用有效算法做出合理的和符合需要的结论。[②]

2. 量化评价的优势和局限

(1)量化评价的优势

第一,简单明了。量化评价方法具有简单、明了的特点,能够直接反映评价对象的特质,适用于某些简单、单纯的教育现象或活动。

第二,精确客观。量化评价充分发挥了数量化方法客观、准确的优势,有助于降低评价的主观性和模糊性,增强评价的客观性和精确性。

第三,易于比较。量化评价将评价对象进行数量化的分析和计算,有助于加强评价的区分度,方便人们对评价结果进行纵向或横向比较。

第四,便于操作。实践操作性是教育评价活动的基本要求之一,一般来说,只要量化工具的开发设计较好,量化评价十分便于人们开展教育评价实践工作。[③]

(2)量化评价的局限

量化评价在教育评价历史上曾经起过非常重要的作用,但该评价方法也存在一定的局限性。

第一,量化评价容易忽视教育中那些不可测量的重要方面,对于人的行为的主动性、创造性和不可预测性等高级心理过程而言,量化评价作用非常有限,正如伯曼(Louise Benman)所言:"若只关注可测量的课程,则极易排除对那些不可测量的人类经验的教学。"

第二,量化评价常常以预定目标为评价标准,支持的是有意识、有组织的结果,容易忽略对预定目标之外的非预期事件或非计划性结果的关注,直接影响着给定教育计划的持

① 林梦泉,任超,陈燕,等.破解教育评价难题探索"融合评价"新方法[J].学位与研究生教育.2019(12):1-6.
② 张远增.高等教育评价方法研究[D].博士学位论文,华东师范大学,2001.
③ 刘志军.教育评价.北京:北京师范大学出版社,2018:164-165.

续性再开发。

第三，量化评价更多地服务于教育管理工作，重视行政管理人员和研究者的需要，容易忽视教师在工作中的实际问题与需要。

第四，量化评价遵从一元化价值评价标准，容易忽视评价相关利益者的价值多元性。

（二）质性评价法

1. 质性评价的含义

质性评价遵循人本主义方法论。人本主义认为，社会现象与自然现象根本不同，社会现象在本质上是不可能客观地进行分析和说明的，只能通过理解和释义来整体把握。质性评价方法意味着评价者通过特定方法收集反映评价对象发展状况的丰富资料，对资料进行整理分析，并用描述性、情感性的语言对评价对象的能力发展和人文素养等方面的进步做出评定。其主要特点是：强调评价的目的在于促进主体人的整体性发展；强调评价方式的情境性，认为评价方式存在着许多可能性，具体的操作方法常常因具体情境不同而不同，难以预设确定不变的具体程序；强调教育教学是需要不断反复检查、反省、修正的、持续的、动态的、变化的过程。

2. 质性评价方法的优势和局限

（1）质性评价方法的优势

质性评价方法的优势在于，可以在微观层面对教育现象进行比较深入细致的描述和分析。具体而言，质性评价方法的优势有以下几个方面。[1]

第一，全面。质性评价方法既注重教学目标又关注教学过程，不用过于刻板的标准来衡量所有的学生，而是通过学生在学习过程中的表现去判断每位学生的学习质量和水平，是对学生的全面评价。

第二，及时。质性评价方法讲究与教学同步进行，能及时反映学生学习中的情况、发现教学中存在的问题及不足，有利于引导学生的发展方向并对教学做出有针对性的调整。

第三，灵活。质性评价多在自然情境下进行，可以对个体生活世界进行较为灵活的研究，使个体在丰富、复杂、流动的自然情景中接受评价。

第四，深入。质性评价方法采用多种评价方式，可从学生本身、同辈伙伴、教师家长等不同角度获取信息，进而从不同视角对学生进行描述和评价，对学习的评价层次更高、更深入。

第五，持久。质性评价方法不像传统评价方法那样间歇式进行，而是贯穿学习活动始终。

（2）质性评价方法的局限

第一，由于质性评价方法更多地采用了开放的、即时的评价方式，特别是对学习过程的评价，所收集的资料和判断的标准可能都会因时而变、因人而异。

第二，质性评价方法常常要求评价者对被评价者的个人经验建构出解释性理解或体会。评价者凭借自己的经验和理解，对被评价者的生活经历进行评判，难免会留下自我的

---

[1] 涂艳国，教育评价[M].北京：高等教育出版社，2007：200-202.

思想痕迹。

第三,质性评价方法贯穿于学习和教学过程的始终,评价的强度应该多大才恰当,比较难以把握。

第四,伴随质性评价方法产生的还有许多新颖的评价工具,这些评价工具同样有明显的局限。如消耗时间过多、评价标准不稳定等。

（三）融合评价方法

"融合评价"是吸收计量分析的客观性和同行评议的学术性、综合性的优点,充分应用数据、证据的客观事实特征,与人的学术和专业性智慧融合交互、相互支撑,进行更加科学的评判,提升同行评议的导向性、约束性和易控性,同时提高计量评价的广泛性和可靠性。这种方式克服了一般同行评议的短板,提高客观性和可信度,提升评价精度,从而提升评议分辨率,突破了评议结果9档的局限。同时提高评议效率,评审的材料数量可以扩大。反之,其融合理念应用于定量评价,也将提升计量评价的可信度。融合评价为解决不科学的教育评价问题提供了新路径,丰富了教育评价理论体系。[①]

1. 方法特征

（1）借助数据计量的客观事实,为同行评议提供支持,提升同行评议的可信度;（2）借助同行专家的专业性,解决数据的不确定性问题,提升计量评价的准确性;（3）是融合评价更加宏观的应用,超过微观的计量或同行评价融合,评价方法设计时可以融合多维评价方法、多维对象信息、多维信息类型。如对一个项目或指标的评价,除了同时可采用计量评价和同行评议、优势互补外,还可在指标信息类型和信息来源渠道上进行多维融合,全面提升评价的科学性,破解"五唯"等问题。

2. 应用步骤

以同行评议为主线的融合评价共分为四个步骤:一是规范评议信息,提供客观事实。对评议信息的提供提出要求,包含统一要求的"结构性证据"[②],如关键数据、主要成效的证据、证据链、证据可鉴性和可寻路径等;二是就评议对象的公共数据进行写实性分析,提供给专家参考;三是根据评议价值导向,制定评议规则和评价标准。主要包含价值导向、评价重点、评价结果的分类规则等;四是组织评议。要求同行专家按照规则和导向,关注对象事实、参考数据及其分析结论,进行综合研判。为充分发挥融合评价的优势,可利用现代化评议平台,依据数据事实和分析结果有序呈现,协助同行专家评议,并对评议行为进行规范、提醒、约束,以及评议结果反馈验证等技术,提高评议客观性,克服人情因素,提升评价的整体可靠性。

[①] 林梦泉,任超,陈燕等.破解教育评价难题探索"融合评价"新方法[J].学位与研究生教育,2019(12):1-6.

[②] "结构性证据"是融合评价新方法的重要内容,是指从结构性考虑多维元素之间的内在关系,从而更科学、系统地呈现可靠证据,助力教育评价。具体方法是:从延续性、立体性、互鉴性的视角,形成结构性事实,使得教育评价的依据更加可靠、可信、准确,更加实事求是,更能呈现教育内涵发展规律。"结构性证据"包含了"证据链"和"立体证据"。"证据链"主要指延续关联的证据;"立体证据"主要指跨越链条式的、包括立体空间式的具有交互关系的证据。"结构性证据"的提出拟从多维、结构性评价理念出发,创新证据提供方式、要求和分类,为融合评价等各类评价方式的改进、评价可信度的提高提供有力支撑。

二、教师评价方法

教师评价往往是教师激励的具体实现，通过评价方式和评价结果在管理中的运用，从而达到现实的激励效果。在学校管理中，教师评价是一个备受关注而又问题重重的管理课题。教师评价往往涉及每一个教师个体的切身利益和主观感受，涉及教师团队的人际和谐和工作状态，因此需要管理者充分重视，谨慎选择和使用科学恰当的评价方式。[①]

（一）两种不同价值取向的教师评价制度

教师评价并非只是一个技术操作层面的问题，评价背后的价值取向以潜隐的方式渗透在评价的整个过程当中，影响着评价的性质和方向。因此，对于教师评价内在的价值取向的澄清和反思是教师管理者需要做的首要工作。教师评价的价值取向是要回答"为了什么而评价""为了谁而评价"的问题。也就是说，要明确评价的终极目的，为评价的实施确立内在的价值导向。

在教师评价发展和完善的过程中，逐渐形成了两种不同价值取向的评价类型，即侧重于绩效管理的奖惩性教师评价和侧重于专业发展的发展性教师评价。

1. 奖惩性教师评价制度

奖惩性教师评价制度又称"绩效管理型教师评价制度"或"行政管理型教师评价制度"。此评价制度形成、发展和盛行于教师评价的传统时期——20世纪初至80年代中期。

奖惩性教师评价制度以加强教师绩效管理为目的，根据对教师工作的评价结果，做出解聘、晋升、增加奖金福利等决定。也就是说教师评价的目的是为了进行行政管理决策，做出相应的等级浮动和利益分配。这种教师评价贯彻的是一种管理和控制教师的价值取向。这种内在的价值取向是与其所依据的理论假设密切相关的。在管理者的思想中如何理解人和人性，决定了其对待人的方式和态度。奖惩性教师评价制度深受西方科学管理理论的影响。科学管理理论把人视为追求最大经济利益而工作的"经济人"和被动工作的"机器人"。在"科学管理之父"泰罗（Taylor）看来，如果给予正确的刺激，就可以把人作为机器使用，从而提高生产力。他甚至为人不像牛那样愚蠢而感到遗憾，他认为，如果人真能像牛那样愚蠢，就可以让他们俯首帖耳，按照他设计的标准动作进行工作，则工作效率会大大提高。[②] 由此可见，奖惩性评价所依据的理论假说忽视了人性中更为积极和高尚的部分，是一种在较低层次上展开的管理方式。

奖惩性评价制度在教育领域的推广和实施与查尔斯·博比特（Charles Bobbitt）的工作有关，他一直致力于在企业和学校之间建立一座桥梁，将广泛运用于企业的科学管理理论移植到学校管理中来。在他看来，学校可以通过运用科学管理理论和方法，培养出可以预见的更加完美的学生，为此就需要对教师实施奖惩性评价，使其实施有效教学，从而确保教育目标的实现。然而，学校在本质上不同于企业，教师和学生的关系也并非"工人"和

① 张冬娇,程凤春.学校管理学[M].北京:北京师范大学出版社,2014:147.
② 王斌华.教师评价:绩效管理与专业发展[M].上海:上海教育出版社,2005:18.

"原材料"的人与物的关系。因此,对于企业管理评价方式的照搬在实际管理中暴露出种种弊端和局限性。以绩效管理和行为控制为目的的奖惩性评价难以充分调动教师的工作积极性,反而比较容易引起教师的反感和抵制。正如博尔顿所指出的,"问题不是教师是否应该接受评价,而是如何使教师评价成为一种有效制度。因为教师具有改善工作和促进专业发展的内在欲望"。[①] 因而,教师评价需要一种更能激发教师内在的工作欲望和发展欲望,更符合教育自身特质,更具有建设意义的制度。

2. 发展性教师评价制度

发展性教师评价制度又称为"专业发展性教师评价制度"。它始于 20 世纪 80 年代中期,首先出现在英美等国。这种教师评价模式是伴随教师专业化的发展而受到人们的关注和认可的。发展性教师评价制度以促进教师的专业发展为目的,在没有奖惩的条件下,通过实施教师评价,达到个人与组织共同发展的双赢结果。

奖惩性教师评价受到人际关系理论、需要层次理论以及双因素理论等管理理论的影响。因此,该理论从"社会人"的角度出发理解人的本质,从人的潜能和价值的角度对人的发展报以积极乐观的态度,相信人的自我实现的内在驱动力量。

整体而言,发展性教师评价制度重视教师在学校发展中的主体性作用,认为教师是学校的第一要素,只有调动教师的积极性并促进教师的发展才能实现学校的变革和发展。因此,发展性教师评价强调"发展才是硬道理",注重通过发展并在发展过程中解决教师管理问题。因为,教师专业发展是学校发展的基础,具有最稳定、最持久的动力。此外,该制度基于对人的个体性的尊重,强调在评价中对个体差异的尊重,实施"差异评价",鼓励教师以自己的方式和自己的程度实现进步和发展。可见,发展性教师评价具有浓厚的人本色彩,将评价过程转变成一个具有鼓舞性的过程,并且构建了宽容、信任、民主、和谐的组织氛围。

3. 两种教师评价制度的比较

奖惩性教师评价与发展性教师评价作为两种不同价值取向的评价制度虽然区别明显,但却非泾渭分明。通过对两种评价制度的比较,可以更为清晰地把握其特点,从而在具体的教师评价过程中能够理性选择和运用,而通过对两者可能的联系的分析,也可以使教师评价能够兼具两者的优点,使评价过程更具现实性和艺术性,实现一种理想的评价效果。

具体而言,可以从以下几个方面对两种评价制度的特点进行比较和分析:

第一,评价目的。奖惩性教师评价制度以加强绩效管理为目的,它主张高度集权,从严管理,依据教师评价的结果,对教师做出奖励或惩罚,从而提高管理效率;发展性教师评价以促进教师的专业发展为目的,主张适度分权,民主参与,通过教师评价促进教师个体的专业发展,为学校的发展奠定基础,在学校和教师的共同发展中提高办学质量。

第二,评价功能。奖惩性教师评价特别注重甄别与选拔功能,通过评价,筛选出少数优秀教师和不合格教师,予以相应的奖惩。在具体实施中,奖惩并举的评价模式演化为四

---

① 王斌华. 教师评价:绩效管理与专业发展[M],上海:上海教育出版社,2005:6.

种不同的变通形式:"只奖不惩""奖多惩少""惩多奖少""只惩不奖"。发展性教师评价弱化甄别和选拔功能,强化促进全体教师发展的功能,通过对教师个体发展的引领和推动,实现教师与学校的共同发展。

第三,评价方向。奖惩性教师评价是一种面向过去的教师评价制度,特别关注教师在评价前的工作结果是否达到了预设的标准,以便进行奖惩;发展性教师评价则指向未来,注重教师专业发展目标的实现。

第四,评价主体。奖惩性教师评价是由单元主体实现的,通常由校长、教研员等上级领导或专家担任。这种评价存在评价信息较为片面、评价过程缺乏民主性、评价对象缺乏知情权和参与权等弊端。发展性评价较多使用多元评价,主张由专家、领导、同事、学生和学生家长以及评价对象自身共同担任评价者实施评价。主体多元的评价过程使评价信息更为全面、评价过程更为开放透明,也为评价对象提供了自我参与和反思的机会,因此,会对评价对象形成更大的内在的激励效果。

第五,评价关系。奖惩性评价是自上而下实施的,评价者与被评价者之间是一种支配者与被动接受者的关系。评价结果将作为对教师进行奖惩的依据,因此评价过程拒绝被评价者的介入,形成了一种戒备、防范甚至敌对的关系。这样,评价者与被评价者以及被评价者之间缺乏沟通和交流,也就缺乏理解和合作,评价结果也就难以得到教师的认同,甚至有可能形成对评价结果的反感和抵触。发展性教师评价则非常注重评价对象对评价结果的认同,要求评价对象最大限度地接受评价结果,并通过自我总结和反思,将其作为未来发展的起点和借鉴。因为评价目的与评价对象自身发展的内在统一以及评价过程的多元和开放,使得在发展性评价中,评价者与被评价者之间容易形成和建立一种彼此接纳、民主和谐的关系。

以上对两种评价制度的比较都是相对而言的。整体来看,两种评价制度都并非"十全十美"或"一无是处",而是各有利弊。奖惩性评价制度通过操作性较强的绩效管理,使优秀教师得到应有的奖励,不合格教师得到相应的惩罚,但是在不同程度上却忽视了教师的自我诊断和自我发展,忽视了教师的主体性作用;发展性教师评价促进了教师的专业发展,但是在一定程度上会削弱一些教师的危机意识、竞争意识和责任意识。因此,在实施教师评价的过程中需要取长补短,充分发挥不同评价制度的优势,实现理想的评价效果。

(二)教师评价的主要方法

1. 绩效考评法

(1)绩效考评法的内涵

绩效考评法是一种常用的教师评价的方法。绩效考评法是指学校在一定时期内,运用定性与定量的方法,对教师的工作结果和工作表现进行考核和评价的方法。有学者把绩效评价方法划分为三类:判断法、绝对标准法和结果取向法。[①] 一般而言,对教师的绩效考评包括两个方面:教师的工作表现和工作结果。[②]

工作结果又称为"任务绩效",是对应于教师承担的工作而言的,即教师完成工作的结

---

① 伦恩伯格,奥恩斯坦.教育管理学:概念与实践[M].5版.北京:中国轻工业出版社,2013:598.
② 张冬娇,程凤春.学校管理学[M].北京:北京师范大学出版社,2014:151-154.

果或履行职责的结果,如出勤率、教学时数、学生成绩、发表论文篇数等。工作结果是绩效考评的最基本的部分,其考评通常采用可以量化的评价标准。工作表现又称"周边绩效",是指教师履行职责过程中的行为、态度和素质,如"工作敬业""态度认真""关心集体"等。这些是内隐的、不易量化的,其考评通常采用质性的评价标准,主要依靠评价者的主观判断。

(2)绩效考评法的流程

绩效考评法的操作流程通常包括制定考评方案、确定考评周期、确定评价者、制定评价标准、选择考评方法、收集数据信息、开展考核评价、解析评价结果八个阶段。

在这些流程中,具有关键意义的是评价标准的制定。这里需要指出的是评价标准有绝对评价标准和相对评价标准之分。绝对评价标准是以客观事实为依据,不以评价者的主观意志为转移的标准。这一标准主要用于对较易量化的教师工作结果的评价。相对评价标准是指相互比较的、较为抽象、不易量化的评价标准,具有一定的模糊性、隐蔽性,需要经过观察和必要的推断才能得出结论。这一标准主要用于难以客观量化的教师工作表现的评价。在实际的评价过程中,需要根据教师工作的性质和特点科学合理地制定和使用评价标准,实施绩效考评。有学者基于实践提出了教师评价标准应具有的四个属性:阶梯性,以适应教师成长的阶段性;差异性,以适应不同学科教师的不同要求;多维性,以适应新课程对教师的多元化要求;模糊性,以适应教师教育工作的特殊性。"实践出真知",教师评价标准应该伴随教育改革和教师队伍专业化发展的实际不断发展和完善,以求对教育和教师自身的发展发挥切实的作用。

2. 教学档案袋评价法

教学档案袋评价法要求教师建立自己的过程性、结果性和展示性教学档案,通过开放的多层面的评价,充分感受自己的进步和成长,提高教师的反思能力,促进教师的专业发展。教学档案袋评价法的主要意义在于:承认教学工作的复杂性;教师获得主动参与评价过程的机会和权力;有利于评价者和评价对象之间的合作;促进教师的自我评价和反思,进而促进其专业成长;为教师申请奖项或晋升职称等提供依据。

依据档案性质的不同,教学档案袋一般分为过程性教学档案袋、结果性教学档案袋和展示性教学档案袋三种类型。教学档案袋内的资料及其收集方法主要取决于教学档案袋的评价目的。过程性教学档案袋旨在说明教师成长和发展的过程,结果性教学档案袋的目的是证明教师实现目标的程度,展示性教学档案袋是为了展示教师的最佳业绩。

教师档案袋评价适用于教师专业发展的不同阶段,在具体使用过程中需要激发教师专业发展的内在需求,并且建立和形成教学反思和交流的习惯和团体氛围。这样才能为教学档案袋的有效实施奠定主体性的条件。

3. 微格教学评价法

(1)微格教学评价法的内涵

微格教学评价法是指借鉴和采用微格教学的操作程序和方法,要求评价对象轮流上课一段时间,展示各自教学行为和教学技能,通过拍摄录像和重新播放录像,开展自我评价、同事互评和专家点评。微格教学法是在微格教学基础上演变而来的,是一种旨在促进教师教学技能和素质发展的评价方法,该方法具有规模小、省时、集中、直观、宽松、反馈及时等特点。

（2）微格教学评价法的步骤

微格教学评价法的实施一般包括六个步骤：设施准备、前期辅导、编制评价表、编写教案、教学录像、实施评价。在实施微格教学评价法的过程中，最核心的步骤就是最后一步——实施评价。在这一环节首先由评价对象介绍自己的教学目标、教学手段、教学意图和步骤等。然后，运用快放、慢放、定格等方法，重播每一位评价对象的教学录像，让所有的优点和缺点彻底"曝光"，同时采用评价对象自评、同事互评和专家点评相结合的办法，对评价对象的教学行为和教学技能进行评论和点拨。最后，填写教学评价表，给评价对象打分，并由专家根据评价反馈意见和评价结果提出建议，进行指导。

（3）微格教学评价法的优点

第一，微格教学评价法的评价指标较为集中。该评价法将复杂的教学过程分解成若干单项技能，如导入技能、讲解技能、提问技能、组织活动技能等，有针对性地确定评价指标，进行较为深入、细致的评价。

第二，评价主体多元化。常规评价方法一般由领导和专家对教师进行评价，主体比较单一。微格教学评价法强调评价主体的多元化，采用自我评价、同事评价、专家点评相结合的方法，改变了评价对象一味被动接受评价的传统做法。而且，在评价过程中特别强调评价对象的主体作用，尊重每一位评价对象的个性，尽可能为每一位评价对象提供自我改进和发展的机会。

第三，评价反馈及时有效。微格教学评价法利用现场录像等技术，完整、准确地记录了评价对象的教学全过程，并通过录像回放等技术，把评价对象的教学过程分解成一系列具体、清晰的教学片断，使评价双方可以反复观看教学录像，减少了评价者的主观因素，提高了反馈意见的可信度以及评价对象对反馈意见的认可度。同时采用及时反馈和短时反馈方式，让评价对象及时获得具体、明确的反馈意见，从而提高评价的有效性和针对性。

4. 自我评价法

教师管理最终需要教师的自我管理，而教师自我评价正是教师自我管理的重要方面。自我评价法是指教师自己按照一定的评价标准对自己的工作进行评价，通过自我诊断和自我反思，实现自我激励和发展的评价方法。自我评价法既可以作为一项独立的评价方法，也可以作为其他评价方法的一个组成环节，发挥教师自我评价中的主体作用。自我评价法的特点是容易操作、省时省力，能够调动教师的主体性，促进教师的专业发展。

自我评价法在实施过程中主要有三种类型，即诊断性自我评价、形成性自我评价和终结性自我评价。这三种不同类型的评价方法对应于教师的工作时间分布。诊断性自我评价在每学年的开学前使用，教师对照评价标准进行自我诊断，评估自己的优点和不足，明确自己的目标和努力方向。在学年过程中，运用形成性自我评价，教师对自我的工作过程进行跟进性评价，不断促进自己趋近于评价标准，同时不断进行自我调整，制定更优的自我改进方案。在每学年末，实施终结性自我评价，教师本人对照评价标准，结合自己工作中的进步和成绩、经验和教训进行评价和打分，在总结中明确自己的成长和不足，为新的评价周期的开始建立清晰的起点。

在实施教师自我评价的过程中需要注意两个问题：一是需要对教师进行培训，提升其自我评价的能力。由于教师自身在观念认识、专业能力等方面的局限,很多情况下对自我的评价可能不够专业和深入。因此,需要对教师进行必要的培训,让教师在伴随专业发展的过程中实施自我评价,反过来进一步形成专业发展。二是如何在实施自我评价过程中避免主观偏差的问题。主观偏差是一种客观存在,难以彻底消除,然而,可以通过制定较为客观的评价标准和操作性较强的实施程序在制度层面创造一种保障机制。从而使自我评价法的优点得到最大限度地发挥,缺点得到最大限度地削弱。

专栏 13-3

改革教师评价,推进践行教书育人使命

1. 坚持把师德师风作为第一标准。坚决克服重科研轻教学、重教书轻育人等现象,把师德表现作为教师资格定期注册、业绩考核、职称评聘、评优奖励首要要求,强化教师思想政治素质考察,推动师德师风建设常态化、长效化。健全教师荣誉制度,发挥典型示范引领作用。全面落实新时代幼儿园、中小学、高校教师职业行为准则,建立师德失范行为通报警示制度。对出现严重师德师风问题的教师,探索实施教育全行业禁入制度。

2. 突出教育教学实绩。把认真履行教育教学职责作为评价教师的基本要求,引导教师上好每一节课、关爱每一个学生。幼儿园教师评价突出保教实践,把以游戏为基本活动促进儿童主动学习和全面发展的能力作为关键指标,纳入学前教育专业人才培养标准、幼儿教师职后培训重要内容。探索建立中小学教师教学述评制度,任课教师每学期须对每个学生进行学业述评,述评情况纳入教师考核内容。完善中小学教师绩效考核办法,绩效工资分配向班主任倾斜,向教学一线和教育教学效果突出的教师倾斜。健全"双师型"教师认定、聘用、考核等评价标准,突出实践技能水平和专业教学能力。规范高校教师聘用和职称评聘条件设置,不得将国(境)外学习经历作为限制性条件。把参与教研活动,编写教材、案例,指导学生毕业设计、就业、创新创业、社会实践、社团活动、竞赛展演等计入工作量。落实教授上课制度,高校应明确教授承担本(专)科生教学最低课时要求,确保教学质量,对未达到要求的给予年度或聘期考核不合格处理。支持建设高质量教学研究类学术期刊,鼓励高校学报向教学研究倾斜。完善教材质量监控和评价机制,实施教材建设国家奖励制度,每四年评选一次,对做出突出贡献的教师按规定进行表彰奖励。完善国家教学成果奖评选制度,优化获奖种类和入选名额分配。

3. 强化一线学生工作。各级各类学校要明确领导干部和教师参与学生工作的具体要求。落实中小学教师家访制度,将家校联系情况纳入教师考核。高校领导班子成员年度述职要把上思政课、联系学生情况作为重要内容。完善学校党政管理干部选拔任用机制,原则上应有思政课教师、辅导员或班主任等学生工作经历。高校青年教师晋升高一级职称,至少须有一年担任辅导员、班主任等

学生工作经历。

4．改进高校教师科研评价。突出质量导向，重点评价学术贡献、社会贡献以及支撑人才培养情况，不得将论文数、项目数、课题经费等科研量化指标与绩效工资分配、奖励挂钩。根据不同学科、不同岗位特点，坚持分类评价，推行代表性成果评价，探索长周期评价，完善同行专家评议机制，注重个人评价与团队评价相结合。探索国防科技等特殊领域教师科研专门评价办法。对取得重大理论创新成果、前沿技术突破、解决重大工程技术难题、在经济社会事业发展中做出重大贡献的，申报高级职称时论文可不作限制性要求。

5．推进人才称号回归学术性、荣誉性。切实精简人才"帽子"，优化整合涉教育领域各类人才计划。不得把人才称号作为承担科研项目、职称评聘、评优评奖、学位点申报的限制性条件，有关申报书不得设置填写人才称号栏目。依据实际贡献合理确定人才薪酬，不得将人才称号与物质利益简单挂钩。鼓励中西部、东北地区高校"长江学者"等人才称号入选者与学校签订长期服务合同，为实施国家和区域发展战略贡献力量。

【资料来源】中共中央国务院印发《深化新时代教育评价改革总体方案》http://www.gov.cn/zhengce/2020-10/13/content_5551032.htm

第四节　教育评价改革

教育评价是对教育过程和结果的描述与价值判断，是教育教学工作的指挥棒，对教育评价对象具有重要的利害性与导向性，不仅影响着教育生态的健康状况，而且决定着教育发展的基本方向。因此，教育评价是现代教育治理的重要环节[1]，教育评价改革是教育改革的"牛鼻子"[2]。

我国现行教育评价存在目标比较狭窄、方法相对陈旧、主体比较单一、结果呈现过于简单等弊端，不能适应新的历史阶段教育发展的新需求，需要制度性转变。[3] 党的十八大以来，政府和教育界对各级各类教育评价问题的严峻性有着高度共识，并着眼于构建科学的教育评价体系，陆续出台了一些具体的教育评价改革政策，及时矫正教育评价中一些不良价值导向，努力推动教育评价体系的改革。《深化新时代教育评价改革总体方案》的制定，在构建中国特色、世界水平教育评价体系的历史进程中迈出了更加坚定的步伐，为从根本上扭转不科学的教育评价导向迎来了难得的政策窗口期，但教育评价问题是个系统工程，不局限在教育内部，更需要分层、分类、协同推进[4]。为进一步做好有关工作，石中

---

①　周洪宇.深化教育评价改革加快推进教育现代化——《深化新时代教育评价改革总体方案》解读[J].中国考试.2020(11)：1-8.

②　刘海峰、李木洲.构建"四位一体"功能互补的教育评价新体系[J].中国考试.2020(9)：1-4.

③　谈松华.关于教育评价制度改革的几点思考[J].中国教育学刊，2017(4)：7-11.

④　朱军文.分层、分类、协同推进新时代教育评价改革[J].教育发展研究.2021,41(7)：3.

英教授和其他学者提出如下建议①。

一、以马克思主义和习近平总书记关于教育的重要论述为指导

从马克思主义的基本立场、观点和方法来看,教育评价作为一种评价活动,它的本质不是技术性的,而是社会性的,在一些涉及党的教育方针贯彻落实以及办学方向的评价上甚至带有鲜明的政治性。因此,那些引起教育界内外严重不满的教育评价问题首先不是技术问题,而是价值问题。要解决这样的教育评价问题,仅从技术上改进、在评价指标的数量上做加减法是不够的,必须把树立正确的教育价值观放在首要的位置,明确培养什么人、怎样培养人、为谁培养人这样的教育根本问题;必须坚持立德树人的根本标准,把办好人民群众满意的教育,满足人民群众对公平而又有质量教育的需求放在首位,引导教育评价问题上的各种价值思潮;必须坚持马克思主义的唯物辩证法思想,反对在教育评价问题上的各种二元对立,如个人本位—社会本位、内部评价—外部评价、定性评价—定量评价、工具理性—价值理性、手段价值—目的价值、形成性评价—终结性评价、个体性评价—团队性评价、统一性—多样性、"唯"—"不唯"、发表—出局(publish-perish),等等,做好各种价值取向的平衡和综合的工作,努力达成新的教育评价中的价值共识。

深化新时代教育评价改革,必须贯彻落实习近平总书记关于教育的重要论述。党的十八大以来,习近平总书记关于教育的重要论述集中体现在教育工作"九个坚持"的论述上,系统回答了"办什么样的教育""如何办教育"以及"为谁办教育"等涉及教育事业发展的根本性问题②,这是指导新时代中国特色社会主义教育事业健康发展的思想纲领,也是指导新时代我国教育评价制度改革发展的根本理念。要坚持党对教育评价改革工作的全面领导,在教育评价实践和改革过程中全面贯彻落实党的教育方针,同时也把是否贯彻执行党的教育方针作为宏观教育评价的首要内容,把科学的教育评价体系的建立作为贯彻执行党的教育方针的重要机制。要坚持把立德树人作为教育评价的根本任务,确立立德树人在教育评价中的核心地位和检验教育工作成效的根本标准,不断改善立德树人的条件,提高立德树人的效益和质量,培养德智体美劳全面发展的社会主义建设者和接班人。要坚持把构建科学的教育评价体系作为优先发展教育事业的重中之重,为教育事业优先发展提供制度保障。要坚持教育评价的社会主义方向,体现社会主义教育事业的根本性质、发展规律和价值追求,确保教育评价改革始终沿着正确的政治方向前进。要坚持扎根中国大地开展教育评价改革,发挥好我国教育评价改革的体制和制度优势,充分汲取中国古代教育评价的优秀思想和经验,积极借鉴国际上教育评价的先进理念和有益做法,坚定教育评价改革的文化自信。要坚持以人民为中心深化教育评价改革,引导教育系统积极回应人民群众的教育关切,把提高广大人民群众对教育事业的满意度和获得感作为教育评价改革的基本价值遵循。要坚持把教育评价改革作为全面深化教育改革的重中之重,充分认识到教育评价改革在全面深化教育改革中的先导性和引领性作用,努力突破教育改革中的评价"瓶颈",通过教育评价改革释放教育系统活力。要坚持把培养堪当民族复

---

① 石中英. 回归教育本体——当前我国教育评价体系改革刍议[J]. 教育研究,2020,41(9):4-15.
② 杨晓慧. 习近平总书记教育重要论述讲义[Z]. 北京:高等教育出版社,2020.1-13.

兴大任的时代新人、服务中华民族伟大复兴,作为教育评价改革的终极价值使命,充分认识推动教育评价改革的重大时代价值和深远历史意义。要坚持教师是教育工作的主体,也是教育评价改革的主体,在教育评价改革中充分问计于教师,充分发挥广大教师的积极性、主动性、创造性,把是否增加广大教师的获得感和专业活力作为评价教育评价改革是否取得成功的核心标准。

专栏 13-4

《深化新时代教育评价改革总体方案》出台的背景、过程和意义

教育评价事关教育发展方向。习近平总书记高度重视,就深化教育评价改革做出一系列重要指示批示,特别是在 2018 年 9 月 10 日全国教育大会上进行了集中论述,明确提出健全立德树人落实机制,扭转不科学的教育评价导向,强调有什么样的评价指挥棒,就有什么样的办学导向;要坚决克服唯分数、唯升学、唯文凭、唯论文、唯帽子的顽瘴痼疾,从根本上解决教育评价指挥棒问题,扭转教育功利化倾向;对学校、教师、学生、教育工作的评价体系要改,坚决改变简单以考分排名评老师、以考试成绩评学生、以升学率评学校的导向和做法;国家机关、事业单位、国有企业要率先破除唯名校、唯学历是举的导向,建立以品德和能力为导向的人才使用机制,给全社会带个好头,担起育人的社会责任。2020 年 9 月 22 日,习近平总书记在教育文化卫生体育领域专家代表座谈会上强调,要抓好深化新时代教育评价改革总体方案出台和落实落地,构建符合中国实际、具有世界水平的评价体系。习近平总书记的重要指示批示为深化新时代教育评价改革指明了前进方向、提供了根本遵循。

为深入贯彻落实习近平总书记关于教育的重要论述和全国教育大会精神,教育部把深化教育评价改革作为重点攻坚任务,作为"龙头之战""最硬的一仗",成立专门工作组,切实加强对这项工作的组织研究和统筹协调。一是深入学习中央精神。以习近平新时代中国特色社会主义思想为指导,全面贯彻党的十九大和十九届二中、三中、四中全会精神,深入学习领会习近平总书记关于教育的重要论述和全国教育大会精神,始终把握教育评价改革的正确方向。二是开展全面系统调研。深入开展文献研究,分类开展专题研究,深度访谈专家学者,扎实开展实地调研,广泛听取各级教育行政管理人员、各级各类学校负责人、师生代表、有关专家和用人单位意见建议。三是广泛征求各方意见。文稿形成后,通过书面和座谈会等多种方式,征求有关部委、地方教育部门、各级各类学校代表和部分人大代表、政协委员、民主党派成员、国家教育咨询委员意见建议。四是认真研究论证完善。文件起草过程中,同步就教育评价改革的重要政策点开展论证,对各方意见建议逐一研究分析,不断修改完善文本,形成《总体方案》。

2020 年 6 月 30 日,习近平总书记主持中央全面深化改革委员会第十四次会议审议通过了《总体方案》,近日由中共中央、国务院印发。这是新中国第一个

关于教育评价系统性改革的文件。《总体方案》的出台实施,对于全面贯彻党的教育方针,完善立德树人体制机制,破除"五唯"顽瘴痼疾,引导全党全社会树立科学的教育发展观、人才成长观、选人用人观具有重大意义,必将有利于推动构建服务全民终身学习的教育体系,培养担当民族复兴大任的时代新人,培养德智体美劳全面发展的社会主义建设者和接班人,加快推进教育现代化、建设教育强国、办好人民满意的教育。

【资料来源】构建符合中国实际、具有世界水平的教育评价体系——教育部负责人就《深化新时代教育评价改革总体方案》答记者问

http://www.moe.gov.cn/jyb_xwfb/s271/202010/t20201013_494379.html

二、教育评价必须回归教育本体

当前,学者们对各种各样教育评价问题的批评逐渐集中在批评现行教育评价所使用的指标偏离了评价对象本身,不能反映评价对象的根本特性上。例如,把分数当成学习者的发展,把升学率当成学校教育的质量证明,把论文发表的数量和期刊当成论文本身的学术贡献和创新水平,把学者的头衔当成学者自身,把拥有有头衔的教师人数的多少当成高水平师资队伍的标志,如此等等。概而言之,现行的这些教育评价正在走向"本末倒置"甚至是"舍本逐末"的危险境地。有学者曾指出,"在学术评价中,为体现客观性,简单的论文计数不敷所用,于是就有了引用次数,进而刊物影响因子与各种分区、基本科学指标数据库(Essential Science Indicator,ESI)引用排名等,计数模型越来越精致化。然而模型再精致化,数据再丰富,如果数据的内涵不能反映学术的内在品质,这种评价就难以做到完全客观。"[1]现行的学术评价一味地追求数量上的客观性和模型上的精致性(各种指标权重确定的科学性),但其结果却偏离了或牺牲了"学术的内在品质"。而这种学术评价制度正是造成当前学术界虚假繁荣甚至产生学术不端的直接根源。还有学者也关注到这种评价现象在教育领域的广泛存在,认为"我们的学者、大学、政府普遍热衷于评价,却很少思考、更没有很好地把价值目标置于评价的中心。这样的评价只能是空洞的数字,没有意义的话语,不但不能提升、促进和引导教育的发展,反而把教育本质的追求、内涵的发展削弱和冲淡了"[2]。显然,这样的教育评价已经不再是从评价对象的立场出发,更不能反映评价对象本身的性质,反过来通过评价行为在评价者和评价对象之间形成了一种控制和被控制的关系,对评价对象构成了一种牵制性的力量。

如何解决这个带有根本性的教育评价问题?从教育哲学的层面上说,就是教育评价必须要回到"教育本体",或者更通俗一点,回到"教育本身"。基于马克思主义的本体论立场,教育本体可以被看成一种培养人的社会实践活动,专门指向人的多样、可持续和有价值发展,与社会政治、经济、文化等其他类型的实践活动具有本质的区别。在此意义上,评价教育活动与评价政治活动、经济活动、文化活动也必须有本质的区别。这就需要进一步

① 阎光才.谨慎看待高等教育领域中各种评价[J].清华大学教育研究,2019,40(1):1-4.
② 叶赋桂.教育评价的浮华与贫困[J].清华大学教育研究,2019,40(1):18-21.

对教育本质属性进行分析。应当说,教育的属性是比较丰富的,但是其最根本、最普遍的属性还是立德树人,体现为教育的人文性和伦理性。但是,具体到"立什么德""树什么人"的问题,又有社会性和时代性,反映了一个时期社会政治、经济、文化、科技等方面的特殊要求。所以,教育的本质既包括一般本质,也包括特殊本质。教育的一般本质寓于特殊本质当中,并通过特殊本质表现出来。教育的特殊本质是一般本质在具体社会历史条件下的生动和丰富表达。这是教育本质的辩证法,也是教育评价回归教育本体必须予以考虑的具体内容。更明确地说,教育评价回归教育本体,最关键的就是要回归教育的本质,既要回到教育的一般本质,也要回到教育的特殊本质,既要体现教育的人文性、伦理性,又要体现教育的社会性、历史性。

以上是对教育评价要回归教育本体的简要理论分析。具体到各级各类教育评价、学校评价、校长评价、教师评价、学生评价都可以应用这个"回归教育本体"的思想方法,建立合适的概念框架和指标体系。如果就高等教育系统中的大学而言,大学的评价就应该体现大学的本质特点。大学的本质特点是什么?我国现在普遍的看法是教学、科研与社会服务的统一(即教育性、学术性与服务性的三位一体,是对传统教育性与学术性相统一的新发展),统一在"立德树人"这个核心任务上,具体指向德智体美劳社会主义建设者和接班人的培养。如果没有了立德树人这个核心,教学、科研、社会服务可能就会成为"三张皮",出现科研与育人脱节、社会服务与育人脱节,甚至出现科研职能、社会服务职能压倒了育人职能的现象,"立德树人"本身被边缘化、虚化和口号化。现在各种各样的大学排行榜、学科排行榜之所以饱受诟病,根本原因就在于它们并不能充分反映大学的本质,只是对大学所拥有的各种条件、资源、荣誉、学术成就的评价,而不是对大学立德树人成效的评价。大学的学术评价也存在类似的问题。学术活动的本质是对未知世界的探索,目的是创造新的概念、理论、技术或方法。因此,学术评价最重要的是要看学术的创新性如何,而不是看发表论文的数量、发表刊物的级别、论文发表的语言以及论文发表的作者是谁。后面这些东西只是指引评价者接近学术本质的线索,而不是学术评价的应然对象。用学术活动的一些可量化特征来代替学术活动的本质特征加以评价,很容易误导研究人员远离学术活动的本质要求而追逐可量化的学术表现。

教育评价回到教育本体,在实际工作中要求评价者从评价对象的本质特性出发来制定评价标准、选择评价的工具和手段。评价的目的是为了评价对象能够更充分地实现自己的本质属性或者能够更好地履行自己的工作职责,而不是为了满足外部的排序、分等、控制等目的。教育评价要分类进行的主张可以从本体论上得到解释和辩护。评价对象的类型不同,采用同一种评价标准自然是不合适的,引导不同类型的高等学校或不同岗位职责或不同学科的教师都追求同一种标准更是危险的。同时,要加强学术和教育共同体的建设。教育是一项专业性的实践活动,高等教育必须以高深的学术性知识为媒介,因此,教育的评价最合适的主体就是教育者、学者自身,他们对教育的性质、内涵、价值、对象、结果以及学术的本质、多样性、前沿性、创新性等有着比其他人更为准确的认识,由此回归教育本体的教育评价必须依赖于负责任的教育共同体、学术共同体的忠诚履职和出色工作。加强各种各样的教育和学术共同体建设应该是教育评价回归教育本体的一项重要机制建设。

三、进一步完善教育评价治理体系

教育评价属于公共政策的范畴,它的合理性也必须受到公共政策的约束与规范[①]。当前,我国整个教育治理的体系还不够完善,尤其是教育评价治理体系尚未很好地建立起来。完善科学的教育评价治理体系,是深化当前我国教育评价改革的重要主题。

1. 审查和修订《教育法》《高等教育法》《义务教育法》《教师法》等法律的相关条款,明确各级各类教育评价的相关法律规定,就各级各类教育评价的性质、主体、内容、类型、结果使用等基本问题做出适当的法律规定,并依据相应的法律规定出台具有指导性、规范性和约束性的部门规章制度,使我国整个教育评价工作有法可依、有章可循,进一步规范教育评价行为。

2. 审查和理顺教育评价的领导体制,就教育评价的多头管理、各自为政问题以及彼此之间的一致性协调性问题给出明确的解决办法。考虑我国教育领导体制的特点和国际上的教育评价治理的有关情况,建议构建省部两级教育评价领导体制;在教育部和各省市自治区教育行政架构下设立专门的教育标准和评价管理部门;组建专门的全国性和省级教育标准制定和评价专家委员会,这些委员会的专家构成应当体现多学科性,教育学家、心理学家、管理学家、著名大中小学校长等都应该有一定的比例;明确专家委员所承担的工作职责,构建全国和地方性教育标准体系和教育评价工作体系。

3. 调研大中小学的年度接受评价的类型、主体、内容、时间等,依照中共中央办公厅国务院办公厅《关于减轻中小学教师负担进一步营造教育教学良好环境的若干意见》,进一步做好统筹规范督查检查评比考核等事项,最大限度地减少对大中小学校和幼儿园的评价事项,同时督促大中小学和幼儿园清理学校内部对教师的评价事项,有效解决长期以来反响强烈的各种问题;坚决治理教育评价中的乱象,对那些没有授权、没有资质的市场化商业化教育评价行为,坚决予以取缔,为大中小学的教育教学营造良好的制度环境,将广大教师从过多、过滥、过频的教育评价中解放出来。

4. 加强教育评价的治理能力建设,将教育系统的决策者、管理者和广大一线校长教师教育评价素养和能力的提升纳入整个国家教育治理能力建设的计划,通过各种途径帮助他们建立科学的教育评价理念、树立正确的教育评价价值导向、善于正确运用教育评价的"指挥棒"引导教育事业健康发展。例如,借助《深化新时代教育评价改革总体方案》带来的强大动力和有利环境,新高考将与破"五唯"同声相应,把改革推向深入[②]。

四、推动教育评价理论与技术创新

目前而言,我国教育评价理论研究、实证研究、政策研究以及技术开发研究的总体水平有待提高,教育评价学科的科学研究、人才培养、社会服务、国际交流与合作等方面的能力也还有待进一步提升。首先,从学科布局来看,目前国内设置教育评价学科或教育测量

---

① 谢维和. 教育评价的双重约束——兼以高考改革为案例[J]. 教育研究,2019,40(9):4-13.
② 边新灿,韩月. 论高考改革作为一种教育评价改革[J]. 中国高教研究. 2021(4):28-35.

与评价学科的高等学校数量屈指可数,主要集中在几所全国重点师范大学和极少数的省级重点师范大学等,远远不能满足各级各类教育评价工作的需要,应当有计划有组织地予以扩充。其次,从教育评价学科的学科基础来看,目前学科基础还比较窄,应当对于教育评价学科的多学科性、跨学科性予以充分体现,尤其是要加强教育评价学科基本理论的研究,加大构建中国特色、世界水平的教育评价体系重大理论问题研究。再次,从人才培养规模来看,每年该专业的硕士毕业生、博士毕业生数量非常有限,远远不能满足教育评价工作的需要。在各级各类教育行政部门从事教育标准制定、管理和教育评价管理的人员、大中小学幼儿园的校长也需要接受教育评价方面的专题学习和培训。建议在扩大教育评价学科授权点的同时,增加教育评价专业研究生的招生数量,同时开展在各级各类教育培训中增设教育评价的专题培训。最后,对大数据和人工智能[①]等信息技术在教育评价中的应用进行专题评估,一方面,充分挖掘信息据技术促进教育评价改革的潜能;另一方面,将信息技术与正确的教育评价价值取向、科学的教育评价体系有机结合在一起,避免信息技术在教育评价中的错误应用。例如,已有研究表明:信息技术赋能教育评价主要体现在"增强"评价工具、"创新"评价工具、优化评价管理、提升评价质量和拓展评价结果等方面;同时,在教育评价中利用信息技术也存在挑战与风险,主要是评价主体应用能力不足、信息技术自身不稳定不可靠、易流于"数据驱动"、易形成"算法霸权"及易滥用过程性数据等[②]。

五、创造更加良好的社会支持体系

构建科学的教育评价体系,不能就教育评价论教育评价,必须着眼于社会改革发展和国家现代化建设的大局,做好顶层设计和统筹兼顾,重点解决那些直接影响科学的教育评价体系建构和完善的社会和文化制约因素,构建科学的教育评价的社会和文化支持系统。

1. 认真研究社会各行业尤其是重点岗位招聘中的学历歧视问题,真正做到在人才招聘时全面考察、择优录取、选贤与能,促进就业公平,为教育系统内部的评价改革创造良好的社会条件。在教育系统内部的人才招聘和高等教育本科、硕士和博士生招生中,也要明确反对"以帽取人",反对第一学历歧视,坚持唯才是举。

2. 花大气力开展教育评价的舆论治理。深化教育评价体制改革,建立科学的教育评价体系,不能忽视媒体的力量和舆论的治理。要围绕党和国家有关教育评价改革的主要精神,发挥专家学者的作用,正确解读和积极宣传教育评价的新理念、新政策、新措施以及对人才培养及教育改革创新的长期效应。要治理新闻媒体中各种胡乱排名的现象,基础教育阶段中小学校和幼儿园应严禁排名,大学的各种排名也要严格限制,对于各种国际排名也要积极加强治理。要继续严格控制对中高考状元的宣传报道,严格控制对普通高中毕业生升入名牌大学等情况的宣传报道。应严格控制对各个大学拥有院士、长江学者、百千万人才、杰出青年等各种人才称号的公开报道,在日常的教育教学、项目申请、论文发表、学术报告、社会服务等各项活动中,应注重学者教学和科研的实际水平和贡献,明确规

① 张生,王雪,齐媛.人工智能赋能教育评价:"学评融合"新理念及核心要素[J].中国远程教育.2021(2):1-8.
② 张志祯,齐文鑫.教育评价中的信息技术应用:赋能、挑战与对策[J].中国远程教育.2021(3):1-11.

范人才称号的使用目的、范围和方式。

3. 充分发挥教育评价学术共同体的作用。当前,中国高等教育学会、中国教育学会等一级学会下都设有教育评价专业委员会,负责各级各类教育评价问题的研究、学术交流和人员培训工作,这是非常值得依赖的学术共同体。这些教育评价领域的专门学会应进一步明确深化教育评价改革的极端重要性,明确本学会所承担的重大责任,加强学会的组织建设工作,切实在教育评价改革领域发挥专业领导和支撑作用;围绕党和国家提出的重大教育评价问题深入教育一线,开展专题调查研究,厘清这些问题的具体表现、形成原因并提出可行性的政策建议,充分发挥教育评价学术共同体咨政建言的智库作用;专门学会相互间加强联系和协作,为整体推进教育评价改革贡献力量,同时加强与国外和国际教育评价协会间的交流与合作,在借鉴学习别国和国际上教育评价的先进理念和经验的同时,在国际上进一步讲好教育评价的中国故事,分享教育评价的中国经验,提供教育评价改革的中国案例,提高我们在国际上教育评价领域的影响力和话语权。

总之,构建科学的教育评价体系是当前中国乃至世界面临的一个教育难题,也是当前我国深化教育体制机制改革的一项重要任务。《深化新时代教育评价改革总体方案》的出台,标志着我国新时代教育评价制度改革已经从局部的改革进入总体改革的新阶段。

案例分析

评职称引起的风波

李校长刚到 A 校上任,恰逢上级部门下达 8 个小学高级教师职称名额。李校长便召集有关行政人员组成职称聘任推荐方案小组,根据市职称改革领导小组《关于职称工作若干具体问题通知》以及市人事局、教育局有关教师职称聘任推荐的精神,结合本校以往的聘任条件,进行讨论。在小组讨论中,李校长一条一条边提意见边修改,并将方案在教代会上举手表决通过。实行"三公开一监督制度",即计分标准公开、考核结果公开、竞聘对象公开,接受广大教职工监督。

没想到,教职工对此意见很大。特别是年龄大的老教师,多次集体上访。有一位老教师宣称:如果不给予聘任,将死在省政府门口。这一问题引起了市政府有关部门的高度重视,并派出由市纪检部门、市总工会、市教育局等组成的调查小组,专门对 A 校进行调查、处理。

调查发现,A 校近几年被聘任的教师都是年轻教师。深入调查发现,该校职称评聘主要以业绩考核成绩为依据,对老教师明显不利。学校业绩考核方案规定:凡是参加市级以上各种竞赛、论文发表取得前 3 名的,年度考核时另加 50 分。年轻教师在这一方面占了便宜。因为组织参加市级各种竞赛的指导教师都是年轻骨干教师,年度考核加分 50 分,明显太高。不仅如此,业绩考核中行政职务加分也过高,而主要行政岗位都是年轻教师担任。这样造成的结果便是近年来都是年轻教师被聘任。其实,对于原来的职称评聘方案,老教师早就有意见,希望新校长能够认真对待并加以改进。但是李校长觉得这一制度已经实行多年,没有大改的必要,所以基本上照搬了原来的职称评聘方案,结果引发了一场矛盾。

据此,上级决定:撤销李校长 A 校校长职务,将之派到 B 校任副职。后来,A 校代理校长组织职称聘任方案小组,对聘任方案进行修改,照顾老教师,另加 5 分分值。这样,差 3 年就要退休的 4 名老教师得以聘任。同时,学校又做了年轻教师的思想工作,才使 A 校风波暂时得以平息。

【资料来源】程凤春.学校管理的 50 个案例[M].2 版.上海:华东师范大学出版社,2018:112-113.

思考题

1. A 校在制定聘任方案上有什么不妥之处? 为什么?
2. 如果你是 A 校代理校长,你打算怎样化解评职称风波?

参考文献

[1] 阿吉里斯.组织学习[M],北京:中国人民大学出版社,2002.

[2] 艾尔·巴比.社会研究法(第十一版)[M].北京:华夏出版社,2009.

[3] 艾森斯塔德. S. N. 传统、变革与现代性——对中国经验的反思[M].上海:上海三联书店,2002.

[4] 保罗·A·萨巴蒂尔.政策过程理论[M].北京:生活·读书·新知三联书店.2004.

[5] 包海芹.教育政策制定的理论模式评析[J].江苏高教.2009(2):13-16.

[6] 鲍威尔,迪马吉奥.组织分析的新制度主义[M].上海:上海人民出版社,2008.

[7] 包治国,孙一平.网格化管理:高校学生管理新模式——以 P 大学为例[J].管理学刊.2018,31(5):57-62.

[8] 彼得·圣吉.第五项修炼——学习型组织的艺术与实践[M].北京:中信出版社,2009.

[9] 边新灿,韩月.论高考改革作为一种教育评价改革[J].中国高教研究.2021(4):28-35.

[10] 伯顿·克拉克.学术权力——七国高等教育管理体制比较[M].杭州:浙江教育出版社,1989.

[11] 伯顿·克拉克.高等教育系统——学术组织的跨国研究[M].杭州:杭州大学出版社,1994.

[12] 布莱克,C.比较现代化[M].上海:上海译文出版社,1996.

[13] 蔡晓良,庄穆.国外教育评价模式演进及启示[J].高教发展与评估.2013,29(2):37-44.

[14] 曹继军:江浙沪启动教育合作机制[N],光明日报,2003-10-14.

[15] 操太圣,任可欣.评价是如何影响高校青年教师专业性的?——以 S 大学为例[J].大学教育科学.2020(2):111-118.

[16] 岑洪.学生管理工作中开展思想政治教育的策略探讨[J].中国教育学刊,2019(S1):249-251.

[17] 查尔斯·德普雷,丹尼尔·肖维尔.知识管理的现在与未来[M].北京:人民邮电出版社,2003.

[18] 陈宝生.全面推进依法治教为加快教育现代化、建设教育强国提供坚实保障——在全国教育法治工作会议上的讲话[J].国家教育行政学院学报.2019(1):3-9.

[19] 陈晨,秦昕,谭玲,等.授权型领导——下属自我领导匹配对下属情绪衰竭和工作绩效的影响[J].管理世界.2020,36(12):145-162.

[20] 陈劲.管理学[M].北京:中国人民大学出版社,2010.

[21] 陈劲,郑刚.创新管理:赢得持续竞争优势(第三版)[M].北京:北京大学出版社,2016.

[22] 陈红燕,张新平.再论教育管理学的性质:三维审视[J].现代教育管理,2013(2):18-23.

[23] 陈庆云.公共政策分析(第二版)[M].北京:北京大学出版社,2011:10-11.

[24] 陈建华.论学校发展规划的局限性[J].教育发展研究.2015,35(10):20-25.

[25] 陈孝彬,高洪源.教育管理学[M].北京:北京师范大学出版社,2008.

[26] 陈向明.质的研究方法与社会科学研究[M].北京:教育科学出版社,2000.

[27] 陈晓萍,沈伟.组织与管理研究的实证方法[C].北京:北京大学出版社,2018.

[28] 陈学飞,林小英,茶世俊.教育政策研究基础[M].北京:人民教育出版社,2011.

[29] 陈振明.政策科学——公共政策分析导论(第二版)[M],北京:中国人民大学出版社,2003.

[30] 陈振明.公共管理学(第二版)[M].北京:中国人民大学出版社,2017.

[31] 陈子季,童世骏,高书国,等.中国特色社会主义进入新时代与深化教育体制机制改革——十九大后中国教育体制机制改革专题研讨会专家笔谈[J].中国高教研究.2017(12):20-24.

[32] 程凤春.学校管理的50个案例(第二版)[M].上海:华东师范大学出版社,2018.

[33] 褚宏启.教育现代化2.0的中国版本[J].教育研究.2018,39(12):9-17.

[34] 褚宏启.把简政放权进行到底:基础教育行政管理70年简评[J].中小学管理.2019(10):25-27.

[35] 褚宏启.制度为什么重要:教育法治化与学校制度建设[J].中小学管理.2019(8):60.

[36] 褚宏启,张新平.教育管理学教程[M].北京:北京师范大学出版社,2013.

[37] 楚江亭.学校发展规划:内涵、特征及模式转变[J].教育研究.2008(2):81-85.

[38] 戴本博,单中惠.外国教育通史(第五卷)[M].济南:山东教育出版社,2003.

[39] 戴维·波普诺.社会学(第10版)[M].北京:中国人民大学出版社,1999.

[40] 邓优,陈大超.教育管理现代化价值转向及实践路径[J].现代教育管理,2018(2):23-28.

[41] 杜屏,谢瑶.中小学教师薪酬满意度影响因素实证研究——基于公平理论的视角[J].华中师范大学学报(人文社会科学版).2018,57(2):168-177.

[42] 董奇,赵德成.发展性教育评价的理论与实践[J].中国教育学刊,2003(8):18-21.

[43] 丁冬,郑风田.撤点并校:整合教育资源还是减少教育投入?——基于1996-2009年的省级面板数据分析[J].经济学(季刊).2015,14(2):603-622.

[44] 范国睿.教育政策研究[M].福州:福建教育出版社,2020.

[45] 范国睿,孙闻泽.改革开放40年教育体制机制改革的历史与逻辑分析[J].教育研究.2018,39(7):15-23.

[46] 方晓田,郑白玲.中国高水平大学校长领导特质与治校理念研究[J].国家教育行政学院学报.2017(3):77-83.

[47] 冯刚.新时代高校班集体的发展状况与建构方向[J].思想教育研究.2019(3):106-109.

[48] 冯虹,张莹.增值评价:基于大数据的发展性教育评价模式[J].当代教育科学,2016(9):29-31.

[49] 傅维利,于颖.教师职业道德的独特品性及其价值实现[J].教育研究.2019,40(11):151-159.

[50] 弗兰克·J.古德诺.政治与行政:一个对政府的研究[M].上海:复旦大学出版社,2011.

[51] 高家伟.教育行政法[M].北京:北京大学出版社,2007.

[52] 高书国,杨海燕.中国教育规划的价值追求与模式转型[J].中国教育科学(中英文).2019,2(4):38-49.

[53] 高兴武.公共政策评估:体系与过程[J].中国行政管理.2008(2):58-62.

[54] 高淮微.我国中小城市区域教育规划编制研究:问题与对策[J].教育发展研究.2016,36(5):11-16.

[55] 龚孟伟,南海.高校教师自我身份认同及其提升策略探析——基于弗洛姆期望理论的考察[J].教育理论与实践,2019,39(18):31-33.

[56] 龚怡祖.教育行政体制中的基本结构关系分析[J].清华大学教育研究.2009,30(6):9-15.

[57] 《管理学》编写组.管理学[M].北京:高等教育出版社,2018.

[58] 郭道晖.论法的本质内容与本质形式[J].法律科学.西北政法学院学报.2006(3):3-12.

[59] 哈罗德·孔茨,等.管理学[M].北京:中国社会科学出版社,1987.

[60] 蒽楠.论基于"标准"的校长专业发展——我国《义务教育学校校长专业标准》反思[J].教育科学研究.2015(3):36-40.

[61] 蒽楠,李敏,周倩.我国中小学办学自主权研究:回顾与反思——基于三十余年来的文献分析[J].教育科学研究.2019(7):32-39.

[62] 郝旭光,张嘉祺,雷卓群,等.平台型领导:多维度结构、测量与创新行为影响验证[J].管理世界.2021,37(1):186-199.

[63] 赫伯特·西蒙.管理行为[M].北京:机械工业出版社,2003.

[64] 亨利·明茨伯格.管理工作的本质[M].浙江人民出版社,2017.

[65] 胡华忠.我国高校院系治理的困境及消解[J].复旦教育论坛.2020,18(3):5-11.

[66] 胡春光,董泽芳.论学校领导研究的新趋势:多元整合领导的理论架构[J].教育

研究与实验.2018(1):35-41.

[67] 胡君进,檀传宝.当前教育现代化观念的理论构造及其反思[J].现代大学教育,2018(2):12-17.

[68] 胡金木.现代学校治理的制度之善[J].华东师范大学学报(教育科学版).2018,36(2):54-59.

[69] 胡伶.我国教育政策研究方法的演进与反思:2000-2015年[J].现代教育管理,2017(6):47-52.

[70] 胡术恒,李有增.以课程思政拓展高校班主任的育人空间[J].中国高等教育.2020(11):29-30.

[71] 胡耀宗.现代教育财政制度建设的逻辑起点和主要任务[J].清华大学教育研究.2018,39(3):22-24.

[72] 胡耀宗,刘志敏.从多渠道筹集到现代教育财政制度——中国教育财政制度改革40年[J].清华大学教育研究.2019,40(1):111-120.

[73] 胡中锋.教育评价学.北京:中国人民大学出版社,2015.

[74] 扈中平,现代教育学(第三版)[M].北京:高等教育出版社,2010.

[75] 黄炜添.基于需要层次理论的教师轮岗激励分析[J].教育科学研究.2014(12):62-66.

[76] 黄崴.教育管理学[M].北京:中国人民大学出版社,2008.

[77] 《教育规划纲要》工作小组办公室.教育规划纲要学习辅导百问[M].北京:教育科学出版社,2010.

[78] 蒋和勇,张新平.对教育管理现代化概念及研究范式的反思[J].教育理论与实践,2003(7):18-23.

[79] 姜朝晖,黄凌梅,巫云燕.谁在做美国大学校长——基于《美国大学校长报告2017》的分析[J].教育研究.2018,39(10):121-129.

[80] 姜晓晖,汪卫平.高校教师学术声誉研究:一种探索性激励机制设计[J].中国高教研究,2021(4):42-47.

[81] 杰弗里·菲佛,杰勒尔德·R.萨兰基克.组织的外部控制:对组织资源依赖的分析[M].北京:东方出版社,2006.

[82] 金昕.关于思想政治教育融入高校学生事务管理的思考[J].思想理论教育,2016(12):104-108.

[83] 金娣,王刚.教育评价与测量[M].北京:教育科学出版社,2002.

[84] 金京泽.学校课程领导力提升的"上海经验"[J].全球教育展望.2020,49(9):92-102.

[85] 金玉梅.学校知识管理的模型与实施[J].中国教育学刊,2011(2):25-27.

[86] 靳澜涛.我国教育治理政策化的成因与出路[J].苏州大学学报(教育科学版).2021,9(2):35-43.

[87] 卡尔·维克.组织社会心理学:如何理解和鉴赏组织[M].北京:中国人民大学出版社,2009.

321

[88] 卡梅隆,奎因.组织文化诊断与变革[M].北京:中国人民大学出版社,2006.

[89] 凯洛夫.教育学[M].北京:人民教育出版社,1957.

[90] 康德.法的形而上学原理——权利的科学[M].北京:商务印书馆,2005.

[91] 肯·史密斯,迈克尔·希特.管理学中的伟大思想:经典理论的开发历程[M].北京:北京大学出版社,2010.

[92] 库姆斯.什么是教育规划[M].上海:上海教育出版社,2009.

[93] 劳凯声.教师职业的专业性和教师的专业权力[J].教育研究.2008(2):7-14.

[94] 劳凯声."依法治教"是推动教育改革与发展的重要力量[J].人民教育.2014(21):1.

[95] 劳凯声.变革社会中的教育权与受教育权:教育法学基本问题研究[M].北京:教育科学出版社,2003.

[96] 劳凯声,刘复兴.论教育政策的价值基础[J].北京师范大学学报(人文社会科学版),2000(6):5-17.

[97] 李秉中.我国教育经费支出的制度性短缺与改进路径[J].教育研究.2014,35(10):41-47.

[98] 理查德·L.达夫特.组织理论与设计[M].北京:清华大学出版社,2011.

[99] 理查德·斯科特,杰拉尔德·F.戴维斯.组织理论:理性、自然与开放系统的视角[M].北京:中国人民大学出版社,2011.

[100] 李玲,黄宸,韩玉梅.教育体制综合改革:理论、路径与评价[J].西南大学学报(社会科学版).2015,41(6):80-88.

[101] 李春玲.浅析我国教育政策与教育管理的互动关系[J].黑龙江高教研究.2000(6):5-7.

[102] 李海.大学实行目标管理的有限性分析[J].高教探索.2013(6):40-44.

[103] 李继星.现代学校制度初论[J].教育研究,2003(12):83-86.

[104] 李江,夏泽胜."互联网+"时代的教师培训:模式更新、价值证成与行动路径[J].教师教育研究,2020,32(4):38-44

[105] 李立国.建立符合高校教师工作特点的学术评价体系[J].清华大学教育研究.2019,40(1):10-12.

[106] 李立国.大学治理的制度逻辑:融通"大学之制"与"大学之治"[J].华东师范大学学报(教育科学版).2021,39(3):1-13.

[107] 李琳琳,卢乃桂,黎万红.新公共管理理念对中国高等教育政策及学术工作的影响[J].高等教育研究,2012,33(5):29-35.

[108] 李荣安,周倩,蒿楠.道德领导:理论进展与中西对话[J].教育科学研究.2020(5):32-37.

[109] 李硕豪,杨海燕.基于双因素理论的高校教师专业发展基础环境研究——以我国高校理科教师为例[J].中国大学教学.2015(9):71-76.

[110] 李娅玲.21世纪西方教育政策研究的后现代特征——以美国《Educational Policy》(2002-2008年)为样本[J].中国高教研究,2009(7):46-48.

[111] 李燚,魏峰.领导理论的演化和前沿进展[J].管理学报.2010,7(4):517-524.

[112] 林梦泉,任超,陈燕,等.破解教育评价难题探索"融合评价"新方法[J].学位与研究生教育.2019(12):1-6.

[113] 龙立荣,陈琇霖.分享型领导对员工感知组织和谐的影响与机制研究[J].管理学报.2021,18(2):213-222.

[114] 娄成武,史万兵.教育经济与管理(第二版)[M].北京:中国人民大学出版社,2008.

[115] 楼世洲."影子教育"治理的困境与教育政策的选择[J].教育发展研究,2013,33(18):76-79.

[116] 刘海峰.科举制的起源与进士科的起始[J].历史研究.2000(6):3-16.

[117] 刘海峰,李木洲.构建"四位一体"功能互补的教育评价新体系[J].中国考试.2020(9):1-4.

[118] 刘海燕.美国高等教育增值评价模式的兴起与应用[J].高等教育研究.2012,33(5):96-101.

[119] 刘建.政治与学术的张力:蔡元培"去行政化"教育管理思想论略[J].南京师大学报(社会科学版).2015(4):86-95.

[120] 刘建军.领导学原理(第四版)[M].上海:复旦大学出版社,2013.

[121] 刘捷.专业化:挑战21世纪的教师[M].北京:教育科学出版社,2002.

[122] 刘文兴,廖建桥,黄诗华.不确定性规避、工作负担与领导授权行为:控制愿望与管理层级的调节作用[J].南开管理评论,2012,15(5):4-12.

[123] 刘献君.院校研究[M].北京:高等教育出版社,2008.

[124] 刘献君.高校决策的若干特点及其应对方略[J].大学教育科学.2021(2):4-9.

[125] 刘尧.教育评价是教育质量的守护神吗?——一个古今教育评价重心变迁的解析视角[J].中国地质大学学报(社会科学版).2016,16(6):145-151.

[126] 刘宇文,夏婧.关注需要的多样性:高校教师激励的基点[J].国家教育行政学院学报.2015(9):27-32.

[127] 刘兆伟.中外教育管理史略[M].大连:辽宁师范大学出版社,1999.

[128] 刘志军.教育评价.北京:北京师范大学出版社,2018.

[129] 刘志军,徐彬.教育评价:应然性与实然性的博弈及超越[J].教育研究.2019,40(5):10-17.

[130] 龙宝新."双一流"建设背景下二级学院内部治理的机制与架构[J].高校教育管理,2019,13(4):18-26.

[131] 鲁洁.教育社会学[M]北京:人民教育出版社,1990.

[132] 卢晓中.国家基础权力视域下的我国大学办学自主权[J].大学教育科学.2020(4):41-47.

[133] 伦恩伯格,奥恩斯坦.教育管理学:概念与实践(第五版)[M].北京:中国轻工业出版社,2013.

[134] 罗伯特·B·登哈特.公共组织理论(第五版)[M].北京:中国人民大学出版

社,2011.

[135] 罗伯特·G.欧文斯.教育组织行为学[M].上海:华东师范大学出版社,2001.

[136] 罗伯特·K.殷.案例研究:设计与方法(第二版)[M].重庆:重庆大学出版社,2010.

[137] 罗荣渠.现代化新论——世界与中国的现代化进程[M].北京:北京大学出版社,1995.

[138] 罗胜强,姜嬿.管理学问卷调查研究方法[M].重庆:重庆大学出版社,2014.

[139] 吕玉刚.让"全面激发中小学办学活力"落到实处——《关于进一步激发中小学办学活力的若干意见》文件解读[J].中小学管理.2020(11):5-7.

[140] 吕炜,靳继东.财政、国家与政党:建党百年视野下的中国财政[J],管理世界.2021(5):24-45、70.

[141] 马凤岐,谢爱磊.教育知识的基础与教育研究范式分类[J].教育研究.2020,41(5):135-148.

[142] 马尔科姆·沃纳.管理思想全书[M].北京:人民邮电出版社,2008.

[143] 马克·汉森.教育管理与组织行为[M].上海:上海教育出版社,1993.

[144] 马克思,恩格斯.马克思恩格斯全集(第一卷)[M],北京:人民出版社,1995.

[145] 迈克尔·D.科恩,詹姆斯·G.马奇.大学校长及其领导艺术[M].青岛:中国海洋大学出版社,2006.

[146] 毛丹.多重制度逻辑冲突下的教育政策制定过程研究——以美国伊利诺伊州高等教育绩效拨款政策制定过程为例[J].教育发展研究.2017,37(7):31-37.

[147] 毛建青.三种主要教育规划方法述评[J].上海教育科研.2007(1):8-11.

[148] 毛建青,侯春笑,张凤娟,等.中美大学校长职业特征的比较研究[J].江苏高教.2020(7):16-23.

[149] 孟繁华,张爽,王天晓.我国教育政策的范式转换[J].教育研究.2019,40(3):136-144.

[150] 孟繁华,田汉族.走向合作:现代学校组织的发展趋势[J].教育研究.2007(12):55-59.

[151] 孟静怡,柳斯邈,宋婷娜.促进还是阻碍:学校组织结构对教师工作满意度影响的实证研究[J].现代教育管理,2018(12):79-84.

[152] 莫塞斯.教育管理的案例研究[M].北京:教育科学出版社,2010.

[153] 帕克·帕尔默:教学勇气——漫步教师心灵[M].上海:华东师范大学出版社,2005.

[154] 庞超,徐辉,区域教育发展的比较研究:背景、意义与实施[J].比较教育研究,2009(6):22.

[155] 彭泽平,金燕.70年基础教育办学体制改革:基本特征与未来展望[J].现代教育管理,2020(2):32-39.

[156] 片冈德雄.班级社会学[M].北京:北京教育出版社,1993.

[157] 骈茂林."教育规划纲要"的政策属性与效力分析[J].国家教育行政学院学报.

2013(3):15-20.

[158] 戚业国.教育规划的本质、发展与基本模型[J].教育发展研究.2008(23):20-24.

[159] 戚业国.教育规划的方法与技术选择[J].华东师范大学学报(教育科学版).2009,27(1):1-8.

[160] 祁占勇,杨宁宁.改革开放四十年我国义务教育政策的发展演变与未来展望[J].教育科学研究.2018(12):17-23.

[161] 乔伊斯·P.高尔,M.D.高尔,沃尔特·R.博格.教育研究方法使用指南[M].北京:北京大学出版社,2007.

[162] 乔治·凯勒.大学战略与规划——美国高等教育管理革命[M].青岛:中国海洋大学出版社,2005.

[163] 秦晓娜.职业院校教师到企业实践的激励策略研究——基于成就需要理论视角[J].中国成人教育.2016(12):144-146.

[164] 邱霈恩.领导学(第四版)[M].北京:中国人民大学出版社,2014.

[165] 仇勇,李飚,王文周.授权型校长对中小学校高层管理团队绩效的影响机制研究——基于北京市的调查分析[J].教育学报.2019,15(3):113-122.

[166] 曲铁华,于萍.改革开放40年教师教育改革与未来展望[J].教育研究.2018,39(9):36-44.

[167] 茹宁,李薪茹.突破院系单位制:大学"外延型"跨学科组织发展策略探究[J].中国高教研究.2018(11):71-77.

[168] 石君齐,叶菊艳.论"实践—引导—反思"取向的高校教师专业发展路径[J].教师教育研究,2017,29(6):81-87.

[169] 石雷山,高峰强.领导行为对集体效能的影响:基于初中班级组织的研究[J].应用心理学.2019,25(3):253-261.

[170] 史亚娟.中小学教师流动存在的问题及其改进对策——基于教师管理制度的视角[J].教育研究.2014,35(9):90-95.

[171] 石中英.回归教育本体——当前我国教育评价体系改革刍议[J].教育研究.2020,41(9):4-15.

[172] 佘宇,单大圣.中国教育体制改革及其未来发展趋势[J].管理世界.2018,34(10):118-127.

[173] 沈玉顺.高等教育评价方法技术的误用、滥用及其矫正[J].复旦教育论坛,2010,8(5):10-13.

[174] 斯蒂芬·P·罗宾斯.管理学(第9版)[M].北京:中国人民大学出版社,2008.

[175] 斯蒂芬·P·罗宾斯,戴维·A·德森佐,玛丽·库尔特.管理学基础(第七版)[M].北京:电子工业出版社,2015.

[176] 斯蒂芬·罗宾斯,蒂莫西·贾奇.组织行为学(第16版)[M].北京:中国人民大学出版社,2016.

[177] 斯诺登.学校领导与管理:重要概念、个案研究与模拟练习[M].上海:华东师

范大学出版社,2008.

[178] 司晓宏.义务教育均衡发展论纲——以西部农村为研究对象[M].北京:人民教育出版社,2013.

[179] 眭依凡.大学领导力提升:推进大学治理能力现代化的实践路径[J].中国高教研究.2021(1):10-20.

[180] 孙二军.基于"问题解决"的教师职前专业学习路径及培养策略[J].国家教育行政学院学报.2019(2):62-66.

[181] 孙绵涛,康翠萍.论教育管理学的研究对象[J].东师范大学学报(教育科学版),1997(3):23-26.

[182] 孙绵涛,李莎.试论教育体制理论的生成[J].教育研究.2019,40(1):122-130.

[183] 孙培青.中国教育史(第四版)[M].北京:华东师范大学出版社,2019.

[184] 孙培青.中国教育管理史[M],北京:人民教育出版社,1996.

[185] 孙家明,廖益,赵三银.大学校长的角色冲突与角色定位:管理者还是领导者——基于权变理论的视角[J].领导科学.2019(16):109-112.

[186] 孙婧婧,和经纬.作为溯因推理研究方法的因果过程追踪及其在公共政策研究中的应用[J].公共管理评论.2020,2(4):214-229.

[187] 孙军,程晋宽.学校发展规划的理论构架分析[J].现代教育管理,2012(11):34-40.

[188] 孙霄兵.改革开放以来中国特色教育政策理论的发展创新[J].国家教育行政学院学报.2019(2):3-10.

[189] 孙霄兵.新常态下依法治教的思考[J].国家教育行政学院学报.2015(7):19-26.

[190] 孙霄兵,龙洋.《教师法》的法治价值和立法原则——兼论我国改革开放40年教育立法传统[J].中国高教研究.2019.03:35-38.

[191] 孙雪连,褚宏启.学校管理中民主参与的影响因素研究[J].教育发展研究.2017,37(10):76-81.

[192] 塔尔科特·帕森斯:作为一种社会体系的班级:它在美国社会中的某些功能[A].张人杰,国外教育社会学基本文选[C].上海:华东师范大学出版社,1989.

[193] 谈松华.关于教育评价制度改革的几点思考[J].中国教育学刊,2017(4):7-11.

[194] 汤贞敏.我国教育规划的基本特性及"十三五"教育规划的制订[J].中国教育学刊,2016(3):1-5.

[195] 汤普金斯.公共管理学说史:组织理论与公共管理[M].上海:上海译文出版社,2010.

[196] 滕大春,戴本博.外国教育通史(第一卷)[M].济南:山东教育出版社,2003.

[197] 滕大春,姜文闵.外国教育通史(第二卷)[M].济南:山东教育出版社,2003.

[198] 童康,学校发展规划研究[D].上海:华东师范大学,2002.

[199] 涂端午,魏巍.什么是好的教育政策[J].教育研究.2014,35(1):47-53.

[200] 涂艳国,教育评价[M].北京:高等教育出版社,2007:200-202.

[201] 托马斯·J.瑟吉奥万尼.教育管理学[M].北京:中国人民大学出版社,2014.

[202] 托马斯·R.戴伊.理解公共政策(第十二版)[M].北京:中国人民大学出版社,2010.

[203] 托尼·布什.当代西方教育管理模式[M].南京:南京师范大学出版社,1998.

[204] 王斌华.教师评价:绩效管理与专业发展[M],上海:上海教育出版社,2005.

[205] 王成刚,石春生.组织文化对组织创新的作用机理研究[J].科研管理.2018,39(7):78-84.

[206] 王凯,胡赤弟."双一流"建设背景下创新人才培养绩效影响机制的实证分析——以学科-专业—产业链为视角[J].教育研究.2019,40(2):85-93.

[207] 王凯,邹晓东.美国大学技术商业化组织模式创新的经验与启示——以"概念证明中心"为例[J].科学学研究.2014(11):1754-1760.

[208] 王库,林天伦.中小学校长负责制30年:困境与对策[J].教育科学研究.2017(7):44-48.

[209] 王善迈,袁连生,刘泽云.我国公共教育财政体制改革的进展、问题及对策[J].北京师范大学学报(社会科学版).2003(6):5-14.

[210] 王善迈,赵婧.教育经费投入体制的改革与展望——纪念改革开放40周年[J].教育研究.2018,39(8):4-10.

[211] 王声平,贺静霞.改革开放40年我国教育管理学学科体系研究的反思与展望[J].现代教育管理,2018(12):24-30.

[212] 王秀清.基于目标设置理论的高职院校科研管理创新实证研究[J].中国职业技术教育.2012(26):81-83.

[213] 王晓辉.论教育规划[J].教育研究.2002(10):51-56.

[214] 汪敏,朱永新.教师领导力研究的进展与前瞻[J].中国教育科学(中英文).2020,3(4):130-143.

[215] 汪习根,段昀.社会主义核心价值观融入教育法律制度的理论构建与现实进路[J].求索.2021(2):115-122.

[216] 文少保.改革开放以来我国义务教育政策变迁的特征、问题及其改进思路[J].中国教育学刊,2018(2):29-33.

[217] 温雪梅,孙俊三.论教育评价范式的历史演变及趋势[J].现代大学教育,2012(1):51-55.

[218] 韦恩·K.霍伊,塞西尔·G.米斯克尔.教育管理学:理论·研究·实践(第7版)[M].北京:教育科学出版社,2007.

[219] 魏峰.学校发展规划制定的问题审视与改进之道[J].中国教育学刊,2017(11):59-64.

[220] 魏强.班主任专业标准的核心内容与基本框架——班主任专业标准研究综述[J].教育科学研究.2018(12):73-77.

[221] 魏新. 教育财政学简明教程[M]. 北京:高等教育出版社,2000.

[222] 威廉·N. 邓恩. 公共政策分析导论(第二版)[M]. 北京:中国人民大学出版社,2010.

[223] 吴德刚. 中国义务教育研究[M]. 北京:教育科学出版社,2011.

[224] 吴东方,司晓宏. 新中国成立 70 年教育管理学发展的总结、评价与展望[J]. 中国教育学刊,2019(10):42-47.

[225] 吴康宁. 论作为特殊社会组织的班级[J]. 教育理论与实践,1994(2):10-13.

[226] 吴康宁. 教育社会学[M]. 北京:人民教育出版社,1998.

[227] 吴明隆. 结构方程模型——AMOS 的操作与应用[M]. 重庆:重庆大学出版社,2010.

[228] 吴志宏. 两种教育行政体制及其改革[J]. 华东师范大学学报(教育科学版),1999(3):19-25.

[229] 吴志宏,冯大鸣,魏志春. 新编教育管理学[M]. 上海:华东师范大学出版社,2008.

[230] 习近平. 决胜全面建成小康社会夺取新时代中国特色社会主义伟大胜利——在中国共产党第十九次全国代表大会上的报告[N]. 人民日报,2017-10-28.

[231] 夏书章. 行政管理学(第六版)[M]. 北京:高等教育出版社,2017.

[232] 肖远军. CIPP 教育评价模式探析[J]. 教育科学. 2003(3):42-45.

[233] 萧宗六. 教育行政学概述[J]. 人民教育. 1997(2):26-27.

[234] 萧宗六,余白,张振家. 学校管理学(第五版)[M]. 北京:人民教育出版社,2018.

[235] 夏敏. 大学班级组织发展面临的问题及对策[J]. 教育研究. 2012,33(10):89-92.

[236] 项贤明. 蔡元培的高等教育管理思想及其启示[J]. 高等教育研究. 2001(2):102-105.

[237] 谢明. 公共政策导论(第五版)[M]. 北京:中国人民大学出版社,2020.

[238] 谢雏和,教育活动的社会学分析——一种教育社会学的研究(修订版)[M]. 北京:教育科学出版社,2007.

[239] 谢维和. 教育评价的双重约束——兼以高考改革为案例[J]. 教育研究. 2019,40(9):4-13.

[240] 辛涛,李雪燕. 教育评价理论与实践的新进展[J]. 清华大学教育研究. 2005(6):38-43.

[241] 邢会强. 财政政策与财政法[J]. 法律科学(西北政法大学学报). 2011,29(2):67-76.

[242] 邢以群. 管理学(第四版)[M]. 杭州:浙江大学出版社,2016.

[243] 徐辉. 关于"十四五"教育规划的若干建议[J]. 教育研究. 2020,41(5):12-16.

[244] 徐瑞,刘慧珍. 教育社会学(第二版). 北京:北京师范大学出版社,2017.

[245] 许杰. 现代学校制度建设的实践逻辑[J]. 教育研究. 2016,37(9):32-39.

[246] 许一.目标管理理论述评[J].外国经济与管理.2006(9):1-7.

[247] 薛二勇,李健.新时代教育规划的形势、挑战与任务[J].中国教育学刊,2021
(3):19-24.

[248] 阎光才.大学组织的管理特征探析[J].高等教育研究.2000(4):53-57.

[249] 阎光才.谨慎看待高等教育领域中各种评价[J].清华大学教育研究.2019,40
(1):1-4.

[250] 闫温乐,陈建华.校长专业标准视野下的学校发展规划——基于上海 196 位初
中校长调查问卷分析[J].现代教育管理,2018(3):36-41.

[251] 杨颉.协同治理协议授权——探索校院二级管理改革新路径[J].中国高教研
究.2017(3):12-16.

[252] 杨润勇,王颖.论我国义务教育政策新进展及发展趋势[J].当代教育科学,
2008(24):15-18+25.

[253] 杨晓慧.习近平总书记教育重要论述讲义[Z].北京:高等教育出版社,2020..

[254] 杨跃,夏雪.20 世纪 80 年代以来国内教师激励研究的回顾与展望——基于
CNKI 文献的内容分析[J].现代教育管理,2015(8):64-69.

[255] 叶飞.多中心治理:学校组织的公共治理之道[J].南京社会科学.2018(12):
138-144.

[256] 叶赋桂.教育评价的浮华与贫困[J].清华大学教育研究.2019,40(1):18-21.

[257] 叶澜.教师角色与教师发展新探[M].北京:教育科学出版社,2001.

[258] 易凌云."五唯"问题:实质与出路[J].教育研究.2021,42(1):4-14.

[259] 易明,王圣慧,等.木秀于林风必摧之? 下属绩效影响领导授权行为的机制与
边界条件[J].南开管理评论.https://kns.cnki.net/kcms/detail/12.1288.f.
20210422.1726.010.html

[260] 殷世东.生态取向教师专业发展的阻隔与运作[J].教师教育研究,2014,26
(5):36-41.

[261] 由长延,张聪,赵川平.完善程序是教育评价亟待解决的问题[J].中国高教研
究.2002(2):53-54.

[262] 于维涛,杨乐英.新时代教师专业发展面临的问题与战略选择[J].教师教育研
究.2018,30(5):29-33.

[263] 于文轩,樊博.公共管理学科的定量研究被滥用了吗? [J].社会科学文摘.
2020(2):30-32.

[264] 余雅风.新编教育法[M].上海:华东师范大学出版社,2008.

[265] 余雅风.我国教育法学的发展及其对教育法治的回应——基于学术史的视角
[J].教育学报.2021,17(1):143-157.

[266] 袁连生.中国教育财政体制的特征与评价[J].北京师范大学学报(社会科学
版).2011(5):10-16.

[267] 袁伟.教育法的价值探析[J].高等教育研究.2009,30(4):15-19.

[268] 袁勇.教育公正:现代学校制度的核心价值[J].教育科学研究.2015(8):

14-18.

[269] 岳昌君.期待财政性教育经费占 GDP 百分之四目标的实现[J].西部论丛,2010(8):39-41.

[270] 约翰斯通.高等教育财政:问题与出路[M].北京:人民教育出版社,2003.

[271] 约瑟夫,熊彼特,经济发展理论[M].北京:商务印书馆,1990.

[272] 曾天山,褚宏启.现代教育管理学[M].北京:教育科学出版社,2014.

[273] 邹晓东.对构建现代大学制度的内在因素的思考[J].河南大学学报(社会科学版).2012(1):127-136.

[274] 赵昕,张端鸿,赵蓉.高校学生管理:行政、管理与服务的路径——对 2017 年版《普通高等学校学生管理规定》的解读[J].思想理论教育.2017(9):102-106.

[275] 詹姆斯·马奇,赫伯特·西蒙.组织[M].北京:机械工业出版社,2008.

[276] 张春曙.教育规划理论与方法[M].北京:高等教育出版社,2000.

[277] 张德祥.1949 年以来中国大学治理的历史变迁——基于政策变革的思考[J].中国高教研究.2016(2):29-36.

[278] 张冬娇,程凤春.学校管理学[M].北京:北京师范大学出版社,2014.

[279] 张丰.基于斯金纳强化理论的高校教师激励机制研究[J].教育与职业.2009(21):41-42.

[280] 张国庆.公共行政学(第四版)[M].北京:北京大学出版社,2017.

[281] 张国庆.公共政策分析[M].上海:复旦大学出版社,2004.

[282] 张浩,胡姝.高等教育财政政策十年变迁与未来挑战——以《教育规划纲要》实施为背景[J].中国高教研究.2020(10):21-26.

[283] 张济正.学校管理学导论[M].上海:华东师范大学出版社,1990.

[284] 张生,王雪,齐媛.人工智能赋能教育评价:"学评融合"新理念及核心要素[J].中国远程教育.2021(2):1-8.

[285] 张新平.教育管理实践个案研究:实地研究方式[M].上海:上海教育出版社,2007.

[286] 张新平,褚宏启.教育管理学通论[M].北京:高等教育出版社,2012.

[287] 张云昊.政策过程中的专家参与:理论传统、内在张力及其消解路径[J].中国行政管理.2021(1):98-104.

[288] 张远增.高等教育评价方法研究[D].博士学位论文,华东师范大学,2001.

[289] 张志祯,齐文鑫.教育评价中的信息技术应用:赋能、挑战与对策[J].中国远程教育.2021(3):1-11.

[290] 郑宁.我国学校校规建设:政策演变、总体现状以及对策建议[J].华中师范大学学报(人文社会科学版).2021,60(2):179-188.

[291] 郑雅琴,贾良定,尤树洋,等.中国管理与组织的情境化研究——基于 10 篇高度中国情境化研究论文的分析[J].管理学报.2013,10(11):1561-1566.

[292] 仲理峰,孟杰,高蕾.道德领导对员工创新绩效的影响:社会交换的中介作用和权力距离取向的调节作用[J].管理世界.2019,35(5):149-160.

[293] 钟贞山.以人民为中心的教育现代化:理论、实践与内涵实现[J].国家教育行政学院学报.2018(1):56-61.

[294] 钟祖荣.中小学教师培训课程指导标准研制思想方法[J].教育研究.2021,42(1):138-146.

[295] 周川.我国高等教育管理体制70年探索历程及其展望[J].高等教育研究.2019,40(7):10-17.

[296] 周川,马娟,等.现代学校制度与学校自主发展研究[M].哈尔滨:黑龙江人民出版社,2011.

[297] 周光礼.大学校院两级运行的制度逻辑:国际经验与中国探索[J].高等教育研究.2019,40(8):27-35.

[298] 周光礼,郭卉.大学治理实证研究2015—2019:特征、趋势与展望[J].华东师范大学学报(教育科学版).2020,38(9):200-227.

[299] 周洪宇.深化教育评价改革加快推进教育现代化——《深化新时代教育评价改革总体方案》解读[J].中国考试.2020(11):1-8.

[300] 周齐谕.顾某诉某区教育局教育行政管理案评析[D].湖南师范大学,2018.

[301] 周三多,陈传明.管理学——原理与方法(第七版)[M].上海:复旦大学出版社,2018.

[302] 周雪光.组织社会学十讲[M].北京:社会科学文献出版社,2003.

[303] 周雪光,李贞.组织规章制度与组织决策[J].北京大学教育评论.2010,8(3):2-23.

[304] 竺乾威.从新公共管理到整体性治理[J].中国行政管理,2008(10):52-58.

[305] 朱汉民.中国古代书院自治权的问题[J].大学教育科学,2010(3):73-78.

[306] 朱军文.分层、分类、协同推进新时代教育评价改革[J].教育发展研究.2021,41(7):3.

[307] 朱小蔓.基础教育阶段现代学校制度的理论与实验研究[M].北京:教育科学出版社,2008.

[308] 朱新卓,陈晓云.教师职业的特殊性与专业性[J].高等教育研究.2012,33(8):44-52.

[309] 朱旭东.论教师专业发展的理论模型建构[J].教育研究.014,35(6):81-90.

[310] 朱旭东,宋萑.论教师培训的核心要素[J].教师教育研究.2013,25(3):1-8.

[311] 朱旭东,周钧,教师专业发展研究述评[J].中国教育学刊,2007(1):68-73.

[312] 朱益明.改革中小学教师培训的原则与策略[J].教师教育研究.2017,29(2):55-60.

[313] Aldrich, Howard E. Organizations and Environments[M]. Englewood Cliffs, NJ:Prentice-Hall,1979.

[314] Anderson C. Arnold, Mary Jean Bowman. Theoretical Considerations in Educational Planning[M]. Oxon:Routledge,2006.

[315] Brent Davies, Linda Ellison:Strategic Planning in Schools:An Oxymoron

［J］，School Leadership & Management，1998,18(4)，461-473.

［316］Chesbrough H W. Open innovation：The new imperative for creating and profiting from technology［M］. Boston：Harvard Business Press，2003.

［317］Fini R, Grimaldi R, Meoli A. The effectiveness of university regulations to foster science-based entrepreneurship［J］. Research Policy. 2020，49(10)：1-15.

［318］Greenwood, R. , Oliver, C. ,Suddaby, R. et al. The SAGE Handbook of Organizational Institutionalism［M］. SAGE Publications Ltd，2008.

［319］Ibert O, Mueller F C. Network dynamics in constellations of cultural differences：Relational distance in innovation processes in legal services and biotechnology［J］. Research Policy. 2015，44(1)：181-194.

［320］Lee, A. , Willis, S. , Tian, A. W. Empowering leadership：A meta-analytic examination of incremental contribution，mediation，and moderation［J］. Journal of Organizational Behavior，2018, 39 (3)：306-325.

［321］Lester,Jams P. , Joseph Stewart, Jr. Public Policy：An Evolutonary Approach(Third Edition)［M］. 北京：中国人民大学出版社,2011.

［322］March J G. Exploration and Explotation in Organization Learning［J］. Organization Science. 1991, 2(1)：71-87.

［323］March, J. G. , Olsen, J. P. Ambiguity and choice in organizations［M］. Bergen：Universitetsforlaget，1976.

［324］Meyer, J. W. , Rowan, B. Institutionalized Organizations：Formal Structure as Myth and Ceremony［J］. American Journal of Sociology，1977, 83 (2)：340-363.

［325］Meyer J W, Scott W R. Organizational environments：Ritual and rationality ［M］. Beverly Hills, CA：Sage, 1983.

［326］Schweiger D M, Sandberg W R, Ragan J W. Group Approaches for Improving Strategic Decision Making：A Comparative Analysis of Dialectical Inquiry, Devil's Advocacy, and Consensus［J］. Academy of Management Journal. 1986, 29(1)：51-71.

［327］Scott, W. Richard. Institutions and organizations：Ideas, interests and identities(Fourth Edition) ［M］. Thousand Oaks：SAGE Publications,2014：96.

［328］Weick K E. Educational Organizations as Loosely Coupled Systems［J］. Administrative Science Quarterly. 1976, 21(1)：1-19.

［329］Zucker, L. G. The role of institutionalization in cultural persistence ［J］. American Sociological Review. 1977. 42(10)42726-743.